es 1129

edition suhrkamp

Neue Folge Band 129

Daß es auf Taiwan in den sechziger und siebziger Jahren ein Wirtschaftswunder gegeben hat, durch das dieser Inselstaat aus dem Kreis der Entwicklungsländer ausschied und zu einem der wirtschaftlich und politisch stabilsten Staaten Asiens aufstieg, ist dem deutschen Leser durch sporadische Pressemeldungen bekannt. Man weiß, daß Taiwan im Verlaufe der letzten zwanzig Jahre den Schritt von der Agrar- zur Industriegesellschaft vollzogen hat.

Was sich kulturell und kulturpolitisch auf der Insel tat, blieb unbeachtet. Dabei wuchs in Taiwan eine Generation von Autoren heran, deren Werke auch im internationalen Vergleich bestehen können.

Mit der vorliegenden Auswahl, die sowohl wesentliche Themen der taiwanesischen Literatur vorstellt als auch Einblick in weniger bekannte Aspekte der Realität des Inselstaates gewährt, dürfte für den deutschen Leser ein Bild des Lebens in diesem Lande entstehen, das sehr viel lebhafter und authentischer ist als daß durch die Presseberichte vermittelte.

Helmut Martin ist Professor für Sprache und Literatur Chinas an der Ruhr-Universität Bochum, Charlotte Dunsing wissenschaftliche Assistentin in der Abteilung für Ostasien-Wissenschaften an der Universität Bochum und Wolf Baus Dozent am Institut für chinesische Sprachen (Sinikum).

Blick übers Meer

Chinesische Erzählungen aus Taiwan

Herausgegeben von
Helmut Martin, Charlotte Dunsing
und Wolf Baus

Suhrkamp

edition suhrkamp 1129
Neue Folge Band 129
Erste Auflage 1982

Erstausgabe

Satz: Hümmer, Waldbüttelbrunn
Druck: Nomos Verlagsgesellschaft, Baden-Baden
Umschlagentwurf: Willy Fleckhaus
Printed in Germany

1 2 3 4 5 6 – 87 86 85 84 83 82

Inhalt

Vorwort

China hat noch eine andere, sehr erfolgreiche Literatur hervorgebracht – das sollte die eigentliche Aussage des vorliegenden Bandes sein. Und es ist sehr wohl möglich, daß spätere Literaturhistoriker, die die hitzigen politischen Beweggründe beiseite schieben können, welche bei der Beurteilung solch literarischer Phänomene unser Urteil zu trüben geeignet sind, andere Linien werden aufzeichnen müssen: Auf die Kapitel über die hoffnungsfreudige, junge Literatur der Republik könnte – nach nur kursorischen Ausführungen über die niedergehaltene, seit der Hundert-Blumen-Kampagne 1957 geknebelte und auch im Ansatz des demokratischen Frühlings 1978–80 nicht zu Atem gekommene Literatur – ein umfangreiches Kapitel folgen mit einer Diskussion des Werkes von Schriftstellern wie Bai Xianyong, Chen Ruoxi oder des irdigen Taiwanesen Huang Chunming – eben aus literarischen Erwägungen.

Unser definitorischer Versuch der Abgrenzung hat von einer »chinesischen Literatur außerhalb der Volksrepublik« zu sprechen. Kriterium für die Einbeziehung eines Autors in den vorliegenden Band ist eine von der Biographie her nachweisbare mehrjährige Verbundenheit mit der Gesellschaft auf Taiwan gewesen sowie die Publikation eigener Werke auf der Insel. Freilich hat es daneben für die Schriftsteller, die man besser nicht als »Exilliteraten« oder gar »Dissidenten« bezeichnen sollte, eine Dimension über Taiwan hinaus gegeben. Denn ihre Leser finden diese Autoren ebenfalls in Hongkong sowie unter den Millionen von Auslandschinesen in Singapur und im sonstigen Südostasien, ferner besonders in den USA als dem klassischen Einwandererland für die aus politischen und wirtschaftlichen Gründen Asien den Rücken kehrende chinesische Intelligenz. Chinesische Literatur aus Hongkong aber oder aus Singapur und Malaysia haben wir in unserer Auswahl nicht berücksichtigt, weil sie, aus anderer Perspektive entstanden, eine eigene Behandlung verdient.

Andererseits dürfte es kaum gelingen, eine Selbständigkeit der Taiwan-Prosa in völliger Losgelöstheit von Peking zu behaupten. Li Ao, der im Formosa der sechziger Jahre in seinen Essays einer »völligen Verwestlichung« (quanpan xihua) des Landes (Taiwans/Chinas?) das Wort redete, Bai Xianyong, der die Nostalgie nach der Vorkriegsrepublik beschrieb, Chen Ruoxi, die zornig sich von der »Kulturwüste« (wenhua shamo) Taiwan abwandte und während der Kulturrevolution in ihre »eigentliche Heimat«, die Volksrepublik, »emigrierte«, sind die besten Zeugen für diese unlösbaren literarischen Bande zwischen China und Taiwan. In diesem Sinne, nicht nur an Huang Chunmings Geschichte anknüpfend, habe ich als Titel für diesen Sammelband »Blick übers Meer« gewählt.

Während der sechziger Jahre hatte es den Anschein, als ob ein paar junge Schriftsteller auf Formosa wegen des von der Guomindang-Regierung eingeengten Spielraums, wie Wolf Baus in der Einführung beschreibt, über eine Nachahmung vor allem von Autoren der anglo-amerikanischen literarischen Tradition nicht hinauskommen würden; ihre Produkte wurden, wenn überhaupt, von den Fachleuten nur mit Nachsicht zur Kenntnis genommen. Eine solche Einschätzung hat sich inzwischen als vorschnell erwiesen. Spätestens mit der uneingeschränkt positiven Aufnahme von Chen Ruoxis Buch *The Execution of Mayor Yin and Other Stories*

from the Great Proletarian Cultural Revolution durch Amerikas Literaturkritiker fand der internationale Durchbruch für Taiwans Prosaliteratur statt. Erst über solche Auslandserfolge – und solches Verkennen neuer Autoren gereicht den Literaturwissenschaftlern unter den deutschen Sinologen nicht zur Ehre – fand Chens *Mayor Yin* durch eine in etwas dubioser Form dargebotene deutsche Fassung ein Publikum auch im deutschen Sprachraum. (Die Zweitübersetzung aus dem Englischen präsentiert sich als Direktübertragung aus dem Chinesischen!) Wichtiger aber als eine Kritik an der etwas zähflüssigen Rezeption bei uns in der Bundesrepublik sind einige Bemerkungen über die Aufnahme der neuen Taiwan-Prosa in Peking sowie auf Taiwan selbst.
Literatur aus Taiwan ist in Peking, angesichts des Sendungsbewußtseins, des Orthodoxieanspruches und damit der Unduldsamkeit des Regimes nicht verwunderlich, bis etwa 1977 nicht zur Kenntnis genommen worden. Das änderte sich mit der allgemeinen Auflockerung des Klimas rapide. Es erschienen erste Anthologien von Schriftstellern aus Taiwan in der Volksrepublik, wobei diese Autoren selbstredend nachgedruckt wurden, ohne viel gefragt worden zu sein. In mehreren literarischen Zeitschriften fand ich 1980 während eines längeren Aufenthaltes in Shanghai die Biographien der Taiwan-Schriftsteller und besonders Bai Xianyongs herausgestellt; viele Literaten und Literaturwissenschaftler baten um direkte Zusendung von Werken der Taiwan-Autoren, die weiterhin im Original in der Volksrepublik kaum greifbar sind. Für eine großzügige Geste der Pekinger Regierung gegenüber der zweiten Generation des ehemaligen Guomindang-Establishments erschien wohl kein Taiwan-Schriftsteller geeigneter als Bai, Sohn eines berühmten Generals unter Chiang Kai-shek, der in sei-

nen Kurzgeschichten das Verlöschen der ehemaligen Oberschicht im Exil auf Taiwan während der fünfziger und sechziger Jahre in einzigartigen Porträtreihen festgehalten hat. Selbstverständlich erfolgen solche Veröffentlichungen taiwanesischer Literatur in der Volksrepublik China nicht in erster Linie aus dem Bedürfnis, dieser »draußen« gewachsenen modernen chinesischen Prosa die ihr zukommende Anerkennung zu zollen. Solche Publizität gehört zu den vielen Versuchen der kommunistischen Regierung, eine Brücke nach Taiwan zu schlagen und damit dem Ziel der erneuten Angliederung näherzukommen – auch gegen den Willen der »Chiang-Bande«.

Was Taiwan selbst angeht, so kann man es ironisch oder tragisch nennen, daß dieser Literatur – zumindest den Werken der politisch exponierteren Autoren – seit Ende der siebziger Jahre, als sich die Opposition gegen die geschickt lavierende Guomindang-Diktatur sichtbarer artikulierte (Zwischenfälle von Zhongli und Gaoxiong, s. S. 39f.), der Garaus gemacht wurde; daß einige Autoren 1981 wieder zu ängstlich gemiedenen »Unbekannten« in Taiwans Buchläden geworden sind, just in dem Augenblick, als der internationale Durchbruch gekommen war, der doch als Anerkennung, über Frau Chens Erzählkunst hinaus, die gesamte Taiwan-Literatur meinte. Zu stark war die Furcht der Behörden vor taiwanesischen, separatistischen Bestrebungen und vor dem wachsenden Druck durch die ziemlich plumpen Umarmungstaktiken der Politiker in der Volksrepublik China. Stärker wirkte sie jedenfalls als Impulse von weitsichtigeren Kulturpolitikern der Republik China auf Formosa, aus Taiwans neuer Literatur im Sinne der Regierung Kapital zu schlagen. Die ungewollte Form der Drucklegung in der Volksrepublik, die Peking übrigens auch vielen Natur- und

Geisteswissenschaftlern angedeihen ließ, wurde, so geht das ironische Szenario weiter, flugs wieder zum Disziplinierungsinstrument der Guomindang-Regierung auf Taiwan gegenüber solch »unbotmäßigen« Schriftstellern oder Intellektuellen: denn waren solche Veröffentlichungen nicht Beweise für heimliche Zusammenarbeit, zumindest aber für Sympathisantentum, oder, falls absolut kein »Kontakt« nachweisbar war, für das Abfassen von Literatur, die den Kommunisten genehm ist? Eine aufmerksame Leserschaft dieser Taiwan-Autoren im Westen wird damit zu einer Art von Garantie zumindest der körperlichen Unverletztheit für viele der in unserem Band vorgestellten Autoren, soweit sie nicht bereits, um sich die Unabhängigkeit zu erhalten, die USA oder Kanada als ständigen Wohnsitz vorgezogen haben.

Es bleibt eine Antwort auf die Frage des deutschen Lesers vorwegzunehmen, in welchem Sinne ihm diese Erzählprosa aus Taiwan denn vorgelegt werde? Eine solche Antwort darf der Frage nach der Qualität auch außerhalb des Bezugsfeldes der chinesischen neueren Literaturgeschichte nicht ausweichen. Sie hat zumindest den Stellenwert dieser Regionalliteratur in dem neuen, westlichen Kontext anzuzeigen, in den die Erzählungen durch die Übersetzungen gerückt sind.

Man wird wohl den taiwanesischen Autoren keinen Tort antun oder ihre Leistungen insgesamt schmälern, wenn man lediglich einigen der Erzählungen einen Platz in dem ohnehin etwas abstrakten und zweifelhaften Gebäude zuweisen möchte, als das wir uns »Weltliteratur«, über Grenzen hinweg gültig, vorstellen. Differenzierter muß die Antwort hinsichtlich des soziologischen Aspektes ausfallen, der bei der Vorstellung nicht-westlicher Auslandsliteratur zugegebenermaßen eine prononciertere Rolle spielt. Wird das Leben der chinesischen bzw. der

taiwanesischen Bevölkerung auf der Insel unseren neugierigen Blicken durch die vorgelegten Erzählungen nähergebracht?
Meine Antwort darauf ist vom Vergleich mit einer Wirklichkeit bestimmt, wie ich sie über mehrere Jahre auf Taiwan, besonders im städtischen Milieu, habe erfahren können. Sicherlich haben wir nicht Ausschnitte einer »Beschreibung« des Landlebens und noch weniger des chaotisch-quirligen Stadtlebens in Taibei vor uns, welches sich in einem Jahrzehnt so unwiderruflich verändert hat, daß man meint, einer radikal anderen Welt zu begegnen. Die Autoren haben weniger etwas dem einheimischen Leser ohnehin Geläufiges realistisch darstellen als kritisch auf die Schattenseiten des taiwanesischen Wirtschaftswunders verweisen wollen. So gesehen eignen sich die Texte nur begrenzt als eine auf die äußerlichen Erscheinungen vorbereitende Touristenlektüre, zwischen Reiseführer und Flugstreckenplan gesteckt. Denn man spürt kaum etwas von der häßlichen Unruhe der mörtelfarbigen Stadt Taibei oder der anderen großen Städte der Insel, kaum etwas von der unbarmherzigen Dynamik, mit der sie nach dem Beispiel Japans und der USA modernisiert werden. Wir hören nichts von der Bau- und Sanierungsfurie, die die in üppige Gartenquadrate eingebetteten Holzhäuser im japanischen Stil ebenso verdrängt wie alle anderen Relikte ländlicher Lebensweise. Kaum erwähnenswert erscheint den Schriftstellern in den Geschichten unserer Auswahl das dampfende subtropische Klima, das die Lebensgeister abstumpft; der nach brütender Hitze auf Flachdächer, Palmen und Bananenstauden niederprasselnde Tagesregen kommt nicht vor. Des Lesers Blick wird nicht auf uns wichtige Charakteristika der Städte gelenkt: auf eine hochgeschossene und wohlgenährte jüngere Generation,

auf erste Zeichen des Luxus in der Kleidung, auf das oft sogar Hongkong in den Schatten stellende Angebot regionaler Vielfalt der chinesischen Küche. Man tut sich auch schwer, in den Erzählungen den vergleichsweise immer noch hohen Grad der Isoliertheit des geistigen Lebens in Taiwan zu entdecken, die von der konfuzianisch-versetzten moralischen Suada der Provinzmedien mitverschuldet ist.

Die Autoren sind als die eigentlichen Erben der chinesischen sozialkritischen Literatur der dreißiger Jahre mit anderem, mit den negativen Seiten der Modernisierung auf der menschlichen Ebene präokkupiert. Wir erhalten vor allem Einsicht in die dem westlichen Besucher gewöhnlich gänzlich unzugängliche psychologische Situation; eine ganze Reihe von Figuren in unseren Erzählungen wird man in diesem Sinne kaum als untypisch abtun können. Unter den Städtern finden wir neben den erwähnten Porträts der im Gestern verlöschenden älteren Festländer etwa den vom Konfuzianismus vorkonditionierten loyalen Parteigänger, wie ihn die herrschende Guomindang als überzeugten Antikommunisten vor allem unter den vom Festland Herübergeflohenen und ihren Kindern vieltausendfach herangezogen hat. Dem von der gleichen Partei mit ausgeklügelten Schikanen herumgehetzten Intellektuellen, der so unberechenbar in seinem gesamten Lebensumkreis bedroht ist, begegnen wir in seiner bedrückenden Wirkungslosigkeit und Hilflosigkeit. Die Misere des desintegrierenden bäuerlichen Lebens und seiner Kunstformen enthüllt sich am Beispiel des niedergehenden Lokaltheaters, das durch das Fernsehen und vor allem aus einem neuen bürgerlichen Lebensgefühl heraus Schritt für Schritt beiseitegedrängt wird. Es gelingt den Taiwan-Autoren überhaupt in noch größerem Maße, uns die bitteren, kantigen Figuren der

Fischer, Bauern und Prostituierten vom Lande psychologisch nahezubringen. Dieser exemplarische Einblick also in eine menschliche Realität *hinter* den betrachtbaren Dingen ist, so meine ich, das, was uns diese Erzählungen lesenswert machen könnte. Die unerwünschten Folgen der wirtschaftlichen Umwälzung und der Modernisierungsansätze in Ostasien werden partiell erkennbar – Folgen, die Japan vorher erlebt hat, mit denen sich Korea und Taiwan heute konfrontiert sehen und die das chinesische Festland wohl in der nahen Zukunft erfassen werden.

Der Literaturprofessor Nījima Atsuyoshi hat dem japanischen Leser der Nachkriegsjahrzehnte, der mit der modernen (und traditionellen) chinesischen Literatur in repräsentativen Übersetzungen konfrontiert ist, ein immer laueres Interesse, ja ein wachsendes Unverständnis bescheinigt. Für die urbane, nach westlichen Vorbildern erzogene jüngere Generation der Japaner sei vieles an dieser Literatur nur noch »eine rein chinesische Angelegenheit«. Gewendet auf unseren Ausschnitt aus der erzählenden Prosa der »Provinz Taiwan« ist, so meine ich, ein solch hartes Urteil nicht gerechtfertigt, das sonst solche Texte letztlich in die sprachlichen Schranken zurückverweisen bzw. weitere Übersetzungen erübrigen würde. Denn der Darstellungsversuch der conditio humana in diesem Ausschnitt der chinesischen Gesamtliteratur, ein Versuch, der sich von keiner staatlichen Admonition hat lenken lassen, überzeugt; er wirkt auch auf den Leser mit einem anderen kulturellen Hintergrund und durch die Verzerrungen hindurch, die eine jede Übersetzung mit sich bringt.

Über alle Sozialkritik hinaus, das vergessen die Interpreten der xiangtu-Heimatliteratur oft, ist schließlich ein bodenständig-bäuerlicher Sinn für Humor hervorzuhe-

ben, der anscheinend nur den gebürtigen Taiwanesen unter den Schriftstellern zu Gebote steht, die keinen Gedanken auf möglicherweise wünschenswertere Lebensformen des chinesischen Festlandes oder auf eine Exilexistenz in den USA verschwenden.
Ein erster Versuch, dem literarischen und gesellschaftlichen Phänomen der Schriftsteller auf Taiwan gerecht zu werden, war ein Seminar über »Opposition in Taiwan«, das ich 1972/73 an der Ruhr-Universität in Bochum durchführte und das den im Gefängnis zurechtgestauchten Li Ao, weiter den aufrechten Philosophieprofessor Yin Haiguang und Bai Xianyong behandelte; damals entstanden erste Übersetzungen, angefertigt von R. Drifte und H. Link, die in der Folge teilweise überarbeitet wurden von Kay Möller. Die Vorlage zu einer Übersetzung in unserer Anthologie entstammt noch den Skripten jenes Seminars. Unsere Auswahl, die erst nach vielem Verwerfen und manchem Austauschen zustande gekommen ist, wobei die Herausgeber Prof. Joseph S. M. Lau von der University of Wisconsin in Madison für seine Hilfe verpflichtet sind, will zunächst allgemein über Taiwans neue Prosa-Literatur informieren. Ein zweiter Schritt für den deutschen Leser wird sein müssen, einzelne Autoren mit ihrem Werk selbständig zu Wort kommen zu lassen; es sei deshalb hier zum Schluß auf eine Ausgabe von Bai-Xianyong-Prosa verwiesen, die Dr. Baus zur Veröffentlichung vorbereitet hat.

Helmut Martin

Literatur und Literaturpolitik in Taiwan nach 1945

Daß es auf Taiwan in den sechziger und siebziger Jahren ein Wirtschaftswunder gegeben hat, durch das dieser Inselstaat aus dem Kreis der Entwicklungsländer ausschied und zu einem der wirtschaftlich und politisch stabilsten Staaten Asiens aufstieg, ist dem deutschen Leser durch sporadische Pressemeldungen bekannt. Man weiß, daß uns die Insel nicht länger vornehmlich Spargel und Champignon liefert, sondern inzwischen in beachtlichem Umfang Textilien, Elektroartikel und andere hochwertige Konsumgüter, daß Taiwan mithin im Verlaufe der letzten zwanzig Jahre den Schritt von der Agrar- zur Industriegesellschaft vollzogen hat. Doch man interessiert sich für diese Veränderungen fast ausschließlich mit dem Blick dessen, der dort investiert, produziert, einkauft oder einen Markt für deutsche Waren sucht.

Auch die Anteilnahme an der *politischen* Entwicklung auf der Insel wurde durch diesen Blickwinkel eingeengt. Sie beschränkte sich weitgehend auf die Frage, ob es der Regierung gelingen würde, weiterhin ein günstiges Investitionsklima zu garantieren und wie weit sich ihr Bemühen, Kapital aus dem Ausland anzuziehen, vertragen würde mit dem Anspruch, das ganze China zu repräsentieren, der das Land außenpolitisch zunehmend isolierte.

Die sozialen und politischen Probleme der rasanten Industrialisierung einer vormals agrarischen Gesellschaft wurden kaum beachtet, und über das kulturelle Leben

auf der Insel mit ihren siebzehn Millionen Einwohnern findet man in der gesamten westeuropäischen Presse nur selten eine Notiz. Taiwan hat weder die Menschenmassen noch die Katastrophen oder Utopien zu bieten, durch die die Volksrepublik auch dem, der nicht in den Kategorien von Kaufen und Verkaufen denkt, faszinierend erschien.
Was sich kulturell und kulturpolitisch auf der Insel tat, blieb unbeachtet. Dabei wuchs in Taiwan eine Generation von Autoren heran, deren Werke auch im internationalen Vergleich bestehen können und die, im Gegensatz zu den meisten literarischen Erzeugnissen aus der Volksrepublik, nicht nur vornehmlich von den Beschränkungen und Auflagen zeugen, denen Schriftsteller im totalitären Staat unterliegen.

Die Kulturpolitik der regierenden Guomindang

Seit Chiang Kai-shek 1949 auf der Flucht vor den kommunistischen Armeen mit seinen Gefolgsleuten nach Taiwan übersetzte, hat er nie den Anspruch aufgegeben, Präsident der einzig rechtmäßig gewählten Regierung Chinas zu sein. Taibei wurde zur provisorischen Hauptstadt ganz Chinas erklärt; die politischen Entscheidungen sollten vor allem mit Blick auf die möglichst schnelle Wiedereroberung des Festlands getroffen werden. Daß dieses Ziel mit den Jahren immer unrealistischer erschien, führte nicht zu einer Revision politischer Zielvorstellungen, sondern lediglich zu einer wachsenden Diskrepanz zwischen dem, was gesagt, und dem, was geglaubt wurde.
Auch der Kulturpolitik wird seit nunmehr dreißig Jahren die Aufgabe zugewiesen, den Anspruch der Regierung,

für ganz China zu sprechen, zu legitimieren. Was kulturell auf Taiwan geschah, sollte von der Verbundenheit der Inselbewohner mit dem Festland künden bzw. dieses Gefühl der Verbundenheit stärken. So war Kultur in Taiwan in gewisser Weise von vornherein als Kultur im Exil konzipiert.

Während in der Volksrepublik eine neue, revolutionäre Kultur propagiert und als Voraussetzung dafür die Zerschlagung aller Bindungen an die alten »feudalen« Traditionen angestrebt wurde, gab man sich in Taiwan betont als Erbe und Hüter »fünftausendjähriger chinesischer Tradition«. Praktisch lief das zum Beispiel darauf hinaus, daß man die Verkürzung vieler chinesischer Schriftzeichen, wie sie in der Volksrepublik im Zuge umfassender Alphabetisierungskampagnen vorgenommen wurde, als Akt der Barbarei diffamierte und die komplizierte unverkürzte Schriftweise beibehielt. Und als in der Volksrepublik die Kampagnen gegen Konfuzius einsetzten, strich man in Taiwan um so entschiedener die Gültigkeit der von konfuzianischen Denkern entwickelten ethischen Normen heraus. Werke der Kunst sollten den Geist der chinesischen Tradition atmen. So reagierte man auf die »Große Proletarische Kulturrevolution« mit einer »Bewegung für eine kulturelle Renaissance«; sie sollte den Chinesen nicht nur in Taiwan, sondern auch auf dem Festland und in Übersee zeigen, wo die Bewahrer echten chinesischen Geistes residieren. Wie die Kulturrevolution brachte auch diese Bewegung eine Flut von Pamphleten, Rezepten und Absichtserklärungen hervor, inspirierte aber zu keinem bedeutenden Kunstwerk.

In beiden Chinas soll Kunst fest eingespannt sein in den Dienst einer Ideologie; die Folgen einer solchen Kulturpolitik sind in Taiwan zwar weniger spektakulär als in der

Volksrepublik, gleichwohl ebenfalls verheerend. Nicht anders als im kommunistischen China, wird auch in Taiwan die Kunst zur »Waffe« erklärt, informiert die Partei (in diesem Fall die Guomindang) den Künstler im voraus über das gewünschte Ergebnis seiner Anstrengungen und listet Zutaten auf, die zu einem solchen Ergebnis beitragen. Das Desinteresse am Wesen schöpferischer Prozesse ist bei den Kulturpolitikern beiderseits der Taiwanstraße tief, und die Einsicht, daß für die Produktion von Kunstwerken Rezepte entbehrlich sind, will sich nicht durchsetzen. Die von der Guomindang betriebene Literaturpolitik ließ kritische Impulse nur zu, wo sie sich gegen die festländischen Kommunisten richteten. Während man den Künstler für kompetent hält, die Gefahren des Kommunismus zu erkennen, wird ihm jede Kompetenz und damit das Recht zur kritischen Durchleuchtung der politischen und sozialen Strukturen im eigenen Lande abgesprochen; er darf sich kritisch nur mit Dingen auseinandersetzen, die er nicht aus eigener Anschauung kennt. Noch in der *Zhongyang Ribao* (dem Zentralorgan der Guomindang) vom 6. September 1980 wird behauptet, zum Wesen eines wirklichen Intellektuellen gehöre auch der Antikommunismus, und es wird dem Intellektuellen die Aufgabe zugewiesen, den Politikern Waffen für den Kampf gegen den Kommunismus an die Hand zu geben. Als leuchtendes Vorbild wird Albert Einstein präsentiert, weil er für seine Regierung die Atombombe erfunden habe! Das wirft ein Schlaglicht auf das Niveau, mit dem die Regierungsseite ihren kulturpolitischen Standpunkt darlegt.

Die umfassende Bevormundung durch die Politiker kann uns auch die zunächst irritierende Diskrepanz zwischen der Fülle belletristischer Veröffentlichungen und dem weitgehenden Desinteresse, das ihnen von der Öffentlichkeit entgegengebracht wird, erklären. Es ist in Taiwan nicht ungewöhnlich, auf Intellektuelle zu treffen, die unbefangen bekennen, nichts von zeitgenössischen einheimischen Autoren gelesen zu haben. Und das, obwohl sich das literarische Leben weitgehend in den Feuilletons der großen Tageszeitungen abspielt. Es gibt kaum einen Autor von Rang, der seine Erzählungen nicht einer dieser großen Zeitungen zum Vorabdruck überlassen hätte. Man darf also nicht ausschließen, daß das Desinteresse an dieser Literatur lange Zeit von ihr selber verschuldet wurde, daß sie sich nicht interessant zu machen wußte oder sich nicht interessant machen durfte. Und wie sollte sie sich interessant machen, wenn sich der Schriftsteller, ungeachtet der verfassungsmäßig garantierten Redefreiheit, mit einer Fülle von Tabus konfrontiert sieht, die sich auf praktisch alle kontroversen Bereiche im Inselstaat erstrecken? Nicht anders als der Politiker, findet auch der Schriftsteller das Areal, in dem er sich frei bewegen kann, genau markiert. Überschreitet er die Markierung, muß er um seine Freiheit fürchten und damit rechnen, daß seine Bücher verboten werden. Nicht von ungefähr stammen die meisten Erzählungen, die in diesem Band übersetzt wurden, aus den späten sechziger und frühen siebziger Jahren, als dieses Areal vorübergehend erweitert und mit freundlicherem Material eingezäunt wurde.

Zu den tabuisierten Problemen, mit denen sich ein Schriftsteller tunlichst nicht auseinandersetzt, gehören zum Beispiel:

– Die Ursachen der Niederlage gegen die Kommunisten im Bürgerkrieg. Es hat also in Taiwan bisher keinen Versuch einer »Vergangenheitsbewältigung« geben dürfen.

– Die Haltung der Taiwanesen gegenüber den Japanern in

der Zeit der japanischen Besetzung (1895–1945), sofern diese Haltung nicht von einem in chinesischem Nationalismus wurzelnden Widerstandsgeist bestimmt war.

– Die Gegensätze zwischen Taiwanesen und Festländern: die Privilegierung der Festländer, die kulturelle und politische Bevormundung der Taiwanesen.

– Die Folgen einer vom Volkswillen unkontrollierten Einparteienherrschaft wie Korruption, Bespitzelung usw.

– Die sozialen Bedingungen derer, die am Wirtschaftswunder wenig partizipieren: der ungelernten Arbeiter, Kleinbauern, Prostituierten, der vom Festland geflohenen oder verschleppten einfachen Soldaten usw.

Eine solche unvollständige Aufzählung macht bereits deutlich, daß dem Schriftsteller nicht viel mehr bleibt als die Sphäre des Privaten. Und auch das nur, wenn es ihm gelingt, über die Zusammenhänge zwischen privaten und gesellschaftlichen Problemen hinwegzusehen.

Folglich bestand der Großteil der Literatur der fünfziger und sechziger Jahre aus Erzählungen über Glück und Frustrationen im privaten, häuslichen Bereich, aus einer Fülle von Erinnerungen an einen heroischen Widerstandskrieg gegen Japaner und Kommunisten sowie aus nostalgischen Reminiszenzen an glückliche Tage auf dem Festland. Und es erklärt sich der oft überwältigende Eindruck von Harmlosigkeit und Zahnlosigkeit dieser Literatur, ihre hin und wieder auch von einheimischen Kritikern beklagte Neigung zu Sentimentalität, Melodramatik oder geschwätzigem Narzißmus.

Im Gegensatz zu der Literatur, die in den zwanziger und dreißiger Jahren auf dem Festland erschien, anders auch als die taiwanesische Literatur der japanischen Besatzungszeit, gibt die der ersten zwanzig Nachkriegsjahre in Taiwan kaum Aufschluß über gesellschaftliche und politische Probleme. Das ändert sich gegen Ende der sechziger Jahre und vor allem in den siebziger Jahren im Zusammenhang mit einer Bewegung, die eine neue »Heimatliteratur« (xiangtu wenxue) propagiert und für eine realistische Beschreibung des Lebens in Taiwan eintritt.

Um verständlich zu machen, warum eine solche Bewegung gerade in dieser Zeit entstehen konnte, um ferner den Anspruch und auch die Provokation zu verdeutlichen, die in Werken und Programmen dieser Bewegung steckten, erweist sich ein detaillierterer Überblick über einzelne Entwicklungsphasen in der Nachkriegsliteratur Taiwans als hilfreich.

Die erste Phase: Literatur als antikommunistische Propaganda

Als die Insel 1945 nach fünfzigjähriger Verwaltung durch die Japaner an China zurückfiel, bedeutete das für die Taiwanesen unter anderem, daß sie zur Literatur allein aus sprachlichen Gründen kaum mehr Zugang fanden. Denn die Japaner hatten über lange Jahre mit Hilfe eines aufwendigen Japanisierungsprogramms versucht, die Bindungen der Taiwanesen ans chinesische Festland zu lösen, und dabei Japanisch als lingua franca durchgesetzt. Die taiwanesische Intelligenz hatte zum großen Teil japanische Hochschulen absolviert, sie las und schrieb Japanisch. Selbst jene Werke einheimischer Autoren, die sich aus chinesischem Nationalismus gegen die japanischen Besatzer wandten, waren zum großen Teil in Japanisch verfaßt. Japanischsprachige Literatur war den Taiwanesen aber nicht mehr zugänglich, nachdem die Herrschaft über die Insel als Folge der japanischen Kapitulation in die Hände der Festländer gefallen war. Die neuen Herren brachten ihre eigene Literatursprache mit, das Hochchinesische oder Mandarin, das sich an dem in der Umgebung von Peking gesprochenen Chinesisch orientiert und dem Taiwanesen nicht ohne weiteres verständlich ist. Und die festländischen »Befreier«, die ohnehin ihre »befreiten« taiwanesischen Landsleute mehr oder weniger offen als Kollaborateure des Erzfeindes Japan verdächtigten, dachten gar nicht daran, das vom Festland herübergeschaffte Material für taiwanesische Leser bearbeiten zu lassen.

Verlegt wurde damals eine seichte Unterhaltungsliteratur vornehmlich für Festländer, die sich in Taiwan noch fremd fühlten und mit Hilfe der Lektüre in eine heimische, vertraute Welt fliehen wollten. Der Eifer taiwanesischer Intellektueller, sich in die Lage zu versetzen, in der ihnen oktroyierten neuen Literatursprache mitzuschreiben und mitzulesen, wurde in dem Maße gedämpft, wie sich die Spannungen zwischen festländischer Minderheit und taiwanesischer Bevölkerungsmehrheit aufgrund der Arroganz, Willkür und Korruption der von Chiang Kai-shek eingesetzten Verwaltung verschärften. Im berüchtigten Zwischenfall vom 28. 2. 1947, als Chiang die Protestbewegung der Taiwanesen zum Vorwand nahm, große Teile der einheimischen Intelligenz abschlachten zu lassen, stellte sich die GMD-Regierung endgültig als neues Besatzungsregime dar. Dieser Zwischenfall lastet bis heute als ein Trauma auf den Beziehungen zwischen Festländern und Taiwanesen.

Obwohl sich 1949 im großen Flüchtlingsstrom auch eine Reihe von Schriftstellern befand, die sich auf dem Festland bereits einen Namen gemacht hatten, trug das nicht wesentlich zur Hebung des literarischen Niveaus bei. Zwar wuchs mit der Zahl der Flüchtlinge auch die Zahl der potentiellen Leser, aber alles in allem begünstigte die politische Situation mehr literaturpolitische als literarische Aktivitäten. Literaturpreise wurden gestiftet, literarische Zeitschriften gegründet. In dem Maße, wie man politisch ein Gegen-China zur Volksrepublik aufbaute, bemühte man sich, auch kulturell ein Gegengewicht zu schaffen. Vor allem die Literatur wurde von der Politik unbarmherzig in die Pflicht genommen. Literatur mußte antikommunistische Literatur (fangong wenxue) sein; man verstieg sich dazu, vom Schriftsteller die Produktion von »Papiergranaten« (zhidan) zu erwarten, ohne sich des ironischen Beigeschmacks einer solchen Metapher bewußt zu sein.

»Angesichts der Wahrheit darf es keine Neutralität geben. Angesichts der gerechten Sache sind Zweifel nicht erlaubt.«

Welche Literatur von dümmlich-kämpferischen Forderungen wie dieser inspiriert wurde, läßt sich vorstellen, und es nimmt nicht wunder, daß manche Autoren, die vor den Kommunisten nach Taiwan geflohen waren, in die Wissenschaft abwanderten und als Autoren von Belletristik kaum noch in Erscheinung traten.
Es war die Zeit der antikommunistischen Kriegsepen. Dabei setzte sich der Autor nicht mit den Gründen, die den Sieg der Kommunisten seinerzeit gefördert hatten, auseinander; statt dessen simplifizierte man den Konflikt zu einem zwischen Gut und Böse und begnügte sich meist mit antikommunistischer Erregung. Die Helden solcher Romane waren Festländer, die Handlung spielte auf dem Festland, Autoren und Leser kamen vom Festland. Zwar war Zeitgeschichtliches thematisiert, doch versprach man sich von der Lektüre weniger Zugang zum Verständnis des eigenen Schicksals als vielmehr Trost. Leser und Autoren träumten sich noch einmal in

eine heile vorkommunistische Welt, die dann durch Intrigen der Roten zerstört wurde.
Bei solchen Gelegenheiten rechneten die Autoren gern mit jenen Angehörigen der Intelligenz ab, die in den dreißiger und vierziger Jahren angeblich aus niederen Motiven oder politischer Naivität die Sache der Linken unterstützt hätten. Eine der vom Regime geförderten Lebenslügen lautete, es sei wesentlich die linke und linksliberale Intelligenz gewesen, die durch ihre Agitation, ihr Herumwühlen in den Schattenseiten des Lebens zur Machtübernahme durch die Kommunisten beigetragen habe.
Diese »Einsicht« war zumindest in zweierlei Hinsicht folgenreich: Die Regierung in Taiwan wollte aus bösen »Erfahrungen« gelernt haben. Man meinte, die Gefährlichkeit solcher Literatur einmal unterschätzt zu haben und wollte diesen Fehler nicht noch einmal begehen. Als Konsequenz wird dem Leser in Taiwan praktisch die gesamte realistische, sozialkritische Literatur der dreißiger und vierziger Jahre vorenthalten. Darüber hinaus meint man, aus dieser »Erfahrung« ein generelles Mißtrauen gegen den politisierenden Literaten ableiten zu dürfen und spricht ihm die Kompetenz in politischen Fragen ab. Er hat sich in diesem Punkt an das Urteil von Fachleuten zu halten, die in der Regierung sitzen. Damit ist dem Literaten in Taiwan eine Mission, die dem chinesischen Literaten traditionell zuerkannt wird, abgesprochen worden.
Diese simplen Argumentationsmuster wurden in der literaturtheoretischen Diskussion der sechziger und frühen siebziger Jahre nicht thematisiert, weil damals kaum jemand wagte, sie laut in Frage zu stellen. Doch als dann ab Mitte der siebziger Jahre die neue Heimatliteratur, deren Autoren politische, taiwanbezogene Anliegen ver-

traten, populär zu werden drohte, tauchten sie in den Erwiderungen regimetreuer Kritiker wieder auf.

Die zweite Phase: Reine Literatur

Rückblickend betrachtet auch mancher Kritiker auf Taiwan diese Jahre nach dem Krieg als »literarische Wüste«. Erst Ende 1956 belebte sie sich zaghaft, als Xia Ji'an (Hsia Tsi-an), Professor für Englische Literatur an der Fremdsprachenabteilung der Nationalen Taiwan-Universität, der renommiertesten Universität des Landes, die *Literaturzeitschrift (Wenxue zazhi)* gründete. In den programmatischen Erklärungen, die die erste Nummer einleiteten, hieß es etwa: »Literatur kann sich nicht in Propaganda erschöpfen«, und »wir wollen nicht vor der Realität fliehen«; ein ernsthafter Autor müsse darauf abzielen, »den Geist seiner Zeit zu spiegeln«. Nun wäre ein solches Bekenntnis zu Realismus und Spiegelung des Zeitgeistes bestimmt ein riskantes Unterfangen gewesen, doch waren die Mitarbeiter der Zeitschrift zum größten Teil Studenten besagter Universität und Schüler Xias. Was sie kannten, war also vornehmlich die ganz besondere Realität des Campuslebens.

Es entwickelte sich nun neben der Kriegsliteratur (dabing wenxue), die zu einem guten Teil von aus dem Militär hervorgegangenen Schriftstellern geschrieben wurde, und neben den mehr oder weniger rührseligen Familienepen eine neue Literatur von Akademikern für Akademiker. Viele Mitarbeiter von *Wenxue zazhi* studierten Literatur an der Universität. Da sie von den eigenen modernen Traditionen, wie sie sich auf dem Festland in den Jahrzehnten vor dem Sieg der Kommunisten herausgebildet hatten, aus oben erwähnten Gründen abgeschnitten waren, bezogen sie ihre Anregungen aus dem Studium westlicher, vornehmlich angelsächsischer Literatur. Ihrer Absage an Propaganda blieben die Mitarbeiter der Zeitschrift treu, ihr Bekenntnis zum Realismus verwirklichten sie indes nicht. Was sie schrieben, atmet vielmehr den Geist des l'art pour l'art und der Weltflucht, und gibt vielleicht gerade insofern das Lebensgefühl junger Intellektueller jener Jahre authentisch wieder. Die Bedeutung dieser Zeitschrift ist aber nicht in erster Linie im Rang der Erzählungen begründet, die in ihr veröffentlicht wurden. Wichtiger erscheint rückblickend, daß sie einigen der heute prominentesten Autoren Taiwans half, ihre ersten literarischen Gehversuche zu unternehmen, darunter Bai Xianyong und Chen Ruoxi, die in diesem Band vorgestellt werden. Dabei erwies sich Xia Ji'an als Entdecker, väterlicher Freund und Mentor vieler Talente: er ist in gewissem Sinne der Vater der modernen Literatur Taiwans.

Einige seiner Schüler gründeten 1960 ihre eigene Zeitschrift: *Moderne Literatur (Xiandai wenxue)*. Der Literaturhistoriker Lee Ou-fan stellt sie, was ihre historische Bedeutung für die Entwicklung der Literatur in China anbelangt, berühmten Zeitschriften der zwanziger und dreißiger Jahre wie *Xiaoshuo yuebao*, *Chuangzao yuekan* und *Xinyue* an die Seite. Dieser Zeitschrift allein seien Entdeckung und Bewertung des Modernismus in China zu verdanken. Ihr Titel klingt an das von Dai Wangshu 1932 gegründete Magazin *Xiandai* an, das seinerzeit ebenfalls – und ebenfalls politisch neutral – neueste Tendenzen der westlichen Dichtung vorstellen wollte.

Die Herausgeber von *Xiandai wenxue* empfanden den Zustand der Literatur in Taiwan als desolat und zeigten sich von Sendungsbewußtsein erfüllt, wenn sie sich etwa ihrem Publikum als »Wegbereiter einer chinesischen Renaissance« vorstellten. Sie alle waren damals erst zwischen zwanzig und dreißig Jahre alt und versprachen sich eine Bereicherung der Literatur Taiwans vornehmlich von einer Assimilation moderner Strömungen in Europa und Amerika. Dabei waren sie aufgrund ihrer Ausbildung kaum in der Lage, Autoren wie Kafka, Joyce, James, Woolf oder Hemingway unabhängig einzuschätzen. Sie arbeiteten vornehmlich als Übersetzer und stellten nicht nur Werke dieser Autoren dem chinesischen Leser vor, sondern übersetzten zugleich Arbeiten westlicher Kritiker über sie und machten so mit den Arbeitsweisen westlicher Literaturkritik bekannt. Verständlicherweise blieb diese Tätigkeit nicht ohne Einfluß auf die eigenen Werke dieser jungen Schriftsteller. Stil wie Themenwahl wurden von den genannten Vorbildern beeinflußt, darüber hinaus sehr wesentlich von der Begegnung mit den Schriften der Existentialisten sowie den Thesen und Analysen Freuds, vornehmlich also von Werken, die eine aufgrund der genannten Bedingungen ohnehin latente Tendenz zur Introspektion verstärken konnten. Bei diesen modernen westlichen Klassikern durfte man sich in guter Gesellschaft wähnen, wenn man sich in die Innerlichkeit zurückzog; ein Grundgefühl von Angst und Unsicherheit brauchte sich nicht aus konkreten politisch-sozialen Bedingungen zu erklären, sondern konnte sich als existentialistische Angst begreifen. Mit solcher Angst fühlte man sich dann den Großen der Weltliteratur nahe.

Damit entstand zunächst eine Literatur für Insider, die bei allen, die nicht über entsprechende Kenntnisse westlicher Denkströmungen verfügten, weitgehend auf Unverständnis stieß. Es mag manchen jungen Literaten noch in seinem elitären Selbstgefühl bestärkt haben.

Nicht ohne tadelnden Unterton sprechen viele Literaturkritiker in Taiwan von den *Xiandai-wenxue*-Autoren als »College-Literaten« (xueyuan-pai), die zwar, was die Entwicklung der Erzähltechniken betrifft, die Literatur Taiwans bereicherten durch die Anlehnung an westliche Vorbilder, sich gleichzeitig aber den meisten Lesern entfremdeten, indem sie sich auch im Stofflichen zu sklavisch an diesen Vorbildern orientierten. Desinteressiert an der sozialen Wirklichkeit, in der sie lebten, bzw. im Bewußtsein, wie gefährlich es für einen Schriftsteller in Taiwan war, sich für Taiwan zu interessieren, emigrierten die meisten Autoren aus ihrer Umwelt in die Innenwelt und aus der Gegenwart in Vergangenheit oder Ewigkeit. Man plädierte für eine »reine Literatur« (chun wenxue). Nur eine Minderheit gab, in Parabeln verschlüsselt, Kunde von den Zwängen, denen man sich unterworfen fühlte; die Mehrheit versuchte weiterhin, sich zu arrangieren, nicht nur mit den Machthabern, sondern auch mit dem eigenen Gewissen. Dabei wurde nicht selten die Not zur Tugend erklärt, wenn man das Zeitlose, Allgemeinmenschliche als wahren Gegenstand von Literatur feierte. Man verwies auf herausragende Werke der Weltliteratur und meinte aus der Tatsache, daß das Werk Homers, Shakespeares, Goethes oder Cao Xueqins (Autor des berühmten chinesischen Romans *Traum der Roten Kammer*) auch nach Jahrhunderten noch bedeutungsvoll ist, die Existenz eines Kanons zeitloser Konflikte ableiten zu können, den man zum alleinigen Gegenstand schriftstellerischen Bemühens erklärte. Dabei übersah man geflissentlich, daß die Werke, auf die man sich berief, zunächst einmal etwas über ihre eigene Zeit aussagten.

Xiandai wenxue erschien über einen Zeitraum von dreizehn Jahren. 51 Ausgaben enthalten 206 Erzählungen von über siebzig Autoren; nur vier der in unsere Auswahl aufgenommenen haben meines Wissens nicht in ihr publiziert (Zhang Xiguo, Yang Qingchu, Zeng Xinyi und Lu Mo). Im Verlaufe dieser dreizehn Jahre fanden in Taiwan Entwicklungen statt, die auf die Literatur nicht ohne Einfluß blieben und auch dem Bild der Zeitschrift ein paar neue Farben hinzufügten.

Die dritte Phase: Besinnung auf Taiwan

Entscheidend ist dabei zum einen das Entstehen einer breiten städtischen Mittelschicht im Zusammenhang mit der Industrialisierung der Insel, zum anderen die Tatsache, daß eine Generation von Taiwanesen herangewachsen war, die ihre Ausbildung von Anfang an in chinesischen Schulen erhalten hatte und sich mühelos auf hochchinesisch auszudrücken wußte.
Mit der relativ wohlhabenden taiwanesischen Mittelschicht wuchsen dem Literaturmarkt neue Leser zu, deren Neugier nicht länger durch Erzählungen über längst vergangene gute oder böse Zeiten auf dem fernen Festland bzw. im noch ferneren Amerika zu befriedigen war. Diese neuen Leser wollten nicht nur etwas von ihrer Welt in der Literatur wiederfinden, sondern auch etwas von ihrem eigenen, viel aggressiveren Lebensgefühl. Sie waren in Taiwan zu Hause und sie sahen, daß es mit Taiwan wirtschaftlich bergauf ging. Die nostalgischen Klagelaute der exilierten Festländer mußten ihnen befremdlich erscheinen.
Von den Leseerwartungen dieser Mittelschicht profitierten zunächst die Verfasser von Trivialliteratur, indem sie eine Welt vorführten, in der Geld und Macht nicht unvereinbar sind mit Glück und Liebe, wenn man sie nur

innerhalb der Grenzen sozialer Konformität erlangt. Andererseits nahm mit dem Anwachsen der städtischen Bevölkerung auch die Zahl derer zu, die sich in den Städten entwurzelt fühlten und sich mit einer gewissen Sehnsucht der ländlichen Lebensweise erinnerten.

Diesem Bedürfnis, sich in der Isolation der Großstadt auf die eigenen, ländlichen Wurzeln zu besinnen, kamen die Werke der bereits erwähnten neuen Heimatliteratur entgegen, die sich Mitte der sechziger Jahre entwickelte und von einheimischen Taiwanesen geschrieben wurde. Überspitzt könnte man sagen: Die ersten zwanzig Nachkriegsjahre brachten eine Literatur von Festländern für Festländer, von Exilierten für Exilierte; danach wird die literarische Szene beherrscht von Werken, die von Taiwanesen für Taiwanesen verfaßt wurden. Einige der hervorragenden Vertreter dieser neuen Heimatliteratur, wie Chen Yingzhen, Wang Zhenhe und Huang Chunming, veröffentlichten Erzählungen in *Xiandai wenxue*, ohne daß die Zeitschrift deswegen zum Organ dieser neuen Richtung geworden wäre.

Dies wurde dann die 1966 gegründete *Literarische Vierteljahresschrift (Wenxue jikan)*. Sie wurde von Yu Tiancong herausgegeben, einem vom Festland stammenden jungen Professor für chinesische Literatur an Taibeis Zhengzhi-Universität. Yu war ein scharfer, oft bösartiger Kritiker der College-Literaten und ihrer l'art-pour-l'art-Literatur, ihres Narzißmus und elitären Gebarens. Er betrachtete die meisten *Xiandai wenxue*-Mitarbeiter als »kleine städtische Intellektuelle« und sah sie an die Traditionen der konfuzianischen Gentry anknüpfen; aus der modernen Beamten- und Unternehmerschicht kommend (und die Unternehmer im Taiwan von heute seien ja die Grundbesitzer von gestern), tradierten sie in ihren Werken konfuzianisches Grundbesitzerethos, die altehrwürdige Arroganz der Studierten, ihren Herrschaftsanspruch, ihre Selbstgefälligkeit und ihren Egoismus.

Während sich die College-Literaten vornehmlich an westlichen Autoren des 20. Jahrhunderts orientierten (wobei das Schwergewicht auf der angelsächsischen Literatur lag), berief sich Yu auf die großen Realisten des 19. Jahrhunderts, vor allem auf Balzac, Zola, Tolstoj und Dostojevskij. Bei ihnen meinte er zu finden, was er für Taiwans neue Literatur forderte: eine präzise und zugleich anteilnehmende Beschreibung der jeweiligen historisch-sozialen Wirklichkeit.

Gute Literatur ist für Yu immer aufklärerische Literatur, der Autor ist ein politisches Wesen, das sich seiner Bedingtheit und Geprägtheit durch die Gesellschaft bewußt sein sollte und aus einem Gefühl der Sympathie mit den Unterprivilegierten die Entwicklungen in der Gesellschaft durch seine Schriften zu beeinflussen hofft. Auf eine solche Sympathie mit den Unterprivilegierten legt Yu den Schriftsteller fest; wenn er sie im Werk eines Autors nicht findet, hält er ihm dies als moralisches Versagen vor. So artet Yus Kritik meistens in Gesinnungskritik aus, wird ihm Gesinnung zum Kriterium der Kunstkritik; hier trifft er sich mit seinen Widersachern, den Apologeten der Parteilinie:

»Wenn wir ein Werk kritisieren, müssen wir darauf achten, ob die Ideale, die in ihm propagiert werden, richtig oder falsch sind und ob sie in Einklang stehen mit dem Nutzen der Mehrheit des Volkes. Wenn wir über den Inhalt eines Werkes sprechen, müssen wir untersuchen, ob das, was in diesem Werk gepriesen wird, in Einklang steht mit dem Nutzen der Mehrheit des Volkes. Nur dann sollten wir das Werk loben.«

Man kann sich, eingedenk des politischen Klimas in Taiwan, leicht vorstellen, wie provozierend solche Äußerungen wirkten. Was Yu sagte, knüpfte unverhohlen an Thesen verfemter linker Literaturtheoretiker der Vorkriegsjahre an, redete offen einer vulgärmarxistischen Literaturauffassung das Wort. Nur berief sich Yu wohlweislich nicht auf Marx, sondern auf Sun Yatsen und dessen Lehre von den Drei Prinzipien fürs Volk (Sanminzhuyi), die auch die herrschende Guomindang als Leitstern ihrer Politik ausgibt. Wenn sich Yu fortwährend in Widerspruch zur Parteilinie begab, dann immer als jemand, der die Partei des Verrats an ihren eigenen Prinzipien überführen wollte und quasi aus der Position der Orthodoxie heraus argumentierte. In dieser Taktik folgten ihm später alle Theoretiker der neuen Heimatliteratur.

Verraten hat die Partei ihre Prinzipien nach Meinung Yus nicht nur in der Literaturpolitik, sondern vor allem in der Gesellschafts- und Wirtschaftspolitik. Er sieht die chinesische Gesellschaft auf Taiwan bedroht von imperialistischen und neokolonialistischen Ambitionen westlicher Staaten, vornehmlich Japans und der USA. Als Heilmittel empfiehlt er die Rückbesinnung auf den bei Sun Yatsen so zentralen Gedanken des Nationalismus. Mit solchen Einsichten und Vorwürfen steht Yu nicht allein. Er wird von liberalen Denkern wie dem renommierten Hu Qiuyuan unterstützt, der in der Vorkriegszeit einer der wenigen prominenten Kritiker sozialistischer Literaturtheorien gewesen war, ebenso von vielen jungen Intellektuellen, die Anfang der siebziger Jahre die Überzeugung teilten, daß Taiwan an einer Wendemarke seiner Entwicklung angelangt sei und sich ein Weiterleben mit den offiziell abgesegneten Lebenslügen nicht länger leisten könne. Zeitschriften wie *Hochflut* (*Xiachao*, 1976–79) und *Kaktus* (*Xianrenzhang*, 1977/78) wurden zu Sprachrohren dieser Kritiker.

Daß so etwas in Taiwan gesagt und sogar gedruckt werden konnte, ist nur verständlich, wenn man davon ausgeht, daß Regierung und Partei durch die schweren Rückschläge verunsichert waren, die sie in ihrer Außenpolitik hatten hinnehmen müssen und die die Insel international völlig zu isolieren drohten. Als Taiwan 1970 im Streit um die Diaoyutai-Inseln seine Ansprüche Japan und den USA gegenüber nicht durchsetzen konnte, im Jahr darauf seinen UNO-Sitz an die Volksrepublik verlor, als Nixon 1972 nach Peking flog und im September desselben Jahres Japan seine diplomatischen Beziehungen zu Taiwan abbrach und die Regierung der Volksrepublik anerkannte, konnte sich niemand länger über die Einsicht hinwegtäuschen, daß die Regierung mit ihrer Politik des Alleinvertretungsanspruchs gescheitert war. In der taiwanesischen Öffentlichkeit wuchs daraufhin die antiwestliche Stimmung, die von Regierungsseite insofern gefördert wurde, als sie, um von den eigenen Fehlkalkulationen abzulenken, Taiwan zum Opfer eines Verrats durch ehemalige westliche Verbündete stilisierte und vorgab, selber uneigennützig eine auf Prinzipien gründende Außenpolitik betrieben zu haben, und schließlich Opfer eines schäbigen Opportunismus geworden zu sein.

Wenn die Regierung geplant hatte, Enttäuschung und Sorge der Bevölkerung auf diese Weise durch Anleitung zum Selbstmitleid zu neutralisieren, dürfte ihr das weitgehend gelungen sein. Doch eine nicht kleine, der Regierung kritisch gesonnene Minderheit unter den Intellektuellen nutzte die Gelegenheit zu heftigen Attacken gegen die Fürsprecher des Westens, die von ihnen als Kompradoren gebrandmarkt wurden, die Taiwan an den Westen verkaufen wollten. Die politische Abrechnung mit dem Westen ging einher mit einer generellen Infragestellung westlicher Zivilisation, in der man alle zwischenmenschlichen Beziehungen von Profitgier und Konkurrenzdenken vergiftet sah. Es war dann nur noch ein Schritt zu einer Imperialismus- und Kapitalismuskritik, die oft mehr von moralischer Entrüstung als von Sachkenntnis getragen war. Mit einer Schärfe, wie man sie in Taiwan noch nicht erlebt und auch nicht für möglich gehalten hatte, wurden die Schattenseiten des taiwanesischen Wirtschaftswunders, das als Wunder auf Pump erschien, aufgedeckt und das Gespenst einer neuen Kolonialisierung der Insel an die Wand gemalt.

»Nach und nach kamen die Japaner, die uns vordem in Uniformen und mit Waffen angegriffen hatten, nach Taiwan zurück. Sie hatten sich umgezogen, trugen nun westliche Anzüge und Köfferchen wie James Bond und begannen eine neue Art der Aggression gegen uns: eine wirtschaftliche«,

hieß es etwa bei Wang Tuo.

Wenn es darum ging, Alternativen anzudeuten, wurden diese Kritiker allerdings durchweg sehr vage und verwiesen meist nur pauschal auf Sun Yatsens Lehre vom Volkswohl (minshengzhuyi). Es war ihnen klar, daß es für Taiwan keinen Weg zurück in die Agrargesellschaft geben konnte, daß Taiwans Wirtschaftswachstum auf ausländische Investitionen angewiesen war und damit eine weitgehende Abhängigkeit von Entwicklungen auf dem Weltmarkt unvermeidlich war. Wenn man also auch keine eigenen Lösungsvorschläge anzubieten hatte, hatte man doch wenigstens den Blick der Öffentlichkeit auf jene gelenkt, auf deren Kosten der industrielle Fortschritt in Taiwan bewerkstelligt worden war: den einfachen Arbeiter, den Bauern, den Fischer, die Verkäuferin in einem der großen Kaufhäuser. Diesen Personengruppen sollte sich der Schriftsteller als Sprachrohr zur Verfügung stellen.

Solche Überlegungen zur Rolle des Schriftstellers gingen erneut mit einer wütenden Kritik an jenen Autoren einher, die ihre Vorbilder im Westen gesucht hatten. Statt sich den Problemen des eigenen Landes zu stellen, hatten sie ausländische Probleme importiert und fremde Krankheiten als eigene Gebrechen angesehen. Solche Literatur sei »Kupplerin westlichen Bewußtseins« (Hu Qiuyuan), fördere die »Geisteskrankheit der Vergötzung alles Ausländischen« und ein »kulturelles Vasallentum«. Dabei wird die westliche Literatur des 20. Jahrhunderts pauschal als degeneriert diffamiert. Wang Tuo zitiert zustimmend Yu Tiancong, der behauptet hatte, in der modernen westlichen Literatur gebe es nur noch zwei Hauptthemen: Töten (oder Selbstmord) und Sex; Literatur sei im Westen zum Stimulus für Mord und Sex verkommen, zu einem »Stück Dreck«. Ein oft haßerfüllter Ekel bestimmt die Diktion, den deutschen Leser mag sie hin und wieder an Verlautbarungen der Reichsschrifttumskammer erinnern. Da wird eine »richtige« von einer »falschen« Literatur unterschieden, eine »kranke« abgelehnt und eine »gesunde« gefordert. Dabei wird das Kranke mit dem westlichen, städtischen, das Gesunde mit chinesischem, ländlichen Leben gleichgesetzt. Und so laufen die Forderungen dieser Theoretiker der Neuen Heimatliteratur nicht nur – anknüpfend an die Tradition taiwanesischer Erzähler während der japanischen Besatzungszeit – auf eine Wiederbelebung des Realismus als Erzählweise, nicht nur auf Sympathie mit den Unterprivilegierten hinaus, sondern zugleich auf einen neuen Nationalismus, auf ein »taiwanesisches Bewußtsein« sowie auf eine Rückbesinnung auf die ethischen Normen der Agrargesellschaft.

Partei und Regierung dürfte nicht lange verborgen geblieben sein, wie hier aus einer literaturtheoretischen eine politische Diskussion wurde, wie die Parolen immer schriller klangen und immer ungenierter und herausfordernder an Thesen linker Literaten der Vorkriegszeit anknüpften: der Kult, der mit dem Begriff der Massen getrieben wurde (Wang Tuo: die Position des Schriftstellers muß identisch sein mit der der Massen), vor allem aber die Art, in der man den Begriff der Klasse und der Klassengegensätze zunehmend ins Spiel brachte und Literatur die Aufgabe zuweisen wollte, »die der Gesellschaft inhärenten Widersprüche korrekt widerzuspiegeln«. Es wurde immer deutlicher, wie sich unter dem Vorwand, über Literatur zu diskutieren, die politische Opposition zusammenfand und Zielscheibe der Kritik nur noch vordergründig die USA, Japan und einige westlich orientierte Intellektuelle Taiwans waren, wie sich die Kritik im Grunde gegen Partei und Regierung richtete. Mehr als alles andere mußte die Regierung dabei die Forderung nach einem »taiwanesischen Bewußtsein« beunruhigen, die Aussicht, daß die Heimatliteratur zum Propagandainstrument der taiwanesischen Unabhängigkeitsbewegung werden könnte. Doch in dem liberalen Klima, das mit dem Tode Chiang Kai-sheks eingesetzt hatte, zauderte die Regierung zunächst, zu den Mitteln von Verbot und Verhaftung zu greifen. Statt dessen fanden sich in der direkt oder indirekt von der Regierung kontrollierten Tagespresse zunehmend kritische Berichte über die Heimatliteratur; man warf ihr vor, nur den Schattenseiten der Gesellschaft Aufmerksamkeit zu schenken, Klassenhaß zu schüren und damit Gräben aufzureißen, statt ein Gefühl der Zusammengehörigkeit und Gemeinsamkeit zu vertiefen, man sah die Gefahr, sie könnte zu »einem Werkzeug des Hasses und der Rache werden«, wies auf kommunistische Einflüsse in den Schriften ihrer Theoretiker hin und warnte, die Lektion aus den Vorkriegsjahren sei nicht vergessen, als man die subversive Wirkung linker Literatur unterschätzt habe. Leserbriefe, in denen Autoren wie Wang Tuo sich zu rechtfertigen versuchten, wurden nicht mehr gedruckt. Für den 29. August 1977 wurde ein dreitägiges Symposium zur Situation der Literatur in China einberufen, auf dem zunächst die Freiheiten, die ein Autor in Taiwan genoß, den Beschränkungen, unter denen sein Kollege auf dem Festland arbeiten mußte, gegenübergestellt und propagandistisch ins rechte Licht gerückt werden sollten; es zeigte sich jedoch bald, daß es der Partei vor allem darum ging, die Teilnehmer auf eine Absage an die Heimatliteratur festzulegen. Hier ein Zitat aus einer indirekt die Heimatliteratur betreffenden Resolution, die auf dem Symposium verabschiedet wurde:

»Wir müssen aktiv eine Kunst und Literatur der Freiheit und der Menschlichkeit propagieren, wie sie sich als Resultat der gemeinsamen Anstrengungen unserer ganzen Nation ergeben, und müssen mit aller Kraft gegen eine Literatur der Sklaverei, des Materialismus und des Klassenkampfes kämpfen. Wir sollen die Reinheit im Bereich unserer Kunst schützen, die Irrlehren der kommunistischen Literatur und Kunst gründlich zerschlagen und die vom Kommunismus behexten irreführenden Theorien und entstellten Werke entlarven.«

Die Sprache verrät, daß die Partei in ihrem Literaturverständnis auf dem Niveau, das sie in den frühen fünfziger Jahren gepflegt hatte, stehengeblieben war. Und vielleicht verführte gerade der Eindruck des »wie gehabt« die Propagandisten der Heimatliteratur dazu, die Warnung nicht ernst zu nehmen.

Die ehemals literarische Bewegung wurde eine politische Bewegung der taiwanesischen Opposition. Wang Tuo und Yang Qingchu, zwei ihrer prominentesten Autoren, schrieben zunehmend politische Analysen und Reportagen. Im Oktober 1978 kandidierten beide bei den Parlamentswahlen, Wang für die Nationalversammlung, Yang für die Gesetzgebende Versammlung. Als im Dezember desselben Jahres die US-Regierung Peking anerkannte, setze die Regierung in Taibei mit Hinweis auf die Krisensituation die Wahlen aus. Das so offenkundige abermalige Desaster der Regierungspolitik beflügelte die Opposition, ihre Aktivitäten im ganzen Lande zu intensivieren. Dabei verfolgte sie vor allem zwei Ziele: sich durch Mobilisierung der Öffentlichkeit vor Pressionen durch die Regierung zu schützen, ferner die Aktivitäten und die Programme der einzelnen Oppositionellen (eine Oppositionspartei ist in Taiwan nicht zugelassen) in Vorbereitung auf die anstehenden Wahlen zu koordinieren und damit der Öffentlichkeit eine eindrucksvolle Alternative zur Regierungspartei zu bieten. Wichtigstes Instrument bei diesen Bemühungen war die neugegründete Zeitschrift *FORMOSA (Meilidao)*, die in wenigen Wochen Rekordauflagen erreichte und in mehreren Städten Büros einrichtete. Die Popularität dieser Zeitschrift und die Resonanz, die die von ihr organisierten Aktivitäten der Opposition in der Bevölkerung (und hier vornehmlich im Süden Taiwans) fanden, alarmierten die Regierung. Es kam wiederholt zu teilweise handgreiflichen Auseinandersetzungen zwischen oppositionellen Demonstranten und rechtsradikalen Gegendemonstranten, wobei die Polizei ungesetzliche Maßnahmen der Rechtsradikalen nicht ahndete; Büros von *FORMOSA* wurden Ziel terroristischer Anschläge, keinen davon konnte die Polizei aufklären.

Die zunehmende Erhitzung des innenpolitischen Klimas fand ihren Höhepunkt am 10. Dezember 1979, als die Redaktion der Zeitschrift in Gaoxiong, der zweitgrößten Stadt der Insel, eine Demonstration zum Internationalen

Tag der Menschenrechte durchführte, die unter bis heute ungeklärten Umständen zu einer Schlägerei zwischen Polizei und Demonstranten ausartete, wobei eine größere Zahl von Polizisten zum Teil schwer verletzt worden sein soll. Die Regierung nutzte den Vorfall aus, indem sie den größten Teil der *FORMOSA*-Redaktion festnehmen und des versuchten Umsturzes anklagen ließ. In einem Prozeß vor dem Kriegsgericht wurden acht Hauptangeklagte zu Freiheitsstrafen zwischen lebenslänglich und zwölf Jahren verurteilt, weitere Mitarbeiter der Zeitschrift erhielten in einem nachfolgenden Prozeß vor einem zivilen Gericht langjährige Haftstrafen. Unter den Verurteilten befanden sich auch Wang Tuo und Yang Qingchu; sie wurden jeweils zu sechs Jahren Haft verurteilt.

Die Härte dieser Urteile wie die Art der Prozeßführung machten deutlich, daß die Partei den Zeiger der Uhr mit aller Macht zurückdrehen wollte, daß die Falken die Oberhand gewonnen hatten, die auf Einschüchterung statt auf Gespräch setzten. Diese Einschüchterungskampagne fand einen ersten deprimierenden Höhepunkt, als am 28. Februar 1980, am Jahrestag des berüchtigten Zwischenfalls von 1947, zwei kleine Zwillingstöchter und die Mutter Lin Yixiongs am hellichten Tage in ihrer Wohnung im Zentrum Taibeis auf bestialische Weise umgebracht wurden. Lin war Mitglied des Redaktionskomitees von *Meilidao* und Abgeordneter im taiwanesischen Provinzparlament, zum Zeitpunkt des Mordes saß er wegen angeblicher Beteiligung an den Unruhen in Gaoxiong in Untersuchungshaft. Wieder gelang es der Polizei nicht, das Verbrechen aufzuklären, doch lassen die Begleitumstände des Mordes wie auch der polizeilichen Untersuchungen, die offenkundig mehr auf Vertuschung als auf Aufklärung zielten, wenig Zweifel daran, daß die

Tat von offizieller Seite zumindest gedeckt wurde. Von nun an mußte sich jedermann, der in Taiwan gegen die Regierung agitierte, darüber im klaren sein, daß er nicht nur sein eigenes Leben, sondern auch das seiner Angehörigen riskierte.

Die Heimatliteraturbewegung war in einer politischen Oppositionsbewegung aufgegangen und wurde mit ihr zugleich zerschlagen. Nach den Vorfällen von Gaoxiong, die wie der Zwischenfall vom 28. 2. 1947 einen Markstein in der Nachkriegsgeschichte Taiwans bedeuten könnten, vor allem aber nach der Verurteilung der *FORMOSA*-Mitarbeiter hat das Wort »xiangtu« etwas Anrüchiges bekommen und klingt nach »politisch unzuverlässig«.

Doch wenn die Bewegung auch tot ist und die Diskussion über Wesen und Aufgabe der Literatur nicht ernsthaft weitergeführt wird, bedeutet das nicht, daß sie folgenlos geblieben wäre.

Sie hat dazu beigetragen, eine neue Literatur zu etablieren, die sich Problemen der eigenen taiwanesischen Wirklichkeit stellt und sich auch weiterhin nicht scheut, negative Aspekte der Industriegesellschaft zu thematisieren. Eine Literatur, die einheimische Politik nicht feiert, sondern kritisch beobachtet und dem wohlhabenden städtischen Mittelstand bewußt zu machen sucht, welcher Preis von wem für diesen Wohlstand zu entrichten ist. In einem Land, in dem die Presse weitgehend Sprachrohr der Regierung ist und die Entwicklungen auf der Insel vornehmlich mit Lobhudeleien kommentiert, nimmt diese Literatur somit immer noch eine wichtige politische Aufgabe wahr.

Yang Qingchu allein hatte mit seinen Erzählungen die zum Teil skandalösen Lebensbedingungen taiwanesischer Arbeiter einem breiteren Publikum vor Augen geführt, Wang Tuo das Elend vieler Fischer; Zeng Xinyi beschreibt die erbärmliche und persönlichkeitszerstörende Monotonie des Lebens der kleinen Angestellten in den großen Kaufhäusern, Song Zelai das Leben der Bauern und ihre Ausbeutung durch den Zwischenhandel.

Diese Literatur hilft dem taiwanesischen Leser, besser zu verstehen, was sein Leben bedingt, und infiziert ihn überdies mit jenem Schuß gesunder Skepsis, den ihm alle anderen Medien und Institutionen vorenthalten möchten.

Nachbemerkung: Wang Tuo und Yang Qingchu sitzen hinter Gittern. Als ich im März 1981 Taiwan besuchte, fand ich ihre Werke nicht mehr in den Regalen der Buchhandlungen. Das heißt aber auch, daß das Leben der Arbeiter und Fischer aus den Buchhandlungen verschwunden ist. Ich fragte eine Verkäuferin, bei der ich früher einmal Bücher von Yang gekauft hatte, ob seine Erzählungen noch zu haben seien.

»Yang Qingchu?« fragte sie. »Welcher Yang Qingchu?« Und dann an ihre Kollegin gewandt: »Kennst du Yang Qingchu?«

Wolf Baus

Literatur

Lau, Joseph S. M., *How Much Truth Can a Blade of Grass Carry?*, in: *Journal of Asian Studies*, vol. 32, no. 4 (1973), S. 623–38.

Derselbe, *Literatur außerhalb der VR China*, in: *China Handbuch*, hg. von Wolfgang Franke und Brunhild Staiger, Düsseldorf 1974, S. 768–74.

Faurot, Jeanette L. (Hg.), *Chinese Fiction from Taiwan. Critical Perspectives*, Indiana University Press, Bloomington 1981.

In dem vorliegenden Vorwort wird Bezug genommen auf folgende Beiträge:

Lee, Leo Ou-fan, *»Modernism and Romanticism« in Taiwan Literature;*
Chang, Hsi-kuo, *Realism in Taiwan Fiction: Two Directions;*
Wang, Jing, *Taiwan Hsiang-t'u Literature: Perspectives in the Evolution of a Literary Movement.*
He, Xin, *Zhongguo xiandai xiaoshuo de zhuchao* (Hauptrichtungen der modernen chinesischen Erzählliteratur), Taibei 1979.
Yu, Tiancong (Hg.), *Xiangtu wenxue taolun ji* (Gesammelte Aufsätze zur Heimatliteratur), Taibei 1978.

Huang Chunming

Huang Chunming, geboren 1939 in Yilan, einer kleinen Küstenstadt im Nordosten Taiwans, ist einer der Hauptvertreter der als »Heimatliteratur« (xiangtu wenxue) bezeichneten Richtung unter den in Formosa gebürtigen Schriftstellern, die in ihren Werken ausschließlich das Leben in Taiwan thematisieren. Schon als Kind gilt er als aufsässig; die Schule muß er mehrmals wechseln, da er immer wieder relegiert wird. So ist er gezwungen, seine an der Pädagogischen Hochschule in Taibei begonnenen Studien in Tainan fortzuführen und erhält sein Diplom schließlich an der Pädagogischen Hochschule in Pingdong. Auch später führt er ein unstetes Leben und bleibt selten länger als ein Jahr an einem Arbeitsplatz. Er ist Lehrer, Arbeiter, schreibt Texte für Rundfunk und Fernsehen, schlägt sich als Hausierer durch, arbeitet als Büroangestellter und dreht Dokumentarfilme. Seine Erzählungen erscheinen zumeist in der »Literarischen Vierteljahresschrift« (Wenxue jikan), die er mit einer Gruppe Gleichgesinnter herausgibt. Seine Themen schöpft Huang aus der ländlichen Umgebung, aus der er stammt. Die Helden seiner Erzählungen sind einfache Leute vom Lande, deren Denken nicht über den alltäglichen Lebenskampf hinausreicht; sie haben keine Zeit, nach dem Sinn ihrer Existenz zu fragen, ihre größte Sorge ist allein, woher sie die nächste Mahlzeit nehmen sollen. Es ist keine laute Anklage, die Huang Chunming führt, aber gerade wegen des Verzichts auf Pathos werden das Elend, die Beschränktheit und ausweglose Situation dieser Menschen, mit denen Huang eine tiefe Sympathie verbindet, um so eindringlicher. »Der Tag, an dem sie aufs Meer schaute« gilt als eine der bekanntesten und besten Erzählungen des Autors. Es ist eine Abwandlung des Themas der »ehrbaren Dirne«, in der die Heldin fast zur Heiligen stilisiert erscheint. Seit den siebziger Jahren lebt Huang Chunming in Taibei; mit seiner neuen Umgebung haben sich auch seine Themen und Gestalten geändert: Es sind nicht mehr die Leute vom Lande, sondern Menschen, die ihm in der Hauptstadt begegnen, darunter auch mancher Ausländer. In seinem neuesten Band »Ich liebe Mary« (1979) verwahrt sich Huang daher dagegen, ihn auf seine frühere »Mitleidsliteratur« festzulegen, und betont, er sehe sein schriftstellerisches Ziel nun in gelungener »Gesellschaftssatire«, Literatur müsse die Gesellschaft vorantreiben.

Krätze

Als A-fa von der Arbeit kam, übergab ihm seine Frau, kaum daß er in die Tür getreten war, den Säugling. Das Kind schien sich aber auf dem Arm des Vaters nicht wohl zu fühlen, es begann zu schreien. A-fa wiegte es hastig und unbeholfen, und tatsächlich verstummte es wenig später, was wohl weniger daran lag, daß es sich beruhigt fühlte, als daß es – so kräftig hin- und hergeschwenkt – vor Angst nicht länger zu heulen wagte. A-fa zog mit dem Fuß ein Schemelchen, kaum mehr als ein viereckiges Stück Holz, zu sich herüber. Er setzte sich, legte das Kind auf den Schoß und suchte mit beiden Händen gleichzeitig in seinen Taschen nach Zigaretten. Dabei fiel ihm ein, wie er, als sie Feierabend machten, die letzte aufgeraucht und die Schachtel zusammengeknüllt auf den Kalk geworfen hatte; ganz deutlich sah er das wieder vor sich.

Er hatte eine Überraschung für seine Frau, sie würde sich darüber freuen. Aber bevor er mit der Sprache herausrückte, wollte er sie doch erst ein bißchen aufziehen, ein bißchen wütend machen. Dieser Gedanke kam ihm, als er keine Zigarette finden konnte.

Seine Frau war gerade beim Essenmachen und lief mal hier-, mal dorthin; dabei traf es sich, daß ihr Hintern, von dem man getrost sagen konnte, daß er noch rund und reif war, zu A-fas Freude genau in Augenhöhe hin- und herschwenkte. Er war schon erregt gewesen, aber diese Erregung schien nun, da er wieder zu Hause war, noch viel stärker geworden zu sein. So viel hatte sich da angestaut, daß er sich ganz verspannt fühlte.

»Ich habe keine Zigaretten mehr, A-gui.«

Er wußte nur zu gut, daß er sie damit reizte und daß sie schimpfen würde.

»Dann mußt du dir morgen welche besorgen.«

Sie wandte sich nicht einmal um und schien sich nur für das Essen zu interessieren.

»Ich will aber jetzt eine rauchen.«

»Soll er doch krepieren, wenn es ihn umbringt ohne Zigarette.«

Der Schaber stieß ungewöhnlich laut in die Pfanne.

»Vielleicht geht es ein bißchen freundlicher? Wenn du die Pfanne durchbohrt hast, was dann? Ich könnte eine Menge Packungen Jixiang dafür kaufen.«

»Wenn du ein Jahr nicht rauchen würdest, könnten wir auch eine Menge Pfannen kaufen.«

Seine Frau beugte sich über einen Bottich, um Wasser zu schöpfen. Dabei hob sich ihr Hintern in den langen Hosen; komisch sah das aus, fand A-fa. Im Bottich war kein Wasser mehr, er hörte nur das kratzende Geräusch, mit dem die Schöpfkelle über den Grund fuhr.

»Sind A-zhu und die anderen wieder Süßkartoffeln sammeln?« fragte er.

»A-zhu ist tüchtiger als du. Gestern hat sie einen Sack und dazu noch einen halben Korb voll gesammelt.«

»Ist A-xiong mitgegangen?«

»Zu Hause hängt er die ganze Zeit an mir herum, ich halte das nicht aus.«

»Aber er ist noch zu klein für so etwas. Hast du vergessen, daß er erst drei ist?«

Seine Frau griff schmollend nach dem Holzeimer und ging aus dem Haus, um Wasser zu holen. A-fa fühlte, daß es an der Zeit war, ihr die gute Nachricht mitzuteilen. Wenn er sie noch weiter ärgerte, ließe sich die Sache möglicherweise nicht mehr einrenken.

Seine Frau trug den vollen Eimer herein.

»Diesmal haben wir Glück gehabt«, sagte A-fa, »wenn wir hier übermorgen mit der Arbeit fertig sind, will A-zhu, daß ich gleich mit ihm und seinen Leuten weiterziehe, auf der nächsten Baustelle werden wir volle drei Monate zu tun haben.« Dabei blickte er sie unverwandt an, um zu sehen, ob sich ihre Züge entspannten. Aber sie kippte das Wasser in den Bottich und tat, als hätte sie nichts gehört, so daß er schnell fortfuhr: »Ich bekomme dann fünfunddreißig Yuan am Tag, fünf mehr als jetzt und brauche nicht wieder ohne Arbeit herumzuhängen.« Er bemerkte, wie das Gesicht seiner Frau noch immer verkniffen war, als sie jetzt den leeren Eimer noch einmal zur Tür hinaustrug. Das verstimmte ihn. »Du gehst zu weit«, dachte er, »aber warte, wenn du wieder hereinkommst, werde ich es dir heimzahlen.«
Es hielt ihn nicht länger auf dem Schemel, aus dem Holz unter seinem Hintern schienen Dornen zu wachsen. Er stand auf und ging im Zimmer auf und ab. Je länger er nachdachte, um so ärgerlicher wurde er. Eigentlich war doch gar nichts vorgefallen. Und sie wird derart sauer, nur weil ich mal eine Schachtel mehr rauchen will. Was macht das denn? Ich bin es doch, der das Geld verdient, und ich kann damit machen, was ich will.
Eigentlich müßte sie jetzt mit dem Eimer zurück sein. Warum kam sie nicht? Er trat in den Eingang und hielt nach ihr Ausschau. Immer noch nichts zu sehen. Wieder begann er, unruhig duch das Zimmer zu wandern. Als er gerade mit dem Rücken zur Tür stand, kam seine Frau mit dem Wasser herein. Er drehte sich zu ihr um, da fiel auf das Kind in seinem Arm eine Packung Jixiang. Doch A-fa hatte nur Augen für ihr Gesicht, und als er ihr sanftes, um Verzeihung bittendes Lächeln bemerkte, verflüchtigte sich sein Groll im Nu. »Teufel auch!« dachte er. »Das war knapp. Fast hätte ich mir alles verbaut.«

Vier Kinder kamen fröhlich schnatternd zurück, in der Hand oder über der Schulter trugen sie eine Menge Süßkartoffeln. Es war schon recht ansehnlich, was sich da anhäufte, als sie alles auf die Erde geschüttet hatten. A-fa sah es mit gemischten Gefühlen. »Wo kann man denn beim Nachsammeln so viele Kartoffeln finden?« fragte er. »Oder habt ihr die vielleicht … –«

Bevor er seinen Satz beenden konnte, unterbrach ihn A-zhu, die älteste Tochter: »Es hat geregnet heute, die umgepflügten Felder waren naß, und die Schalen der Kartoffeln, die in der Erde geblieben waren, guckten hervor; da war das Sammeln ganz einfach.«

»Hm. Na gut.« Doch heimlich sorgte er sich, die Kinder könnten die Kartoffeln gestohlen haben. Zum Beispiel die riesige dort, konnte die wirklich jemand bei der Ernte übersehen haben? Als der Zweitälteste etwas sagen wollte, warf ihm die ältere Schwester einen Blick zu, der ihn verstummen ließ.

»Nun gut, macht euch zum Essen fertig!« rief A-fa den Kindern zu, die zufrieden um die Kartoffeln herumstanden. »A-chang, geh und kauf deinem Vater eine halbe Flasche Wein und für einen Yuan Erdnußkerne.«

»Und Geld?«

»Hol es dir von deiner Mutter.«

»Was denn für Wein?«

»He! Sag mal, was fragst du denn noch?! Reiswein natürlich!«

Geschwind kaufte A-chang den Wein und dazu für acht Mao Erdnußkerne. So blieben ihm noch zwei Mao. Er zweigte ein paar Erdnüsse in die eigene Tasche ab und lief schnell nach Hause.

Die anderen hatten schon angefangen zu essen. Der Drittälteste stierte mit zusammengekniffenen Lippen auf sein Schälchen mit Kartoffelreis, der aber im Grunde nur aus Süßkartoffeln bestand und in dem der Reis fehlte. Die Mutter schimpfte laut: »Wenn du nicht essen willst, dann laß es! Vom Tag deiner Geburt an hat dir das Schicksal Süßkartoffeln zugedacht; und da wartest du verwöhntes, nimmersattes Hühnchen auf guten Reis?«

Das Kind warf verstohlen einen Blick auf seine Mutter; es spürte, sie würde nicht mit sich reden lassen, und wenn es noch einen Schritt weiter ging, würde es Prügel setzen. Um die Sache aber doch noch für sich zu einem guten Ende zu bringen, begann es nun, mutwillig zu quengeln, es wolle Erdnüsse.

»Schon gut, schon gut«, sagte der Vater, »jeder von euch bekommt ein paar. Und dann wird schnell aufgegessen.« Dabei teilte er jedem ein paar Erdnüsse zu. »Übermorgen ist der Zweite; da ist ein Festessen fällig. Dann opfern wir dem Erdgott, und ihr könnt euch mal nach Herzenslust den Bauch vollschlagen.«

Artig aßen die Kinder ihren Kartoffelreis. Als A-gui bemerkte, wie aufgekratzt ihr Mann dasaß, war ihr klar, daß er abends wieder mir ihr würde schlafen wollen. Seit Fräulein Li von der Gesellschaft für Familienplanung sie mehrmals aufgesucht hatte, hatte sie Bedenken, mit ihrem Mann ins Bett zu gehen. Zwar verstand sie jetzt mehr von diesen Dingen und sah sie in einem neuen Licht, aber diese neuen Kenntnisse stürzten sie auch in mancherlei Verwirrung, und ihre Empfindungen in bezug auf diese besagte Angelegenheit waren nicht mehr so unkompliziert, ja, manchmal dachte sie, selbst wenn sie es gerade machten, an schreckliche Dinge, die sich damit verbanden.

Natürlich stammten all ihre Kenntnisse von Fräulein Li. Aber sie war sich nicht sicher, ob sie ihr dafür dankbar sein sollte.

Süßkartoffeln haben immer eine durchschlagende Wirkung. Mit Ausnahme des Säuglings saßen alle Kinder kichernd im Kreis, jeder zeigte auf jeden und hielt sich dabei die Nase zu, und niemand war bereit zuzugeben, welcher Furz auf sein Konto ging. Und so stimmten sie, um den Herrn der Furze herauszufinden, das Lied »Schlagt den Gong« an; sie sangen es wie einen Abzählvers, bei jedem Wort zeigten die Finger auf einen von ihnen:

Klopft man auf den Gong,
tönt's ding-dong.
Dringt ein Pups in Opas Nasen-
löcher, läßt das Oma rasen.
Sie hebt den Hammer, schlägt das Schweinchen,
bevor sie abhaut, auf die Beinchen.

Am Ende zeigten die Finger auf den Zweitältesten. Der beteuerte zwar seine Unschuld, aber die anderen drei versteiften sich darauf, er sei es gewesen, und johlten vor Vergnügen. Schließlich griff der Vater ein: »Ich war es. Na, was sagt ihr nun?« Die Kinder kreischten begeistert auf. Während die Mutter den Tisch abräumte, sagte sie zu A-zhu: »Wasch den Kleinen schnell Hände und Füße und bring sie ein bißchen früher ins Bett.«

A-zhu war bereits neun. Was immer sie anpackte, erledigte sie wie eine große Schwester. Als sie nun ihre Mutter so reden hörte, war ihr klar, was die beiden Erwachsenen heute abend wieder vorhatten. Und der Zweitälteste wußte es auch. Es gab nämlich für die ganze Familie nur ein einziges Bett, in dem sie alle sieben schliefen. Aber erst als der Drittälteste begann, seine Witze zu machen, hatten die Eltern gemerkt, daß die Kinder größer geworden waren, und das Bett notgedrungen mit einer aus Zuckerrohrrückständen gefertigten Spanplatte unterteilt, allerdings so, daß man, wenn man sich aufrichtete, immer noch sehen konnte, ob die Kinder nebenan zugedeckt waren. Obwohl es also eigentlich ganz einfach war, hatte A-fa die Unterteilung erst vorgenommen, als ihm eingefallen war, wie er zunächst einmal in den Besitz einer weiteren – gar nicht einmal neuen – Decke gelangen könnte. Vorher hatte die eine Decke reichen müssen, unter der sie sich alle zusammengedrängt hatten. Jenen Witz aber, den der Drittälteste gemacht hatte, erzählte A-fa in einer Arbeitspause ganz ungeniert, eben wie man einen Witz erzählt, seinen Kollegen: Eines Nachts hatten A-fa und seine Frau den neben ihnen schlafenden A-xiong aufgeweckt. Der Kleine bekam einen gehörigen Schreck, als er sah, was da vor sich ging. Daraufhin sagte A-fa: »Mama hat dich doch heute geschlagen, nicht?« Der Kleine nickte. »Gut«, fuhr A-fa fort, »zur Strafe drücke ich Mama jetzt tot.« Der Kleine war sofort Feuer und Flamme, rappelte sich auf und meinte, er wolle mitdrücken und kletterte auf seinen Vater hinauf. Daß A-fa so etwas ganz ohne Scheu erzählte, lag daran, daß jeder der Kollegen ähnliche Dinge zu berichten wußte, wenn sie sich miteinander unterhielten.

Die Kinder wurden von A-zhu ins Bett gebracht. Wieder einmal erzählte sie das Märchen von der Tiger-Großtante. Er habe es wohl genauso viele hundert Male gehört, wie er Süßkartoffeln gegessen habe, meinte der Zweite. Aber der Dritte wollte das Märchen hören, und dem Vierten war es auch recht, mit dem Erfolg, daß A-chang sich die Decke über den Kopf zog und seine Erdnüsse aß, die er heimlich in der Hosentasche aufbewahrt hatte. Kaum hatte die Schwester ihre Geschichte mit den Worten »Vor langer, langer Zeit...« begonnen, fiel ihr der Bruder ins Wort: »... lebte einmal eine Tiger-Großtante...«

Die Eltern standen noch in der Küche und wuschen sich.

Sie hörten, wie A-zhu erzählte, und A-gui flüsterte erfreut:
»Hör mal, wie A-zhu den Kleinen erzählt.«
»Wirklich, wie eine kleine Mutter.«
»Wenn ihre Eltern reich wären, würde sie selber noch bemuttert.«
»Unsinn! Kinder armer Leute haben nur ein härteres Schicksal, im übrigen stehen sie den Kindern der Reichen in nichts nach. Arme Kinder sind viel tüchtiger! Ich zum Beispiel konnte mit dreizehn schon meine Mutter ernähren. Die Kinder der Reichen leben vom Vermögen ihrer Vorfahren, wir leben von dem, was wir uns selber im Schweiße unseres Angesichts erarbeitet haben.«
»Ob einer reich ist, hängt davon ab, wieviel Gutes er in seinem letzten Leben getan hat. Das ist doch ganz natürlich.«
»Wenn du das meinst, warum sagst du dann sowas wie eben?!« A-fa spürte, daß sein Ton nicht ganz zu dem paßte, was er mit seiner Frau vorhatte, also wechselte er das Thema. »Nächsten Monat können wir ein Stück Blech kaufen und damit die Stelle abdecken, an der es in der Küche immer hereinregnet. Dann brauchst du beim Kochen keinen Bambushut mehr aufzusetzen.«
»Ach was! Wenn es erst soweit ist und du ein bißchen Geld hast, dann juckt es dich ja doch wieder in den Fingern.«
»Spiel dich bitte nicht so auf, ja? Diesmal kaufe ich ganz bestimmt eines.«
»Kauf es erst einmal, und laß uns dann darüber reden.«
»Meistens gewinne ich doch beim Würfeln.«
»Gewinnst? Und wo ist dann das Geld? Ob du gewinnst oder verlierst, uns hat das jedenfalls noch nichts gebracht.« Und etwas schärfer: »Verlierst du, ist das Geld

weg. Gewinnst du, habe ich einen Besoffenen im Haus.«

»Hör mal! Warum immer diese alten Sachen aufwärmen?!«

Er goß das Wasser aus. Und während er sich die Füße abtrocknete, raunte er: »Reden wir nicht mehr von dem, was vorbei ist. Ich hatte doch nur eine Kleinigkeit gewinnen wollen, damit wir nicht mehr so knappsen müssen.« Er spürte sofort, daß er wieder etwas Falsches gesagt hatte. Aber...

»Lassen wir das!« meinte A-gui grimmig. »Ich weiß ja, daß dir nicht zu helfen ist.« Und sie murmelte eine endlose Reihe von Verwünschungen vor sich hin. A-fa saß wortlos da und wartete geduldig.

»Schon gut«, meinte er, »sieh zu, daß du, wo dein Mund schon so beschäftigt ist, auch mit Händen und Füßen bald fertig wirst.«

Seltsam, er fühlte, wie seine Lust auf die Frau in diesem Augenblick noch intensiver wurde. Letzten Endes wirkte eine Frau in ihrer gespielten Verärgerung auf ihn nur noch aufreizender, vielleicht lag es an dem fremdartigen Klang, den ihre Stimme dabei annahm und der seine Neugierde erregte, kurz und gut: Es wurde unerträglich, wie sie ihn hinhielt.

»He! Wenn du noch willst, dann mach ein bißchen schneller.«

A-gui fand, er konnte einem leid tun, wenn man ihn so hörte; und doch war es auch der günstigste Augenblick, Bedingungen zu stellen. Also sagte sie:

»Fünf Kinder, das ist Arbeit genug. Wenn wir jetzt noch eines bekämen, das würde auch dir zuviel.«

A-fa begriff zwar, daß das ein Problem war, aber jetzt wollte er nichts davon hören. Seine Miene verdüsterte sich augenblicklich, denn er argwöhnte, daß sie sich ihm entziehen wollte. A-gui war sich bewußt, daß ihre Worte geeignet waren, ihn zu verstimmen, aber er hatte sie ja noch nicht ausreden lassen.

»Ich lasse mir eine Spirale einsetzen, ja?« sagte sie sanft. »Dieses Fräulein Li hat gesagt, wenn ich mir eine Spirale einsetzen lasse, können wir machen, was wir wollen.« Sie sah A-fa erwartungsvoll an. Der aber runzelte nur die Stirn, zog heftig an seiner Zigarette und starrte wortlos auf die Wand.

»Na, was hältst du davon?« fragte A-gui, als sie meinte, sie hätte ihm genug Zeit zum Überlegen gelassen. A-fa reagierte genauso wie bei seiner ersten Konfrontation mit diesem Problem, er starrte sie an. Dabei sah er die Sache jetzt in einem anderen Licht. Früher hatte er gefunden, A-gui gehe doch zu weit. Allein der ganze Vorgang des Einsetzens der Spirale war ihm unerträglich erschienen. »Ich weiß doch schließlich, daß der Arzt, der im Gesundheitsamt die Spiralen einsetzt, A-shengs Ältester ist. Aber wer es auch immer macht, A-gui ist meine, ist A-fas Frau!«

Diesmal dachte er: »Verdammt nochmal! Sollen sie ihr das Ding doch einsetzen! Mir einfach gar nichts sagen und fertig. Dann kann ich auch nichts davon wissen. Aber nein, das wäre ja, als hätte sie einen heimlichen Liebhaber. Oder?...«

Aber die Zeit war zu kurz, um sich zu einem so ernsten Problem eine Meinung zu bilden. Und seine Meinung zu ändern, ist noch schwieriger. Also starrte er weiterhin A-gui an und suchte dabei verzweifelt nach einer Antwort. All das rührte an seine Selbstachtung und stürzte ihn in Konflikte.

A-gui senkte den Kopf und murmelte: »Es ist doch deinetwegen. Mir ist es gleich, ob ich noch ein paar Kinder mehr bekomme. Meine Mutter hatte elf Töchter. Ich glaube, das kann ich auch. Aber bist du erst einmal in diesen Kindersumpf gestolpert, kommst du dein Lebtag nicht wieder auf die Beine. Ich richte mich nach dir. Mach es, wie du willst, mir soll es recht sein. Ich kümmere mich wirklich nicht weiter darum. Ich fange auch nie wieder davon an. Es wäre mir auch peinlich, noch einmal davon anzufangen. Lassen wir es!«

Sie blickte verstohlen zu ihm auf, senkte aber sofort erneut den Kopf und begann dann, noch einmal aufzuräumen, was sie bereits zusammengeräumt hatte. A-fa sah das wohl, und überdies hatte sie ihn eigentlich mißverstanden. Das heißt, in Wirklichkeit konnte man nicht einmal von einem Mißverständnis reden, denn er hatte ja noch gar keine Meinung geäußert. Und wie sollte die auch aussehen? Nicht einmal der Schatten einer Meinung zeichnete sich in seinem Hirn ab. Nicht nur, weil ihre Frage ihn verstört hatte, starrte A-fa so wütend und verdrossen gegen die Wand; er fand auch, daß diese Frau einfach zuviel redete. Und später schien es ihm, als rühre der ganze Verdruß allein von der Geschwätzigkeit seiner Frau.

»Geh, ich will mir die Füße waschen.«

Als A-fa in den Nebenraum gehen wollte, versperrte sie ihm mit einem Brett den Weg, und dann hörte er ein feines Geräusch, das anzeigte, daß die Tür vorsichtig mit Hilfe des Brettes blockiert wurde. Das ließ ihn vermuten, daß sie ihm doch nicht böse sei. Um so besser, man sollte sich nie auf etwas versteifen!

Noch ein Kind, das wäre in der Tat lästig. Also doch das Ding einsetzen lassen? Daß dieses Weib sich so dämlich anstellt!

In diesem Augenblick tönte von jenseits der Trennwand das Plätschern des Wassers, mit dem sich A-gui wusch. Für A-fa hatte dieses Geräusch etwas Überredendes. Sie soll wissen, daß ich nicht mehr böse bin, dachte er. Also rief er nach ihr, ganz so, wie er auch sonst nach ihr rief. »A-gui!« Gespannt wartete er auf eine Reaktion von jenseits der Trennwand.

»Ja?« A-fa konnte sich den Gesichtsausdruck, der dieses »ja« begleitete, gut vorstellen.

»Was machst du denn noch für Fisimatenten?«

A-gui antwortete nicht. Aber heimlich lächelten beide in stillem Einverständnis.

Die Kinder waren längst eingeschlafen. Trotzdem richtete sich A-gui im Bett noch einmal auf und sah besorgt nach.

»Was guckst du denn? Die schlafen längst.« A-fa war etwas nervös.

»Habe nur Angst, daß sich der Kleine erkältet, ein bißchen ist er's ja schon.«

»Nimm ihn am besten gleich zu uns herüber in den Arm.«

Jedesmal wenn ihre Eltern soweit waren, wurde A-zhu von heftigem Herzklopfen befallen. Sie starrte aus weit aufgerissenen Augen und spitzte die Ohren. Aber aus der Unterhaltung der Erwachsenen war bereits ein kaum verständliches Gewisper geworden. Vorsichtig drehte sie sich auf die andere Seite, kroch unter der Decke hervor, preßte ein Auge an das Loch in der Trennwand und hielt den Atem an. Plötzlich spürte sie, wie sich hinter ihr etwas vorsichtig bewegte. Als sie sich umblickte, sah sie, daß auch der Zweite gar nicht schlief. A-chang legte den Finger auf den Mund und bedeutete seiner Schwester zu schweigen. A-zhu blinzelte angespannt, durch heftige Grimassen versuchte sie dem Bruder klarzumachen, er möge schlafen. Als sie dann einen Kompromiß gefunden hatten, hörten sie deutlich, wie die Erwachsenen miteinander redeten.

»Was ist denn dies hier?« Die Stimme des Vaters.
»Krätze«.
»Wie kommt denn die hierher?«
»Ich denke doch: von dir. Oder?« Das klang vorwurfsvoll.
»Äh! Ein widerliches Zeug!«
Kaum hatten die Kinder das Wort »Krätze« vernommen, da begannen auch bei ihnen die befallenen Stellen zu jukken. A-zhu kratzte sich wie wild am Hals, A-chang wie rasend am Kopf.
»Bis wohin geht es denn bei dir?« fragte der Vater.
»Bis hierhin.«
»Hier?«
»Weiter oben. Ja, hier.«
»Hui? Ganz schön übel!«
»Aber nicht so schlimm wie bei dir. Teufel, juckt das!«
»Nicht kratzen! Ganz schön dreckig!«
»Was machst du denn jetzt mit der Hand?«
»Ich, ich...« A-fa stockte.
»Ich, ich...«, äffte ihn A-gui in seiner Verlegenheit nach.
»Du bist mir vielleicht ein Pascha! Steckst selber alles in Brand, aber anderen erlaubst du nicht einmal, eine Lampe anzuzünden.«
»Wirklich, ein widerliches Zeug!« Er kratzte, als gelte es sein Leben.
»Vor allem die Kinder können einem leid tun. Schon der Kleine hat es und ist doch erst ein paar Monate alt.«
»Wann ging das eigentlich los in unserer Familie?«
»Weiß der Kuckuck! Vor Jahren schon.«
»Wirklich? Hast wohl recht.«
»Genau. Kauf also erst einmal noch kein Blech fürs Dach, wenn du wieder Geld hast. Medizin gegen Krätze wäre wichtiger.«
»Als ob ich noch nie welche gekauft hätte!«

»Kauf eine gute!«
»Eine gute? Weißt du, wieviel die kostet? So etwas kann sich unsereiner gar nicht leisten.«
»Komisch. Dabei habe ich noch nie reiche Leute mit Krätze gesehen. Wie kann da die Medizin so teuer sein?«
»Die Flüssigkeit stoppt das Jucken nur für eine kurze Zeit. Dazu kommt: Wenn wir alle unsere Krätze hier ausbreiten würden, ergäbe das doch einen Fleck von der Größe einer Tatami-Matratze. Was willst du mit ein, zwei Flaschen Medizin dagegen ausrichten? Die kannst du genausogut über eine Tatami kippen.«
»Aber was sollen wir dann tun?«
»Ist schon Pech!« A-fa mußte sich kratzen. »Au, Teufel auch! Bestimmt habe ich mich aufgekratzt. Das näßt ja wie verrückt!«
»Bei mir auch.«
»Ich halt' das nicht aus! Ist im Topf noch heißes Wasser?«
»Schon, aber nicht genug. Soll ich noch was warm machen?«
»Ja, ja! Ich muß mir die Haut überbrühen! Au! Teufel auch!«
»Selber schuld«, meinte A-gui.
»Was hab' ich denn getan?«
»Hättest du nicht davon angefangen, wäre auch nichts. Von so was wie Krätze darf man gar nicht sprechen, an so was darf man gar nicht denken, daran darf man gar nicht rühren, dann merkt man auch nichts.«
A-fa gab ihr recht. »Ist ja nichts weiter. Bei uns armen Leuten gehört Krätze zur Familie. Trotzdem, setz schnell das Wasser auf!«
Plötzlich schien A-gui ein Licht aufzugehen: »Oh, jetzt versteh' ich. Genauso kommt unsereins zu seinen Kindern.«

»Was willst du damit sagen?«
»Soll es doch kommen, wenn es kommen will, das Kind. Nicht daran denken, nicht davon sprechen, nicht daran rühren, dann passiert auch nichts.«
»Das sagst du!« A-fa war ein wenig verstimmt. »Und was hat das mit dem Wasseraufsetzen zu tun?«
»Ich kann mir also die Spirale einsetzen lassen?«
Die Luft im Zimmer schien stillzustehen, A-fa war geladen wie eine Zeitbombe.
Enttäuscht legten sich die beiden Kinder zurück auf ihre Plätze. Vier Hände begannen, sich ganz unbewußt hier zu kratzen und dort zu kratzen und hörten nicht mehr auf zu kratzen.

(Übersetzung: Wolf Baus)

Der Tag, an dem sie aufs Meer schaute

1. Die Fischschwärme kommen

Wenn das Meerwasser die ersten warmen Sonnenstrahlen des Jahres aufsaugt und jenen besonderen, berauschenden, salzigen Geruch braut, der die Luft in den Fischerhäfen erfüllt und zur Melodie des Meeres im Atem der Menschen tanzt, so ist das genau die Zeit im April und Mai, wenn die Boniten Schwärme bilden und, den warmen Strömungen folgend, herbeischwimmen. Im März versammeln sich die Schleppnetzfischerboote aus allen Fischerhäfen der Provinz im Hafen von Nanfangao und machen sich bereit, den mit der Flut hereinspringenden Reichtum aus dem Wasser zu holen. Die Fischerboote liegen im alten und im neuen Hafen innerhalb der Schutzmauer so dicht nebeneinander, daß zwischen ihnen nicht einmal der Abstand bleibt, der zur Verbeugung nötig ist. Durch die Zuwanderung schwillt die Bevölkerung von vier- bis fünftausend auf mehr als zwanzigtausend Menschen an. Die meisten davon sind Seeleute; jene mit der dunkelglänzenden Haut, die breitrandige Schirmmützen tragen und mit lauter Stimme sprechen, sind sämtlich Seeleute. Außerdem kommen auch noch alle möglichen Straßenhändler vorübergehend in den Fischereihafen, um ihre Ware feilzubieten, ferner Prostituierte und goldfarbene Schmeißfliegen mit roten Köpfen; sie alle kommen im Gefolge der Fischschwärme. Das ist für den Fischerhafen die geschäftigste und auch die verrückteste Zeit im Jahr.

Von dem Tag an, als die Nachricht kam, daß die erste Flotte von Fischerbooten ihre Schleppnetze auf See ausgeworfen hatte und auf die sperrigen, schweren Boniten gestoßen war, löschte das Getriebe im ganzen Hafen auf der Stelle den Unterschied zwischen Tag und Nacht aus.

Die Lichter der Bootsflotte, die mit Nachrichten vom Fang zurückkehrte, gingen in der Dämmerung noch mehr als zehn Kilometer von der Einfahrt zur Bucht entfernt auf. Als die Fangnachrichten die Bucht erreicht hatten, waren die riesenhaften Umrisse der Berge von der Dunkelheit verschluckt worden. Auf dem Meer blieben nur die schaukelnden Lichter der Fischerboote, die sich vor den Steinkrötenriffen drängten, um einzeln die unter Wasser liegenden Riffe vorsichtig zu umschiffen und in die dazwischenliegende tiefe Rinne einzufahren, die sie die »Türschwelle« nannten. Nachdem sie die »Türschwelle« passiert hatten, bildeten die Bootslichter eine gleichmäßige Reihe, während die Boote in die innere Bucht und dann in den Hafen einfuhren. Der Lärm auf den Booten übermittelte die Nachricht vom Fischfang. Noch bevor die Boote in den Hafen eingefahren waren, waren die Bewohner des Fischereihafens wie durch einen mächtigen Glockenschlag aufgeschreckt. Von diesem Augenblick an teilten sie entweder durch Worte oder durch freudige Mienen und Geschäftigkeit einander die Nachricht mit: »Die Fischschwärme sind da!«

Die Kinder der Armen eilten, Strohtaschen in der Hand, mit ihren jüngeren Geschwistern zum Fischmarkt und warteten auf die Gelegenheit, einige Fische stehlen zu können. In der Tat warteten sie regelmäßig auf das Anlegen der Fischerboote. Wenn die Fische Korb für Korb ausgeladen wurden, beugten sie sich vor aller Augen über die Körbe und griffen sich Fische heraus. Ihrer Auffassung nach war das eine Art Tauschhandel: Wenn sie sich niederbeugten, um Fische zu greifen, kümmerten sie sich nicht um ihre Rückseite und ließen sich von den Seeleuten verprügeln und beschimpfen. Anfangs hatten diese Kinder gedacht: »Wir nehmen ihre Fische, dafür können sie uns verprügeln und beschimpfen, sind wir damit nicht quitt?« Die Seeleute dachten: »Wir schlagen und beschimpfen sie, laßt sie also einige Fische haben! Verdammt nochmal! Kleine Banditen!« Später brauchten beide Seiten diese Rechtfertigung nicht mehr. Der Tauschhandel – Schläge und Beschimpfungen gegen Fisch – war an dem Ort bereits seit langem zur Gewohnheit in dieser Jahreszeit geworden.

Das Maschinengeräusch der Boote näherte sich allmählich. In den Bordellen, die provisorisch an den Berghängen errichtet worden waren, begann sich Nervosität auszubreiten. A-niang, die Bordellmutter, stand vor der Tür und sah die Fischerboote, die bereits in die innere Bucht einfuhren, und ihr Herz schlug mit dem hämmernden Geräusch der Maschinen. Sie wandte den Kopf und rief nach drinnen: »Mädchen, das Geld kommt!« Die Prostituierten kamen alle herausgelaufen. A-niang zeigte auf die Bootslichter unten. »Schaut! Die Bonitenschwärme sind da! Dieses Jahr sind sie früher als letztes Jahr. Es ist erst Anfang des Monats!...« Plötzlich veränderte sie ihren Ton und rief nach drinnen: »A-xue, los, iß schnell, bald wirst du nicht einmal die Zeit haben, dich hinzusetzen!«

2. *Blume in der Regennacht*

Alle, die sie sahen, waren fest davon überzeugt, daß sie früher sehr schön gewesen sei. Auch jetzt übte sie, trotz ihrer verblühten Gesichtszüge, immer noch eine Anziehungskraft auf die Männer aus. Vielleicht war das nur eine Sinnestäuschung, die aus der Vorstellung ihrer früheren Schönheit herrührte. Wie sehr sie sich auch bemühte, sich wie eine normale Frau zurechtzumachen, sie konnte doch letztlich ihr Minderwertigkeitsgefühl und den Teil von sich nicht verdecken, den sie mit aller Kraft verbergen wollte. Es war volle vierzehn Jahre her, seit sie mit vierzehn Jahren im Hurenhaus in Zhongli, einen Schemel untergeschoben, im Innern der Tür gestanden und die Soldaten angesprochen hatte. Die Gewohnheit all dieser Jahre, im Bett zu liegen und die Männer gewähren zu lassen, hatte zur Folge, daß sie immer mit leicht gespreizten Beinen ging. Ihre Augen hatten so lange die eintönige, kleine Welt der Zimmerdecke angestarrt, daß sie sich auch sonst, wenn sie zerstreut war, auf jene gewohnte Distanz einstellten; dann hörte sie das hastige Keuchen jener Tiere von Männern, das sie ganz hilflos machte. Hinzu kamen noch die Gefühle der Leute gegenüber Frauen ihres Standes. Dies alles wirkte wie eine Mauer, die sie von den anderen Mitgliedern der Gesellschaft trennte.

Obwohl sie gewohnt war, in dem kleinen Zimmer vor fremden Männern ihr einziges Kleid auszuziehen, fürchtete sie sich davor, alleine auszugehen; sie tat es nur, wenn es unbedingt sein mußte. Diesmal mußte sie nach Hause zu ihrer Familie fahren. Tatsächlich konnte sie ihrem Adoptivvater nie verzeihen, daß er sie verkauft hatte, aber in ihrer Familie war der erste Todestag eines Elternteils ein wichtiger Tag. A-niang hatte ihr zunächst sehr ungern in dieser Zeit, wo das Geschäft so gut ging, zwei Tage freigeben wollen. Da sie die meisten Männer so zufriedenstellte, daß sie, wenn sie nochmals kamen, um eine Frau zu kaufen, nach ihr fragten, waren diese beiden freien Tage für A-niang und sie selbst ein Verlust. Aber was sollte sie tun? Wenn so etwas anlag, mußte sie A-

niang versprechen, so früh wie möglich zurückzukehren. Kurz bevor sie ging, trug A-niang ihr immer wieder auf: »Komm so früh wie möglich zurück. Das beste wäre, du brächtest einige Mädchen zum Aushelfen mit.«
Vom Fischereihafen nahm sie im Vorübergehen einige frische Boniten mit und eilte nach Suao, um mit dem Zwölf-Uhr-fünf-Zug nach Ruifang und Jiufenzi zu fahren. Da der Zug in dieser Station eingesetzt wurde, gab es viele freie Plätze, und sie fand schnell einen, der ihr zusagte. Die übrige Zeit würde sie jetzt im Zug fahren; sie hatte volle zwei Stunden, genug, um sich ein wenig auszuruhen. Seit dem Tage, als die Seeleute begonnen hatten, die Boniten in großen Mengen aus dem Meer zu fischen, hatte sie sich nicht mehr richtig ausgeruht. Im Vergleich zu dem Haus am Berghang war das hier viel besser. Sie schloß die Augen; ob sie schlief oder nicht, war gleichgültig, solange sie nur jene kalten Blicke vermeiden konnte, die ihr solches Unbehagen bereiteten. Sie lehnte den Kopf an den Fensterrahmen, verschränkte die Arme vor der Brust und schlief, die Beine lässig ausgestreckt, die Unterschenkel übereinandergelegt; so schien ihr ganzer Körper bequem auf einem wunderbaren Stützpunkt zu ruhen und schwankte mit der regelmäßigen Bewegung des Wagenabteils leicht hin und her. Weil sie ständig um die auf eine Schnur aufgezogenen Boniten unter ihrem Sitz besorgt war, schreckte sie innerhalb kurzer Zeit immer wieder aus dem Schlaf auf. Jedesmal streckte sie ihren Kopf vor und schaute unter den Sitz. Das Blut, das aus den Mäulern der Boniten sikkerte, breitete sich von Mal zu Mal weiter aus; dies tat ihr in ihrem Bemühen um Rücksichtnahme leid und machte ihr Sorge. Als sie sah, daß die Leute um sie herum sich nicht darum kümmerten, beruhigte sie sich schließlich.

In der Tat wußte sie auch nicht, was sie dagegen hätte tun sollen.
Als der Zug Luodong erreicht hatte und dann durch Yilan gefahren war, war das Abteil vollständig besetzt. Während sie schlief, hatte sich ein Mann mittleren Alters auf den Platz neben ihr gesetzt. Als sie aufwachte, bot er ihr höflich eine Zigarette an. Einen Augenblick lang war sie erstaunt und starrte ihn stumm und verwirrt an. Der Mann lachte und hielt ihr die Zigarette näher hin, indem er sagte: »Sie kennen mich natürlich nicht, aber ich kenne Sie! Wirklich, ich habe an Sie gedacht. Nehmen Sie einen Stengel!« Sie war wütend über diese Frivolität des Mannes. Sie hatte viele solcher doppeldeutigen Wörter wie Stengel, Streifen, Stab gehört, aber das war immer, wenn sie ihr Geschäft betrieb und innerlich darauf vorbereitet war, den Gästen entgegenzukommen. Daher beachtete sie solche Andeutungen nicht, auch wenn sie noch offener, gemeiner und obszöner waren. Aber warum konnten diese Leute sie draußen nicht wie einen normalen Menschen behandeln? Sie schaute auf dieses geschniegelte, fette Gesicht neben sich, wandte sich abrupt ab und beachtete den Mann nicht weiter. Dieser steckte sich die Zigarette selbst in den Mund und zündete sie an. Seine Miene war sorglos und zufrieden, so, als hätte er ihre Empörung erwartet. Er lachte. Niemals war sie so verspottet worden; sie fühlte sich völlig verlassen. Wie laut sie auch um Hilfe schrie oder ihren eigenen Namen rief, nicht einmal sie selbst konnte es in ihrem Innern hören. Als der Augenblick der Angst und Verwirrung vorbei war, meinte sie, sie hätte dieses Mal allen Grund gehabt, dem schamlosen Gesellen eine Ohrfeige zu verpassen, wenn sie eine gewöhnliche Frau wäre. Wenn sie eine gewöhnliche Frau wäre, hätte er sich ihr gegenüber allerdings sicherlich nicht so rüde verhalten. Sie erschauerte

bis ins Mark, und ein Gefühl der Verlassenheit überkam sie, so, als sähe sie die weite Welt nur durch das ganz enge Gitterfenster eines Käfigs, in dem sie fast erstickte.

Plötzlich erschien ein vertrautes und freundschaftliches Gesicht unter den Fahrgästen, die auf einer anderen Station zustiegen. Nichts hätte sie mehr begeistern können.

»Yingying!« Sie sprang auf. Ihre vor übermäßiger Aufregung schrille Stimme veranlaßte viele unbekannte Gesichter, sich umzuwenden.

Eine Mutter, die in der Menschenmenge ihr Kind ganz vorsichtig in den Armen hielt, wandte erstaunt den Kopf und rief dann unwillkürlich: »Schwester Mei!«

Das Kind, das sanft in ihren Armen geschlafen hatte, wurde von dem lauten Rufen der Mutter aufgeschreckt. Die Mutter tätschelte das Kind beruhigend, während sie sich eilig durch die Menge drängte. Als sie sich gegenüber standen, waren sie einen Augenblick lang zu gerührt, um sprechen zu können. Sie konnten einander nur mit ihren Augen voller Zuneigung und Gefühl das mitteilen, wofür sie keine Worte fanden. Schließlich maß Yingying den Mann neben Schwester Mei erfreut mit den Augen. Schwester Mei verstand die Bedeutung des Blickes und erklärte sofort:

»Ich fahre alleine zurück nach Jiufenzi.« Sie war nicht mehr um Worte verlegen, sondern fragte lebhaft: »Wann hast du dein Baby bekommen? Warum hast du mich nicht wissen lassen, daß du heiratest?«

Yingying antwortete entschuldigend, so, als wäre sie getadelt worden: »Ich habe letztes Jahr in Taidong geheiratet. Damals wollte ich es nur dir allein mitteilen, aber ich hörte, du seist in Pingdong, später erfuhr ich, du seist in Beitou, dann sagte wiederum jemand, du seist in Taoyuan. Wo sollte ich dich da finden?« Ihre Augen röteten sich. »Folglich war ich ganz allein. Meine Hochzeit

wäre sehr einsam gewesen, wenn nicht einige Freunde von Herrn Lu dagewesen wären.«
Ein großer Mann in den Fünfzigern mit einem rechtschaffenen Äußeren, der im Hintergrund gestanden hatte, trat einen Schritt vor an Yingyings Seite, streckte schwerfällig den rechten Arm aus und legte ihn sanft um die Frau, die betroffen schien, als hätte man ihr Unrecht getan; diese Geste gab ihr grenzenlosen Trost. Aus dem freundlichen Lächeln des Mannes war zu ersehen, daß Yingyings früheres Leben wirklich beendet war. Schwester Mei freute sich darüber und war tief gerührt, wie es kein anderer hätte sein können.
»Das ist mein Mann, Herr Lu.« Yingyings Augen leuchteten auf, als sie fortfuhr: »Und das ist Schwester Mei!«
Sie nickten einander zu.
Yingying fuhr fort: »Er war Major! Er weiß alles über mich, und ich habe ihm auch dauernd von dir erzählt. Er sagte immer, daß er dich gern sehen möchte.« Sie wandte sich an den Major. »Schau, endlich haben wir sie getroffen!«
»Ja, ja...« Seine Gutmütigkeit machte den Major verlegen, er stockte und brachte nichts weiter heraus.
Schwester Mei senkte vor Verwirrung verschämt den Kopf.

Vor vier Jahren hatten Schwester Mei und Yingying in einem Bordell in der Taoyuan-Straße in Taoyuan gearbeitet. Damals war Yingying auch ein ziemlich schwächliches, kleines Mädchen von vierzehn Jahren gewesen. Gegen Abend ihres zweiten Tages dort hatte sich ein hasenschartiger, roher Kerl halb betrunken Yingying genähert; Yingying hatte sich vor ihm zurückgezogen und ihren Rücken so fest gegen die Sperrholzwand des Ganges

gedrückt, daß diese geknarrt hatte. Zunächst hatte sie ihn auch instinktiv mit der Hand abgewehrt. Aber angesichts jener furchtbaren Visage, die sich ihr näherte, hatte sie die Hand schnell zurückgezogen und ebenfalls fest gegen die Wand gepreßt, und ihre Beine waren weich geworden. Der Mann hatte gesagt:
»Was, du findest mich häßlich? Hauptsache, du gefällst mir, das reicht, du stinkende Hure!«
Yingying hatte nichts gehört; sie sah nur einen gräßlichen, großen Mund vor sich, der sich gewalttätig bewegte. Ein weiter Spalt zog sich von der Oberlippe des Mannes bis zu seiner Nase, und man konnte auf beiden Seiten vier schiefgewachsene, große, gelbe Zähne sehen, auf deren Spitzen sich ständig Speichel sammelte und herausspritzte, wenn er sprach. Yingying hatte ihren Kopf rasch weggedreht, um die Spucke des Mannes auf ihren Wangen an der Schulter abzuwischen. Dann war sie blitzschnell ausgewichen, in eines der kleinen Zimmer gestürzt, hatte sich eingeschlossen und vor Angst geweint. Der hasenschartige Mann, keineswegs bereit aufzugeben, war ihr gefolgt, hatte mit aller Kraft an die Tür des Zimmers geschlagen und gerufen:
»Verflucht nochmal, ich werde dir deine kleine Fotze zu Tode rammen!«
Er hatte die kleine Tür aus Zuckerrohr beinahe eingeschlagen. Yingying im Innern des Zimmers war so verängstigt gewesen, daß sie nicht mehr gewagt hatte zu weinen. In diesem Moment war Baimei hinübergegangen, hatte den wütenden Mann gezupft und gesagt:
»Mein Herr, Sie haben sich geirrt. Das ist unser Laufmädchen, wenn Sie Zigaretten kaufen wollen, können Sie sie schicken.«
»Ich bin nicht hier, um zu rauchen, ich will mich mit ihr vergnügen.«

»Wenn Sie sie haben wollen, müssen Sie noch einige Jahre warten!« hatte Baimei lässig gesagt.
»Ich möchte nicht einige Jahre warten, ich möchte es jetzt!«
»Sie wollen es jetzt? Gut, dann kommen Sie mit mir!« Baimei hatte sich verführerisch gegeben, die Hand des Mannes genommen und an ihren Busen geführt. Der Mann hatte gelacht:
»Verdammt nochmal, das ist echte Ware!«
Damit war jener tobsüchtige, hasenschartige Trunkenbold von Baimei brav in ein anderes kleines Zimmer geführt worden.
Im Verlauf jenes Geschäfts hatte Baimei in dem kleinen Zimmer neben dem hastigen Keuchen der männlichen Bestie auch undeutlich den Laut von Peitschenhieben und Yingyings hilfloses Stöhnen aus der Hinterstube herüberdringen hören.
Fast eine Stunde später war jener Mann sehr zufrieden gegangen. Draußen hatte er sich immer wieder umgewandt, auf die bereits verschmutzten rotlackierten Schriftzeichen geschaut und wiederholt genickt. Baimeis erst am Vortage onduliertes Haar war wirr wie ein von einem ungezogenen Jungen zerrupftes Vogelnest. Sie hatte sich neben den Wasserbehälter gehockt und ein ums andere Mal, immer neue Zahnpasta auflegend, mit aller Kraft die Zähne geputzt. Nachdem sie die Zähne so länger als zehn Minuten gebürstet hatte, hatten mehrere Mädchen, die draußen gestanden hatten, um Kunden anzulocken, sie umringt und gefragt:
»Baimei, willst du dir die Zähne wegbürsten?«
Baimei hatte, den Mund voller Schaum, angewidert geantwortet:
»Dieser hasenschartige Kerl hat mich geküßt.«
Die anderen Mädchen waren in Lachen ausgebrochen.

Danach war Yingying, obwohl sie von der Zuhälterin eine gehörige Tracht Prügel erhalten hatte, Baimei sehr dankbar gewesen, weil sie sie aus der schrecklichen Belagerung des hasenschartigen Mannes befreit hatte. Einmal hatte Yingying Baimei weinend ihre ganze Vergangenheit erzählt. Baimei hatte das Gefühl gehabt, daß Yingyings Vergangenheit ihrer eigenen sehr ähnlich war. Damals hatten sich beide insgeheim Schwesternschaft geschworen. Daher nannte Yingying sie immer »Schwester Mei«. Von da an war ihre Beziehung sehr eng gewesen. Immer wenn sie Zeit hatten, sprachen sie miteinander. In ihren endlosen Gesprächen war manchmal ein Funke von Hoffnung aufgeblitzt, den beide selbstvergessen zu ergreifen suchten. Eines Tages, als sie beide einem vagen Hoffnungsschimmer nachgingen, waren zwei Kunden gleichzeitig hereingekommen, denen gerade sie beide gefallen hatten. Sie hatten die Kunden in Zimmer geführt, die nur durch Zuckerrohrplatten voneinander getrennt waren. Während sie gleichzeitig ihr Geschäft erledigten, hatten sie durch die Zuckerrohrwand ihr Gespräch von soeben fortgeführt. Yingying hatte gefragt:

»Schwester Mei, kannst du schneidern?«

Schwester Mei hatte nebenan geantwortet:

»Ich hatte keine Gelegenheit, das Schneidern zu lernen, als ich im richtigen Alter dazu war.«

»Kannst du dann Hühner und Enten züchten? Ich kann...«, hatte Yingying begeistert gesagt.

»Was soll daran schwierig sein, ich glaube, ich kann es.«

Als Yingying gerade noch etwas hatte sagen wollen, hatte sie von Schwester Meis Seite her den schallenden Klang einer Ohrfeige gehört, gefolgt von der zornigen Stimme des Mannes:

»Wenn du dir mein Geld verdienen willst, dann sei wenigstens ein bißchen bei der Sache!«

Yingying hatte nach weiteren Geräuschen auf Schwester Meis Seite gelauscht. Sie hatte Schwester Mei mit klarer Stimme sagen hören:

»Entschuldigung, Entschuldigung. Gut, ich bin bei der Sache, ich bin bei der Sache.«

Yingying hatte das heftige Keuchen des Mannes und Schwester Meis Lob gehört:

»Oh! Du bist wirklich toll, du bist wirklich toll!« In die Worte hatte sie ein absichtlich liederliches Lachen gemischt.

Yingying hatte sich gedacht: Wie kann Schwester Mei sich einem Mann zuwenden, der sie geschlagen hat? Sie hatte weinen wollen. Da hatte der schwer auf ihr lastende Mann gesagt:

»Willst du auch geschlagen werden? So ein Stück wie dich werde ich auch für Geld nicht mehr nehmen!« Aber während er sprach, hatte er wild gearbeitet, als wollte er mit aller Gewalt sein Geld rausholen.

Als sie sich, nachdem die Kunden gegangen waren, im hinteren Raum wuschen, hatte Yingying auf Schwester Meis linker Wange die roten Spuren von fünf Fingern gesehen und geweint:

»Schwester Mei, das ist alles meine Schuld...«

Schwester Mei hatte lachend gesagt: »Das ist nichts. Ich habe viel schlimmere Kunden erlebt. Das macht nichts.«

»Ich bewundere dich; wenn ich es gewesen wäre... Ich hätte es nicht geschafft.«

»Nicht geschafft? Was willst du machen, wenn du es nicht schaffst?« hatte Schwester Mei gelacht. »Wenn ich so dächte wie du, wäre ich dann nicht umsonst acht Jahre älter als du? In acht Jahren wirst du so alt sein wie ich jetzt, dann wirst du auch... Oh! Nein, in acht Jahren wirst du bereits in dein Dorf zurückgekehrt sein und Hühner und Enten züchten. Und jener Guavenhain am

Fuße des Berges, von dem du erzählt hast, wird wie immer Früchte tragen und darauf warten, daß du sie pflückst.«

»Der gehört nicht uns, und ich fürchte, der alte Mann wird nicht mehr da sein.«

»Sein Sohn wird genauso gutmütig sein wie er. Wenn du welche für dich pflückst, wird niemand sagen, daß du eine Diebin bist.«

Auf Yingyings Gesicht war flüchtig ein kindliches Leuchten erschienen. Aber plötzlich war es wieder verschwunden, und sie hatte mit traurigem Gesicht gesagt: »Ich weiß, in acht Jahren werde ich genauso sein wie jetzt. Du hast gesagt, daß das Schicksal unbeugsam ist. Frauen wie wir können nicht mit ihm spaßen.«

»Nein...« Schwester Mei hatte es nicht geschafft, Yingying zu trösten, und als sie gerade überlegte, wie sie das, was sie früher gesagt hatte, zurücknehmen könnte, war die strenge Stimme der Zuhälterin von draußen hereingedrungen:

»Was wascht ihr beiden da, daß es so lange dauert! Seid ihr im Wasser ertrunken?«

Sofort hatten beide die Kleider angezogen, Haare und Gesicht ein wenig in Ordnung gebracht, sich an den Eingang gestellt und den vorübergehenden Männern Augen gemacht:

»Kommt herein! Mein Mann ist nicht zu Hause.«

Yingying war noch unerfahren gewesen und hatte ihre Gefühle noch nicht so beherrschen können. Sie hatte sich hinter der Tür versteckt und heimlich aus Mitleid mit Schwester Mei geweint. Diese war hinter die Tür gegangen und hatte sie sanft »Dummkopf« gescholten.

Offensichtlich hatte Yingying eine Menge von Schwester Mei gelernt; das Wesentliche war die Haltung, sich an diese Art von Leben anzupassen. Schwester Mei hatte ge-

sagt, daß man sich sonst selbst feindlich gegenüberstehe.
Eines Tages hatte Yingying Schwester Mei voller Freude im Vertrauen mitgeteilt:
»Schwester Mei, ich habe mich verliebt.«
Sie war erstaunt gewesen, daß sich in Schwester Meis Gesicht nicht, wie erwartet, Freude zeigte, sondern diese ihr im Gegenteil mit Gleichgültigkeit begegnete. Sie hatte hinzugefügt:
»Er hat sich zuerst in mich verliebt! Jetzt ist er verrückt nach mir!«
Yingying war ein sehr empfindsames Mädchen. Als sie das Schreckliche an der Sache erahnte, hatte sie weinen wollen. Aber sie hatte es nicht gekonnt.
»Ist es nicht der Soldat, der in letzter Zeit so oft zu dir kommt?« hatte Baimei kalt gefragt.
Yingying hatte Schwester Mei hoffnungsvoll angeschaut und genickt.
Schwester Mei war von dem mitleiderregenden, flehenden Blick gerührt gewesen und hatte sanft gesagt:
»A-ying, du mußt mir vertrauen. Bei einer guten Sache werde ich dir bestimmt helfen.«
Sie hatten die ganze Nacht darüber geredet und nicht geschlafen. Schwester Mei hatte ihr erklärt, was es mit solchen Liebesaffären auf sich hatte, und auch ihr Herz über eigene, vergangene Liebestragödien ähnlicher Art ausgeschüttet. Schließlich hatten sie sich in den Armen gelegen und geweint. Schwester Mei hatte abschließend gesagt:
»In einer solchen Situation darfst du keinesfalls Gefühle entwickeln.«
Obwohl Yingying momentan überzeugt war, war Schwester Mei nach wie vor besorgt gewesen. Deshalb hatte sie mit Bedacht zu Yingying gesagt:
»Leute in unserem Gewerbe müssen ständig mobil sein; wenn wir zu lange an einem Ort bleiben, sinkt unser

Preis, bald will uns niemand mehr, selbst wenn wir nur zwanzig Yuan nehmen. Wenn du den Preis von dreißig Yuan halten willst, dann mußt du von einem Ort zum anderen ziehen. Die Herzen der Männer sind schlecht, sie lieben das Neue.«
»Du willst fort?« hatte Yingying unruhig gefragt.
»Mit dir.«
»Ich? Wie kann ich fort?«
»Hast du nicht gesagt, daß du A-niang noch dreitausend Yuan schuldest?«
Yingying hatte genickt.
»Ich leihe sie dir, du kannst sie mir nach und nach zurückzahlen.«
Kurz danach hatten sie Taoyuan verlassen und in allen möglichen Orten der Provinz gearbeitet. Anfangs war Yingying noch ab und zu betrübt gewesen aufgrund der Wunde, die die Gefühle der ersten Liebe hinterlassen hatten. Schwester Mei hatte sie dann getröstet:
»A-ying, ich habe dich noch nie singen hören, und du hast mich auch noch nicht singen hören. Aber ich kann ein Lied singen.«
Und Schwester Mei hatte begonnen zu singen:
»Blume in der Regennacht, Blume in der Regennacht,
von Wind und Regen zu Boden gefegt,
kein Mensch kümmert sich um sie,
grämt sich Tag und Nacht,
Blume in der Regennacht, Blume in der Regennacht.«
...
»Ich habe das schon mal gehört«, hatte Yingying gesagt.
»Wie findest du es?«
»Es ist sehr traurig, und wenn du es singst, scheint es noch trauriger zu sein.«
»A-ying, meine Tränen sind bereits seit vielen Jahren versiegt. Ich weiß, daß es sehr bitter ist, wenn man nicht

weinen kann. Du hast jetzt noch viele Tränen. Aber wenn du weinen willst und nicht kannst, hindert dich nichts, dieses Lied zu singen; das wird dir sicher helfen.«

Yingying hatte noch immer nicht verstanden, was sie meinte.

»Was ist die Blume in der Regennacht?«

»Du«

»Ich?« Yingying hatte unsicher auf sich gezeigt.

»Ich auch.«

Yingying hatte sich beruhigt, denn wie Schwester Mei zu sein, war ihr recht.

»Aber was heißt das?«

»Ist die Umgebung, in der wir jetzt leben, nicht sehr finster? Sie gleicht einer dunklen Nacht voll Regen und Sturm. Und sind Frauen wie wir nicht zerbrechliche Blumen in dieser Regennacht? Von Wind und Regen gezaust, wurden wir von den Zweigen gerissen und sind zu Boden gefallen.«

Yingying hatte genickt und geweint; sie hatte begonnen, sich in ihr trauriges Schicksal zu fügen.

Die beiden hatten zwei Jahre zusammen gelebt, dann war Yingying von ihrem Pflegevater unter einem Vorwand fortgeholt und an einen anderen Ort verkauft worden. So waren sie voneinander getrennt worden und hatten die Verbindung verloren.

3. *Lu Yan*

Herr Lu und Yingying fanden im hinteren Teil des Wagens Plätze. Den Säugling ließen sie in Schwester Meis Armen. Das etwas über drei Monate alte Kind konnte Menschen noch nicht erkennen. Wenn es nur genug Schlaf hatte, ausreichend zu essen bekam und seine Windeln trocken waren, schaute es mit großen, runden Augen um sich. Schwester Mei freute sich darüber, wie die Äuglein sie anstarrten. Sie neckte das Kind mit Babylauten, und es lachte schließlich glucksend auf. Das war für Schwester Mei neu. »Ich sollte dem Kind nicht immer nur Laute vormachen«, dachte sie. Wenn sie das Spiel nicht variierte, würde das Kind die Freude daran verlieren. Aber womit sollte sie es zum Lachen bringen? Sie war besorgt und empfand gleichzeitig Bedauern. Jetzt verließ der Zug gerade den Bahnhof von Toucheng und eilte die Küste entlang. Als sie das Meer sah, richtete sie das Kind erfreut auf, zeigte hinaus und begann zu singen, wobei beide Gesichter auf das Meer gerichtet waren:

»Schau! Schau! Das ist das Meer!
Das Meerwasser ist salzig! Es leben viele Fische darin.
Einige sind so groß wie ein Zug.
Und einige sind so klein wie dein kleiner Daumen.
Heng-a ya-a! Schau!
Da ist ein Boot! Fischer sitzen in dem Boot und fangen Fische.
Sie fangen Fische für unseren Lu Yan.
Lu Yan sagt: Ich will keine blauen Fische.
Also fangen die Fischer gelbe Fische.
Lu Yan sagt: Ich will keine gelben Fische.
Also fangen die Fischer grüne Fische.
Lu Yan sagt: Ihr Dummköpfe, ich will bunte Fische.«
...

Sie sang diese Geschichte, als wäre sie ein Lied. Das Kind schaute auf die Landschaft, die vor dem Zugfenster vorbeihuschte, strampelte fröhlich und jauchzte auf. Schwester Mei meinte, daß dem Kind ihr Gesang gefiele, und sang mit noch größerem Vergnügen weiter. Sie vergaß alles um sich herum, auch, daß das Kind sie nicht verstehen konnte, und fuhr in ihrem Lied fort, das sie sich während des Singens ausdachte:

»Das Gesicht des Fischers wird rot, und er sagt zu Lu Yan:
Ich kann keine bunten Fische fangen.
Lu Yan sagt: Gib mir das Boot, ich werde große, bunte Fische fangen.
Heng-yu... ya-yu...
...
Lu Yan fängt eine volle Ladung bunter Fische.
Lu Yan läßt die Fischer einen nach dem anderen
auf Händen und Füßen kriechen und Kotau machen.
Und er schlägt jedem Fischer ordentlich auf den Po.
Die Fischer schreien: Aua, aua.
Lu Yan sagt: Dummköpfe, werdet ihr es noch wagen,
meine Tante zu schikanieren?
Die Fischer sagen: Wir werden es nicht wagen,
wir werden es nicht wagen.
Heng-a... ya-a...«
...

Dem Kind gefiel die eintönige Melodie ihres Gesanges, so daß es strampelte und hüpfte. Als der Zug gerade in einen Tunnel einfuhr, kam Yingying herüber und fragte lachend:

»Hast du die Tante naß gemacht?«

Schwester Mei wandte sich um und sagte bewundernd:

»A-ying, schau deinen Lu Yan an. Was für ein kluges Kind! Er scheint alles zu verstehen, was ich sage.«

»Man sagt, junge Mütter lügen drei Jahre lang. Willst du als Tante auch drei Jahre lang Lügen verbreiten?« lachte Yingying. »An der nächsten Station steigen wir aus.«

Nachdem Schwester Mei das Kind Yingying zurückgegeben hatte, nahm sie zwei Fünfzig-Yuan-Scheine und stopfte sie in dessen Kleidung, indem sie sagte:

»Im Zug gibt es kein rotes Papier zum Einwickeln. Das möchte ich Lu Yan schenken, damit er ein Brüderchen bekommt; es ist nur ein wenig Geld als Zeichen meiner Zuneigung.«

Yingying wollte es durchaus nicht annehmen, und sie schoben das Geld eine Weile hin und her. Dann stieg Yingying mit Mann und Kind aus. Als der Zug wieder anfuhr, steckte Schwester Mei den Kopf aus dem Fenster und rief ihnen zu; dann warf sie das Glücksgeld, das sie dem Kind schenken wollte, hinaus.

Yingying hob beide Arme hoch, und als die Entfernung immer größer wurde, winkte sie, kleiner und kleiner werdend, immer noch aufgeregt. Als nichts mehr zu sehen war, zog Baimei ihren Kopf wieder ein und dachte zufrieden: »Letztlich hat sie das Geld für Lu Yan doch genommen.« Außerdem war sie sehr froh darüber, daß Yingying ein Zuhause gefunden hatte. Unbewußt zog sie die Manschette ihres Ärmels hoch und wischte die Tränen aus den Augen. In ihrer Freude konnte sie in der Erinnerung noch Yingyings glücklichen Bericht hören: »Major Lu ist sehr klug; er sagte, wenn unser Kind ein Junge wird, soll er Lu Yan heißen, und wenn es ein Mädchen wird, soll es Lu Yuan heißen. ›Yan‹ bedeutet soviel wie ›verlängern‹ und drückt aus, daß die Familie Lu die Hoffnung hat, sich fortzusetzen. Das ›Yuan‹ bei einem Mädchen bedeutet ›vorausbestimmte Zusammengehörigkeit‹ und soll daran erinnern, daß er, aus dem Norden des Festlandes kommend, bestimmt war, mich zu heiraten. Seit der Geburt von Lu Yan trinkt und raucht er nicht mehr. Ich habe gehört, daß er früher nicht gerne sprach und ganze Tage in den Bergen von Taidong trank und rauchte...« Unbewußt begann sie sich mit Yingying zu vergleichen, und eine Leere bedrückte sie, so daß sie heftig den Kopf wandte und ihren Blick auf den Himmel vor dem Fenster konzentrierte.

Es hatte auch Männer gegeben, die ihr einen Antrag gemacht hatten; die Pflegemutter hatte einen Vermittler bestellt, um für sie eine Partie zu suchen. Aber es waren entweder Ochsentreiber oder Kesselflicker, außerdem waren sie alle zu alt gewesen. Die Pflegemutter hatte sich den Mund fusselig geredet, schließlich hatte sie ohne Umschweife gesagt:

»Willst du das denn immer noch nicht einsehen! Was bist du eigentlich? Du kannst froh sein, wenn jemand dich nicht verwirft! Was maßt du dir an, jemanden abzulehnen?...«

»Ich will nicht unbedingt heiraten, was drängt ihr so?«

»Eine Frau braucht immer ein Heim!... Wenn du nur nicht lesen und schreiben könntest!«

»Ich kann mir denken, worauf ihr hinauswollt«, hatte Baimei in ungerechtfertigter Empörung geantwortet.

»Was meinst du damit? Was meinst du damit?«

Baimei hatte nichts gesagt, sondern war in Tränen ausgebrochen. Die Pflegemutter hatte zu schimpfen begonnen:

»Du verdorbenes Stück, du weißt es nicht zu schätzen, wenn jemand es gut mit dir meint, was streitest du noch herum?«

Darauf war aus Baimei all das herausgebrochen, was sich schon lange in ihr aufgestaut hatte:

»Ja, ich bin ein verdorbenes Stück, ein verdorbenes Stück, das ihr vor vierzehn Jahren verkauft habt. Überleg mal, wie habt ihr acht in der Familie damals gelebt? Und wie lebt ihr jetzt? Überleg das mal. Jetzt habt ihr ein Haus, in dem ihr wohnt. Yucheng hat einen Hochschulabschluß und ist verheiratet. Yufu geht in die höhere Schule. A-hui ist verheiratet. Hat die ganze Familie etwa

weniger zu essen und trägt schlechtere Kleidung als andere? Wo wärt ihr heute ohne mich, dieses verdorbene Stück?«
Diese von Schluchzen begleiteten Worte hatten den Kampfgeist der Pflegemutter erheblich gedämpft. Sie hatte sanft gesagt:
»Gut, gut, wir wollen nur das Beste für dich.«
Unfähig, sich zu fassen, hatte Baimei fortgefahren:
»Schau meine eigene Familie an. Sie sind heute immer noch so arm. Und für was hältst du mich? Für ein verdorbenes Stück! Wo wäre Yucheng heute ohne dieses verdorbene Stück? Sie verachten mich, meiden mich. Sie lassen mich nicht mit ihren Kindern zusammentreffen! Yufu und A-hui sind genauso, sie betrachten mich als Schandfleck. Was für eine Vergeudung! Es ist wirklich vergebens gewesen!«
»Genug, genug, A-mei, du warst immer ein gutes Mädchen. Sprich nicht weiter, Mutter versteht alles.«
»Nein! Heute werde ich reden, so viel ich will. Hast du früher je ein einziges Wort der Unzufriedenheit gehört? Daß du mich zur Heirat drängst, zeigt, daß du noch einen Funken Gewissen hast; weil dein Gewissen dir Vorwürfe macht, drängst du mich zur Heirat. Aber ich brauche niemanden mehr, der sich um mich sorgt; ich habe meine eigenen Pläne.«
Die Pflegemutter war von diesen Vorwürfen so betroffen gewesen, daß sie in Tränen ausgebrochen war:
»A-mei, das weiß Mutter alles; aber ich weiß nicht, wie ich es wiedergutmachen soll. Ich weiß, daß wir falsch gehandelt haben, aber ich weiß nicht, wo wir Fehler gemacht haben, wann es begann, schief zu laufen. A-mei, verzeih deiner Mutter!...«
Die weichherzige Baimei hatte ihre Pflegemutter umarmt und sie für das gerade Gesagte um Verzeihung gebeten.

Aber außer ihrer Mutter konnte Baimei niemandem in der Familie Chen vergeben. Plötzlich kam ihr der Gedanke, daß sie ein Kind brauchte, ein Kind wie Lu Yan. Nur der Blick ihres eigenen Kindes würde sie nicht durch seine Gleichgültigkeit bedrücken; nur wenn sie ein eigenes Kind hätte, könnte sie in dieser Welt etwas besitzen; nur wenn sie ein eigenes Kind hätte, könnte sie ihre Hoffnungen an etwas knüpfen.

»Ich bin überzeugt, daß ich eine gute Mutter sein kann«, dachte sie.

»Aber wie willst du heiraten?«

»Nein, ich werde auf keinen Fall heiraten. Ich bin bereits achtundzwanzig Jahre alt, dann noch das Leben, das ich führe; wenn mich einer will, dann ist es bestimmt einer, der im Leben nicht vorwärtskommt, oder ein Lump.«

»Und wer soll der Vater des Kindes sein?«

»Unter den Bordellbesuchern gibt es auch gute Menschen.«

»Willst du ihm etwa sagen, daß du von ihm ein Kind haben willst?«

»Nein, ich werde mir klarmachen, wie er ausschaut, wie er spricht und was für ein Mensch er ist, das genügt.«

»Was willst du dann tun, wenn das Kind heranwächst und nach seinem Vater fragt?«

»Ich werde sagen: Dein Vater ist tot. Er war ein ganz großartiger Mensch, und er hoffte, daß sein Sohn wie er werde, er erwartet das immer noch von dir.«

»Und deine Tätigkeit?«

»Oh, ich brauche mein Kind nicht alles über mich wissen zu lassen, ich kann an einen weit entfernten, unbekannten Ort ziehen.«

»Bist du deiner Sache sicher?«

»Von jetzt an tue ich, was ich kann.«

»Brauchst du wirklich so sehr ein Kind?«

»Das ist für mich der einzige Grund, um weiter zu leben!«
»Ist das beschlossen?«
»Es ist beschlossen!«
Als sie an dieser Stelle angelangt war, konnte sie nicht länger sitzen bleiben; sie stand auf, wollte sich aber auch nicht bewegen, also setzte sie sich wieder, und es war eine ganz neue Haltung, mit der sie dasaß, anders als vorher, sehr sanft und feierlich. Yingyings Stimme drang deutlich an ihr Ohr: »Das ›Yan‹ in Lu Yan steht für Hoffnung.« Als sie weiter zuhören wollte, war die Stimme nicht mehr da. Das Geräusch der über die Schienen ratternden Räder des Zuges war so regelmäßig und monoton, daß es die ganze Reise über ihre Gefühle betäubte.

4. Begraben

Der Fischerhafen, den sie ganze drei Tage lang nicht gesehen hatte, brodelte und hatte den Höhepunkt seiner Geschäftigkeit erreicht. Die wilden Blumen am Berghang hatten überhaupt keine Zeit, ihre Kleider anzuziehen, sogar die Unterwäsche konnten sie nur kurzzeitig überstreifen. Die Fischer kamen einer nach dem anderen, auch sie hatten nicht die Zeit, Frauen auszusuchen, die ihnen gefielen. Der üble Geruch, den diese Fischer an sich hatten, war noch stärker als derjenige der Boniten, die sie aus dem Wasser holten. Ein älterer Fischer scherzte, als er seinen Gürtel schloß:
»Verflucht nochmal, in drei Tagen sind die Boniten von acht Yuan sechzig auf ein Yuan neunzig das Kilo gefallen. Und ihr Frauen verlangt immer noch den alten Preis von dreißig Yuan?«
An beiden Enden der provisorisch aufgeschlagenen Hüt-

ten war man dabei, weitere aufzustellen, und auf der Straße oberhalb der Bordelle fuhren Traktoren und Lastwagen, die Fische tranportierten, geschäftig hin und her. Wenn sie an dieser Häuserreihe vorbeikamen, vergaßen die Fahrer nie, wild auf die Hupe zu drücken und runterzupfeifen, einige riefen sogar. Wenn die Prostituierten Zeit hatten, ließen sie diese Männer nicht so leicht vorbei. Sie riefen dann: »Komm herunter! Sonst kippen wir dir einen Eimer Wasser über die Füße!« Manchmal schütteten sie wirklich Wasser hinauf. Obwohl das Wasser die Straße bei weitem nicht erreichte, hatten beide Seiten, die oben und die unten, ihren Spaß daran.

Eines Vormittags hatte die Sonne die Begierde eines jungen Fischers besonders zum Garen gebracht; normalerweise waren die provisorischen Bordelle zu dieser Zeit wenig beschäftigt.

Das Schiff, auf dem er arbeitete, hatte am Vorabend eine große Menge Boniten gefangen. Auf dem Rückweg lag es so tief im Wasser, daß es seinen Kiel ein wenig abgeschürft hatte, als es beim Eintritt in die Bucht in die »Türschwelle«, den tiefen Graben zwischen den Unterwasserriffen, einfuhr. Dies war ein Unglück, über das sich der junge Fischer freuen konnte. In den letzten Tagen hatte er weder geschlafen noch sich ausgeruht, so daß er es wirklich nicht mehr hatte aushalten können. Während der Schiffsboden repariert wurde, hatte er die in dieser geschäftigen Zeit seltene Gelegenheit, zwei Tage frei zu machen.

Sobald es hell wurde, waren Frauen das erste, woran er dachte. Obwohl das nichts Verwirrendes war, breitete sich in ihm vage eine wachsende Unruhe aus.

Er dachte daran, wie jedesmal, wenn sie aufs Meer hinausfuhren und der Bug des Bootes längs des Hügels gerade in die Ausfahrt der Bucht einbog, die Stimmen der

Dirnen vom Berghang herüberdrangen; die erwartungsvolle Stimmung, die das ganze Boot erfüllte, ging dann in Schreien und Lärmen über. Daraufhin wurde den ganzen Weg nur über Frauen geredet, bis sie das Meer bei den unbewohnten Inseln erreichten und der erste Befehl des Kapitäns, sich auf den Fischfang vorzubereiten, mit einem Schlag die Frauen aus den Köpfen der Fischer hinwegfegte. So, wie sie sich in ihre Arbeit stürzten, schien es, als hätte es auf dieser Welt niemals solche Lebewesen wie Frauen gegeben. Aber sobald das Boot nach einer Zeit intensiver Arbeit vollbeladen wieder umdrehte und in Richtung Hafen fuhr, fingen sie ganz natürlich und wie immer wieder an, über Frauen zu reden. Die etwas älteren Fischer suchten ganz offen einige fette männliche Boniten aus, schlitzten ihnen die Bäuche auf, nahmen jene weißen inneren Organe heraus, die nur die männlichen Boniten besitzen, öffneten den Mund und schluckten diese mitsamt dem Blut hinunter. Jeder Fischer wußte, daß dies das beste Aphrodisiakum war.

Als daher einer von ihnen Kuncheng zwei Paar dieses männlichen Stärkungsmittels hatte schlucken sehen, hatte er gescherzt:

»Wie ich sehe, wird Kunchengs Frau heute abend nichts zu lachen haben!«

»Nein, nein, ich will, daß die Vögel am Berghang noch schöner zwitschern.«

Die anderen hatten gelacht, aber auch sie hatten alle das Stärkungsmittel gegessen, nur der junge A-rong war alleine im Heck des Bootes gewesen; heimlich hatte er mehrere weibliche Boniten aufgeschnitten, bis er endlich einen männlichen gefunden hatte. Er hatte die Augen geschlossen und das Stärkungsmittel gewaltsam hinuntergeschluckt. Als er die Augen noch immer vor Ekel geschlossen hatte, hatte er bereits gehört, daß er von den

Schiffskameraden umringt war. Von allen Seiten mit Gelächter überfallen, hatte er verwirrt die Augen geöffnet und sie gesehen. Einer nach dem anderen hatte ihn verspottet:
»A-rong ist einer, der seine Mahlzeit still für sich verspeist! Auf welcher Seite stehst du eigentlich?«
»Warum schämst du dich so, daß du dein Stärkungsmittel hier alleine ißt? Verdammt nochmal, du kannst noch nicht einmal männliche und weibliche Boniten unterscheiden, und dann noch an so einem dunklen Ort, wahrscheinlich war das Rogen, was du geschluckt hast.«
»He, ist das nicht interessant? Von jetzt an brauchen wir nicht mehr den halben Hügel hinaufzusteigen, um nach Frauen zu suchen, wir brauchen nur auf unserem Boot nach A-rong Ausschau zu halten, ist das nicht toll!«
Es war ein Junge etwa in A-rongs Alter, der sich auf diese Weise über ihn lustig gemacht hatte, und es hatte keinen gegeben, der sich nicht köstlich über diesen Scherz amüsierte.
A-rongs Gesicht war ganz rot geworden, mit einem großen Satz hatte er sich auf jenen Jungen gestürzt, und auf einmal waren die beiden ineinander verkrallt gewesen. Jemand hatte sie auseinander bringen wollen, aber ein anderer hatte ihn gehindert und gesagt:
»Laß, die eigenen Hunde sollen sich ruhig beißen.«
»Richtig, laß die eigenen Hunde einander beißen! Sonst haben sie so viel Energie, daß sie ein Loch in den Schiffsboden schlagen.«
Alle hatten einen großen Kreis um die beiden gebildet, als sei es ein Programm zu ihrem Amüsement. Als sie sahen, daß A-rong zu Boden gedrückt wurde, hatten die Umstehenden gelacht und gesagt: »A-rong hat wirklich aus Versehen Rogen geschluckt.« Als sich A-rong nach

einer Weile nach oben gekämpft hatte, hatten die Umstehenden gesagt: »Nein, nein, A-rong hat das richtige Stärkungsmittel geschluckt.« Während sie sprachen, waren einige hinübergegangen und hatten die Haltung der beiden korrigiert, so daß es aussah, als liebten sie sich; die anderen hatten geklatscht und gelacht. Ein Bursche hatte eilig eine zur Hälfte gefüllte Wasserschüssel und einige Stücke Toilettenpapier geholt und neben die beiden gestellt. Das hatte die alten Hasen, die Erfahrung damit hatten, Frauen zu kaufen, so zum Lachen gebracht, daß sie völlig außer sich gerieten. Das Boot hatte sich geneigt, und der Kapitän hatte im Befehlston gerufen: »He, tragt sie ein bißchen mehr in die Mitte. Verflucht nochmal, das Boot hat Schlagseite.« Alle hatten die beiden nach wie vor ineinander Verkrallten gegriffen und hochgehoben, ohne sie abzusetzen. Da waren A-rong und der andere auch in Lachen ausgebrochen; sie hatten so gelacht, daß A-rong, der oben lag, fast heruntergefallen wäre, als sie voneinander ließen. Diese Rauferei war auch durch Kunchengs Bemerkung beendet worden:

»Genug, genug. Spart euch etwas Kraft auf. Habt ihr nicht alle Stärkungsmittel geschluckt?«

Gegen Abend war in den Bordellen die Zeit des besten Geschäfts. Als das Boot unterhalb des Berghanges anlangte, war die restliche Angst um den bei der Einfahrt in die Bucht an den Unterwasserriffen aufgeschürften Bootskiel sofort verflogen. Sehnsuchtsvoll hatten sie die Köpfe gehoben und zu den Bordellen hinübergeschaut, aber sie hatten nur Fischer gesehen, die ein- und ausgingen. Nicht eine einzige Prostituierte hatten sie herauskommen sehen, um sich in Pose zu setzen. Ganz in der Nähe jenseits des Wassers hatten auf halber Höhe des Berghangs die aus den Bordellen geworfenen Büschel weißen Toilettenpapiers in der lauen Meeresbrise geraschelt und sich wie Lilien in voller Blüte hin- und herbewegt. A-rong, angestachelt von der in ihm gereiften Begierde, senkte den Kopf und betrat das Bordell. Er sah Baimei und nahm sie, ohne sich andere Mädchen anzusehen. Als sie seine unsichere Miene sah, wußte Baimei, daß dieser Kunde ihr keine Schwierigkeiten bereiten würde. Sie begleitete ihn sehr höflich ins Haus und fragte:

»Warum fährst du bei dem schönen Wetter nicht hinaus auf See?«

»Der Kiel des Bootes ist beschädigt«, sagte er träge.

»Beschädigt?« fragte Baimei mit großen Augen.

»Ja, gestern abend haben wir den Kiel des Bootes am Riff aufgeschrammt.«

»Ist jemand verletzt?«

»Nein, die Leute sind alle heil.«

Baimei ging hinaus, um Wasser und Papier zu holen.

»Du bist schlau, zu dieser Zeit zu kommen«, sagte sie.

»Warum?« fragte A-rong ahnungslos.

Baimei lachte leicht, sie fand die Einfältigkeit dieses Jungen ganz liebenswürdig. Er ist sicher ein guter Kerl, dachte sie, er würde nie jemanden schikanieren.

»Hm…, nichts.«

A-rong wollte schnell anfangen.

»Bist du in Eile?«

»Nein, unser Boot wird erst in zwei Tagen repariert sein.«

»Bist du verheiratet?«

»Noch nicht«, antwortete er. »Würde ich hierher kommen, wenn ich verheiratet wäre?«

»Treiben sich Verheiratete nicht draußen herum? Das glaube ich nicht. Ihr Männer seid doch alle Schufte.«

Baimei beobachtete ihren jungen Kunden die ganze Zeit. Seine Muskeln waren gesund, kräftig und gleichmäßig entwickelt. Sie dachte an das angenehme Gefühl, von

diesen starken Armen so fest umfaßt zu werden, daß sie beinahe erstickte. Sie nahm seine Hand und begann, damit ihren Körper zu streicheln. Er streichelte sie sehr ungeschickt. Er hatte von seinen Freunden gehört, daß Prostituierte keine Lust empfänden, deshalb fragte er sie:
»Man sagt, wenn Prostituierte dieses Leben lange führen, verlieren sie die Gefühle hierfür ganz. Stimmt das?«
Baimei freute sich heimlich über diese naive Frage. War das nicht der rechtschaffene Mann, von dem sie ein Kind wollte? Sie fragte ihn:
»Warum fragst du das?«
»Ich meine, wenn ihr bereits keinerlei Gefühle mehr habt, dann sind alle Bordellbesucher höchst lächerlich«, lachte er.
»Was lachst du? Was sagst du, sind die Bordellbesucher?«
»Kennst du künstliche Befruchtung?«
»Ich habe davon gehört.«
»Zu Hause habe ich gesehen, wie man einem Eber Samen abgelockt hat«, kicherte er. »Der Tierarzt band Reisstroh um eine Bank und legte zuletzt Hanf darüber, so daß es ganz wie ein hölzernes Sprungpferd aussah. Dann bestrich er ein Ende mit vaginaler Flüssigkeit einer Sau. Der Eber roch das, als er herausgeführt wurde. Nachdem er eine Weile daran gerochen hatte, wurde er so aufgeregt, daß ihm das Wasser aus dem Maul tropfte, dann ritt er mit allen Kräften darauf herum, ha ha...«, lachte er noch lauter. Baimei lachte auch, als sie sich die komische Szene vorstellte.
»Du beleidigst mich, wenn du sagst, ich sähe aus wie ein Holzpferd«, neckte Baimei ihn.
»Lache ich nicht auch über mich? Ich bin wie ein Eber...«, lachte er.
Baimei bemerkte seine regelmäßigen, weißen Zähne und

seinen klaren Blick. Sie konnte sehen, daß er ein gutes Herz hatte. Sie sagte sich, daß sie mit diesem Mann ein Kind haben wolle. Es war gerade die Zeit, da sie empfängnisbereit war, und sie entschloß sich, hinterher kein Verhütungsmittel zu nehmen. Der Gedanke daran kitzelte sie.

»Nein! Du lachst über mich, weil ich einem Holzpferd gleiche.«

A-rong konnte diese Neckerei nicht recht ertragen, er wollte gleich draufsteigen. Aber Baimei hoffte, daß er sie weiter streichelte.

A-rong sagte: »Richtig, du hast meine Frage noch nicht beantwortet. Hast du dabei Gefühle oder nicht?« Seine Gesichtsmuskeln zeigten deutlich jenes Zucken ungeduldigen Verlangens, und instinktiv schluckte er immer wieder.

»Es kommt auf den Partner an.« Unwillkürlich bemerkte sie ihre eigene Verlegenheit. »Wenn wir ihn mögen, sind wir auch erregt.«

»Und wenn ich es bin?«

»Ich weiß nicht«, sagte sie leise. Sie schaute ihn lange schweigend an und ließ ihn immer noch nicht aufsteigen. Sie grub A-rong tief in ihr Gedächtnis ein.

Sie fragte: »Wo wohnst du?«

»Ich bin in Hengchun zu Hause, meine Familie treibt Landwirtschaft, aber ich liebe die Seefahrt.«

»Wie heißt du?« Ihre Augen und ihre Stimme waren voller Gefühl.

»Wu Tiantu, Wu Ackerboden.«

Sie roch an seinem Körper. Er zitterte leicht. Sie sagte: »Du riechst nur nach Fisch, kein bißchen nach Erde, du solltest Wu Haishui, Wu Meerwasser, heißen.«

Er umarmte sie und sagte: »Gut! Dann heiße ich Wu Haishui. Von jetzt an heiße ich nicht Wu Tiantu.«

Er küßte sie sehr ernsthaft und gefühlvoll; da empfand Baimei wirkliches Verlangen. Sie umfaßte seine Schultern und deutete ihm an, daß er anfangen könne. Er sagte sanft:
»In der Bretterwand sind Löcher.«
»Sind die nicht alle mit Papier verstopft?«
»Einige nicht.«
»Niemand wird schauen. Jemandem auf diese Weise zuzuschauen bringt Unglück.«
»Wie heißt du?«
»Baimei.«
»Oh, Baimei...« Einen Augenblick lang empfand er ein unbeschreibliches Glücksgefühl. Oben liegend sorgte er sich die ganze Zeit um ihre Gefühle und fragte sie ständig, wie es sei. Zum Schluß sah er, daß ihre Augen voller Tränen waren. Behutsam rollte er sich hinunter und legte sich dicht neben sie; als er sah, wie Baimei schluchzte, begann er, sich Vorwürfe zu machen. Weil Baimei ihn völlig befriedigt hatte – nie zuvor hatte eine Prostituierte ihm dieses Gefühl verschafft –, meinte er, ihr gegenüber versagt zu haben. Ich habe sie wahrscheinlich nicht befriedigt! Nächstes Mal werde ich mir bestimmt mehr Zeit lassen.
Plötzlich klopfte es an die Bretterwand, und A-niangs Stimme ertönte:
»Baimei, was ist mir dir?« Die Worte klangen sehr ungeduldig.
A-rong fragte Baimei leise:
»Sie drängt uns, schneller zu machen, nicht wahr?«
»Kümmere dich nicht um sie.« Dann sagte sie etwas lauter nach draußen: »Der Kunde will weitermachen.«
Als A-rong das hörte, sagte er verwirrt:
»Ich will nicht, ich...«
Baimei gab ihm mit den Augen ein Zeichen.

A-niang schlug nochmals an die Tür und sagte: »Dann gib mir eine weitere Marke.«
»Ich gebe sie dir später«, sagte Baimei.
»Wie soll das gehen! Später bin ich so beschäftigt, daß ich es vergesse.«
»Gut«, sagte Baimei, holte unter ihrem Kissen eine aus Pappe geschnittene Karte hervor, steckte sie durch den Türspalt und sagte: »Da ist sie.«
A-niang nahm die Karte aus dem Türspalt. A-rong fragte neugierig:
»Wozu ist das?«
»Wenn sie ihre Prozente kassiert, berechnet sie das Geld auf Grundlage dieser Karten.« Wie um dieses Thema beiseite zu schieben, sagte Baimei: »Hast du es eilig zu gehen?«
»Ich bin sehr müde, ich möchte mich nicht ein zweites Mal vergnügen.«
Tatsächlich hatte A-rong nur fünfzig Yuan in der Tasche, nicht genug für ein zweites Mal.
»Du kannst hier eine Weile neben mir liegen, ja?«
»Ich«, stotterte er, »ich kann nicht zweimal. Ich...«
Baimei legte zärtlich die Hand auf ihn und sagte: »Umarme mich.« Sie fuhr behaglich fort: »Eine Weile so zu liegen, das ist gut.«
Er hielt Baimei verwirrt in den Armen, und sein Kopf wurde klarer. Aber diese Klarheit war die Unwissenheit darüber, daß er ganz in Gefühle eingetaucht war, die er nicht bestimmen konnte.
Für Baimei war dies ein wichtiger Augenblick; sie hoffte, von jetzt an neu anzufangen. Sie hatte das Gefühl, als wäre wirklich eine Hoffnung still und heimlich in sie eingedrungen, und nur sie konnte dies in seiner ganzen Tragweite empfinden. Sie erschreckte A-rong so, daß er in ihren Armen hemmungslos schluchzte.
Baimei hatte sich immer danach gesehnt, ihre schwache

Hoffnung nicht bereits in ihrem Körper begraben zu müssen, obwohl jene in dieser Gesellschaft ebenso begraben war, begraben in dem bösen, beispiellosen Schicksal einer Adoptivtocher, die zur Prostituierten geworden war; sie wollte diese Hoffnung eines Tages wachsen sehen.

5. *Kengdi*

Nachdem Baimei A-rong nachgeschaut hatte, wie er den Berghang hinabstieg, packte sie wie geplant eilig ihre Sachen und verabschiedete sich von A-niang. Diese war überrascht und meinte, sie habe Baimei eben beleidigt.
»Es ist nicht richtig, wenn du mir übelnimmst, daß ich vorhin eine Marke von dir wollte. Das ist unsere Regelung hier«, erklärte sie. »Du bist das älteste Mädchen hier, du müßtest es besser wissen als die anderen.«
»Das ist es nicht.«
»Dann verstehe ich noch weniger, warum du gehen willst.«
»Es gibt keinen Grund.« Sie wußte, wenn sie A-niang oder jemand anderem erzählte, daß sie ein Kind zur Welt bringen wollte, würden sie das sicherlich für einen Witz halten.
»Das ist merkwürdig!«
»Ich will zurück und heiraten«, sagte sie leichthin.
»Wieso hast du früher nie etwas davon gesagt?« fragte A-niang. »Wen denn überhaupt?«
Baimei lachte nur und schüttelte den Kopf.
»Ist es der junge Mann, der gerade hier war?«
Was sollte sie tun? Wer so nachforschte, wollte etwas zum Klatschen. Um A-niangs Fragerei möglichst schnell zu entgehen, lächelte Baimei und nickte stumm.

»He, bist du verrückt, Baimei? Zu deinem Besten rate ich dir...«

Ohne auf A-niangs Gerede zu achten, nahm Baimei ihr Bündel und verließ das Haus. Die Kolleginnen begleiteten sie ganz verwirrt zur Tür. A-niang, mitten unter ihnen, spottete laut:

»Schaut, unsere Baimei will heiraten!«

Baimei ging, die Augen voller Tränen, aber erfüllt mit Freude, den Berghang hinab zur Busstation des Hafens, ohne sich umzudrehen oder auch nur eine Sekunde stehenzubleiben. Obwohl sie die ganze Zeit an der Küste gelebt hatte, hörte sie heute zum ersten Mal das Geräusch des Meeres, das Welle für Welle ihre Seele zu überschwemmen und zu reinigen schien. Bald kam ein Bus und warf Baimeis Vergangenheit in den Staub, den er hinter sich aufwirbelte.

Es war bereits gegen Abend, als Baimei die Einmündung des Gebirgspfades erreichte, der zu ihrem Geburtsort führte, wo sie immer noch bei ihrem Spitznamen »Meizi« genannt wurde. Das war einer von den Orten, die sich seit zwanzig Jahren nicht verändert hatten. Der kleine Erdgott-Tempel stand immer noch unter dem Baum an der Wegmündung, aber die Oberfläche des Ruhesteins seitlich davon war blanker als früher. In der Nähe kletterte das Topfdeckelgras, das man auf bösartige Geschwüre strich, genau wie früher über den ganzen Hang.

Baimei erinnerte sich daran, wie sie einmal als Kind an diesem Hang eine Münze, mit der sie Petroleum kaufen sollte, verloren hatte. Sie hatte lange Zeit gesucht und das ganze Topfdeckelgras ausgerissen, ohne die Münze zu finden; dann hatte sie vor Kummer zu weinen begonnen. Sie hatte sich im Tempel des Erdgottes versteckt und nicht gewagt, nach Hause zu gehen, da sie wußte, daß sie eine gehörige Tracht Prügel erhalten würde. Um den Schlägen zu entgehen, hatte sie die Petroleumflasche auf dem Ruhestein zerschlagen und eine Glasscherbe aufgehoben, um eine Wunde in ihre Fußsohle zu schneiden, so daß es blutete. So würde die Mutter sie nicht schlagen, sondern bestimmt bemitleiden. Sie hatte die Flaschenscherbe in der Hand gehalten, auf ihre Fußsohle gerichtet, aber es hatte ihr an Mut gefehlt, und sie hatte gezittert. Aber als sie daran gedacht hatte, wie die Mutter sie beim Anblick der blutenden Wunde bedauern würde, hatte sie plötzlich Mut bekommen; sie hatte nicht mehr das Gefühl gehabt, daß es etwas Furchtbares und Unerfreuliches sei, sich selbst zu verletzen, sondern nur daran gedacht, wie die Mutter ihren Fuß waschen, die Wunde versorgen und gemeinsam mit ihr leiden würde, und sie hatte dankbar Trost und Wärme empfunden. Weinend hatte sie erbarmungslos mit der Flaschenscherbe ihre Fußsohle aufgeschnitten. Das Blut war herausgeströmt; sie hatte zu tief geschnitten. Aber sie hatte sich damit getröstet, daß das Mitleid der Mutter um so größer sei, je schlimmer die Wunde wäre. Sie hatte gewußt, daß sie das Blut stoppen konnte, wenn sie die Wunde mit Schlamm bestrich, aber um mehr Mitleid zu erregen, hatte sie es vorgezogen, die Wunde noch mehr bluten zu lassen. Sie hatte sich im Tempel des Erdgottes versteckt und darauf gewartet, daß einer aus der Familie sie entdeckte. Aber nachdem sie mehrere Stunden gewartet hatte, war immer noch niemand herabgekommen, um sie zu suchen, und es war bereits spät geworden. Sie hatte große Angst bekommen, da sie Geschichten von Irrlichtern an der Einmündung des Bergpfades gehört hatte. Da war ihr, je mehr sie daran gedacht hatte, desto unwohler zumute gewesen. Sie hatte aber auch nicht alleine nach Hause gehen können, weil die Wunde an ihrer Fußsohle zu groß war. Gerade als sie alle Hoffnung verloren hatte, hatte ihr ältester Bruder sie gefunden und auf dem Rücken nach Hause getragen. Unterwegs hatte sie dem Bruder erzählt, was geschehen war, und der Bruder hatte sie den ganzen Weg über getröstet. Aber nachdem sie zu Hause angekommen waren, war alles anders verlaufen, als sie erwartet hatte. Die Mutter hatte sie nicht nur nicht bemitleidet, sondern auch noch heftig verprügelt, und sie hatte zum Abendbrot nicht ein einzige Süßkartoffel zu essen bekommen. Drei Tage später war ein Fremder gekommen und hatte sie mit sich fort genommen. Eine Zeitlang hatte Meizi geglaubt, daß ihre Mutter sie nicht mehr gewollt habe, weil sie das Geldstück verloren hatte. Ebenso hatte sie nicht verstehen können, warum ihre Mutter sie, kurz bevor sie fortgeholt worden war, weinend mit Anweisungen überhäuft hatte: »Meizi, du bist acht Jahre alt und verstehst alles, du mußt brav sein! Es ist alles nur, weil wir arm sind; daran mußt du immer denken. Von jetzt an brauchst du keine Süßkartoffeln mehr zu essen. Schuld an allem ist der frühe Tod deines Vaters...« Damals war sie immer noch böse auf die Mutter gewesen und ging einfach mit dem Mann fort.

Baimei stieg die Steinstufen durch die Terrassenfelder hinauf und folgte dann dem Bergpfad. Den ganzen Weg entlang Erinnerungen aus der Kindheit sammelnd, kehrte sie nach Hause zurück. Die Leute, die in den Feldern arbeiteten – ganz gleich, ob Männer oder Frauen, jung oder alt –, legten ihre Werkzeuge hin, als sie eine so modisch gekleidete Frau bemerkten, die durch die Berge ging, richteten sich auf und schauten herüber. War der Mann mit dem nackten Oberkörper auf dem Süßkartoffelfeld unten am Berghang nicht Onkel Fu? Ja! Das war Onkel Fu. Er stand da wie früher, ein Bein kürzer als das andere. Sie winkte und rief:

»Onkel Fu, reißt du das Kartoffelkraut aus?«
Onkel Fu hatte das nicht erwartet und war aufgeregt und verwirrt zugleich.
»Oh! Ja... Wer sind Sie? Woher kennen Sie mich?« Die herüberschallende Stimme bebte vor Freude. In der Absicht, Onkel Fu eine weitere Freude zu bereiten, antwortete sie:
»Den Tempel des Erdgottes an der Einmündung des Bergpfades hast du ganz alleine gebaut. Wer weiß das nicht?«
»Ja..., ja..., das war vor dreiundzwanzig Jahren. Wenn ich diese Süßkartoffelernte verkauft habe, werde ich ihn wieder instand setzen.« Onkel Fu freute sich wirklich noch mehr. »He, meine Dame, wen suchen Sie hier in Kengdi?«
»Ich bin die jüngste Tochter von Song, dem Hähnekastrierer!«
»Was, so groß ist die jüngste Tochter von Hähnekastrierer Song schon? Dann... dann bist du Meizi?«
»Ja, ich bin Meizi.«
»Da habe ich dich nicht erkannt, nicht erkannt. Ist der Hähnekastrierer schon so lange tot?« Nach einer Pause fuhr er fort: »Ja, es ist so lange her, er starb ein Jahr, nachdem ich den Erdgott-Tempel gebaut hatte. Die dreihundertsechzig Ziegelsteine zum Bau des Tempels hat er mir getragen.«
Nach einer Weile sagte Meizi:
»Komm doch nachher herüber zu uns.«
»Gut, gut, geh jetzt schnell nach Hause. Deine Mutter wartet auf dich.«
Kaum war Meizi einige Schritte gegangen, da hörte sie jemanden hinter sich herlaufen; als sie sich umwandte, war ein fünfzehn- bis sechzehnjähriges Mädchen bereits neben ihr.

»Mein Vater hat mir gesagt, ich soll dir helfen, den Koffer zu tragen«, sagte das Mädchen und schickte sich an, den Koffer zu nehmen.
»Laß doch, laß!« Sie wandte sich um und schaute dankbar zu Onkel Fu hin; dieser winkte aus dem fernen Feld herüber und bedeutete ihr, daß es schon in Ordnung sei, sie solle das Kind den Koffer tragen lassen. Das Mädchen hatte sich bereits des Koffers bemächtigt und ihn auf die Schulter gehoben. So gingen sie weiter.
»Wie lange bleibst du hier?« fragte das Mädchen.
»Ich gehe nicht wieder fort«, sagte Meizi ruhig.
»Du gehst nicht fort?« fragte das Mädchen erstaunt. »Warum nicht?«
»Ich will mich ausruhen«, sagte Meizi wie zu sich selbst, indem sie ruhig nach vorne schaute. Der Pfad zog sich zwischen den Berghängen hin, auf beiden Seiten, oben und unten, gesäumt von Süßkartoffelfeldern und Akazienhainen. Eine Gruppe von sechs- bis achtjährigen Dorfkindern folgte Meizi neugierig in den Hainen oberhalb des Weges in einem Abstand von sieben oder acht Metern. Mal rannten sie, dann blieben sie wieder stehen und lachten über etwas. Meizi erblickte unter ihnen einen Jungen, der ein Vogelnest hielt und sie an jemanden erinnerte. Sie fragte ihn:
»Bist du nicht A-jiaos Kind?«
Das Kind starrte sie an, die anderen sagten lachend, ja, das sei er und die andere da auch. Einem kleinen Mädchen, das mitgelacht hatte, verging vor Schrecken das Lachen, als die anderen es nach vorne schubsten.
»Wie viele Kinder hat A-jiao?«
Der Junge streckte sechs Finger aus.
Meizi entdeckte im Gesicht eines anderen Jungen das Abbild seines Vaters. Sie deutete auf ihn und fragte:
»Bist du nicht A-mus Kind?«

Das Kind versteckte sich schamhaft, als die anderen wieder lachten.
»Oh, komisch, woher weißt du das? Das ist lustig«, sagte eines der Kinder.
»Gut, ich will weiterraten.« Meizi schaute einem nach dem anderen ins Gesicht. Eines nach dem anderen versteckte sein Gesicht, lachte und lief ein Stück Wegs voraus. Als Meizi diese lebhafte Kinderschar sah, fiel ihr ein, daß sie selbst auch ein Kind haben werde. Aber was ihr Sorge bereitete, war, ob es bereits in ihrem Körper Gestalt annahm. Es durfte kein Fehlschlag sein! Sonst mußte sie wieder von vorne anfangen. Götter! Göttin der Geburt! Du mußt mir beistehen!
Plötzlich erschien Meizis Mutter auf dem Weg.
»Mutter...«, mehr brachte Meizi nicht heraus.
»Onkel Fus Kind kam gelaufen und hat mir erzählt, daß du zurückgekommen bist.«
Die Mutter blieb nicht stehen, um auf Meizi zu warten, sie kam den Pfad hinunter und Meizi ging hinauf; dann gingen sie beide Seite an Seite.
»Wie lange bleibst du?«
»Ich geh nicht wieder fort.«
»Du gehst nicht wieder fort?« Die Mutter war überrascht. »Wie ist das möglich?«
»Das kümmert mich nicht.«
Die beiden gingen eine Weile schweigend nebeneinander.
»Wie geht es in der letzten Zeit zu Hause?« fragte Meizi.
»Das hängt von der diesjährigen Süßkartoffelernte ab.«
»Und das Bein vom großen Bruder?«
»Das hängt auch von der Süßkartoffelernte ab, ob wir es amputieren lassen können«, sagte die Mutter kühl.

»Amputieren?« Meizi war erschrocken.

»Der Arzt sagt, wenn es nicht amputiert wird, hat er nicht mehr lange zu leben. Vorgestern haben wir ihn hingetragen und gestern wieder zurückgetragen.«

Meizi erinnerte sich daran, daß damals, als der große Bruder sie auf dem Rücken den Berg hinaufgetragen hatte, seine Beine kräftig und gesund gewesen waren.

»Du wirst es hier nicht aushalten. Seine sieben Kinder machen furchtbaren Lärm.«

»Mutter, ich habe etwas Geld, laß uns den großen Bruder morgen früh hinunterbringen!«

Da sagte die Mutter mit Tränen in den Augen:

»Meizi, nicht, daß ich deinen Bruder nicht liebe, man sagt, daß nicht einmal Tiger, so grausam sie sind, ihre eigenen Jungen fressen. Ich meine, er ist nicht zu retten, selbst der Arzt kann für nichts garantieren. Man sollte lieber seine sieben Kinder retten als ihn.«

»Mutter, laß es uns doch versuchen.«

»Sei nicht so naiv, nächstes Jahr will die Regierung das ganze der Forstabteilung gehörende Land zurücknehmen, auf dem wir in Kengdi unsere Süßkartoffeln anbauen. Was sollen wir dann tun?«

»Wozu wollen sie das Land der Forstabteilung zurücknehmen?«

»Das Land gehört der Regierung; wenn sie darauf Unkraut wachsen lassen wollen, dann tun sie das.«

Onkel Fus Tochter, die die ganze Zeit, den Koffer auf der Schulter, schweigend hinter ihnen hergegangen war, warf plötzlich optimistisch ein:

»Ich habe gehört, daß ein Provinzabgeordneter bereits für uns ein Gesuch eingereicht hat.«

Mutter und Tochter wandten gleichzeitig die Köpfe und schauten das Mädchen an, das mit gesenktem Kopf den Koffer auf der Schulter trug; ihre Gefühle und ihr

Gesichtsausdruck waren vollkommen verschieden.
Die mit Kletterpflanzen bewachsenen Steinmauern vorne, das war Meizis Geburtshaus. Ein schwarzer Hund stürzte, schon in der Ferne wild bellend, herbei.
»Bist du verrückt geworden, Schwarzohr, Meizi gehört doch zur Familie!« Nachdem die Mutter so gesprochen hatte, wurde der schwarze Hund schließlich ganz fügsam, ging behutsam auf Meizi zu, wedelte mit dem Schwanz und beroch sie. »Das ist ein lustiger Hund«, fuhr die Mutter fort. »Letztes Jahr ist er uns zugelaufen und einfach dageblieben. Auch wenn wir ihm nichts zu essen geben, ist er ganz brav. Er fängt sich selber Feldratten. Wenn er viele fängt, helfen wir ihm, sie zu essen. Diese Feldratten haben mehr zu essen als wir Menschen; jede von ihnen ist fett, sie wiegen fast alle mehr als ein Kätti. Manchmal fängt Schwarzohr auch wilde Kaninchen!«
Schwarzohr schien zu wissen, daß die Herrin ihn lobte. Schnell lief er zu ihr hin und rieb sich zärtlich an ihrem Bein.
»Lästiger Kerl, geh weg, gleich trete ich dir auf die Pfoten, wenn du dich nicht beruhigst!«
Schwarzohr machte einen leichten Sprung und führte sie durch die Steinmauern.

Am nächsten Tag im Hafen ging der Fischer A-rong fast zur gleichen Zeit wie am Vortage mit fünf großen, fetten Boniten zum Bordell, um Baimei aufzusuchen. Er wollte ihr sagen, daß der Kiel repariert sei und er zurück aufs Boot müsse zur Arbeit. Aber er kam umsonst.
»Sie ist nicht da«, sagte die Bordellmutter.
»Gestern war sie noch hier.«
»Sie sagte, sie will dich heiraten. Habt ihr geheiratet?« fragte sie spöttisch.

»Hör auf, dich lustig zu machen. Wohin ist Baimei gegangen?« fragte er ärgerlich.
»Das frage ich dich.«
»Wo wohnt sie?«
»Das frage ich dich auch.«
A-rong ließ seinen Blick sehnsuchtsvoll durch das Innere des Hauses wandern und musterte die anderen Prostituierten. Dann wandte er den Kopf und ging.
»Was, wieder gehen, ohne sich vergnügt zu haben? Bleib doch, ich such dir ein zartes Huhn zum Vernaschen! So jung wie du bist, solltest du nicht einem alten Mädchen nachlaufen«, sagte die alte Kupplerin.
A-rong ging enttäuscht fort, die Schnur mit den Fischen glitt ihm aus der Hand. Er ging weiter, ohne es zu beachten. Als die alte Zuhälterin das sah, rief sie: »Xiaoque, schnell, heb die Schnur mit den Fischen auf. Heute mittag werden wir Fisch essen!«

6. Zehn Monate

Nach ihrer Rückkehr in die Heimat beschloß Meizi als erstes, das kranke Bein des Bruders amputieren zu lassen. Mitten in seinem gleichförmigen Stöhnen schrie er plötzlich schmerzvoll auf: »A-chi..., A-chi, tu was. Komm schnell und jag die Fliegen von Papas Bein. A-chi, bleib hier, A-chi...«
Meizi eilte schnell in das Zimmer des Bruders, jagte die Fliegen fort, die sich in Scharen auf seinem faulenden Bein gesammelt hatten und den Eiter heraussaugten, und redete dem Bruder erneut zu:
»Du mußt gehorchen, es ist dein Leben; wenn du nicht selbst darauf achtest, können andere nichts für dich tun!«

»A-chi hat sich verändert, dieses Kind findet mich lästig.« Weinend fuhr er fort: »Ich weiß, die ganze Familie ist meiner überdrüssig, sie reden ständig hinter meinem Rücken über mich, ich weiß das.«
»Du tust den anderen gewiß großes Unrecht. Weißt du, wie viele Tränen Mama deinetwegen vergossen hat? Und die Schwägerin tut mehr als ihren Teil; deine ganze Arbeit lastet jetzt auf ihr. Warum tun sie das wohl?«
»Und A-chi? Ich will, daß er mir die Fliegen verjagt.«
»Was begreift ein vierjähriges Kind? Ich habe ihn auf dem Fußboden schlafen sehen und gerade ins Bett gelegt. Du...«
»Oh! Die Fliegen!« schrie der Bruder schmerzvoll auf. Meizi verjagte die Fliegen, während sie sagte:
»Du solltest auf mich hören. Dein Bein ist sowieso hin, entschließ dich also, das tote Bein loszuwerden, sonst wirst du bald sterben.«
»Alles, was ich jetzt will, ist, daß die Fliegen mich nicht quälen. Wenn ich nur in Ruhe sterben kann, fürchte ich mich nicht davor.« Nach einigem Nachdenken fuhr er fort: »Ich werde wohl nicht mehr bis zur Süßkartoffelernte durchhalten.«
»Du brauchst dich nicht ums Geld zu kümmern.«
»Nein nein, ich kann meiner jüngeren Schwester nicht wieder zur Last fallen«, sagte er beschämt. »Seit Vaters Tod hätte ich dir ein gutes Leben einrichten sollen, aber es geht allen gleich, ich habe keine Hoffnung mehr. Kannst du deinem nutzlosen Bruder verzeihen?«
»Niemand hat etwas falsch gemacht. Laß uns nicht mehr darüber reden.«
»Oh! Diese verfluchten Fliegen!« Weil Meizi ihre Aufmerksamkeit auf das Gespräch gerichtet hatte, hatte sie einen Augenblick lang vergessen, mit der Hand zu we-

deln und die Fliegen zu verjagen, was den Bruder veranlaßte, plötzlich vor Schmerz aufzuschreien.
»Abgemacht. Morgen wirst du ins Krankenhaus gebracht«, sagte Meizi entschieden.
»Nein nein, was nützt es, wenn ich lebe?«
»Hast du es vergessen? Bist du nicht sehr geschickt mit deinen Händen? Kannst du nicht Stühle, Kehrichtschaufeln, Siebe und viele andere Dinge aus Bambus anfertigen?«
»Ja, das sind alles ganz einfache Sachen.« Seine Augen leuchteten auf. »Meizi, es ist noch nicht zu spät, deiner Schwägerin aufzutragen, am Bachufer Bambus zu pflanzen; vor dem Frühlingsfest ist die beste Zeit, Bambus zu pflanzen, und nächstes Jahr werden wir diesen Bambus verwenden können.«
Im ersten Monat nach ihrer Rückkehr nach Kengdi begann Meizi allem gegenüber Zuversicht zu fassen. Der Bruder hatte ihren Rat angenommen und sein Bein amputieren lassen; sein Gesundheitszustand hatte sich erheblich gebessert. Was sie unendlich glücklich machte, war, daß zur üblichen Zeit ihre Menstruation ausblieb. Sie wurde in zwei Kliniken der Stadt untersucht, und die Ärzte sagten alle, daß eine Schwangerschaft höchst wahrscheinlich sei. Ein Arzt errechnete, daß, wenn eine Schwangerschaft vorliege, der nächste Januar die Zeit der Niederkunft sei.
Die Maisonne verfehlte das Fleckchen Kengdi nicht. Eines frühen Morgens brachte ein Mann mittleren Alters, der in Kengdi Onkel Muzi, Onkel Holz, genannt wurde, eine Nachricht aus der Stadt, die das ganze Dorf in Aufruhr versetzte. Eine Zeitung in der Hand, raste Onkel Muzi aufgeregt wie ein Verrückter den Berg hinauf; jeder, den er traf, wurde von der Verrücktheit angesteckt und lief in Kengdi hin und her.

Onkel Muzi stand inmitten einiger Dorfbewohner, die die Nachricht noch nicht erhalten hatten, und rief mit lauter Stimme:
»Die Regierung wird im nächsten Jahr das Hangland nicht zurücknehmen, sondern das ganze Land uns überlassen!«
»Wer sagt das?« fragten einige mißtrauisch.
»Es steht in der Zeitung!« Onkel Muzi zeigte ihnen die Zeitung, aus der ihm der Besitzer des Gemischtwarenladens in der Stadt die Nachricht mitgeteilt und deren Überschrift dieser für ihn mit Rotstift eingekreist hatte. Angestrengt zeigte er auf die rotumrandeten Zeichen. Die Leute, die Onkel Muzi umstanden, starrten ernst auf die schwarzen Zeichen im roten Kreis, dann hob einer den Kopf und sagte:
»Dann ist das wahr?«
Die anderen hoben auch nacheinander den Kopf und sagten:
»Das ist wahr, das ist wahr!« Tatsächlich gab es jedoch niemanden unter ihnen, der lesen konnte.
Als die Mutter im Süßkartoffelfeld von dieser Nachricht erfuhr, ließ sie die Hacke fallen, eilte gleich nach Hause und zog Meizi mit sich fort, indem sie sagte:
»Meizi, wir sind jetzt andere Leute, ich zeig dir unser Land.«
Meizi wußte zunächst nicht, was los war, aber nachdem ihre Mutter ihr alles erklärt hatte, verstand sie. Die Mutter führte Meizi über den Paß, um die Süßkartoffelfelder am Hang zu betrachten.
»Schau! Von jener Bergspitze bis hinunter ins Tal gehört alles uns!«
Sie gingen noch zu einem anderen Stück Hangland.
»Meizi, das Land, auf dem du jetzt gehst, ist unseres, das hättest du nie geahnt. Bis hinunter ins Tal gehört alles

uns. Ein Grashalm, ein Tautropfen, es ist wirklich so, wer Hungers sterben und wer zu Reichtum kommen wird, alles ist vorherbestimmt.«
Auf dem Heimweg schwieg die Mutter eine Weile, dann sagte sie:
»Früher machten wir uns Sorgen, daß wir weder Geld noch Land hatten, jetzt, wo wir Land haben, gibt es neue Probleme.«
Meizi begriff den Sinn dieser Worte vage, aber sie wagte nicht, dem nachzugehen, und schwieg.
»Meizi, meinst du nicht, daß wir, nachdem wir dieses Land besitzen, noch einen Mann brauchen?« sagte die Mutter, während sie Meizi betrachtete, die in tiefes Nachdenken versunken war. »Außerdem bist du noch jung.«
So hatte die Mutter schließlich ausgesprochen, was Meizi bereits geahnt hatte. Meizi dachte nach und kam zu dem Schluß, daß sie die Gelegenheit auch nutzen könne, um zu sagen, was sie vorhatte.
»Ich verstehe, was du meinst. Aber als ich diesmal zurückkam, hatte ich meine eigenen Pläne.« Mit ruhiger Stimme fuhr sie fort: »Ich bin bereits schwanger, und ich möchte mein Kind an diesem ruhigen Ort zur Welt bringen.«
»Wer ist der Mann?«
»Das ist unwichtig. Ich habe ihn nur benutzt. Ich brauche ein eigenes Kind.«
»Was ist plötzlich in dich gefahren? Mit dickem Bauch, ohne verheiratet zu sein, wie soll ich das den Dorfbewohnern erklären?«
»Was ist entehrender, als eine Prostituierte zu sein? Solange du dich den Leuten gegenüber ordentlich verhältst, ist es ganz gleich, was du bist.«
»Ich verstehe wirklich nicht, daß du ein Kind willst, wo

dein großer Bruder mehr hat, als er aufziehen kann; ich meine, A-chi wäre ein gutes Kind für dich.«

»Nein, ich bin dagegen, Kinder von ihren Eltern zu trennen oder sie durcheinanderzubringen. Ich könnte A-chi zu meinem Sohn machen, aber das würde sein inneres Gleichgewicht stören.« Als Meizi die ernste Miene ihrer Mutter sah, fuhr sie fort: »Mutter, ich werfe euch keineswegs vor, was ihr früher mit mir gemacht habt.«

»Gut!« gab die alte Frau nach und bemühte sich, ihre Ansichten zu ändern, um Meizi zufriedenzustellen. Daß Meizi zurückgekommen war, hatte im Hause schon vieles verbessert. Was konnte sie noch von ihr verlangen? Sie dachte nach.

»Meizi, du hast nicht nur unserer Familie Glück gebracht, du hast ganz Kengdi Glück gebracht!« Die alte Mutter wurde fröhlicher.

Einige Tage später hielten alle Bewohner von Kengdi Meizis Rückkehr für ein gutes Vorzeichen und meinten, Meizi sei das Glück zuzuschreiben, daß ihnen das Hangland überlassen worden war. Gleichzeitig brachte Meizis verantwortungsvolles und pflichtgetreues Verhalten in ihrer Familie und ihre Freundlichkeit gegenüber den Dorfbewohnern ihr in Kengdi große Achtung ein.

Der Juni war die Zeit, in der die Erde die Arbeit auszahlte. Als man begann, den Boden von Kengdi umzugraben, versetzte eine riesige Süßkartoffel nach der anderen die Leute in Freude. Erst brachten die Dorfbewohner ihre Holzkarren zur Einmündung des Bergpfades, dann trugen sie die Süßkartoffeln und das Kraut für Schweinefutter an Stangen herbei und beluden die Karren. Frühmorgens sammelten sie sich, um die Süßkartoffeln in die zwanzig Kilometer entfernte Stadt zu transportieren.

In Meizis Familie gab es keinen Mann, aber die Schwägerin und die drei älteren Kinder zogen Strohsandalen an, wie die Männer sie trugen, und reihten sich gleichfalls in die Wagenkolonne zum Transport der Süßkartoffeln ein. Als sie an diesem Tag zurückkehrten, lockte der gepökelte Fisch, der an dem Karren jeder Familie hing, die Fliegen aus der Stadt bis nach Kengdi hin an.

»Verdammt nochmal, eine Hacke in die Hand zu nehmen, lohnt wirklich nicht! Da hat man sich halb zu Tode gearbeitet, und dann bekommt man für hundert Kätti Süßkartoffeln achtundvierzig Yuan.«

»Genauso ist es!«

»Aber wir haben zuviel Arbeit reingesteckt.«

»Schau! Zwei gepökelte Fische kosten sechzehn Yuan. Für das Geld kann man einen ganzen Haufen von unseren Süßkartoffeln kaufen!«

In der heimkehrenden Kolonne leerer Karren gingen einige nebeneinander und beschwerten sich derart. An der Einmündung des Bergpfades angekommen, ruhten sie alle ihre Füße aus, rauchten und tranken Quellwasser.

»Meizi, willst du immer noch in diesem armseligen Kengdi bleiben?« fragte Onkel Fu.

»Ich finde es sehr schön hier«, entgegnete Meizi.

Alle Dorfbewohner, die sich in der Nähe des Erdgott-Tempels ausruhten, horchten auf.

»Du bist doch nicht etwa der Meinung, daß Armut etwas Schönes sei«, sagte Onkel Fu und fuhr ernst fort: »Überleg mal, hundert Kätti Süßkartoffeln für achtundvierzig Yuan, das ist doch nicht lustig?«

Meizi hatte überhaupt nicht erwartet, daß Onkel Fus banale Plauderei zu einem so tiefgehenden Problem führen würde, und sie fürchtete sich ein wenig. Aber sie war an diesem Tage mit ihrer Schwägerin und den anderen in die Stadt zum Markt gegangen und hatte auf dem Heimweg auch über dieses Problem nachgedacht. Schließlich wurde ihre Meinung, die sie sich zu äußern gescheut hatte, gleichsam aus ihr herausgezwungen.

»Achtundvierzig Yuan für hundert Kätti Süßkartoffeln scheint der Preis zu sein, den wir selbst von den Leuten gefordert haben«, sagte Meizi. Diejenigen, die etwas weiter weg standen, kamen näher. Meizi fuhr fort: »Heute morgen verließen über zwanzig Karren Kengdi, sie brachten wohl zehn- bis zwanzigtausend Kätti Süßkartoffeln zum Markt, nicht wahr?«

»Mehr! Es waren über dreißigtausend Kätti!« antwortete einer der Umstehenden.

»Gut, über dreißigtausend Kätti. Seht, auf dem ganzen Süßkartoffelmarkt vor dem Mazutempel waren mehr als sieben Zehntel der Süßkartoffeln aus Kengdi.« Meizi hatte einige Schwierigkeiten; sie hatte Angst, nicht richtig zum Ausdruck bringen zu können, was sie im Kopf hatte. Aber als sie die Augen um sich herum sah, die aufmerksam auf ihre Schlußfolgerung warteten, sagte sie ängstlich bemüht: »Was ich sagen will, ist, daß, wenn wir diese riesige Tagesmenge Süßkartoffeln auf drei oder vier Tage verteilt hinschaffen, der Preis vielleicht ein wenig gehoben werden kann.« Sie fügte schnell erklärend hinzu: »Ich weiß nicht, das ist mir so eingefallen.«

Entgegen Meizis Erwartungen zogen die Dorfbewohner aus ihren Worten eine Lehre und vereinbarten auf der Stelle vor dem Erdgott-Tempel an der Einmündung des Bergpfades, die täglichen dreißigtausend Kätti Süßkartoffeln in drei Partien zu teilen und nacheinander auf den Markt zu bringen. In der Tat zeigte sich am nächsten Tag der Erfolg. Pro einhundert Kätti Süßkartoffeln stieg der Preis bereits um vierundzwanzig Yuan!

Manchmal gehört der Juli nur einem Menschen. Es stand jetzt fest. Sobald Meizi morgens aufstand, erbrach sie

sich im Hinterhof. Die Mutter trat ruhig von hinten an sie heran und klopfte ihr sanft auf den Rücken.
»Es ist wahr, es ist wahr!« Die Stimme der Mutter war ein wenig erregt, aber auch etwas zögernd.
Mit heißen Tränen der Freude drehte sich Meizi zur Mutter um und sagte dann:
»Ich glaube, daß es jetzt feststeht.«
»Ja, es steht fest.«
Auf Meizis Gesicht breitete sich ein scheues Lächeln aus, als sie sagte: »Mutter, plötzlich habe ich großen Appetit auf eingelegte Rüben.«
»Eingelegte Rüben?« Die alte Mutter rollte mit den Augen. »Ah, was für ein Glück du hast, da ist noch ein Glas vom letzten Jahr. Ich weiß nicht, ob sie schimmelig sind. Aber das macht nichts, einige unten im Glas werden auf jeden Fall noch eßbar sein!« sagte sie und ging eilig weg.
Die Mutter wühlte in einem Haufen alter Gläser, öffnete Glas für Glas den Pfropfen und roch daran, dann erst nahm sie es heraus und hielt es gegen das Licht; sie war ängstlich bemüht.
»Mutter, was suchst du?« fragte die Schwiegertochter.
»Was ist mit dem übrigen Glas eingelegter Rüben vom letzten Jahr?«
»Eingelegte Rüben?« Die Schwiegertochter war verwirrt durch die Frage.
»Meizi hat Schwangerschaftsbeschwerden.«
»Was, Meizi hat Schwangerschaftsbeschwerden?«
Als Meizi hinter ihrem Rücken den klaren Klang der aneinanderschlagenden Gläser hörte, tauchte ihr ganzer Körper in ein Gefühl der Wärme ein.

August, September, Oktober schienen in ihrer Erinnerung wie eine Katze vorüberzuschleichen.

Der November hatte eine Schwäche für Sauberkeit. Jedes Jahr hielt dieser Monat sein Versprechen und brachte ungeheure Mengen Regenwassers, um Kengdi zu waschen.

Zuerst fiel ununterbrochen Bergregen, und ab Mitte des Monats kam auch der Wind hinzu. Die Einwohner von Kengdi blieben in den Häusern und konnten nicht hinaus zur Arbeit. Fast alle Frauen in Kengdi wurden zur gleichen Zeit schwanger. Der Beinstumpf von Meizis älterem Bruder war viel besser geworden, und die Schwägerin war auch schwanger, aber sie bereute das sehr.

Meizis Bauch hatte sich schon so gespannt, daß es etwas unbequem war. Mit großer Vorsicht gab sie auf das Stück Hoffnung in ihrem Bauch acht. Sie hatte die Kleidung für den Säugling und alles, was sie für den Monat nach der Geburt brauchte, vorbereitet. Die Mutter hatte bereits zwölf Hühner aufgezogen, um Meizi nach der Geburt wieder zu Kräften zu bringen.

Eines Nachts wurde der Regen stärker, und der Wind blies heftiger. Die ganze Nacht hindurch zitterte Kengdi im Regensturm.

»Wenn es so weiter geht, werden unsere Lehmziegelwände das nicht aushalten«, sagte der Bruder, als ahnte er etwas.

»Also gut, laßt uns alle unter den großen, viereckigen Tisch kriechen«, sagte die Schwägerin ruhig. Aber die alte Mutter begann, Himmel und Erde um Hilfe anzurufen.

Als sie sich alle elf unter dem Tisch drängten, stürzte die hintere Wand mit donnerndem Getöse ein, und das Dach aus Bambus und Schilfgras hing infolgedessen schräg herab.

Meizi hielt ihre Tränen zurück, als sie ihre jammernde Mutter tröstete: »Wir können dem Himmel keine Vor-

würfe machen! Im ganzen haben wir Glück im Unglück gehabt. Wenn wir eben nur etwas später von dahinten weggegangen wären, wären wir alle lebendig begraben worden.«
In dieser einen Nacht war nicht nur Meizis Haus, sondern ganz Kengdi reingewaschen worden.
Meizi beklagte sich nicht so über das Unglück wie die anderen. Sie war dankbar, daß sie heil davongekommen war und ihre einzige Hoffnung weiter ungestört austragen konnte.

Der Dezember kam mit einem Lächeln und entfernte den vorherigen dunklen Schleier.
Die Einwohner von Kengdi hatten das Gefühl, daß ihr Leben im Reparieren alter Dächer bestand: Hatte man mit Mühe und Not das Leck hier gefunden und repariert, gab es dort wieder ein Leck, das man den halben Tag lang suchte; kaum hatte man dieses Leck gefunden und repariert, fing es an einer anderen Stelle an zu tropfen. So konnten sie weder aufhören noch sich leisten, gewissenhaft zu sein; es war wirklich schwierig für sie.
Nachdem der Novemberregen vorbei war, zeigte die Sonne ihr kraftloses Gesicht und schaute ihnen zu, wie sie nach dem Unheil aufräumten. Die mehr als zehn Familien, deren Lehmziegelwände eingestürzt waren, arbeiteten am Berghang zusammen; einige schnitten Reisstroh und stachen Lehm, andere zogen die Ochsen, die im Kreis über den angehäuften Lehm trampelten, andere rührten, und wieder andere formten die Ziegel. Mehr als zehn Tage lang war der Berghang der geschäftigste Platz in Kengdi.
»Diese schwache Sonne und der Nordwind sind die beste Zeit zur Herstellung von Lehmziegeln. Die Lehmziegel

bekommen keine Risse«, erklärten die Erwachsenen den Kindern. Ein Zuschauer scherzte:
»Aber das beste ist, gar keine Lehmziegel anfertigen zu müssen.«
»Das ist klar, wir tun es nur, wenn wir Häuser bauen müssen, sonst stellen wir nicht gern Lehmziegel her.«
In der Unterhaltung ging die Rede hin und her und richtete sich dann an Tante Hähnekastrierer.
»Tante Hähnekastrierer, Meizis Bauch ist so groß, wann wird es Sesamölwein zu trinken geben?« fragte Onkel Muzi.
Die Nebenstehenden äußerten auch einer nach dem anderen ihre Anteilnahme: »Ja, wann?«
»Sehr bald.«
Als Meizis Mutter hörte, daß die Dorfbewohner an Meizi so viel Anteil nahmen, war sie sehr froh. Zunächst hatte sie ein wenig befürchtet, Meizi könne den Hohn der Dorfbewohner ernten.
»Wenn der Dezember hinter uns liegt«, sagte Tante Hähnekastrierer.
»Oh, dann ist es soweit!«
»Sie ist ein so gutes Mädchen, sie wird sicher einen Sohn bekommen«, sagte ein etwas älterer Mann.
»Ja, sie ist das einzig gute Mädchen, das meine alten Augen je gesehen haben.«
»Ach was, ihr von der älteren Generation wollt sie nur nicht verwerfen.« Meizis Mutter freute sich insgeheim.
»Wir sagen die Wahrheit, unser Lob wird ihr nicht gerecht.«
»Ich vermute, sie bekommt einen Jungen. Schaut, wie spitz ihr Bauch ist«, sagte eine Frau.
»Sie sollte mit einem Sohn belohnt werden, das wäre gerecht.«

»Warum wird es ein Junge, wenn der Bauch spitz ist?« fragte ein zwölf- bis dreizehnjähriger Junge, der gerade einen Ochsen im Kreis durch den Lehmhaufen zog.
»Kinder sollten sich nicht in die Gespräche Erwachsener einmischen und irgendwelche Fragen über Kinderkriegen stellen, es reicht, wenn du einen Ochsenkarren sicher ziehen kannst«, wies der Vater den Jungen sanft zurecht.
In dem freundlichen Gelächter hörte Tante Hähnekastrierer jemanden sagen: »Tante Hähnekastrierer hat Glück.« Dieses Mal trug sie zwei Ziegel mehr, als sie zurückging. Aber die Freude in ihrem Herzen gab ihr das Gefühl zu schweben.
»Mutter, du solltest nicht zu viele Ziegel tragen! In deinem Alter wirst du dir das Kreuz verrenken!« Als Meizi ihre Mutter ganze acht Lehmziegel an der Stange auf der Schulter tragen sah, war sie etwas beunruhigt.
»Oh Meizi, alle Leute in Kengdi wünschen dir einen Sohn!« sagte die alte Mutter, indem sie die Tragestange absetzte, ohne sich die Zeit zu nehmen, den Schweiß abzuwischen. »Streng dich ein wenig an.«
Meizi lachte bitter; sie hatte immer einen Sohn haben wollen. Aber wen konnte sie um Hilfe bitten? Sie konnte sich nur mit aller Kraft selbst beruhigen; wenn es soweit war, würde sie an etwas anderes denken.
»Ich glaube, ich werde sicher einen Jungen bekommen. Dieses Kind bewegt sich sehr heftig im Bauch. Jetzt bewegt es sich auf beiden Seiten, rechts und links. Und wenn es sich bewegt, dann tut es das wie ein Junge.« Plötzlich hielt sie inne, als sie fühlte, daß der Bauch wieder begann, sich zu bewegen. »Mutter, tu deine Hand schnell her, hierher.«
Die Mutter legte ihre Hand auf Meizis Bauch, rollte mit den Augen und konzentrierte sich, als belausche sie je-

manden im Nebenzimmer. Nach einer Weile öffnete sie den Mund ein wenig, und die Pupillen ihrer rollenden Augen eilten plötzlich nach links; wieder konzentrierte sie sich eine Weile, dann sagte sie:

»Ha, dieses Kind ist wild! Woher soll es diese Kraft haben, wenn es nicht ein Junge ist?«

Meizi beobachtete die ganze Zeit das Gesicht der Mutter, und der Ausdruck, dem sie darin begegnete, drängte sie in eine hoffnungslose Lage, aus der sie keinen Ausweg fand; voller Sehnsucht konnte sie nur immer wieder fragen: »Stimmt das? Stimmt das?...«

»Es ist bestimmt ein Junge, Meizi.«

»Es muß ein Junge sein, es muß ein Junge sein!«

»Es ist bestimmt ein Junge! Als ich deine vier Brüder zur Welt brachte, war es genauso.«

»Und bei meiner Geburt?« fragte Meizi.

»Als ich dich und deine jüngere Schwester austrug, hatte ich das Gefühl, als wachse eine stille Geschwulst in mir. Da wußte ich, daß es bestimmt ein Mädchen würde, und ich hatte recht: Ich brachte dich und deine jüngere Schwester zur Welt.«

»Also werde ich einen Jungen bekommen?«

»Ei! Was machst du dir für Sorgen? Wenn es ein Junge ist, dann ist es ein Junge; es kann doch wohl nicht mehr weglaufen?« Der Optimismus der Mutter flößte Meizi großes Vertrauen ein. »Meizi, geh schnell ins Haus, sei vorsichtig, daß du dich nicht erkältest. Die Lehmziegel werden sich sicher schon angehäuft haben, ich muß mich beeilen.« Als sie das gesagt hatte, nahm sie die leere Tragestange auf die Schulter und ging. Aber sie wußte, daß man nicht vorhersagen konnte, ob Meizi einen Jungen haben würde oder nicht. Tatsächlich hatte Meizi sich im Bauch recht heftig bewegt, bevor sie geboren wurde. Sie erinnerte sich, daß von den sechs Kindern, die sie zur

Welt gebracht hatte, Meizi sich am kräftigsten bewegt hatte. Was konnte man tun? »Ich hatte nicht die Absicht, Meizi zu belügen!« Sie schaute sich um, Meizi war gehorsam ins Haus gegangen; dort lagen nur noch ein Haufen feuchten Brennholzes und zerbrochene Lehmziegel. Sie konnte sich nicht mehr ganz aufrecht halten, vielleicht würde es besser werden, wenn sie sich etwas beruhigte; die Beine wurden ihr weich, so daß es schien, als trete sie auf sich selbst, als sie auf den Lehmweg trat. Vor ihr war eine Stelle, an der zwei Berge aufeinander folgten, dazwischen war eine riesige Schlucht. Als sie in die Schlucht schaute, sah sie nichts, aber ganz in der Ferne schien etwas zu sein, das sich am Himmel geradewegs nach hinten ausdehnte, bis es nur noch ein winziger Fleck war. Meizis Mutter schaute unverwandt dahin; plötzlich hatte sie das Gefühl, daß die Schlucht heller wurde. Sie schien vor dem Tempel der Götter angelangt zu sein; sie legte ihre ganze Seele hinein, als sie aufrichtig, mit flehender Stimme bat: »Götter! Gebt Meizi einen Sohn!«

Alle sagen, daß der Januar ein Anfang ist.
Der von den Bergen herabfallende Wind, der die Stadtbewohner veranlaßt, hinter den Ofen oder unter die Bettdecke zu kriechen, glitt von den Dachfirsten in Kengdi herab und warf sich aus der Schlucht in die Stadt. Wenn die Stadtbewohner etwas empfindlicher gewesen wären, so hätten sie aus dem niederfallenden Bergwind die Wärme herausspüren können, die er den Bewohnern von Kengdi vom Körper geweht hatte. Ganz Kengdi glich einer Eishöhle. Die Schmerzen in Meizis Kreuz kamen nicht von dem Kälteeinbruch. Sie wußte, daß das Kind in ihrem Leib bereits begonnen hatte, sich zu senken, und sie war besorgt und erfreut zugleich.

»Meizi, bei deinem Kind wage ich es nicht, dir Geburtshilfe zu leisten«, sagte die Mutter.

Als Meizi das hörte, war sie insgeheim froh. Sie hatte sich schon sehr früh darum Sorgen gemacht, aber nie gewagt, etwas zu sagen. Da die Frauen von Kengdi ihre Kinder alle zu Hause zur Welt brachten, hatte sie sich Gedanken gemacht, was sie sagen könnte, wenn es soweit war. Jetzt brauchte sie sich keine Sorgen mehr zu machen. Sie sagte zur Mutter:

»Mutter, es ist so kalt, ich glaube, es ist besser, wenn ich zur Geburt in die Stadt gehe.«

»Das glaube ich auch.«

Am selben Abend setzten die Wehen ein. Der Bruder hatte bereits eine Sänfte für sie zurechtgemacht. Sobald die Dorfbewohner erfuhren, daß Meizi in die Stadt wollte, um ihr Kind zur Welt zu bringen, kamen sofort mehrere Leute herbei, um ihr behilflich zu sein und die Sänfte zu tragen. Der kalte Mitternachtswind hüllte sie fest ein, die Flammen der drei oder vier Fackeln wurden zur Seite gedrückt, manchmal sogar unter die Papierdochte. Schwarzohr wies den Weg, indem er mal voraus, mal hinterher lief.

Auf Krücken gestützt stand Meizis Bruder im Wind und verfolgte die Fackeln in der dunklen Nacht, bis sie immer kleiner wurden und schließlich verschwanden. Er fühlte den Ernst und die Feierlichkeit dieses Augenblicks, und unwillkürlich lief ein Schauer durch seinen Körper.

Als Meizi in der Entbindungsklinik der Stadt angekommen war, folgten die Wehen, die alle zwanzig Minuten aufgetreten waren, bereits schneller aufeinander und kamen nun alle fünf Minuten. Der Arzt sagte, daß es bald soweit sei. Die Krankenschwester kam, gab ihr eine Spritze zur Beschleunigung der Geburt und sagte, daß es wahrscheinlich noch eine halbe Stunde dauern werde.

2. Halbjahr 1982

Suhrkamp Literatur

Herbert Achternbusch · Jürgen Becker
Jurek Becker · Ulla Berkéwicz · Thomas Bernhard
Thomas Brasch · Bertolt Brecht · Hans Georg Bulla
Hans Magnus Enzensberger · Dorothée Haeseling
Walter Höllerer · Joseph L. Koerner · Dieter Kühn
Winfried Menninghaus · E. Y. Meyer · Karin Struck
Martin Walser · Josef Winkler · Ludwig Wittgenstein
Georges Arthur Goldschmidt · Mario Vargas Llosa
Mercé Rodoreda · Polnische Bibliothek
Lektüre zwischen den Jahren
Spectaculum
Bibliothek Suhrkamp
edition suhrkamp · suhrkamp taschenbücher

Herbert Achternbusch
Revolten
Mit Fotografien. Etwa 150 Seiten.
Gebunden. Ca. DM 20,–

»Ich habe dieses fünfteilige Buch in ein paar Tagen im August geschrieben – so heißt es. Ich wollte ja schon immer im August schreiben, was mir 1981 gelungen ist. Der August ist der kürzeste Monat: 1/3 Sommer und 1/3 verregnet und ein Drittel Herbst, was bleibt für einen? Das Schreiben ist nicht leicht. Jeder Satz revoltiert gegen sich selber für den nächsten. Und das Tagebuch will die Erzählung, und die an sich erstickende Erzählung will etwas Gesprochenes werden, doch der gesetzte oder gehüpfte Leichengang der Bühne will genußreichere Bewegung und lügnerische Authentizität: Film. Doch von so viel Welt belastet schreit seine Seele nach reiner Poesie. Und die Poesie will Dich, Du Hund! Revoltierst Du gegen die Gesellschaft? Mit jedem Deiner eigenen Sätze läßt Du Dich von ihr erwischen!«
Die maßgeblichen Augenblicke/Wörter des Buches lauten: *Hirsebrei, Sarglager, Kinderschuh, Depp, Windstille.*

Jürgen Becker/Rango Bohne
Fenster und Stimmen
Bilder von Rango Bohne
Gedichte von Jürgen Becker
Vierfarbendruck. Etwa 64 Seiten
Engl. Broschur. Ca. DM 38,–
Vorzugsausgabe mit Originalgraphik
Ca. DM 120,–

Das Buch enthält fünfundzwanzig Bilder und fünfundzwanzig Gedichte. Die einen sind die »Fenster«, die anderen die »Stimmen«.
Die Stimmen reagieren auf die Bilder, ohne zu beschreiben: Das Bild wird aus seiner Begrenzung erlöst, wird zur Szene, der Stuhl wird benutzbar, die Dielen machen Geräusche, Kälte nimmt zu oder ab, das Schicksal wird sichtbar, das sind die »Flächen des Traumes«.
Das ist Methode und Geschichte zugleich. Die Methode lehrt das Betrachten, Bevölkern, den Eintritt in ein fremdes Theater, in dem der Eintretende, der Fremde, Hauptrolle und Regie der Geschichte übernimmt.

Bald nach der Spritze kamen und gingen die Wehen in ununterbrochenen Wellen. Man hatte Meizi auf einen Entbindungstisch gelegt, und auf ihrer Stirn sammelten sich große Schweißperlen, als sie das uranfängliche Ritual auf sich nahm, das der Schöpfer den Frauen übertragen hat. Aber diese zerreißenden Schmerzen bereiteten ihr Trost; je stärker der Schmerz war, desto mehr fühlte sie, daß ihre Hoffnung keine Wahnidee war, sondern eine Realität, die in Erfüllung ging.

Der Arzt forderte Meizi auf, sich an den Griffen auf beiden Seiten des Entbindungstisches festzuhalten und gleichzeitig mit aller Kraft zu pressen. Er stand neben ihr und gab ihr Anweisungen, indem er sagte, so sei es falsch, so sei es richtig, und sie ermunterte: »So ist es sehr gut, pressen Sie weiter so, bis das Kind herauskommt.« Die Fruchtblase war bereits gesprungen. So vergingen drei Stunden, und es wurde hell, aber das Kind war immer noch nicht da. Meizi war offensichtlich erschöpft, der Arzt war insgeheim beunruhigt. Den Umständen und der Theorie nach hätte das Kind längst geboren sein müssen, jedenfalls hatte Meizi sich die ganze Zeit über ausgezeichnet verhalten. Der Arzt wußte, daß sie mehr Schmerz ertragen und mehr Kraft aufwenden konnte als jede andere Gebärende. Vielleicht hatte sich die Nabelschnur um den Hals des Kindes gewickelt, mutmaßte der Arzt.

Weil es eine kleine Klinik war, gab es nur einen Entbindungstisch. Deshalb wurde Meizi in ein anderes Zimmer gebracht, als eine weitere Gebärende kam, die kurz vor der Niederkunft stand. Auf diese Weise hatten bereits zwei andere Frauen ein Kind geboren, und nur Meizi blieb immer noch da und preßte mit aller Kraft.

Als sie das Weinen der anderen Neugeborenen im Nebenzimmer hörte, sah Meizi in ihrer Vorstellung einen über und über roten Säugling und wußte, daß sie auch einen haben würde. Aber sie hätte nie gedacht, daß es so mühsam sei. Sie lag auf dem Entbindungstisch und preßte mit aller Kraft, um den Säugling zur Welt zu bringen. Der Arzt bemerkte ihre Ausdauer und meinte, daß ein Wehenmittel die Wehen noch dichter aufeinander folgen lassen würde. Daraufhin gab er ihr eine weitere Spritze. Die stoßweisen, zerreißenden Schmerzen brachten Meizi dazu, sich unter Stöhnen mit aller Kraft abzumühen. Der Arzt sagte:

»So ist es richtig. Sie machen es sehr gut, weiter so, nicht aufhören, strengen Sie sich noch mehr an.«

Jedesmal, wenn Meizi das Gefühl hatte, daß ihre Kräfte schwanden, und sie die Hoffnung verlor, genügten diese Worte des Arztes, um ihren vollkommen erschöpften Körper mit Kraft zu füllen, und immer wieder versuchte sie, sich anzustrengen. Wenn der Arzt neben ihr stand, hatte sie Vertrauen.

Auf der Stirn des Arztes bildete sich auch Schweiß; er ging zum Glasschrank und starrte auf die im Innern ordentlich aufgereihten Operationsgeräte. Er zögerte; er bewunderte diese Gebärende, die in allem so folgsam und verständig war, bei jeder medikamentösen Beschleunigung der Wehen verwandelte sie den Schmerz in Kraft und kämpfte. Sie hatte immer noch Willen und Kraft; er würde warten, bis sie erschöpft war, und dann entscheiden, was zu tun war. Er wandte sich vom Glasschrank ab, schaute auf die Uhr an der Wand und schüttelte den Kopf, als er feststellte, daß es sich bereits sechs Stunden hinzog.

»Lieber Doktor, helfen Sie mir, ich möchte dieses Kind unbedingt haben«, flehte Meizi mit schwacher Stimme.

»Beruhigen Sie sich, Sie haben dieses Kind bereits«, sagte er mit gezwungenem Lächeln.

»Ich möchte es lebend. Es muß leben!«
»Natürlich lebt es.« Der Arzt fühlte ihren Puls. »Wie fühlen Sie sich?«
»Kümmern Sie sich um mein Kind!«
»Wie könnte es Ihr Kind ohne Sie geben? Wie fühlt sich Ihr Kopf an?«
»Sehr klar!«
»Gut!« Der Arzt wies die Schwester an, Meizi eine weitere Spritze zur Beschleunigung der Geburt zu geben.
Meizi erlitt nochmals die Qual einer langen Kette dicht aufeinanderfolgender Wehen, und, ohne ein einziges Mal auszulassen, verwandelte sie den schmerzvollen Kampf in Kraft. Ihr ganzer Körper war naß, als sei sie aus dem Fluß gefischt worden. Sie schien viel schwächer zu sein als zuvor. Es war erschreckend, wie schwach ihr Körper und wie klar ihr Geist dabei war; ihre alte Mutter, die die ganze Zeit an ihrer Seite gestanden hatte, weinte ständig.
»Mutter, warum weinst du? Ist es, weil du bereits weißt, daß es keine Hoffnung mehr gibt?« fragte Meizi.
Die alte Mutter konnte nur den Kopf schütteln und brachte kein Wort heraus.
»Wo ist der Arzt?« fragte Meizi besorgt.
Der Arzt lächelte erneut über das ganze Gesicht, als er in den Kreißsaal kam. Er gab ihr noch eine Spritze und sagte:
»Es ist soweit, was Sie eben gemacht haben, wird jetzt von großer Hilfe sein. Pressen Sie nochmals mit aller Kraft.«
Die Wehen, die nachgelassen hatten, verstärkten sich wieder, und Meizi preßte immer noch mit aller Kraft, aber von Mal zu Mal wurde deutlicher, daß sie keine Kraft mehr hatte.
»Sie wissen, auch für das Kind ist es schmerzhaft, wenn es heraus muß und nicht kann; es will heraus! Aber nie-

mand kann ihm helfen, außer seiner Mutter. Kommen Sie! Strengen Sie sich an!«
»Ah...« Meizi brachte alle Kraft auf.
»Gut, nochmal«, spornte der Arzt sie an.
»Ah...«
»Sehr gut, bald ist es soweit.«
»Meizi...« Die alte Mutter war auch ängstlich bemüht, die Tochter zu ermuntern, aber sobald sie den Mund öffnete, um etwas zu sagen, kam ein Schluchzen heraus, und sie machte den Mund wieder zu.
»Ah! Wir sehen den Kopf des Kindes.«
»Ah...« Mit diesem Ausstoß strengte sich Meizi besonders und unerwartet lange an.
»Noch etwas mehr, wir sehen den Kopf. Das Kind sagt: Mama, streng dich nochmals an, versuch es noch mal.« Der Arzt stöhnte mit Meizi. »Ah... Gut, gut.« Dem Arzt war elend zumute. In Wirklichkeit war der Kopf des Kindes noch nicht zu sehen, das Fruchtwasser war bereits ausgelaufen, es blieb nicht mehr viel Zeit.
»Ah...« Sie brachte all ihre Kraft auf. Jetzt fühlte sie sich wie ein Elefant, der eine schwere Last auf dem Rücken trägt und einen Schritt vor sich, greifbar nahe, ein Büschel Bananen sieht. Er ist hungrig und macht einen Schritt vorwärts, um die Nahrung zu erreichen, aber diese bewegt sich auch einen Schritt vorwärts. Er fährt fort, dieses Büschel Bananen zu verfolgen, aber die Bananen bleiben immer einen Schritt von ihm entfernt. Endlich kapiert er, daß das eine böse Verschwörung ist, und strengt sich noch mehr an, die Nahrung zu verfolgen, im Glauben, daß sein Wille und seine Hartnäckigkeit bestimmt Mitleid erregen werden. Meizi strengte sich an; bereits sehr schwach, ließ sie die Hoffnung immer noch nicht fahren. Schließlich bekamen ihre ange-

strengten Preßbewegungen nur noch Symbolcharakter, und sie verlor das Bewußtsein.
Meizi sah einen Blumengarten vor sich und ging ahnungslos hinein. Ein Mann, wahrscheinlich war es der Gärtner, sagte streng zu ihr, sie dürfe nicht so einfach eindringen.
»Aber ich habe hier Blumen gepflanzt.«
»Was für Blumen?«
»Das kann ich nicht sagen.«
»Wie sehen sie aus?«
»Nun, so.«
»Was für eine Sorte?«
»Das kann ich nicht sagen.«
»Meinen Sie Chrysanthemen?«
»Nein!«
»Rosen?«
»Nein!«
»Dann haben wir hier keine solchen Blumen, von denen Sie reden.«
»Doch! Ich habe sie hier gepflanzt.«
»Ich weiß nichts davon.«
»Das ist mir egal...« schrie Meizi laut.
Der Arzt fühlte den Puls, zählte die Pulsschläge und gab ihr wieder eine Spritze. Er sagte zu Meizis Mutter:
»Wir können uns nicht mehr um das Kind kümmern, die Mutter ist wichtiger.«
»Herr Doktor... Sie wissen nicht, dieses Kind bedeutet ihr Leben.«
Der Arzt verstand, daß dies eine besondere Bedeutung hatte.
»Natürlich tue ich, was ich kann.«
Der Arzt und die Schwester legten Mundschutz und Gummihandschuhe an. Das Klirren von Metallinstrumenten, die zufällig aneinanderstießen, zerriß die Stille

des Kreißsaales. In ihrer Bewußtlosigkeit fühlte sich Meizi von einem neuartigen, heftigen Schmerz gepeinigt. Sie wachte auf und fühlte sich wie ein Novize, der beim Rezitieren der Schriften eingeschlafen war, jetzt wieder aufwachte und hastig so tat, als habe er dieses nie unterbrochen. Beschämt wegen ihrer Schwäche nahm sie wieder alle Kraft zusammen und preßte: »Ah...«

»So ist es richtig, sehr gut.« Der Arzt hatte den Kopf des Kindes bereits mit der Zange gefaßt, aber erst als Meizi nochmals preßte, zog er das Kind heraus, um Meizi die Freude zu machen und das Gefühl zu geben, daß sie sich nicht umsonst verausgabt hatte.

»Ah...«

Der Arzt zog mühelos.

»Ah... Es ist draußen, es ist draußen. Es ist ein Junge!«

Die Mutter und die Krankenschwester stöhnten auch erleichtert auf, als sei eine schwere Last von ihnen genommen.

Als etwas aus ihrem Bauch herausgezogen wurde, schwebte Meizi eine kurze Zeitlang in einem Zustand völliger Gefühllosigkeit, aber als das Kind dann schrie, hatte Meizi das Gefühl, daß ihre Vergangenheit wirklich ganz vorbei war. Sie war ruhig, aber ihre Mutter weinte vor Freude. Die Tür des Kreißsaales öffnete sich, und draußen standen ihr älterer Bruder, dem das Bein vor kurzem amputiert worden war, die Schwägerin und deren Kinder.

7. Der Tag, an dem sie aufs Meer schaute

Fast gleichzeitig mit dem Kind wurde in Meizi ein Verlangen geboren, das sie ständig trieb, ein zwingendes Verlangen, das einfach nicht zu erklären war. Obwohl es ihr eigenes Verlangen war, nahm sie innerlich eine Gegenposition ein, ohne die Furcht, sich zu isolieren. Innerlich kämpfte sie folgendermaßen:

»Ich gehe! Ich nehme das Kind und fahre zum Fischereihafen.«

»Die Fischschwärme sind noch nicht da.«

»Ich weiß.«

»Also wirst du ihn nicht treffen können, den Vater dieses Kindes.«

»Ich weiß. Das ist nicht meine wesentliche Absicht.«

»Warum dann?«

»Ich weiß nicht. Vielleicht treffe ich ihn zufällig.«

»Und wenn du ihn zufällig triffst, was dann?«

»Ich werde ihm sagen, daß das sein Kind ist.«

»Willst du dich von ihm abhängig machen?«

»Bestimmt nicht!«

»Was ist es dann?«

»Ich weiß ganz genau, daß er jetzt nicht im Fischereihafen ist, weil die Fischschwärme noch nicht da sind. Er ist jetzt vielleicht in Hengchun.«

»Wozu willst du dann zum Fischereihafen fahren?«

»Einfach so, ich weiß, daß ich ihn nicht treffen werde, aber ich muß einfach hinfahren.«

»...«

»Ich verstehe es auch nicht, deshalb kann ich nicht erklären, was dieses Verlangen ist.«

Von dem Tag an, als sich dieses Verlangen geregt hatte, war es Meizi selbst unmöglich, es zu begreifen; sie wußte nur, daß es sehr drängend war. Jetzt, als ihre Gesundheit wieder ganz hergestellt war, bedrängte sie dieses Verlangen noch stärker.

Meizi nahm ihr Kind auf den Arm, kaufte eine Fahrkarte zum Fischereihafen und drängte sich mit einer Menschenmenge in den Zug. Als der Zug einfuhr, gab es in den Abteilen nicht einen einzigen freien Sitzplatz. Aber sie war einfach glücklich, in den Zug einsteigen zu können, eine Fahrkarte zum Fischereihafen in der Hand. Gerade als sie sich einen Winkel suchte, um sich anlehnen zu können, standen zwei Männer gleichzeitig vor ihr auf und boten ihr einen Sitzplatz an. Sie war über diese alltägliche Begebenheit überrascht und derart gerührt, daß sie wie betäubt dastand, bis eine Frau herüberkam und Meizi zu ihrem leeren Platz führte. Meizi schaute der Frau in die Augen, diese lächelte sanft und freundlich. Sie blickte die Leute um sich herum an und schaute dann allen, die sie im Wageninnern sehen konnten, in die Augen; sie waren alle so freundlich, wie sie es in ihrem ganzen Leben zum ersten Mal erfuhr. Ihr Blick trübte sich. Jene Mauer, die sie umschlossen und immer von der breiten Masse der Menschen getrennt hatte, existierte nicht mehr, und sie sah die Welt jetzt nicht mehr durch die Gitterfenster ihres Käfigs, der sie erstickte. Sie selbst war ein Teil dieser weiten Welt. Den Augenblick auskostend, ließ sich Meizi langsam auf dem leeren Sitz nieder. Als ihr Körper den Sitz berührte, stieg ein Gefühl der Wärme in ihr auf. Sie dachte: »Das alles hat mein Kind mir gebracht.« Meizi hielt das Kind fest in den Armen und weinte leise.

Der Zug fuhr durch den langen Tunnel bei Dali, die Wogen des weiten, unendlichen Pazifik leuchteten vor ihr auf. Sie starrte sie kurze Zeit an, dann hielt sie das Kind in ihren Armen hoch, mit dem Gesicht zum Meer. Die runden Augen des Kindes konnten noch nichts fixieren, aber Meizi zeigte aufs Meer und sagte:

»Schau Kindchen, das ist das Meer!
Das Meerwasser ist salzig! Darin leben viele Fische.
Einige sind so groß wie ein Zug.

Und einige sind so klein wie dein kleiner Daumen.
Schau, da ist ein Boot!
Fischer sitzen auf dem Boot und fangen Fische,
sie fangen rote Fische, weiße Fische, grüne Fische
und gelbe Fische,
alle für mein braves Kind zum Essen.
Ja, dein Vater war ein sehr mutiger Fischer.
Eines Tages starb er, weit, weit auf dem Meer, als er
große Fische fangen wollte.
Mein braves Kind,
du sollst kein Fischer werden, wenn du groß bist,
du wirst auf einem großen Schiff übers Meer fahren,
um zu studieren,
du wirst ein großer Mann werden.«

Dann sagte Meizi wie im Gebet zu sich selbst:
»Nein, ich glaube nicht, daß es für die Zukunft dieses Kindes keine Hoffnung gibt, nur weil es eine Mutter wie mich hat.« Ihre Augen wurden wieder feucht.

Der Pazifik wogte im milden Sonnenlicht des strengen Winters, der Zug raste mit ruhigem, regelmäßigem Schwanken auf den Fischereihafen zu.

1967 (Übersetzung: Charlotte Dunsing)

Wang Tuo

Wang Tuo (eigentlich Wang Hongjiu), 1944 als jüngster von sechs Brüdern in Badouzi, einem winzigen Fischerdorf an der Nordküste Taiwans, geboren, ist Sohn eines Fischers. Nach Abschluß seiner Schulausbildung besucht Wang die Pädagogische Hochschule in Taibei. Nach ersten Erfahrungen als Lehrer auf dem Lande nimmt er sein Studium wieder auf und schließt es mit dem M.A. in chinesischer Literatur an der Zhengzhi-Universität in Taibei ab. Er unterrichtet an mehreren Instituten chinesische Literatur und veröffentlicht wissenschaftliche Aufsätze zur mittelalterlichen umgangssprachlichen Prosa. Im Juni 1970 wird seine erste Erzählung »Ein Baum zum Hängen« (Diao ren shu) in der Zeitschrift »Chun wenxue« (Reine Literatur) veröffentlicht; in rascher Folge publiziert er dann weitere Erzählungen, die 1976 unter dem Titel »Tante Jinshui« (Jinshui shen) herausgegeben werden. Dieser Band begründet Wangs Ruhm. Im Jahr darauf erscheint als zweiter Band mit Erzählungen »Ich wünschte, du kehrtest früher zurück« (Wang jun zao gui). Meistens beschreibt Wang den Alltag der Fischer, von deren miserablen Lebensbedingungen Literatur und Presse zuvor keine Kenntnis nahmen. Er zeigt den Fischer im Kampf mit der Natur und in der Auseinandersetzung mit der Gesellschaft (Aufkäufer, Syndikate), die er nicht durchschaut. Folgerichtig zeigt Wang den Fischer als Verlierer. Er wird Wortführer der Heimatliteratur-Theoretiker, seine Ansichten und Diktion nähern sich immer mehr der marxistischen Sprachregelung an und lassen ihn schließlich für eine Art sozialistischen Realismus plädieren. Unter dem Einfluß marxistischer Literaturtheorie unternimmt Wang eine Analyse jener Kräfte, die das Leben in Taiwan bestimmen. Nach 1977 veröffentlicht Wang keine Erzählungen mehr; eigenen Angaben zufolge arbeitet er an einem Roman, doch widmet er sich, nicht länger gewillt, den »Umweg« über die Literatur zu gehen, vor allem direkter politischer Arbeit und wird zu einem der mutigsten Kritiker der Guomindang-Alleinherrschaft. Im Zusammenhang mit dem Zwischenfall von Gaoxiong im Dezember 1979 läßt ihn die Regierung verhaften und entledigt sich durch seine Verurteilung zu sechs Jahren Gefängnisstrafe ihres unbequemen Kritikers.

Die Explosion

In Xingwangs Gemischtwarenladen drängten sich die Leute. Immer wieder tönte durch ihr Lärmen der Ruf »sbala«, mit dem die Würfel geworfen wurden. Das Dämmerlicht der Lampe ließ alle Gesichter gelblich-blaß erscheinen, gelb und verquollen wie nach langer Krankheit. Ein penetranter Gestank nach Zigarettenqualm und Schweiß lastete drückend über dem stickigen Raum.

»Hört her, Schluß jetzt! Es geht auf acht zu, und ihr wollt immer noch nicht nach Hause!« rief Xingwangsao, die Frau des Krämers, mit Stentorstimme den Spielern zu. »Drei, vier Tage nichts um die Ohren, das vertragt ihr einfach nicht. Läßt euch der Sturm nicht aufs Meer, benehmt ihr euch gleich wie die Wahnsinnigen und spielt und spielt und macht die Nacht zum Tag. Diese Männer...«

Mit kräftigen Stößen bahnte sie sich einen Weg zum Ladentisch. Während sie eine Schublade öffnete und einem Kind, das Sojasauce gekauft hatte, Geld herausgab, murrte sie: »Wie soll man dabei noch was verkaufen?«

Verärgert stieß sie die Schublade zu und brüllte zu ihrem Mann hinüber: »He, Xingwang, du bist wohl lebensmüde, was? Immer nur spielen und das Geschäft schleifen lassen!«

»Eine Fünf! Haha! Gewonnen! Gewonnen!«

»Verdammte Scheiße! So ein Pech!«

»Hätt' ich das eher gewußt, hätt' ich auf die Bank gesetzt!«

»Haha! Wenn man's im voraus wüßte, gäb's keine armen Leute mehr.«

Draußen fiel feiner Nieselregen, es war schon dunkel geworden. Gleich vor dem Laden, nur durch eine Reihe alter Banyanbäume von ihm getrennt, war der Strand, auf dem in unregelmäßigen Abständen Fischerboote nebeneinander lagen, alle mit fingerdicken Hanfstricken an den Bäumen vertäut. Vom Strand her pfiff ein kräftiger Meerwind und ließ das Laub in den Wipfeln rascheln. Chen Shuisheng bahnte sich einen Weg aus der Menge, ihm drehte sich der Kopf. Als er aus dem Laden trat, blies ihm der kalte Wind ins Gesicht und ließ ihn unwillkürlich am ganzen Körper zittern. Er zog sein dünnes Hemd zurecht, krempelte die Ärmel herunter und fischte aus der Hosentasche eine zerknüllte, plattgedrückte, rote Zigarettenschachtel. Er wollte nicht wahrhaben, daß sie leer war. Erst als er sie aufgerissen und sich noch einmal vergewissert hatte, knüllte er sie mißmutig zusammen und machte seinem Ärger Luft, indem er sie achtlos fortschleuderte.

Auf der Schwelle zum Laden lagen einige schon etwas aufgeweichte Kippen. Er beugte sich hinunter, sammelte sie auf und knetete sie sorgfältig, wie etwas sehr Kostbares, zwischen den Fingern. Dann erst zog er Streichhölzer aus der Tasche. Schutzsuchend lehnte er sich gegen die Mauer und steckte sich eine der Kippen an. Nach zwei heftigen Zügen sah er, daß nichts mehr von ihr übrig war, und spürte, wie ihm ein wenig heiß im Munde wurde. Vorsichtig nahm er noch einen allerletzten Zug und steckte sich dann gleich eine weitere an.

Ein ganz schwacher, feiner, roter Lichtschein glomm unter dem schon düsteren, windigen und regnerischen Himmel.

Alles verspielt! Über hundert Yuan! Was er an einem Tag beim Verkauf von Süßkartoffeln eingenommen hatte, alles verspielt!

Er hob den leeren Bambuskorb auf, den er in einem Mauerwinkel abgestellt hatte; der fühlte sich federleicht an.

»Hätte ich gewußt, daß ich verlieren würde, hätte ich nicht gespielt. Über hundertachtzig Yuan. Dafür hat sich Chunhua ein paar Monate lang abgerackert, gedüngt, gejätet und dabei immer diesen einen Tag vor Augen gehabt. Das Schulgeld fürs Kind hatte dabei herausspringen sollen. Und jetzt ist alles verspielt.«

Der Regen fiel in feinen Fäden auf Shuisheng, er fand es eisig.

»Wie soll ich das Chunhua erklären, wenn ich jetzt nach Hause komme? Hundert Yuan hätten allemal nicht fürs Schulgeld gereicht, also hab' ich gespielt, hab' gedacht, ich könnte noch was dazugewinnen, dann hätte sich das Kind wegen der Schule keine Sorgen zu machen brauchen. Wer hätte wissen können, daß ich verlieren würde? Hätte ich das vorher gewußt, hätte ich doch gar nicht erst gespielt.«

So legte er sich, um seiner Frau alles erklären zu können, Fragen und Antworten zurecht. Zwar waren dies wirklich die Überlegungen gewesen, von denen er ausgegangen war, aber das konnte ihn jetzt in seiner Niedergeschlagenheit nicht trösten.

»Morgen schon muß sich das Kind in der Schule anmelden, nicht einmal dafür reicht das Geld. Und es nicht in die Schule schicken, daß es sich dann wie ich sein Leben lang in diesem elenden Fischerdorf herumschlägt? Zulassen, daß es sich wie ich sein Leben lang von geliehenem Geld über Wasser hält?«

Angesichts der eigenen Hilflosigkeit führten solche Überlegungen unvermeidlich zu neuen Selbstvorwürfen, zu Schuldgefühlen und Haß auf sich selbst.

Er war kaum in seine Wohnung getreten, da begrüßte ihn

Chunhua voller Mitgefühl: »Warum so spät? Wollte niemand was kaufen?«
»Hab' alles verkauft.« Er senkte den Kopf und wischte sich mit dem Ärmel den Regen aus dem Gesicht.
»Wirklich? Und für wieviel?«
»Zweihundert.« Er wich ihrem forschenden Blick aus und starrte auf den Eßtisch, auf dem ein Topf mit Reisbrei und Süßkartoffeln sowie eine Schüssel mit gesalzenem Trockenfisch standen. Während ihm Chunhua eine Schale Reisbrei auffüllte, meinte sie aufgeregt: »Gerade eben hat uns auch Er-shugong hundertzwanzig Yuan geliehen. Nun brauchen wir nur noch zweihundert zusammenzuborgen, dann reicht es.«
Shuisheng hielt beide Augen auf die Tischplatte geheftet und aß schweigend seine Süßkartoffeln.
»A-xiong ist eben erst ins Bett gegangen, so lange hat er auf dich gewartet. Er war aufgeregt.«
»Ist es mit seiner Erkältung ein bißchen besser geworden?«
Shuisheng stellte seine Reisschale fort, sie war noch halb voll.
»Immerhin leckt die Nase nicht mehr.« Sie blickte auf die halbvolle Reisschale und meinte befremdet: »Was ist? Du hast ja gar nichts gegessen. Heißt das, daß du erst nach Hause kommst, wenn du dich woanders sattgegessen hast?«
»Nein. Ich werde doch dafür kein Geld ausgeben.« Und in plötzlicher Verärgerung: »Du glaubst doch wohl nicht, daß ich das Geld zum Fenster rauswerfe!«
»Dann iß doch! Wenn man sich den ganzen Tag abgemüht und einen Zentner Kartoffeln ein paar Kilometer weit geschleppt hat, muß man doch Hunger haben. Komm, iß!«
»Ich mag nicht, hab' keinen Appetit.« Er stand auf und

sah nach draußen. Mit seinem ausgemergelten Gesicht, der dünnen Gestalt und dem abwesenden Blick glich er einer unbemalten, ausgetrockneten Skulptur, der noch die Augen fehlten.

»Was ist heute mit dir los? Der Mensch ist doch nicht aus Eisen. Er muß doch was essen.«

»Ach wo. Ich hab' dir doch gesagt, daß ich keinen Appetit habe, und dann esse ich eben nicht. Was gibt's da zu nörgeln?«

Verdrossen ging er ein paarmal in der Küche auf und ab, dann wandte er sich um und trat ins Zimmer. Er warf einen Blick auf das Kind, das bereits tief schlief. Er setzte sich auf die Bettkante, schlug die Beine übereinander und sah Chunhua an, die ihm gefolgt war. Lange schon hatte sie viel zu hart gearbeitet und zu schlecht gegessen, sie war abgemagert, ihr ausgemergeltes Gesicht mit dem spitzen Kinn glich ein wenig dem ihres Mannes und wirkte grüngelb im fahlen Schein der Lampe. Für Anfang dreißig sah sie schon ziemlich alt aus: Erste weiße Strähnen durchzogen ihr Haar, ihr Rücken war schon ein wenig gekrümmt, oft klagte sie über Schmerzen in Hüfte und Kopf. Das komme daher, daß sie sich nach der Geburt nicht den Monat Ruhe gegönnt habe, den der Körper dann brauche, meinten erfahrene ältere Frauen.

»Was ist mit dir?« fragte sie teilnehmend.

»Nichts.«

»Uns fehlen jetzt nur noch zweihundert Yuan, die könnten wir erst einmal leihen. Und wenn wir dafür zehn Prozent Zinsen zahlen müssen, macht es auch nichts«, sagte sie. »Soviel läßt sich leicht borgen. Kein Grund jedenfalls, dich derart zu beunruhigen.«

»Leihen? Von wem denn? Wir haben schon alle angepumpt. Zu wem sollen wir denn gehen, wo wir noch nicht einmal die alten Schulden zurückgezahlt haben?«

»Es geht doch nur noch um zweihundert Yuan. Ich kann mir nicht vorstellen, daß wir niemanden finden, der sie uns leiht«, meinte Chunhua. »Wir gehören doch nicht zu denen, die ihre Schulden nicht bezahlen. Können wir nicht im Sommer alles zurückzahlen?«

»Im Sommer?« Er lachte kalt auf. »Die Reichen hier sind grausam wie die Räuber. Glaubst du, die machen es für zehn Prozent, wenn du deine alten Schulden noch nicht beglichen hast? Das stellst du dir so vor!«

»Dann bietet man eben mehr als zehn«, meinte sie.

»Gut, geh selber, wenn du was leihen willst«, entfuhr es ihm in einem Anfall von Zorn. Er rempelte sie drohend an. »Bietet man eben ein bißchen mehr! So einfach stellst du dir das vor? Dann geh doch! Laß dich von den Leuten ausnehmen! Geh! Leih du das Geld!«

»Meinst du denn, wir sollten nichts leihen? Aber was bleibt uns dann? Haben wir dieses kümmerliche Leben nicht lange genug geführt? Und dem Kind soll es später mal genauso ergehen? Du brauchst gar nicht so aufzubrausen, auch mir geht es schließlich nur um die Zukunft unseres Kindes.«

»Darüber haben wir in den letzten Tagen gesprochen und abgemacht, daß ich mir was einfallen lasse. Und jetzt glaubst du mir nicht und faselst so ein Zeug. Leihen! Leihen! Als ob das so einfach wäre! Im Sommer wird unser ganzer Verdienst für die Zinsen draufgehen. Und essen sollen wir nichts in der Zeit? Nur von Meerwasser leben?«

»Wenn du einen anderen Vorschlag hast, dann sag's doch! Das ist doch kein Grund, mich derart anzufahren. Mir wär' es auch gleich, ob du dir nun Geld leihst oder nicht, wenn es dabei nicht um das Kind ginge. In den letzten zwei, drei Monaten hast du dich mit keinem Wort erkundigt, ob wir was zu beißen haben, hast immer nur groß dahergeredet, dir werde schon was einfallen. Was ist dir denn nun eingefallen? Wir wären doch allesamt längst verhungert, wenn ich nicht ein paar Süßkartoffeln und etwas Gemüse angepflanzt hätte. Was willst du denn tun? Und fährst mich dann noch derart an!« Sprach's und wandte sich im Bewußtsein des erlittenen Unrechts von ihm ab. Sie ging in die Küche und räumte, ohne Shuisheng noch eines Blickes zu würdigen, Schalen und Eßstäbchen vom Tisch.

Shuisheng sprang vom Bettrand auf, ballte die Fäuste und verließ wutentbrannt mit großen Schritten das Haus.

Wieder trieb ihm ein leichter Regen entgegen; der Sturm, der mit wütendem Geheul vom Meer herüberblies, trug ihm das Tosen der Wogen zu und zwang ihn, den Kopf zu senken und sich das dünne Hemd fest vor der Brust zusammenzuziehen. In den Wind mischte sich der eigenartige Geruch der Algen. Shuisheng sog die Luft tief ein, es durchströmte ihn warm, als er diesen fischähnlichen Geruch wahrnahm, und er spürte, wie ein heftiges Sehnen in ihm aufstieg. Er ging zu seinem Boot und strich in der Dunkelheit bedächtig und liebevoll über den Bootsrand.

»Ich hab' doch getan, was ich konnte. Und bin trotzdem noch immer so arm. Was kann ich denn tun? Der Himmel läßt uns ja nur im Sommer aufs Meer. Im Winter haben wir nichts als Süßkartoffeln und Meerwasser. Nein, keiner kann sagen, daß ich mir nicht alle Mühe gegeben hätte.«

Er seufzte, kletterte auf den Schnabel des Schiffes und blickte aufs Meer. Unter dem düsteren Nachthimmel brüllten die Wogen. Die Augen unverwandt auf die See gerichtet, spürte er am ganzen Körper, wie ihre Unruhe, ihr Toben die Erde vibrieren ließ.

»Was soll ich denn tun? Morgen muß sich A-xiong anmelden. Wie kann ich zulassen, daß er einmal so leben muß wie ich?!« Er schloß die Augen. Unendliche Trauer und Bitterkeit überkamen ihn unwillkürlich beim Gedanken an sein eigenes Schicksal.

»Warum mußte ich bloß so blöde sein? Was ich verspielt habe, ist für immer verloren. Hab' immer nur ans Gewinnen gedacht und mir nie vorgestellt, daß ich auch verlieren könnte. Muß mir einfach denken, der Teufel hätt's mir gestohlen, und wer weiß, vielleicht erspart Pech im Kleinen mir Pech im Großen. Es geht jetzt um die Zukunft des Kindes. Da bleibt mir gar nichts übrig, als nochmal was zu leihen. Und wie hoch die Zinsen auch immer sind, ich werde akzeptieren müssen. Was kann ich denn sonst tun? Für das Kind kommt ein solches Leben auf keinen Fall noch länger in Frage.«

Er sprang vom Boot und schlenderte zurück zur Straße. Vom Meer her heulte der Wind noch heftiger und führte den eigentümlichen fischähnlichen Algengeruch mit sich. Vom gottverlassenen, schwarzen Himmel trieb ihm der feine Regen ins Gesicht.

Shuisheng zog den Kopf ein und trat scheu über die Schwelle zu Xingwangs Laden. Noch immer schien das schummrige Licht der Lampe auf verzerrte, erregte Gesichter, und man hörte das helle Scheppern der Würfel in den Bechern. Plötzlich erscholl ein markerschütternder Schrei aus der Menge. Es klang wie ein kaputter Messinggong.

»Scheiße!! Ich riskier's! Wer setzt fünfhundert, wenn ich mein Grundstück setze?«

Die Leute schienen von dem überraschenden Aufschrei verschreckt. Sie verstummten, und ihr Schweigen gefror zu einer sehr merkwürdigen Stimmung.

»Was, keiner will? Scheiße! Also dann – vierhundert!«

Und Schwarzer Hund trat aus der Menge hervor; er wandte sich wie ein Höker an alle Leute im Laden und erklärte mit lauter Stimme: »Seht her! Hier ist die Urkunde über das Land, hier, hat alles seine Ordnung. Das ist absolut billig. Mehr als vierzig Ping Land, wo gibt's denn das sonst?«

»Zweihundert, Schwarzer Hund, sagen wir zweihundert, dann mach' ich mit«, sagte Xingwang.

»Zweihundert? Leck mich doch am Arsch! Zweihundert für mehr als vierzig Ping! Das sagst du mir ins Gesicht?!

Du verdammtes... Was bist du denn für einer, du...!«

»Also zweihundertfünfzig. Du gibst doch nicht nur einfach dein Land her. Dafür muß man doch noch jedes Jahr Steuern zahlen, ohne daß es einem was bringt.«

Shuisheng arbeitete sich, während er beobachtete, wie die beiden feilschten, von den widersprüchlichsten Gefühlen bewegt, näher an Xingwang-sao heran, die hinter dem Ladentisch saß.

Sie schien ihn nicht zu bemerken, war ganz absorbiert von dem Schauspiel, wie ihr Mann und Schwarzer Hund am Spieltisch wetteiferten, wer von beiden raffinierter, wer geduldiger wäre. Mehrmals schluckte Shuisheng Worte, die ihm schon auf der Zunge gelegen hatten, wieder herunter. Er konnte sich nicht entschließen, ob er sie um Geld bitten sollte. Er würde sich gewissermaßen selber verkaufen, wenn er es täte, denn nicht einmal fünf Jahre würden reichen, um alles, Zinsen und Kapital, zurückzuzahlen. Und wenn er es nicht täte, würde er Chunxiong wohl oder übel von der Schule nehmen müssen, eine Entscheidung, die ihm sein Leben lang nachhängen würde.

»Dreihundertfünfzig! Komm, spielen wir!« sagte Schwarzer Hund.

Sofort rief alles wild durcheinander, daß es wie Donner durch den Laden schallte: »Die Augen von Schwarzer Hund sind schon ganz starr!« »Er ist verrückt geworden! Er hat sich einfach um den Verstand gespielt!« »Ich glaub', seine alte Mutter springt noch heute abend ins Meer, wenn er verliert.«

»Xingwang-sao!« rief Shuisheng leise, aber sie schien ihn nicht zu hören. »Xingwang-sao! Xingwang-sao!« Erst als er sie vorsichtig anstieß, reagierte sie mit einem »Huch«, als ob man sie aus einem Traum geschreckt hätte.

»Ach du bist's, Shuisheng! Hol dich der Teufel! Du hast mich fast zu Tode erschreckt!« Sie schlug sich theatralisch gegen die Brust. Das trübe rote Licht der Lampe schien auf ihre Backenknochen, die besonders weit hervorstanden, auf kurze Brauen und winzige Augen und auf schlaffe, fleischige Kinnbacken; sie war ein Anblick ungetrübten Glücks, der einem wie ein Stich durchs Herz fuhr.

»Was ist? Willst du deine Zinsen zahlen? Ich hab' schon lange auf dich gewartet.« Sie zog eine Schublade auf, holte ein in rotes Leder gebundenes Büchlein hervor und schlug es auf. Es war eng beschrieben mit Reihen von Zahlen.

»Nein, nicht deswegen, Xingwang-sao, nicht deswegen.« Seine Stimme war so leise geworden, daß nur er selber sich noch hören konnte.

»Letztes Jahr im Mai waren wir quitt, was deine alten Schulden anging, aber ab August hast du dir dann wieder zweimal dreihundert, dreimal zweihundert und dreimal fünfhundert geliehen. Wenn wir dazu die Zinsen rechnen, macht das . . .« Sie griff mit einer routinierten Handbewegung zum Abakus an ihrer Seite, man hörte die Holzkugeln klappern, als sie die Summe ausrechnete.

Gleich darauf verkündete sie ein Ergebnis, das Shuisheng entsetzt zusammenfahren ließ: »Macht alles in allem dreitausendfünfhundertzweiundsechzig Yuan.« Als sie den Abakus zur Seite legte, ihre rundlichen Kinnbacken hob und die Schminke auf den Backenknochen im Schein der Lampe noch scharlachroter schien, da spürte Shuisheng, wie es ihm vor den Augen verschwamm.

»Nein, Xingwang-sao, warte nur bis zum Sommer, dann zahle ich alles ganz schnell zurück«, meinte er. »Du weißt ja auch, daß bei solchem Sturm und solchen Wellen kein Schiff auslaufen kann. Wir haben nicht einmal Geld, etwas zu essen zu kaufen.«

»Wieso denn das? Ich hab' dich doch eben noch spielen sehen.« Sie blickte ihn mit einem seltsamen Lächeln an und bemerkte maliziös: »Und ich hatte gedacht, du hättest was gewonnen und kämest nun deine Zinsen zahlen.«

Shuisheng senkte die Lider; er spürte einen stechenden Schmerz in der Herzgegend und ein Gefühl, in dem sich Bedauern und Reue mischten. Wenn man sah, wie andere ihre Gewinne einsackten, ganz beiläufig, so wie man einen Schluck Wasser zu sich nimmt, wenn man sah, wie sie im Handumdrehen einen Haufen Scheine gewannen und kaum Zeit fanden, ihren Gewinn zu zählen, bevor auch schon der nächste Stapel kam. So einfach war das! So schnell ging das! Er hätte doch nicht gespielt, wenn er vorher gewußt hätte, daß er verlieren würde. Hundertachtzig Yuan! Dafür hatte sich Chunhua monatelang gequält, hatte Dünger aufs Feld getragen, Unkraut gejätet, die halbe Welt umgegraben, und er selber hatte dann alles über mehrere Kilometer zum Markt geschleppt, mit dem Ergebnis, daß nun... alles verspielt war! Es war einfach wie ein böser Traum.

»Ich werde alles zurückzahlen«, sagte er mit schwacher

Stimme. »Wenn es erst Sommer ist, werde ich's ganz schnell zurückzahlen.«

»Bis zum Sommer ist's noch lange hin. Etwas von den Zinsen solltest du jetzt schon zahlen, oder glaubst du, wir drucken unser Geld selber?« Xingwang-sao zeigte auf die Zahlenreihe in ihrem Buch. »Wer Geld gekriegt hat, läßt sich nicht wieder sehen. Versetze dich in unsere Lage: Wenn wir bei der Bank was leihen, müssen wir nicht nur Zinsen zahlen, sondern auch noch eine Hypothek aufnehmen. Sag selber, was sollen wir tun? Du mußt auch mal an uns denken!«

»Schon richtig, aber ich werde es zurückzahlen. Ich brauche nur noch einmal ein wenig Geld, Xingwang-sao, ich werde es schon sehr bald zurückzahlen, noch vorm Sommer.«

»Was? Noch vorm Sommer? Und wie denkst du dir das?« Sie sah ihn zweifelnd an und sagte dann laut: »Willst du unter die Räuber oder unter die Diebe gehen? Darauf steht Gefängnis.«

»Geht es vielleicht ein bißchen leiser, Xingwang-sao?« Er blickte sich nervös nach den Umstehenden um, senkte den Kopf und flüsterte ihr ins Ohr: »Wenn du mir noch ein einziges Mal fünfhundert leihst, dann weiß ich auch einen Weg, wie ich sie sehr bald zurückzahlen kann.«

»Fünfhundert? Woher soll ich soviel Geld nehmen? Überzeug dich selbst!« Sie zog die Schublade auf und zeigte auf ein paar vereinzelte Kupfermünzen und Geldscheine. »Das ist alles, was ich habe. Und du, kaum machst du den Mund auf, da willst du schon fünfhundert. Und außerdem: Das Geld geht immer nur weg, aber es kommt nichts wieder herein. Wir drucken unser Geld auch nicht selber. Du überschätzt uns.«

Shuisheng hob den Kopf und richtete sich zu voller Größe auf. Mit fester und gleichwohl einschmeichelnder

Stimme erklärte er: »Dafür stehe ich ein, hundertprozentig: Noch vor Ende nächsten Monats werde ich alles zurückgezahlt haben.«
»Wirklich?« Sie blickte ihn mißtrauisch an. Dann dämpfte sie ihre Stimme und meinte: »Laß uns das später noch einmal bereden, Shuisheng. Ehrlich gesagt, drei-, viertausend Yuan sind kein Pappenstiel, erklär mir doch mal, wie du dir das vorstellst, die innerhalb eines Monats ganz und gar zurückzuzahlen.«
»Darüber zerbrich dir nicht den Kopf, Xingwang-sao. Wenn du mir nur noch einmal fünfhundert leihst, zahle ich dir bis zum Monatsende alles zurück, das ganze Kapital einschließlich aller Zinsen.«
»Aber wie stellst du dir das vor? Wie kann ich dir Geld leihen, wenn du mir nicht verraten willst, wie du es zurückzahlen willst. Fünfhundert Yuan sind doch nicht fünf Mao. Dazu kommt, daß du bei mir noch mit mehr als dreitausendfünfhundertsechzig in der Kreide stehst. Warum bleibst du mir die schuldig, wenn du wirklich könntest, was du behauptest?«
»So was darfst du nicht sagen, Xingwang-sao, das verletzt mich. Ich hab' mich nie gedrückt, meine Schulden zu bezahlen, wenn ich Geld hatte. Wie kannst du sowas sagen? Ich hätte es ohnehin nicht über mich gebracht, dich noch einmal um Geld zu bitten, wenn A-xiong sich nicht morgen in der Schule anmelden müßte. Und zehn Prozent Zinsen sind doch auch kein Pappenstiel.«
»An meinem guten Willen soll es nicht fehlen, Shuisheng.« Xingwang-sao wußte genau, daß man sein Geld solide und sicher anlegte, wenn man es an jemanden wie Shuisheng auslieh, er hatte immer auf Heller und Pfennig zurückgezahlt, bei ihm brauchte man sich nicht die geringsten Sorgen zu machen, daß er sich eines Tages aus dem Staub machen könnte. Selbst wenn er die Zinsen

nicht Monat für Monat zahlen konnte, bedeutete das noch keinen Nachteil für Xingwang-sao, denn damit wurden die ausstehenden Zinsen der Kapitalsumme zugeschlagen und trugen nun ihrerseits neue Zinsen, die dann abermals dem Kapital zugerechnet wurden. So ging das immer fort, und dabei vermehrte sich das Geld ganz von allein. Wenn dann der Sommer kam, sorgte Shuisheng endlich dafür, daß er mit ihr ins Reine kam, und blieb ihr keinen Kupfer schuldig. Einen besseren Schuldner als ihn gab es nicht.

»Ich meine, wenn deine Methode, zu Geld zu kommen, wirklich zuverlässig ist, bin ich nicht nur bereit, dir was zu leihen, ich erlasse dir auch die Zinsen.« Sie lachte so heftig, daß sich ihre Augen zu Strichen verengten und das wabbelige Fleisch ihrer Kinnbacken vibrierte. »Du mußt mich nur beteiligen; ich gebe dann die Hälfte des Kapitals.«

»Die Sache ist lebensgefährlich...« Shuisheng sah plötzlich kühl und unbeteiligt aus.

Trotzdem hakte sie nach: »Und was für eine Sache? Schieß los, es soll dein Schaden nicht sein«, setzte sie ihm zu.

Shuisheng blickte auf und starrte sie an. Er spürte nur Haß und Abscheu. Als Xingwang-sao sah, wie sein Blick unverwandt auf ihr ruhte, kam ihr plötzlich ein ganz aberwitziger Verdacht, und ihre Hände krallten sich jäh im Kleid über ihrer Brust zusammen. Ihre Stimme klang von bösen Ahnungen erfüllt: »Soll das heißen, daß du Chunhua ins Bordell verkaufen willst?«

»Was? Was sagst du da?« Shuisheng konnte sich nicht länger beherrschen, ihm war, als hätte ihm jemand unerwartet mit einem Knüppel eins übergezogen. Er streckte sein Gesicht, das vor Wut rot angeschwollen war wie eine Schweineleber, jenen zwei hervortretenden Backenknochen entgegen und brüllte: »Du wagst es, mich so zu beleidigen, du schamlose Vettel? Ich, Chen Shuisheng, bin arm, aber deswegen bin ich trotzdem ein Kerl. Ich würde lieber verhungern, als meine Frau verkaufen. Du schamlose Vettel, wie kannst du dich unterstehen!«

Aus irgendeinem Grunde entstanden in diesem Augenblick Lärm und Unruhe unter den Männern, die um den Spieltisch herumstanden, am schrillsten tönte die Stimme von Schwarzer Hund:

»Haaaa...! Hab' ich dich im Sack! Im Sack! Hol's der Teufel, hab' ich mir doch gedacht, daß ich nicht immer Pech haben kann, hab' ich dich endlich doch im Sack, du altes...«

Der Anblick von Shuishengs wutverzerrtem Gesicht wirkte beruhigend auf Xingwang-sao; sie war nun sicher, daß ihre Befürchtung unbegründet gewesen war. So klang ihre Stimme versöhnlicher, als sie sagte: »Wenn du für dein Kind Schulgeld leihen willst, ist das eine gute Sache. Ich kann dir was geben.« Sie zog die Schublade auf, fischte einen Schlüsselbund aus der Tasche und schloß ein Rotholzkästchen auf, in dem ordentlich aufeinandergeschichtet Geldscheine lagen.

»Ich berechne dir zehn Prozent Zinsen, wie immer, in Ordnung? Aber du mußt mir ein Pfand lassen.« Kaum hatte Shuisheng gehört, daß sie bereit war, ihm etwas zu leihen, da wurde auch er versöhnlicher.

»Du kennst mich doch. Ich würde eher jede Dreckarbeit übernehmen, als daß ich dir dein Geld nicht zurückzahlte. Und die Eigentumsurkunde über unser Grundstück hast du schon. Was soll ich dir also noch geben können! Ich bitte dich, tu uns was Gutes! Meine ganze Familie wird dir dankbar sein.«

»Aber wie denn? Wenn wir Geld leihen, müssen wir auch ein Pfand hinterlegen.« Sie deckte ihre fleischige Hand über das Kästchen und blickte Shuisheng aus zusammengekniffenen Augen an, wie ein Dompteur, der etwas Eßbares in der Hand hält und damit ein von Krankheit geschwächtes, hungriges Äffchen neckt, um sich an den Klagelauten des Tieres zu ergötzen.

»Nun gut, da du das Geld für deinen Sohn borgst, machen wir es doch so«, eine plötzliche Eingebung ließ ihr Gesicht aufleuchten, »du schreibst mir einen Zettel, unterzeichnest mit deinem Fingerabdruck und erklärst, daß euer A-xiong das Pfand sein soll.«

Xingwang-saos Sohn war vor sieben Jahren gestorben. Sein Tod hatte sie so sehr mitgenommen, daß sie sieben, acht Monate lang das Bett hatte hüten müssen. Seither hatten ihr Mann und sie immer gehofft, noch einmal einen Sohn zu bekommen, aber bis jetzt hatte sich nichts getan. In den letzten zwei, drei Jahren waren sie unruhig geworden, hatten sich an alle möglichen Leute gewandt, in der Hoffnung, von ihnen ein Geheimrezept zu erfahren, und hatten alle möglichen Tempel bereist, um den Beistand der Götter zu erflehen. Aber es rührte sich nichts. Tag für Tag überfiel sie, wenn sie die Ladentür geschlossen und Bilanz gemacht hatten, ein Gefühl der Ungewißheit und der Leere. Vielleicht lag hierin der Grund für ihre zunehmende Habgier, dafür daß sie immer und immer mehr Geld besitzen wollte. Auch wenn sich das Geld vermehrte, wurden ihr Kummer und das Gefühl der Leere wegen des fehlenden Sohnes doch nicht geringer. Oft kam es vor, daß sie, wenn sie im Dämmerschein der Lampe zusammengerechnet hatten, was ihnen der Tag gebracht hatte, wortlos einander gegenübersaßen und unwillkürlich dachten: »Was soll denn all das Geld? Wenn wir tot sind, haben wir nicht einmal einen Sohn, der unsere Ahnentafeln dem Beerdigungszug voranträgt. Es ist doch alles für die Katz!« Bei solchen Überlegungen schlich sich in ihre Trauer, in dieses Gefühl der Sinnlosigkeit oft eine Furcht, die sich schwer in Worte fassen ließ. So ohne Sohn und ohne Enkel zu leben, schien ihnen schwerer erträglich als jedes andere Unglück. So hatten sie auch überlegt, ob sie einen Sohn adoptieren sollten, aber der Gedanke hatte sie dann doch nur beunruhigt, weil sie Angst hatten, all ihr Reichtum, den sie unter Mühen und Entbehrungen angesammelt hatten, könnte verschleudert werden von so einem Sohn mit schlechten Erbanlagen und aus heruntergekommener Familie, oder unzuverlässige Verwandte des Kindes könnten sich alles unter den Nagel reißen. Daher hatten sie bis jetzt noch keinen Sohn gefunden, der sie nun, da sie allmählich alt wurden, über ihre Einsamkeit hinwegtröstete.

Xingwang-sao war höchst zufrieden mit dem sonderbaren Plan, der ihr da plötzlich eingefallen war. Vertrauenswürdiger als Chens Chunxiong konnte niemand sein. Mit eigenen Augen hatte sie gesehen, wie er heranwuchs, ein wenig schwächlich zwar, aber klug und pfiffig, und in der Volksschule von Aodi-Dorf war er für die Lehrer immer ein Musterschüler gewesen, der seine Hausaufgaben ordentlich machte, diszipliniert war und immer der Beste. Ein solches Kind würde es zu etwas bringen, da war jede Sorge unbegründet, es könnte einmal Hab und Gut verschleudern. Hinzu kamen noch Shuishengs menschliche Qualitäten, die ihr ja auch gut bekannt waren: Er trieb sich nicht mit anderen Frauen herum, trank nicht, spielte nicht und zahlte seine Schulden, Kapital wie Zinsen, immer auf Heller und Pfennig zurück. Einen solchen Mann fand man im Dorf kein zweites Mal. Wenn er überhaupt einen Fehler hatte, so war es der, daß er zu ehrlich war, allzu geradeheraus. Daher war er auch immer der Dumme, der sich von den anderen ausnutzen ließ. Aber setzte sie, Xingwang-sao, nicht gerade darauf ihre Hoffnung? Wenn man mit einem solchen Menschen einen solchen Handel abschloß, brauchte man sich nicht die geringsten Sorgen zu machen, er könnte irgendwelche Ränke schmieden, um ihren Besitz an sich zu bringen. Leute wie Chen, die noch beim Dynamitfischen ein schlechtes Gewissen hätten, kämen nie auf den bösen Gedanken, sich anderer Menschen Hab und Gut bemächtigen zu wollen. Wenn sie sich auf etwas verlassen konnte, dann darauf.

Sie lächelte, als ihr diese Gedanken durch den Kopf gingen.

»Es wird ja dein Schaden nicht sein. Dein Sohn bleibt auch weiter dein Sohn, aber ich lasse ihn umsonst bei mir essen und wohnen, ich kleide ihn ein und geb' ihm was zu essen in die Schule mit. Überleg mal, Shuisheng, das hätte für dich doch nur Vorteile und keinen Nachteil.« Sie warf ihr wabbeliges Kinn hoch, kniff die Augen zusammen und blickte zur Decke. Ihre Miene spiegelte grenzenlose Zufriedenheit wider.

»Du müßtest allerdings den Termin, bis zu dem das Geld zurückgezahlt sein muß, genau festlegen. Ist die Frist überschritten, wird aus deinem Sohn mein Sohn.«

Doch jetzt bebte Shuisheng vor Empörung, sein eben noch zorngerötetes knochiges Gesicht wurde blaß.

»Verfluchte Vettel, du! So springst du mit mir um?! Erst unterstellst du mir, ich wollte meine Frau verkaufen, und nun willst du mich zwingen, den Sohn zu verkaufen? So was will ein Mensch sein? Ich, Chen Shuisheng, bin arm, aber ich bin ein Kerl. Wie kannst du dich unterstehen!«

Die Männer, die um den Spieltisch herumstanden, blickten sich nach Shuisheng um, der vor Wut totenbleich geworden war. Es war ihnen unbegreiflich, wieso dieser

sonst so sanfte, rechtschaffene Mann die Ladenbesitzerin so barsch anfahren konnte.
»Ich brauch' dein Geld nicht, altes Miststück, wenn du meinst, einen derart beleidigen zu können. Lieber verhungern als noch einmal von dir leihen.«
Sein Wutausbruch, sein totenbleiches Gesicht überraschten auch Xingwang-sao. Sie hatte gemeint, so ein Handel sei für beide Seiten vorteilhaft. Shuisheng hatte nie Geld gehabt. Hätte es ihn nicht entlastet, wenn er ihr Chunxiong als Pfand überlassen hätte? Und sie selber sehnte sich doch so nach einem Sohn. Sie lief dem wutentbrannten Shuisheng bis zur Tür nach und brüllte hinter ihm her: »Überleg es dir noch einmal! Es soll dein Schaden nicht sein. Komm wieder, wenn du es dir überlegt hast! Zehn Prozent Zinsen und als Pfand die besagte Bescheinigung.«
In diesem Augenblick hörte man wieder, wie Xingwang, ihr Mann, am Spieltisch aufschrie: »Gewonnen! Sbala! Mal sehen, wie du mir jetzt noch entwischen willst!« Und schon tönte aus der Menge das Fluchen von Schwarzer Hund : »So eine Scheiße! So ein Pech! So ein verdammtes Pech!« Dröhnendes Gelächter ließ das Haus erzittern und schallte bis weit aus dem Laden hinaus, so daß es sogar Shuisheng, den die Dunkelheit bereits verschluckt hatte, deutlich hören konnte.
Es regnete noch immer, der Sturm war stärker geworden und tobte mit wütendem Geheul.
Shuisheng ließ den Kopf hängen, als er niedergeschlagen das Haus des Dorfvorstehers Du verließ. Seine Kleider waren durchweicht und klebten am knochigen Körper, hin und wieder flatterten sie knatternd im Wind. Shuisheng spürte dann, wie ihm Eiseskälte bis ins Mark drang. Allen im Dorf, die ihm etwas hätten borgen können, hatte er seine Bitte vorgetragen, dem San-shugong,

dem dritten jüngeren Bruder seines Vaters, der Fünften Tante, dem Dorfvorsteher Du und auch dem alten Hu, einem Festländer, der sich auf den Verkauf von Dynamit spezialisiert hatte, und schließlich auch den Männern, die oft mit Dynamit fischten: Guo Chengye, A-gui und Wuyi. Lediglich die Fünfte Tante hatte ihm in ihrer Gutmütigkeit die dreiundsiebzig Yuan geliehen, die sie im Laufe von Jahren heimlich beiseite gelegt hatte.

Mit müden, schweren Schritten schleppte er sich an den Strand. Vor seinem alten Boot blieb er stehen. Wie ein schwaches Kind sich hilfesuchend an den Vater wendet, preßte er, überwältigt von einem Gefühl der Aussichtslosigkeit, das Gesicht gegen den Rumpf des Schiffes.

»Ich weiß nicht mehr weiter, hab' doch getan, was ich konnte. Ich weiß nicht mehr weiter.«

In das Tosen der brandenden Wogen mischte sich das Heulen des Sturmes und der eigenartige faulige Geruch des Meeres.

»Was soll ich tun, A-xiong muß sich morgen anmelden.« Er hob den Kopf und blickte auf die schwarze, weite See hinaus, wo sich die Wellen wie dunkle Stahlplatten auftürmten und donnernd wieder herabstürzten. In der Dunkelheit tauchten vor ihm die verkniffenen, kleinen Augen wieder auf und das runde Gesicht mit dem wabbeligen Kinn. Wie eine Woge, die zum Himmel emporbrandet, wallte die Wut in ihm auf. »Hol der Teufel das raffinierte Weib! Ich, Chen Shuisheng, bin arm, aber ich bin ein Kerl. Wie kannst du dich unterstehen! Hol dich der Teufel, altes Miststück! .... Aber morgen muß sich A-xiong anmelden, was soll ich tun? Eben hab' ich noch vor Chunhua angegeben: Mir wird schon was einfallen. Und nun, was fällt mir ein? Wie soll ich dem Kind als Vater noch in die Augen sehen, wenn es aus so einem Grund nicht zur Schule gehen kann?«

Er preßte die Hände an den Schädel. So stechend wühlte die Sorge in seiner Brust, daß er unwillkürlich aufstöhnte. Es klang hilflos und verzweifelt wie der Schrei eines wilden Tieres, das in die Falle des Jägers geraten war und sich verletzt hatte. »›Komm wieder, wenn du es dir überlegt hast‹, hatte dieses raffinierte Weib gesagt, oder? Ihr eine Bescheinigung geben, nun ja, warum nicht? Hol sie der Teufel! Aber wenn ich mich entschließen würde, mit Dynamit zu fischen, könnte ich ihr das Geld dann nicht ganz schnell zurückzahlen?«

Mit Dynamit fischen...

Shuisheng spürte eine Kälte von den Fußsohlen her in sich aufsteigen. Er mußte ein paarmal hintereinander niesen, der Kopf wurde ihm schwer. In seiner Erinnerung tauchte auf, was er eben gesehen hatte, als er sich im trüben Licht der Lampe mit Wuyi, Chengye und A-gui unterhielt: Das linke Auge von Wuyi war so tief eingesunken, daß die Augenhöhle leer wirkte, seine linke Hand war zur Hälfte abgerissen, seine rechte hatte nur noch drei Finger. Auch Chengye hatte sich die ganze linke Handfläche weggesprengt; A-guis rechtes Hosenbein baumelte unterhalb des Kniegelenks leer in der Luft. Unweigerlich war das der Preis, den man zahlen mußte, wenn man mit Dynamit fischte. Shuisheng fühlte, wie ihn eine düstere Furcht überkam.

»Aber was soll ich denn tun? Ich kann doch dem Kind ein solches Leben unmöglich länger zumuten.«

Schon in seiner Jugend hatte er gemerkt, daß er sich nur zugrunde richten würde, wenn er hier in diesem gottverlassenen Fischerdorf bliebe, wo man nicht einmal genug zum Essen, nicht einmal die nötigste Kleidung hatte, und wo aller jugendliche Elan aufgerieben wurde. So hatte er das Dorf verlassen und sich in die Welt stürzen wollen; er hatte auch schon Vorbereitungen zu diesem Schritt getroffen. Doch sein Vater war nicht bereit gewesen, ihn ziehen zu lassen, immer wieder hatte er deswegen mit ihm gestritten und schließlich seine väterliche Autorität ausgespielt und ihm energisch gedroht: »Hol dich der Teufel! Hast du ein so hartes Herz und willst wirklich gehen? Und scherst dich nicht um Alt und Jung hier im Haus? Dein Vater steht schon mit einem Bein im Grab. Wer wird an deiner Stelle die Verantwortung übernehmen, wenn du dich drückst? Ist es denn wirklich so großartig in der Welt da draußen? Liegt da das Geld auf der Straße? Das ist doch Schwindel! Ich glaub' nicht dran! Wenn's wirklich so großartig wäre, hätten sich die anderen doch längst ein bequemes Leben gemacht. Glaubst du, die hätten dir was übrig gelassen? Du spinnst doch, du ... Mußte unsere Familie drei Generationen lang vom Pech verfolgt werden, nur um dann auch noch mit einem Nachkommen wie dir geschlagen zu werden, der sich zu fein ist für das harte Leben auf dem Meer? Aber wo auf der Welt gibt's denn ein Leben ohne Plackerei? Na, sag's schon! Und haben nicht unsere Vorfahren in Hunderten von Generationen noch elender gelebt? Und leben nicht alle im Dorf hier genauso wie wir? Hältst du nur dich allein für gescheit und alle anderen für Trottel? Ich sag' dir ganz ehrlich: Nur über meine Leiche, erst wenn ich beide Augen geschlossen habe und dich nicht mehr sehen kann, andernfalls... ach, hol dich der Teufel! Aber ich sag' dir: Schlag es dir aus dem Kopf, auch nur einen Fuß aus unserem Dorf setzen zu wollen!«

Noch heute machte er, jedesmal wenn er sich in Hunger und Kälte daran erinnerte, was ihm das Leben bisher gebracht hatte, unwillkürlich seinen Vater, den das Meer verschlungen hatte, für all diese düsteren, trostlosen Tage verantwortlich. Und er spürte einen leisen Haß gegen den Vater, der sich niemals auflösen würde.

Nun aber hing es davon ab, wie er selber als Vater handelte, ob die Zukunft seines Sohnes hell oder düster aussehen würde; er mußte eine folgenschwere Entscheidung treffen. Das bedrückte ihn sehr. Es ging doch nicht an, daß sein Sohn wegen der Unzulänglichkeiten des Vaters all diese Mühsal, all diese Quälerei noch einmal würde durchleiden müssen. Es mußte sich doch einmal etwas ändern unter den Nachfahren der Chens. Generation für Generation hatten sie ein solches Leben geführt, wie lange würde es noch dauern, bis sich der erste davon befreite? – Geh, fisch mit Dynamit! Die anderen können es doch auch! Warum soll ich es nicht versuchen? Mit Dynamit fischen... zum Wohle der nächsten Generation! Scheiße – ihr nur eine Bescheinigung geben! Jedenfalls könnte ich's ihr schnell zurückzahlen, wenn ich mit Dynamit fischte. Wovor Angst haben? Geh, fisch mit Dynamit! Scheiße – mit Dynamit fischen! Er biß die Zähne zusammen und ballte die Fäuste so heftig, daß sich in den Handflächen Schweiß bildete.

»Morgen melde ich A-xiong in der Schule an und bringe ihn dann in den Laden – ob sie ihn schlagen wird? Mißhandeln?«

Wieder stand ihm das Bild ihrer beiden hervorstehenden Backenknochen und ihres wabbeligen Kinns vor Augen. »Ist die Frist überschritten, wird dein Sohn mein Sohn«, hatte sie gesagt. Bestimmt würde sie ihn mißhandeln, dieses berechnende, kleinliche Weib, bestimmt würde sie ihn schlagen, ihn die Dreckarbeit machen lassen, seine jungen, zarten Kräfte restlos aus ihm herauspressen. Wie kann ich ihr da A-xiong als Pfand lassen? Ich lasse ihn umsonst bei mir essen und wohnen, ich kleide ihn ein und gebe ihm was zu essen in die Schule mit. Das waren ihre Worte gewesen. Daß sie der Teufel hole! Eher fällt roter Regen vom Himmel, wachsen Pferden Hörner, geht die Sonne nicht unter, als daß dieses Weib zu jemandem so gut sein könnte! Übers Ohr hauen will sie mich. Hol sie der Teufel! Mich übers Ohr hauen? So einfach ist das nicht!... Aber wenn sie es mit eigenem Munde gesagt hat, muß es doch gelten! Ich werde Dorfvorsteher Du und San-shugong bitten, Zeuge zu sein. Sie haben Ansehen bei den Leuten im Dorf, wenn sie dabei sind, werde ich alles genau klären mit der Alten. Wenn sie es mit eigenem Munde sagt, muß es doch gelten. Aber wie soll ich das hinterher Chunhua klarmachen? Wofür wird sie mich, Chen Shuisheng, halten, wenn ich unseren Sohn für fünfhundert Yuan verpfände? Für einen Nichtsnutz! Für einen Dreck! Wird mich fortan noch mehr verachten... Aber wenn man ans Kind denkt, lohnt sich auch das. Um so mehr, als ich das Geld ja schnell zurückzahlen und also auch das Kind schnell zurückkriegen kann. Sie wird mich dann verstehen. Aber wie soll ich's dem Kind erklären? Papa hat dich verpfändet...

Er wagte nicht, sich vorzustellen, wie das Kind reagieren würde; Tränen strömten ihm über die Wangen.

Woge auf Woge türmte sich hoch auf und rollte durch die Dunkelheit heran, brandete, nur undeutlich auszumachen, aus der Ferne ans Ufer und brach sich mit einem Getöse, daß einem das Herz erzitterte. Und durch die tosenden Wellen heulte der Wind vom Meer her. Es regnete noch immer, und dieser Regen hatte den eigenartigen fauligen Geruch der Wogen.

Schon früh am Morgen des darauffolgenden Tages war der Himmel wieder klar, nur der Wind blies noch immer mit aller Macht. Die älteren Fischer hatten sich wie gewöhnlich unter dem großen Banyanbaum vor Xingwangs Laden zusammengefunden und starrten aus leeren

Augen aufs weite Meer. Plötzlich fragte einer von ihnen laut:
»He, habt ihr gestern nacht die Explosion gehört?«
»Ja, hab' ich auch gehört, kam wohl von Bailangyu her.«
»Da muß Dynamit in der Luft explodiert sein, sonst hätte man es nicht gehört. Wem mag das Zeug da schon wieder zu früh losgegangen sein?«
»Vielleicht Chengye und seinem Sohn? Die fischen in letzter Zeit andauernd mit Dynamit. Die riskieren alles, wenn es nur Geld bringt.«
»Ausgeschlossen. Guo Chengye ist ein alter Fuchs, dem passiert nichts mehr.«
»Nicht unbedingt. Solche Sachen wie Dynamit sind, wenn du sie ansteckst, schneller als ein Blitz. Die geringste Unachtsamkeit, und schon kann dir kein Gott mehr helfen.«
Während alle lebhaft diskutierten, sahen sie plötzlich, wie Jitian, Guo Chengyes ältester Sohn, vom Großen Graben herbeigerannt kam. Sofort konzentrierte sich alle Aufmerksamkeit auf ihn. Er war noch nicht angekommen, da rief man ihm schon vom Banyanbaum her zu: »He, Jitian, was ist denn passiert gestern nacht?«
Jitian war wohl gerade erst aufgewacht; er hatte sich nicht einmal Zeit genommen, sich das Gesicht zu waschen, sondern war sofort herbeigeeilt. Besorgt und aufgeregt gab er bekannt: »Wer von euch zu Hause Dynamit hat, soll schnell zurücklaufen und alles gut verstecken. Bestimmt kommt gleich die Polizei und wird alles durchsuchen.«
»Was ist denn passiert? Was ist denn eigentlich los?« Jitians Warnung versetzte alle in helle Aufregung.
»Shuisheng wurde gestern durch eine Explosion verletzt.«
»Was? Auch Shuisheng fischt mit Dynamit?«

»Aber wie kommt denn der dazu, mit Dynamit zu fischen? Hol ihn der Teufel! Gewöhnlich...«

»Weiß ich auch nicht«, meinte Jitian. »Ich glaube, seine Verletzungen sind schwer; die ganze linke Hand hat's weggerissen, fünf, sechs Schritt weit ist sie geflogen, sogar am Bauch ist er verletzt. Er hat viel Blut verloren. Wenn wir ihn nicht hätten schreien hören, hätte kein Mensch was gemerkt und er wäre schon tot.«

»Das war wirklich dumm von Shuisheng. Er hat noch nie Dynamit in der Hand gehabt und will's dann wie die alten Hasen machen. Mein Gott!«

»Was meinst du, wird er sterben?«

»Der Arzt meint, daß er schon zuviel Blut verloren hat und ihn nur eine Transfusion retten kann. Wupi und ich haben ihn von Bailangyu sieben Kilometer auf dem Rükken bis in die Klinik von Doktor Wang getragen, das hat schon ein, zwei Stunden gekostet. Und dann hat man ihn in der Klinik nicht einmal aufnehmen wollen; sie könnten das nicht verantworten, meinten sie. Die Ursache der Verletzung war ihnen zu dubios, und so hat sich alles noch einmal um dreißig bis vierzig Minuten verzögert.«

»Hol sie der Teufel, diese Krankenhäuser! Denen geht's doch nur ums Geld und nicht um den Menschen. Wenn einer noch lebt, verschleppen sie die Behandlung so lange, bis er tot ist.«

»Später kam ein junger Arzt und sagte, sie sollten ihn erstmal reintragen, damit die Blutung zum Stillstand gebracht würde, und weil er sonst sterben würde. Erst dann haben sie ihn aufgenommen. Der junge Arzt hat sogar die Aufnahmegebühr bezahlt.«

»Und wie geht es Shuisheng jetzt?«

»Er hat Blut gekriegt. Aber noch nicht genug. Er hatte zuviel verloren.« Jitian krempelte einen Ärmel hoch und hielt den Fischern seinen kräftigen Arm hin. »Soviel Blut haben Wupi und ich für ihn gespendet.« Er zeigte mit dem Finger, wieviel es gewesen war. »Zuerst hat der junge Arzt für ihn gespendet. Die wären da doch über uns hergezogen, wenn wir uns nichts hätten abzapfen lassen, wo wir aus demselben Dorf kommen wie Shuisheng.«

»Weiß seine Familie Bescheid?«

»Chunhua ist schon in der Klinik und sorgt für ihn, ich hatte sie benachrichtigt.« Jitian schüttelte den Kopf. »Ein Jammer ist das, wirklich.«

»Aber wenn das so war, wie du sagst, Jitian, wie konnte dann die Polizei davon erfahren?«

»Hol's der Teufel! Der Klinikchef, dieser Glatzkopf, dieser Fettwanst, hat sie angerufen. Kriminalpolizei und Militärpolizei waren dann sofort da. Wupi und ich haben uns furchtbar erschrocken, wir konnten nicht mal mehr weglaufen.« Der Schrecken steckte ihm noch in den Gliedern, als er fortfuhr: »Die von der Kripo standen kaum in der Tür, da fragten sie Wupi schon, wie Shuisheng zu seiner Verletzung gekommen sei. Er log, eine Maschine hätte die Hand abgerissen. Aber sie nahmen ihm das nicht ab und fluchten und sagten, die Verletzung rühre ganz klar von Sprengstoff her, und fragten dann, woher wir den hätten.«

»Ist Wupi zurück?«

»Aber wie denn? Die Kripo nahm ihn mit auf die Wache, weil er gelogen hatte. Wer von euch Dynamit hat, muß also schnell nach Hause laufen und es verstecken. Wenn die was finden, wird's bitter.«

»Und wie bist du zurückgekommen, wenn sie Wupi geschnappt haben?«

»Das war Glück... Hol's der Teufel! Einer von der Kripo fragte auch mich. Ich sagte, ich wüßte von nichts, hätte nur zufällig auf der Straße gesehen, wie Wupi den verletzten Shuisheng forttrug und hätte ihm dann geholfen.« Und dann meinte er zufrieden: »Hab' ihm einen Bären aufgebunden. Wär' ich nicht so helle gewesen, hätten sie auch mich geschnappt und eingebuchtet. Aber als dann einer auch Shuisheng verhören wollte, bin ich fast gestorben vor Angst. Ihr kennt ihn ja, wie naiv und geradeheraus er immer ist, völlig unfähig, auch mal einen krummen Weg zu gehen; ich hatte wirklich Angst, er könnte in seiner Verwirrung einfach sagen, er hätte sich beim Sprengen mit Dynamit verletzt und ich hätte ihn dann... hol's der Teufel! Das wär' ein Mist gewesen! Für meine Gutmütigkeit auch noch eingelocht werden! Zum Glück brachte er keinen Satz raus. Er war bleich wie der Tod, hatte die Augen fest geschlossen und lag da mit offenem Mund und schnappte nach Luft wie ein Fisch kurz vorm Verenden. Und der von der Kripo war ja auch wirklich – hol ihn der Teufel! Ein Trottel! Sieht er doch ganz klar, daß der Mann bewußtlos ist, und will dann noch eine Erklärung von ihm. Faselt was von ›Chen Shuisheng, du bist doch ein vernünftiger Mann, sag, woher du das Dynamit hast, sonst müssen wir dich hinter Schloß und Riegel bringen.‹ Hinterfotzige Fragerei! Da kam der junge Arzt und meinte, der Kranke würde ein Verhör nicht durchstehen, er brauche Ruhe, sonst würde er sterben. Das erst bremste den von der Kripo.«

Während man so den Fall durchsprach, hasteten einige der Männer nach Hause, andere strömten von überall aus dem Dorf herbei, die Menge schwoll immer weiter an. Auch in Xingwangs Krämerladen öffnete sich die Tür, ein rundes Gesicht mit besonders hervorstehenden Bakkenknochen schaute heraus; frisches Rouge war bis aufs wabbelige Kinn verstrichen, die kleinen Augen blinzelten verkniffen; mit übertriebener Überraschung in

Miene und Stimme rief sie den Männern unterm Banyanbaum zu: »Na sowas, ihr alle schon so früh auf den Beinen! Was gibt's denn zu feiern?« Alle Blicke richteten sich auf sie, aber niemand antwortete. Ohne sich dadurch beirren zu lassen, ging sie zu der Menschenansammlung hin. Als sie hörte, daß Shuisheng durch einen Sprengsatz verletzt worden war, schrie sie wie ein angestochenes Ungeheuer auf: »Was? Die Hand weggerissen? Wie konnte das passieren?« Alle schienen noch erschrocken und überrascht von ihrem Gekreische, da stürzte sie schon aufgelöst von dannen. Ihr ausladender Hintern schwankte.

»Xingwang! Xingwang!« brüllte sie zum Laden hinüber, und noch bevor sie ihn erreichte, rief sie außer sich: »Shuisheng hat sich beim Sprengen am Bauch verletzt. Xingwang, paß auf den Laden auf! Ich geh und erkundige mich mal! Ich geh und erkundige mich mal!«

Dann sah man noch, wie sie sich ein funkelndes grünes Portemonnaie griff und aufgeregt aus dem Laden trat. Dabei schwankte ihr massiger Körper und das wabbelige Kinn zitterte. »Shuisheng hat sich beim Sprengen verletzt. Wie will er uns die vier-, fünftausend Yuan zurückzahlen? Ich muß ihn fragen, wie er sich das vorstellt.« Ohne auch nur einen Blick auf die Menschenmenge zu werfen, die sich vor dem Eingang zum Laden versammelt hatte, folgte sie aufgeregt der Schotterstraße. Ihr fleischiger Hintern schwankte, und während sie die Straße entlanglief, rief sie unentwegt vor sich hin: »Vier-, fünftausend Yuan sind doch kein Pappenstiel. Wie konnte er nur so was machen? Ich muß ihn mal fragen, wie er das zurückzahlen will. Wie will er das zurückzahlen, vier-, fünftausend Yuan?«

Die Männer unterm Banyanbaum blickten ihrer kleinen kräftigen Gestalt nach. Einer von ihnen spuckte auf die

Erde und meinte: »Kein Wunder, daß sowas keine Kinder kriegt.«

Ein Gefühl der Verlorenheit überkam Xingwang-sao, als sie in das Krankenhaus trat. Plötzlich bereute sie, daß sie sich nicht genau nach Shuishengs Zimmernummer erkundigt hatte. Eine Weile stand sie unschlüssig im Korridor, bis eine Frau mittleren Alters heraustrat. Xingwang-sao schoß auf sie zu wie auf einen rettenden Stern: »Darf ich fragen, in welchem Zimmer ein Kranker namens Chen Shuisheng liegt?«
»Das kann ich Ihnen nicht sagen«, meinte die Frau, »fragen Sie doch mal an der Rezeption!«
»Rezeption? Wo ist denn die?«
»Wenn Sie hier reingehen, sehen Sie sie gleich.«
Xingwang-sao trat ein und sah in der Tat fünf, sechs Leute vor einem Fenster anstehen. Sie drängelte sich sofort vor, so daß die hinter ihr Stehenden riefen: »He, hier wird angestanden!« Sie tat aber, als hätte sie nichts gehört, und fragte einfach mit lauter Stimme die Schwester hinter der Glasscheibe:
»Hallo! Ein Mann namens Chen Shuisheng. In welchem Zimmer liegt der bitte?«
Die Schwester fuhr unbeirrt in ihrer Arbeit fort, sie hob nicht einmal den Kopf.
»Hallo! Sind Sie taub oder stumm?« Sie klopfte gegen die Scheibe und rief: »Wo liegt Chen Shuisheng? Auch wenn man taub ist, hat man zwei Löcher in den Ohren, und ein Stummer kann doch Handzeichen machen. Was sitzen Sie da wie tot?«
Erst nachdem der Mann ganz vorne in der Schlange einen Zettel erhalten hatte, hob die Schwester den Kopf und blickte aus dem Fenster. Xingwang-sao packte die Gelegenheit beim Schopf und erkundigte sich laut: »Hallo,

wo liegt denn hier ein gewisser Chen Shuisheng aus Aodi-Dorf? Er ist gestern spät nachts eingeliefert worden.«

»Einen Stock höher.«

»Was?« Xingwang-sao preßte ein Ohr an die Scheibe, aber die Schwester füllte bereits wieder mit gesenktem Kopf Anmeldeformulare aus. Erregt rief Xingwang-sao mit schriller Stimme:

»Was haben Sie gesagt? Lauter! Ich kann nichts verstehen!«

»Einen Stock höher!«

»Einen Stock höher, aha. Einen Stock höher.«

Xingwang-sao kletterte einen Stock höher, fand dort aber, als sie sich umsah, alles genau wie im Stockwerk darunter; alle Türen waren fest verschlossen. »Sagt einfach ›einen Stock höher‹«, brauste sie auf, »einen Stock höher, läßt mich hier nach einer Nadel auf dem Meeresgrund suchen. Wie soll man hier was finden? Soll doch verrecken, die Schlampe!«

Sie ging zur nächsten Tür, stieß sie auf und warf einen Blick in das Zimmer, zog aber, als sie Shuisheng nicht sah, wohl oder übel den Kopf zurück und ging zu einem anderen Zimmer.

»Wen suchen Sie?« sprach sie plötzlich eine Schwester von hinten an und musterte sie mißtrauisch. »Hier ist das Büro. Wen suchen Sie?«

»Äh, ich suche Chen Shuisheng, ihm wurde eine Hand abgerissen.«

»Da drüben.« Die Schwester wies nach rechts in einen Korridor. »Nummer 215.«

Xingwang-sao eilte zu Zimmer Nummer 215, und noch in der Bewegung, mit der ihr massiger Körper die Tür aufstieß, drückte sich ihre angestaute Empörung aus. Doch dann zuckte sie jäh zurück, schlug sich keuchend

auf die Brust und murmelte: »Verdammt! Ein Polizist! Hab' ich mich erschrocken!«
Erst als sie das Zimmer wieder verlassen hatte und bis zur Treppe gegangen war, fand sie plötzlich wieder zu sich. »Wovor hab' ich eigentlich Angst? Ich hab' ihm doch kein Dynamit verkauft. Wovor hab' ich eigentlich Angst?« Und indem sie sich so Mut zusprach, ging sie zurück.
Aber als sie die Tür öffnen wollte, überkamen sie aufs neue Zweifel. »Ich habe ihm das Geld geliehen, von dem er Dynamit gekauft hat. Wär' Mist, wenn die auch mich deswegen einlochen würden. Vielleicht geh' ich besser doch nicht rein.« So überlegte sie hin und her und konnte sich nicht entscheiden.
»Vier-, fünftausend Yuan sind doch was anderes als vier, fünf Mao, ich kann das nicht einfach auf sich beruhen lassen. Ich muß ihn fragen, wie er sich die Rückzahlung vorstellt. Es stehen ja so viele Gaffer um ihn rum, ich tu' so, als wär' ich auch nur zum Gaffen da. Und wenn der Polizist weg ist, kann ich ihn fragen.« Bei dieser Überlegung kehrte ihr Mut sofort zurück. Sie stieß die Tür auf und schlüpfte ins Krankenzimmer.
Sie stand nun hinter den anderen Besuchern und reckte den Hals, um etwas von Chen Shuisheng zu sehen.
Er lag wie erstarrt auf dem Bett, bis oben hin zugedeckt mit einem weißen Laken, nur sein blutleeres Gesicht schaute hervor. Die geschlossenen Augen waren zur Decke gerichtet; auf dem Laken breitete sich ein großer, dunkelroter Blutfleck aus, ein Anblick, der Xingwangsao zusammenschrecken ließ. Hätte sich das Laken über seiner Brust nicht ein wenig gehoben und gesenkt, sie hätte ihn wirklich für tot gehalten.
Chunhua saß auf einem Stuhl am Fußende des Bettes, ihr Haar war aufgelöst, die Augen waren vom Weinen rot ge-

schwollen; ohne auf die Umstehenden zu achten, schluchzte sie mit kraftloser Stimme: »Sag, was ich tun soll, Shuisheng, sag, was deine Frau und dein Kind jetzt tun sollen!«
Ihr gegenüber saß in hellbrauner Uniform ein dicklicher Polizist mittleren Alters. Er notierte gerade etwas. Neben ihm stand im weißen Kittel der junge Arzt.
»Wir müssen also zu dem Schluß kommen, daß Ihre Verletzung von einem Sprengsatz herrührt. Auch beweisen die Aussagen von Xu Wupi, daß Sie sich beim Dynamitfischen verletzt haben. Wir würden nun gern klären, woher das Dynamit stammt, und hätten gern eine Liste mit den Namen all derer, die sonst noch Dynamit versteckt haben.« Der Polizist fuhr fort: »Sie sind ein verständiger Mann, Chen Shuisheng. Taiwan befindet sich im Kriegszustand; sich heimlich Dynamit und Bomben zu verschaffen, verstößt gegen das Gesetz. Wenn Sie mit der Polizei zusammenarbeiten, könnten wir Mitleid mit Ihnen haben und uns sagen, daß Sie durch Ihre Lebensumstände zu einem solchen Schritt genötigt wurden. Wir könnten dann großzügig und milde mit Ihnen verfahren. Wenn Sie aber weiter so tun, als ob sie halb tot wären – Sie sind ja ein verständiger Mann –, dann brauche ich Ihnen die Folgen wohl nicht zu erläutern.«
Doch Shuisheng schien nichts zu hören, noch immer lag er regungslos wie eine Leiche da. Wohl oder übel wandte sich der Polizist an Chunhua: »Chen Chunhua, geborene Liu, Sie sind die Frau von Chen Shuisheng, Sie müßten doch wissen, woher er das Dynamit hat. Ich hoffe, Sie werden mit der Polizei zusammenarbeiten, andernfalls wird Ihr Mann im Gefängnis landen.«
»Aber gnädiger Herr, ich weiß es wirklich nicht.« Chunhua wandte sich schluchzend dem Polizisten zu und schüttete ihm ihr Herz aus: »Sonst hat er nie mit

Dynamit fischen wollen, selbst wenn kein Geld für Reis mehr im Haus war. Wie hätte ich ahnen können, daß er diesmal sein Leben für eine so dumme Sache aufs Spiel setzen würde. Gnädiger Herr, wir sind arme Leute, bitte verzeihen Sie uns doch, haben Sie Mitleid mit uns!«
Chunhua redete und redete und warf sich schließlich laut heulend auf den Rand von Shuishengs Bett: »Shuisheng, wie konntest du so etwas Dummes tun? Sag, was sollen wir machen, was machen, Shuisheng?«
»Gut, Kommissar Zhang, Sie haben ihn nun schon eine halbe Stunde lang befragt. Der Kranke ist sehr geschwächt, er braucht Ruhe«, meinte der junge Arzt.
»Ich tu' auch nur meine Pflicht«, sagte der Kommissar. »Meine vorgesetzten Dienststellen messen der Frage, woher das Dynamit stammt und wer heimlich welches hortet, große Bedeutung bei.«
»Aber diese Fragerei hat doch keinen Sinn. Er ist nicht in der Verfassung, auf Ihre Fragen zu antworten. Er braucht Ruhe.«
Im selben Augenblick wurde die Tür aufgestoßen. Eine Schwester schob einen Wagen mit einer Menge Flaschen, Krügen und aufeinandergeschichteten Mullbinden herein.
»Zeit für die Medizin! Jeder zurück in sein Bett!«
»Die Schwester! Schnell zurück in die Betten!« meinte auch der junge Arzt, und zu Chunhua: »Ihr Mann braucht noch Transfusionen, Frau Chen, er hat zuviel Blut verloren. Ich fürchte, es wird kritisch, wenn er nicht bald eine Transfusion bekommt.«
»Aber wie denn? Wie denn? Woher sollen wir denn soviel Geld nehmen?« Chunhua flehte den Arzt an: »Bitte, retten Sie ihn, Herr Doktor, bitte retten Sie ihn!«
Von Angehörigen oder Freunden gestützt, gingen die anderen Kranken, die mit Shuisheng das Zimmer teilten

und eben noch um ihn herum gestanden hatten, zurück in ihre Betten. Nur Xingwang-sao blieb stehen, wo sie war. Voller Schrecken starrte sie auf Shuisheng, von einer einzigen Sorge beherrscht: Ich fürchte, er stirbt gleich. Dabei legte sich ihr immer drückender ein Gefühl der Angst, wie sie es so noch nie empfunden hatte und das von dem Gedanken ans Sterben ausgelöst sein mußte, auf die Seele. Ohne daß es ihr bewußt wurde, riß sie ihre schmalen Augen weit auf und ihr wabbeliges Kinn zuckte.

»Sie sollten sehen, daß Sie schnell Blut für ihn kaufen, sonst... Er ist in großer Gefahr!« meinte der Arzt.

»Aber wie denn, Himmel, sagen Sie doch: wie denn?« Unter Tränen flehte ihn Chunhua an: »Bitte, nehmen Sie mein Blut, Herr Doktor, bitte nehmen Sie mein Blut und geben es ihm.«

»Ihr Blut eignet sich nicht, ich habe es schon untersucht, Sie haben eine andere Blutgruppe.«

»Aber was soll ich denn tun? Shuisheng, wie konntest du nur so dumm sein! Wie sollen deine Frau und dein Kind sich durchschlagen, wenn es mit dir zum Schlimmsten kommt? Shuisheng! Shuisheng!« Verzweifelt strichen ihre Finger fahrig über Shuishengs Bettdecke. Als Xingwang-sao, die noch immer neben ihr stand, sie so bitterlich wehklagen hörte, wurde sie unwillkürlich traurig. »Chunhua, Chunhua«, rief sie, ohne es recht zu merken, und wollte sie trösten.

Chunhua hob den Kopf. Als sie Xingwang-sao erkannte, war ihr, als stände ein enger Verwandter vor ihr, sie vergaß ganz, wie habgierig und grausam diese Frau sonst war.

»Bitte rette ihn, Xingwang-sao, ich flehe dich an. Ich will mein Leben lang deine Sklavin sein! Ich bitte dich, rette ihn!«

»Chunhua!« Xingwang-saos kleine Augenhöhlen röteten sich und sie spürte ein Kribbeln in der Nase.
»In welcher Beziehung stehen Sie denn zu dem Mann?« fragte der Kommissar und zeigte auf Xingwang-sao.
»Ich?« Sie schreckte jäh aus ihrer Trauer auf. Das Gefühl der Rührung wurde sogleich von einem kräftigen Schreck verdeckt. »Ich habe nichts mit ihm zu tun.« Und in ihrer Panik log sie beschönigend: »Wir sind nur Nachbarn. Ich wollte hier eine Freundin besuchen, da traf ich zufällig die Nachbarin hier.«
»Wissen Sie, wer in Ihrem Dorf Dynamit verkauft?«
»Nein. Nein.«
»Ob einer Ihrer Nachbarn heimlich Dynamit hortet?«
»Nein, nein«, sagte sie, »ich weiß es nicht.«
»Ich flehe dich an, Xingwang-sao, rette Shuisheng. Ich will auch mein Leben lang deine Sklavin sein!« Chunhua kniete nieder und umklammerte Xingwang-saos plumpe Hände. »Tu was Gutes! Rette ihm das Leben! Unsere ganze Familie wird es dir vergelten und jede Dreckarbeit für dich tun. Ich flehe dich an, tu etwas Gutes und rette ihn!«
»Nicht doch, Chunhua, nicht doch!« Xingwang-sao stieß Chunhuas Hände von sich und meinte alarmiert: »Ich muß nach Hause, ich hab' zu tun, ich muß nach Hause.«
Und während sie noch sprach, bewegte sie sich, mit einem wachsamen Blick auf den Kommissar, auf die Tür zu. Noch als sie gegen die Tür stieß, scholl Chunhuas klagender Hilferuf hinter ihr her: »Ich flehe dich an, Xingwang-sao, ich flehe dich an...«
Xingwang-sao lief auf die Straße. Noch immer zitterte sie beim Gedanken an die Fragen, die ihr der Kommissar eben gestellt hatte. Zum Glück hatte er nicht gefragt, woher Shuisheng das Geld für den Sprengstoff hatte. Es

hätte kein Entkommen für sie gegeben, wenn er danach gefragt hätte.
Sie klopfte sich beruhigend auf die Brust. Erst als sich ihre Aufregung gelegt hatte, fielen ihr wieder die vier-, fünftausend Yuan ein, die Shuisheng ihr schuldete, und sofort stieg die Wut in ihr auf.
»So eine Schurkin! Glaubt, wenn sie mich ins Gefängnis bringt, braucht sie mir mein Geld nicht zurückzuzahlen? Idiotische Vorstellung! Verdient man vier-, fünftausend denn im Schlaf? Da mag passieren, was will, du kommst mir nicht davon, ohne das Geld zurückzuzahlen. Und muß ich noch länger Rücksicht darauf nehmen, daß wir Nachbarn sind, wo du mich doch eben reinlegen wolltest?«
Je länger Xingwang-sao darüber nachdachte, desto wütender wurde sie. »Und wenn du kein Geld hast«, brauste sie auf, »dann gibt's bei euch ja noch Sachen und auch Menschen. Ich hol mir, was ich bei euch an Sachen finde und rechne das gegen eure Schulden auf. Und dann ist da noch dein Sohn. Dein Mann hat mir eine Bescheinigung ausgestellt, und es gibt auch Zeugen. Ich hab' keine Angst davor, daß die Leute sagen, ich mach' euch fertig. Was weiß ich, wieviel ihr anderen schuldet? Da muß ich schon die erste sein und das Zeug wegräumen, sonst kommen die anderen und wollen alles aufteilen, dann krieg' ich nicht mal das Kapital wieder rein. Darauf laß ich mich nicht ein.«
Je länger Xingwang-sao die Sache durchrechnete, desto gescheiter erschien ihr ihr Plan. Unwillkürlich lachte sie vor sich hin, bis sogar das Fett an ihrem Kinn zitterte.

Die Tür zu Shuishengs Haus stand weit offen. Es war ein niedriges, kleines Haus mit schlampig gemauerten Kalksteinwänden. Xingwang-sao warf von außen einen Blick hinein, dann gab sie sich einen Ruck und trat, als sei es das Selbstverständlichste auf der Welt, mit ihrem massigen Körper in das Haus. Drinnen herrschte tiefe Stille. Durch Löcher im Dach fielen Sonnenstrahlen und ließen den überall im Raum schwebenden Staub aufleuchten. Alles, was sie sah, war ein schwarzer irdener Topf auf dem Eßtisch, drei Reisschälchen, einige wenige Teller, neben dem Tisch drei brüchige Bambusstühle, eine Eisenpfanne auf dem Herd und daneben ein Stapel Brennholz, in den Ecken des Raumes Netze und anderes Fischergerät. Xingwang-sao ging weiter, bis sie in den angrenzenden Raum gelangte, in dem es stockdunkel war. Erst nachdem sie eine Weile in der Tür gestanden und hineingeblickt hatte, sah sie deutlich, daß es in diesem sogenannten Zimmer lediglich ein Bett gab, das aus ein paar Brettern zusammengefügt war. Um diese Schlafstelle von der Küche abzutrennen, hatte man einfach einen zerschlissenen alten Stoffvorhang am Kopfende des Bettes aufgehängt. Auf dem Bett türmte sich eine verknautschte wattierte Bettdecke. Auf einer Ecke des Bettes stand ein Bambuskorb, darin lagen durcheinander einige Kleidungsstücke. Der Anblick enttäuschte Xingwang-sao zutiefst. Was man hier mitgehen lassen könnte, wäre zusammen keine zweihundert Yuan wert.

»Wie kann so was angehen? Das lohnt sich ja gar nicht.«

Sie stand dort mit dem Gefühl, Opfer eines Betruges geworden zu sein, eine Vorstellung, die sie mehr und mehr in Rage versetzte. Da ringelte sich plötzlich etwas unter der Decke. Eine schwache Stimme rief: »Mama! Mama!« Sofort spürte sie, wie sich ihr Herz zusammenzog. Sie stürzte an das Bett und riß die Decke zurück. Sie fand ein mageres, kleines Kind. Es lag auf dem Rücken, hielt die

Augen geschlossen und öffnete kaum den Mund, als es rief: »Mama! Mama!«

»Du bist A-xiong?«

»Mama!«

»Was ist? Bist du krank?« Sie fühlte seine Hand, dann strich sie ihm über die Stirn. »O weh!« rief sie erschreckt aus. »So heiß! Du bist krank!«

»Mama! Mama!« rief das Kind mit schwacher Stimme. Es hatte jetzt die Augen geöffnet und blickte Xingwangsao an. Und ihr war, als ließe etwas Unsichtbares beim Klang dieser Stimme ihr Herz allmählich anschwellen. Aus weit aufgerissenen Augen betrachtete sie aufmerksam das Kind auf dem Bett und sah, wie es mit leerem Augenausdruck und mit schwacher Stimme »Mama, Mama« rief, ein Anblick, der sie an ihren verstorbenen Sohn erinnerte. Da konnte sie sich nicht länger beherrschen; zutiefst aufgewühlt, riß sie das Kind an sich, preßte es fest gegen ihre Brust und drückte ihr rundes Gesicht gegen die heiße, fiebernde Stirn. Und siedend heiß stieg dabei der Gedanke an Shuisheng in ihr auf, der in diesem Augenblick auf seinem Krankenbett im Sterben lag, und an Chunhua, die vor Trauer fast verging. Im selben Moment spürte sie, wie sich in ihrer Brust ein unwiderstehlicher Druck ausbreitete, immer stärker und ungestümer wurde, schließlich wie eine Ladung Dynamit in ihrem Herzen explodierte, und die Druckwelle mit Wucht gegen ihre Brust prallte.

»Wie konnte ich dieser Familie so etwas antun? Was hat mich so grausam gemacht? Wenn ich zu anderen so böse bin, werden mich die Götter noch unbarmherziger mit Kinderlosigkeit bestrafen...«

Je länger sie darüber nachdachte, desto heftiger wurde das Gefühl von Reue und Entsetzen. Schließlich brach sie in lautes Weinen aus. Sie preßte das Kind fest an sich und vergrub, von Weinkrämpfen geschüttelt, ihr Gesicht in seinem Körper.

In diesem Augenblick hörte sie draußen jemanden mit aufgeregter, alarmierter Stimme rufen: »Schnell das Dynamit verstecken! Polizei durchsucht das Dorf!«

1973 (Übersetzung: Wolf Baus)

Wang Zhenhe

Wang Zhenhe gehört zusammen mit Huang Chunming, Wang Tuo und anderen zu den taiwanesischen Regionalschriftstellern. Geboren 1940 in Hualian an der Ostküste Taiwans, studiert er an der Nationalen Taiwan-Universität westliche Literatur und nimmt von 1972 bis 1973 als Gastschriftsteller am International Writing Program der Universität von Iowa in den USA teil. Er unterrichtet zunächst an der Mittelschule und arbeitet dann bei einer Luftverkehrsgesellschaft; zur Zeit ist er beim taiwanesischen Fernsehen tätig. Seine Werke erscheinen zumeist in der »Literarischen Vierteljahresschrift«, dem Forum der »Heimatliteratur«, so auch »Ein Ochsenkarren als Mitgift«.
In der vorliegenden Erzählung erweist sich Wang Zhenhe als ein Schriftsteller, der mit den verschiedensten literarischen Techniken umzugehen weiß. Obwohl ihr Gegenstand ebenfalls die Welt der »kleinen Leute« ist, unterscheidet sich diese Geschichte wesentlich von denen anderer Regionalschriftsteller. Während deren Schilderungen des Kampfes gegen die Widrigkeiten des Lebens den Leser unmittelbar ansprechen, schafft Wang Zhenhe durch sprachliche und darstellerische Mittel eine ironische Distanz, in der die Tragik seines Helden eine komische Überhöhung erfährt. Seine Sprache ist von Lokaldialekt, selbsterfundenen Ausdrücken und einprägsamen Bildern durchsetzt, was den komischen Effekt verstärkt. Wangs Erzählungen liegen in drei Bänden gesammelt vor: »Ein Ochsenkarren als Mitgift« (Jiazhuang yi niuche, 1969), »Einsame Röte« (Jimo hong, 1970) und »Die Geschichte dreier Ehen« (San chun ji, 1975).

Ein Ochsenkarren als Mitgift

Es gibt Augenblicke in unserem Leben,
in denen selbst Schubert uns nichts zu sagen hat...
Henry James, *Das Bildnis einer Dame*

Die Leute im Dorf machten sich alle hinter seinem Rükken über Wanfa lustig; in seiner Gegenwart taten sie es ebenso, ohne Angst, seinen Zorn zu erregen, vielleicht weil er sein Gehör verloren hatte.

Wanfa war aber nicht ganz taub, das eine oder andere hinterhältige, verletzende Wort konnte immer noch den Schutzwall seines Trommelfells durchdringen. Das war wirklich höchst bedauerlich für ihn.

Jedesmal, wenn Wanfa mit seinem Ochsenkarren heimgekehrt war, ging er in das japanische Gasthaus, um sich eine gute Mahlzeit zu genehmigen. Jetzt war er endlich der Besitzer eines Ochsen und eines Karrens! Mit seinem eigenen Ochsenkarren bekam er für einen Transport fremder Waren dreißig Yuan. Das Geschäft war erträglich. Im Vergleich zu früher führte er jetzt ein ganz lässiges Leben. Alles, was er verdiente, konnte er für sich ausgeben; er brauchte seine Familie nicht mehr zu versorgen, dazu bestand keine Notwendigkeit mehr. Er hätte sich nie träumen lassen, daß er ausgerechnet nach seiner Entlassung aus dem Gefängnis so ein gemächliches, bequemes Leben führen würde. Wenn er Geld hatte, kaufte er sich Ente in Danggui. Nie in seinem Leben hatte er so etwas Schmackhaftes zu essen bekommen. Alle Dorfbewohner lachten über ihn und verspotteten ihn erbarmungslos. Aber es war ihm unmöglich, kein einziges Wort zu hören. Wenn seine beiden Ohren doch so großzügig gewesen wären, völlig taub zu werden, hätte sich Wanfa möglicherweise wohler fühlen können, vor allem jetzt mit dem Bier in der Hand, das ihm jener Jian zur Versöhnung spendiert hatte.

Kaum hatte er Platz genommen, eilte auch schon der Wirt des Gasthauses geschäftig herbei und begrüßte ihn mit einer Flut von Höflichkeiten. Nicht ein einziger Satz erreichte Wanfas Trommelfell. Es war, als betrachtete er einen Stummfilm: Er sah nur, wie sich die ausgetrockneten Lippen des Wirts auf- und abbewegten, mal schnell wie bei einem hungrigen Hund, der an einem Knochen nagt, den er gerade stibitzt hat, mal so langsam, als gähnte er. Da Wanfa das Gebrabbel des Wirts nicht verstand, wirkte es höchst lächerlich. Eine hämische Freude stieg in ihm auf, weil er jemanden gefunden zu haben meinte, über den er sich lustig machen konnte. Das kam äußerst selten vor. Den Mund nahe an Wanfas Ohr, als wollte er ihm ein Geheimnis zuflüstern, wiederholte der Wirt das eben Gesagte mit einer derart lauten Stimme, die wenig zu einem so skelettdürren Männchen paßte.

»Einen Teller gebratene Schnecken und eine Schale Nudeln«, bestellte Wanfa, den Blick auf den glänzenden, kahlen Kopf des Wirts gerichtet.

»Und zu trinken? Wir haben zehn Jahre alten ›Roten Tau‹ auf Lager.«

Wanfa stellte das Bier auf den Tisch, das Jian ihm als Bestechung geschenkt hatte, und schüttelte unablässig den Kopf, als steckte eine Feder darin; es war das Abbild eines Tauben, der etwas ablehnt.

Zwei Tische weiter saßen vier, fünf Dorfbewohner um einen Tisch herum und spielten lärmend Fingerraten. Einer von ihnen schielte zu Wanfa hinüber. Er öffnete den Mund und sagte irgend etwas. Die anderen brachen sofort das Fingerraten ab, wandten wie beim militärischen

Drill gleichzeitig die Köpfe und blickten im Paradegruß zu Wanfa hin, aber ihr Gesichtsausdruck war höchst gemein, und es fehlte der militärische Ernst. Dann sagte ein anderer etwas, und kaum hatte er zu Ende geredet, brach er in ein solches Lachen aus, daß er fast zerbarst. Wie von einer merkwürdigen Krankheit angesteckt, stimmten die anderen in sein Gelächter ein, so daß sie ganz aus der Fassung gerieten. Ein Dorfbewohner, dessen Kopf größer schien als sein mit Luft gefüllter Brustkorb, streckte plötzlich seine Hand aus und ermahnte die anderen, leiser zu sein, indem er nervös zu Wanfa hinüberschaute. Derjenige, der Wanfa zuerst erblickt hatte, richtete sich auf, schlug sich mit einer Hand ans Ohr und verzog den Mund zu einer boshaften Grimasse. »Er ist stocktaub! Keine Angst. Wenn er hören könnte, dann hätte so etwas nicht passieren können!«

Wort für Wort donnerte wie ein Gongschlag in Wanfas stark bewachte Ohren und hallte lange nach. Kurz nach seiner Entlassung hatte er über und über rot werden können, wenn jemand auf ihn zeigte und lachte. Jetzt färbte sich sein Gesicht kein bißchen, er nahm das Gespött der Leute hin, ohne verlegen zu werden.

Die Männer, die mit ihm Streit gesucht hatten, steckten die Köpfe wieder zusammen und nahmen ihr Gelage wieder auf.

Wanfa öffnete den Verschluß der auf dem Tisch stehenden Bierflasche, die Jian ihm spendiert hatte, und goß sich ein Glas voll ein. Als er gerade einen Schluck trinken wollte, fühlte er plötzlich den Drang, sich zu erbrechen. Dieses Gefühl überkam ihn jedesmal, wenn er Jians Bier trank.

Daß es so weit gekommen war, war allein der Heimsuchung durch Jian geschuldet.

Wahrscheinlich hatte Wanfa in einem früheren Leben zu

viele Schulden gemacht, denn seitdem er denken konnte, war er immer in Geldnöten gewesen. Nachdem er A-hao geheiratet hatte, wurde sein Leben auch nicht besser. Nach dem Tode seines Vaters erbte er ein kleines Stück Land, aber was für Gemüse und Kräuter sie auch anpflanzten, es wollte nicht wachsen. In einem Jahr hatten sie Heilkraut gegen Lungenentzündung angepflanzt. Es ließ sich ganz gut an; die Halme wuchsen von Tag zu Tag, und es sah so aus, als würden sie eine Menge ernten. Aber in jenem Jahr brach eine ungewöhnlich starke Regenflut über das Land herein und schwemmte den Boden weg, und wer weiß, wo das Lungenheilkraut sein Grab im Wasser fand. Bald darauf waren sie auf der Flucht vor Luftangriffen. Damals zog sich Wanfa ein Ohrenleiden zu. Nach seiner eigenen Aussage war beim Baden schmutziges Wasser in seine Ohren gedrungen. Während der Luftangriffe war kein Arzt zu finden; er hatte es auch nicht für dringend gehalten. Erst als er unerträgliche Schmerzen bekam, suchte er einen Arzt auf. Dieser war auf Frauenkrankheiten spezialisiert und behandelte Wanfas Ohren mit den gleichen Methoden, die er bei der Behandlung weiblicher Organe anwandte. Er muß schon einige Fertigkeiten gehabt haben, denn er machte Wanfa nur zu achtzig Prozent taub. Wenn Wanfa eine Arbeit fand, wurde er bald wieder entlassen. Es war allen lästig, daß er allzu schwerhörig war und man brüllen mußte wie im Streit, wenn man mit ihm reden wollte. Später kamen sie in dieses Dorf und ließen sich außerhalb des Ortes in der Nähe des Friedhofs nieder. Tagsüber verdingte er sich als Fuhrknecht, und mit dem mageren Lohn, den er mit dem Besitzer des Ochsenkarrens teilen mußte, konnten sie mit Mühe und Not ihr Leben fristen. Jedoch spielte seine Frau A-hao gerne. Wenn sie viel verloren hatte, verkaufte sie eine Tochter. Alle drei Töchter hatte sie auf diese Weise bereits verschachert, nur die beiden Söhne nicht, vielleicht behielt sie sie zum Fortbestand der Familie. Es war kein Wunder, daß ihr Leben immer primitiver wurde.

Ihre strohgedeckte Hütte stand auf der rechten Seite des Weges, der zum Friedhof führte. Sie war zusammengeschrumpft wie ein alter Mann, der im eiskalten Wind steht. Sie waren nicht die einzigen da draußen. Einige Meter entfernt war noch eine windschiefe Hütte. Aber die Leute, die dort gewohnt hatten, konnten die seltsamen Schrecken, die der Friedhof besonders bei Nacht barg, nicht ertragen und waren im vorigen Jahr umgezogen; sie hielten es für besser, an einem belebteren Ort im Dorf zu wohnen. So war jene Hütte jetzt eigenartig einsam und verlassen wie ein Zufluchtsort von Geistern.

Nur noch Wanfa und seine Familie waren in dieser Einöde zurückgeblieben, mit den Geistern als einziger Gesellschaft. So war es kein Wunder, daß A-hao, als sie bemerkte, daß jemand in die leere Hütte einzog, begeistert war und Wanfa schnell diese wichtige Neuigkeit überbrachte.

»Jemand zieht ein! Wir haben einen Gefährten! Wir brauchen keine Angst mehr zu haben, daß uns um Mitternacht Geister heimsuchen!«

Aber diese Nachricht konnte Wanfa überhaupt nicht beeindrucken. Sein halbes Leben lang gewohnt, in einer tonlosen Welt zu leben, war ein Gefährte mehr oder weniger für ihn nicht der Rede wert.

Er nahm sein Unterhemd von der Stange, über die er es zum Trocknen gehängt hatte, und bedeckte damit seinen nackten Oberkörper. Er hatte nur dieses eine Unterhemd. Abends zog er es aus und wusch es. Am nächsten Tag gegen Mittag war es fast trocken, so daß er es anziehen konnte, wenn er aus dem Haus ging. Ursprünglich

hatte er ein zweites Hemd zum Wechseln gehabt. Aber neulich, als der älteste Sohn zur Arbeit in die Stadt gezogen war, hatte er es mit dem Argument, unterwegs Not zu leiden sei schlimmer, als zu Hause etwas zu entbehren, mitgenommen. Als Vater hatte Wanfa sich damit abfinden müssen! Ohne die zukünftigen Nachbarn aufzusuchen, setzte Wanfa seinen Regenhut auf und ging weg, um den Ochsenkarren zu führen. A-hao folgte ihm bis zur Tür. Ihre in die Hüften gestemmten Arme wirkten wie kleine Klammern in mathematischen Formeln, in die nur der stangendünne Buchstabe I eingeschlossen war, keine kurvenreichen Zahlen, die das Herz höher schlagen ließen. »Wo wir hier draußen am Friedhof leben, solltest du einmal zu unseren Nachbarn rüberschauen! Vielleicht brauchen sie Hilfe beim Einrichten«, sagte A-hao und sperrte ihren Mund bis zu den Ohren auf.
Wanfa tat so, als hätte er nichts gehört, und entfernte sich mit großen Schritten.
Als es dämmerte, kam Wanfa zurück. Am Türeingang auf dem Boden sitzend, rauchte er eine starke Zigarette nach der anderen. Er hatte immer noch nicht die Absicht hinüberzugehen, um den neuen Nachbarn aufzusuchen, obwohl es nur wenige Schritte bis dahin waren. A-hao sprach plötzlich in ganz anderem Ton über den neuen Nachbarn am Friedhof, sie beklagte sich.
»So ein Mist... Er hat keine Familie und lebt ganz allein. Er kommt aus Lugang und redet in einem kehligen Singsang, als spräche er Russisch! Verdammt, ich hatte geglaubt, eine Frau zur Gesellschaft zu bekommen!«
Wanfa zog wortlos an seiner Zigarette. In der Annahme, er habe nicht verstanden, schickte sich A-hao an, ihren Bericht nochmals zu wiederholen, indem sie ganz nahe an ihn heranrückte. Aber Wanfa wehrte ab: »Wiederhol dein Geschwätz nicht! Ich bin nicht taub.«

»Oh! Du bist nicht taub?« A-hao sperrte wieder ihren Mund bis zu den Ohren auf – sie hätte Wanfa in einem Stück lebendig hinunterschlingen können. »Du bist wie der Rabe, der über das Schwein spottet, weil es schwarz ist, hm!«

In den nächsten Wochen dachte Wanfa immer noch nicht daran, den Mann aus Lugang aufzusuchen. In Wirklichkeit fürchtete er, mit seiner Ohrenkrankheit einen schlechten Eindruck auf den Fremden zu machen. Er wußte nicht, warum dieser Fremde nicht einmal herüberkam, um sich bekanntzumachen oder sich zum Beispiel einen Hammer auszuleihen; da er gerade eingezogen war, mußte er doch etwas zu nageln haben. Abends sah er ihn seine Tür sehr früh verriegeln, etwa weil er fürchtete, daß ein weiblicher Geist ihn heimsuchen könnte? Obwohl er dem Lugangnesen noch nicht begegnet war, wußte er zumindest ansatzweise über ihn Bescheid. Fast täglich lieferte ihm A-hao Informationen zu seiner Kenntnisnahme und Beurteilung. Der neue Nachbar war etwa fünfunddreißig bis sechsunddreißig Jahre alt, zehn Jahre jünger als Wanfa. Sein Nachname war Jian und er handelte mit Kleidern. Als reisender Händler war er in das Dorf gekommen und hatte diese leere Hütte am Friedhof gemietet. Wanfa verstand nicht, was für einen Nutzen Jian sich davon versprach. Allmählich meinte Wanfa, mit Jian bereits sehr vertraut zu sein, obwohl er ihm immer noch nicht begegnet war.

»Wie macht er es mit dem Essen?« fragte Wanfa mit großer Anteilnahme.

»Darauf habe ich nicht geachtet«, sagte A-hao, indem sie den Kopf wandte und zu Jians Hütte hinüberschaute. »Vielleicht kocht er selbst. Verdammt, er muß sein Geschäft betreiben und sein Essen kochen; als Einzelstehender macht er alles alleine, er muß sehr tüchtig sein!«

Als Wanfa Jian endlich begegnete, war es, als träfe er einen alten Freund.

Er sah Jian auf sich zukommen, den Mund auf- und zumachend, als kaute er etwas, vielleicht sprach er auch. Jian hüpfte vor ihn hin, als bräuchte er die Beine nicht auf die Erde zu setzen. Oh, er roch furchtbar unter den Achseln. Wanfa wagte nicht, sich die Nase zuzuhalten, aus Furcht, unhöflich zu erscheinen. Jian rieb unaufhörlich mit den Händen in den Achselhöhlen, als wollte er die Ringelflechten vertreiben, die sich dort eingenistet und seit Jahren keine Miete gezahlt hatten. Es war wirklich unerträglich. Wanfa hörte ihn nur Laute brabbeln, als wäre sein Mund mit einem großen Stück gedämpften Brotes vollgestopft, und sein Ohr konnte nicht ein einziges Wort erraten. Als wäre er nicht taub, setzte Wanfa ein einfältiges, breites Lächeln auf und zog die Mundwinkel angestrengt bis zu den Augen hoch; er lächelte so lange, daß seine Lippen ganz steif wurden. Ab und zu antwortete er zwei Sätze, aber der erstaunte Ausdruck auf Jians magerem Gesicht zeigte ihm, daß seine Antwort die Frage nicht getroffen hatte. Verflucht, diese Ohren, diese Ohren! Plötzlich faßte Wanfa eine Abneigung gegen diesen Lugangnesen, den er vom Hörensagen so genau kannte.

A-hao kam heraus und winkte dem Kleiderhändler zu. Dieser ging zu ihr hin und nahm Nadel und Faden aus ihrer Hand entgegen. A-hao wandte sich an Wanfa und sagte:

»Das ist Herr Jian! Er ist gekommen, um sich Nähzeug zu leihen. Er sagt, daß er schon früher hätte kommen sollen, um sich mit dir zu unterhalten, aber er ist zu sehr mit seinem Handel beschäftigt, er muß schon frühmorgens

aus dem Haus gehen.« Sie erhob ihre Stimme so laut, als spräche sie zu Tausenden von Leuten.
Dann wandte sie sich an Jian und sagte mit sehr leiser Stimme etwas zu ihm; mit der Hand zeigte sie auf ihre Ohren und schüttelte in übertriebener Weise wiederholt den Kopf. Offensichtlich erklärte sie ihm, daß Wanfa taub sei. Es mußte so sein, denn auf Jians Gesicht erschien ein Ausdruck, als hätte er etwas Weltbewegendes entdeckt. Er blickte wieder zu Wanfa herüber und schaute ihn prüfend an, als fehlte in Wanfas Gesicht ein Organ. Früher wäre Wanfa furchtbar aufgebracht gewesen, wenn man feststellte, was mit ihm los war; jetzt hatte er sich daran gewöhnt.
»Läuft Ihr Geschäft gut?« Wanfa wollte irgend etwas sagen.
»Es geht.« A-hao wiederholte Jians Worte für Wanfa in lautem Ton. »Herr Jian fragt, was du arbeitest.«
»Oh!« Wanfa hob beide Hände und warf dem Kleiderhändler ein Lächeln zu, als machte er sich über sich selbst lustig. »Ich bin Fuhrknecht.«
»Und bringt das was ein?« Als hätte er einen elektrischen Schlag bekommen, schreckte Jians Körper wild zusammen, seine Hände fuhren schnell tief in die Achselhöhlen, die Nägel erzeugten auf den Achselhaaren ein schabendes Geräusch; es mußte furchtbar jucken! Er verzog den Mund zu einer Grimasse. Diese einfachen Worte hatte Wanfa wenigstens verstanden, erstmals brauchte er A-hao nicht als Lautsprecher.
»Es reicht gerade für dreimal täglich Reissuppe. Wenn ich einen eigenen Ochsenkarren hätte, dann könnte ich mehr verdienen.«
A-hao sagte, daß Jian frage, wieviel ein Ochsenkarren koste.
»Ein gebrauchter Karren würde etwa drei- bis viertau-

send Yuan kosten. Was? Ich soll mir einen kaufen? Ha! Wo sollte ich das Geld hernehmen? Ich werde bald fünfzig und habe es nicht geschafft, so viel Geld zusammenzubringen. Kennen Sie nicht den Spruch: Wer mit vierzig keinen Reichtum angehäuft hat, wird sich sein Leben lang plagen, bis er stirbt?«

Danach gab es fast jeden Abend solche Zusammenkünfte. A-hao saß zwischen den beiden Männern und fungierte als Wanfas Hörgerät. Jian hatte immer noch seinen beißenden Achselgeruch an sich. Er steckte seine Hände ständig in die Achselhöhlen und kratzte sich, als hätte er einen Hautausschlag. Manchmal plauderte Jian nur mit A-hao. Sie erkundigte sich immer nach dem Luxus des Stadtlebens, und ihre Stimme wurde ganz leise, fast wie ein Zwitschern. Bei solchen Gelegenheiten ging Wanfa mit seinem jüngsten Sohn Laowu schlafen, ohne sich darum zu kümmern, wie lange die beiden noch zusammenhockten und redeten.

Häufig besuchte A-hao Jian in seiner Hütte und plauderte mit ihm, sie half ihm auch beim Flicken und Waschen. Nach Jians Erzählungen hatte er seine Eltern als Kind verloren und war sein halbes Leben lang in der Welt herumgezogen; nie hatte sich jemand so um ihn gekümmert wie A-hao. Oft beharrte er darauf, daß A-hao beschmutzte, fleckige Kleidungsstücke, die allzu schwer zu verkaufen waren, mit nach Hause nahm. Wanfa brauchte sich nicht mehr darum zu sorgen, ob sein Unterhemd, das er abends auszog und wusch, am nächsten Tag ganz und gar trocken sein würde.

Später ging Wanfa auch häufig hinüber und saß dort eine Weile, wohl um seine Dankbarkeit zu zeigen. Er brachte es auch zu einiger Perfektion in der Kunst, Jians besonderen Körpergeruch nicht zu riechen, was wirklich sehr schwierig war.

Jians Geschäft schien sich sehr gut zu entwickeln; er hatte ständig das Gefühl, daß er eine Hilfe bräuchte. Daraufhin erklärte er A-hao, was er sich überlegt hatte. Als sie seinen Plan vernommen hatte, war sie so begeistert, daß sie außer sich vor Freude nach Hause eilte.
»Ich bringe dir eine gute Nachricht!« berichtete sie. Als sie Wanfa auf der Matte liegen und schlafen sah, faßte sie ihn an die Schulter. »Ich habe eine gute Nachricht für dich! Jian hat mit seinem Handel so viel zu tun, daß er es alleine nicht schafft. Er möchte, daß unser A-wu ihm hilft. Er zahlt zweihundert Yuan im Monat plus Verpflegung! Verflixt, wo findet man so etwas Günstiges! Verdammt, du verdienst im Monat auch nicht viel mehr! Was meinst du? A-wu ist elf Jahre alt, er sollte aus dem Haus und sich umtun!«
Mit dem zusätzlichen monatlichen Einkommen von zweihundert Yuan könnten sie natürlich ein besseres Leben führen, warum sollte er da ablehnen? »Bitte also Herrn Jian, unseren A-wu in seine Obhut zu nehmen!« sagte Wanfa und legte sich wieder hin, ein stilles, freudiges Aufleuchten in den Mundwinkeln.
A-hao setzte sich mit angezogenen Beinen auf die Matte und sagte: »Wenn ich A-wus Monatslohn in der Hand habe, werde ich einige Ferkel kaufen und aufziehen. Verdammt, wenn wir Süßkartoffeln anbauen und das Kraut an die Ferkel verfüttern, können wir einiges an Futtermitteln einsparen. Verflucht nochmal, die Preise für Schweinefleisch steigen ständig, wir werden sicher daran verdienen.«
Am nächsten Tag ging Laowu zur Arbeit und half dem Lugangnesen Jian. Sie schoben einen Karren voller Kleider ins Dorf, schlugen ihren Stand auf und verkauften ihre Ware. Gewöhnlich ging A-hao sehr selten ins Dorf, jetzt hingegen begleitete sie die beiden oft und kümmerte

sich auch ein wenig um das Geschäft. Manchmal brachte sie auch ein großes Bündel Taroblätter mit, die sie gesammelt hatte, und verhökerte sie an Schweine- und Entenschlächter. Meist ging sie spielen, sobald sie ihre Ware verkauft und das Geld in der Tasche hatte. Aber sie tat es heimlich und vermied, daß es jemand sah, damit Wanfa nichts erfuhr. Jian jedoch wußte über ihr heimliches Tun genau Bescheid. A-hao wich ihm nicht aus. Selbst wenn er es Wanfa hinterbracht hätte, wäre es vergebens gewesen: Wanfa konnte ihn niemals verstehen, wenn er etwas daherbrabbelte. Außerdem hatte er selbst eine Leidenschaft für das Spiel. Später sah man Jian und A-hao oft zusammen spielen gehen.

Kurz darauf begannen die Dorfbewohner einen Witz in Umlauf zu setzen, den sie viel komischer fanden als jeden Slapstick von Laurel und Hardy: Der Kleiderhändler Jian und A-hao trieben es miteinander! Jemand hatte die beiden von weitem in der Nähe des Friedhofs hinter dem Schweinestall gesehen. Es schien nicht besonders komfortabel zu sein. Es regnete in Strömen, der Boden war aufgeweicht und schlammig. Man erzählt, daß die beiden sich davon nicht stören ließen und sehr virtuos im Schlamm auf- und abtauchten! Es gibt ein Sprichwort: Leute, die sich aus persönlichem Haß streiten, nehmen keine Rücksicht auf ihr Leben, Leute, die der Lust frönen, nehmen keine Rücksicht auf ihre Gesundheit.

»Ich lüge nicht, A-hao ist mindestens zehn Jahre älter als der Kleiderhändler, sie könnte seine Mutter sein. Wenn sie wenigstens wie ein Mensch aussähe, dann würde ich nichts sagen. Aber... Hm! Sie ist häßlich wie die Nacht. Sie ist so dürr, daß sie keine vier Unzen wiegt und hat ein Maul so groß wie ein Scheißloch! Ihre Brust ist wie ein Waschbrett, es muß sehr schmerzhaft sein, sich an sie zu drücken. Ich kann mir nicht vorstellen, was dem dämli-

chen Lugangnesen an ihr gefällt.« So redeten zahlreiche Dorfbewohner mit dreister Offenheit.
Bis Wanfa das Gerede deutlich vernahm, vergingen anderthalb Monate. Die Verteidigungsanlage seiner beiden Ohren war nicht leicht zu durchbrechen. Anfangs, als die Nachricht durch den Schutzwall seiner Ohren drang, war er furchtbar verwirrt, was nicht verwunderlich war, denn er war noch nie mit einer solchen Situation konfrontiert gewesen! Dann überkam ihn ein freudiges Erstaunen: Er hatte sich immer beklagt, daß A-hao so häßlich sei wie nur was, und das habe ihm sein ganzes Leben vermiest. Unerwarteterweise hatte jetzt einer, der sogar viel jünger war als sie, ein heimliches Liebesverhältnis mit ihr. Letzten Endes war A-hao doch nicht einfach nur häßlich! Daraufhin vergegenwärtigte er sich jenen Achselgeruch, mit dem die Natur Jian so reichlich ausgestattet hatte, und begann, ihn insgeheim zu hassen. Jian hatte seinem bereits zerrütteten Selbstwertgefühl einen ziemlichen Schlag versetzt. In seinem Gesicht flammte Mordlust auf. Willst du einen Dieb ergreifen, mußt du ihn mit der Beute ertappen; willst du einen Ehebrecher fassen, mußt du beide zusammen erwischen. Warte, Jian! Später meinte er, falsch gehört zu haben. Vielleicht gab es diese Affäre überhaupt nicht. Wahrscheinlich hatte er sich wirklich verhört. A-hao und Jian plauderten und lachten wie immer in seiner Anwesenheit, ohne den leisesten Versuch, seinen Argwohn vermeiden zu wollen. Aber vielleicht wollten sie ihm auch vorspielen, daß sie nichts von den Gerüchten wüßten. Denn wenn sie plötzlich ihre Beziehung abgebrochen hätten, dann hätte er das sicher mit den Gerüchten in Zusammenhang gebracht, und sein Verdacht wäre erst recht erregt worden, daß das Ganze durch und durch unsauber sei. Obwohl er derartige Zweifel hegte, brachte Wanfa gegen den Lugangnesen

Jian weder einen durchschlagenden Protest vor, noch ergriff er eine umwälzende Initiative. Nur ging er nicht mehr zu Jians Hütte hinüber, um mit ihm zu plaudern.
Der Lugangnese beendete sein Geschäft etwa gegen sechs Uhr nachmittags, dann aß er mit Laowu am Stand. Wenn sie nach Hause kamen, legte sich Laowu in der Hütte des Lugangnesen schlafen. Jian hatte die Gewohnheit, sich am Abend bei Wanfa und seiner Frau hinzuhocken. Die Zunge in den Rachen gerollt, begann er in seinem kehligen Singsang zu reden; es hörte sich wie die Sprache von Ausländern an. Unter dem Vorwand, taub zu sein, redete Wanfa nicht mit dem Lugangnesen, als hegte er irgendeinen Groll. Er wollte Jian vor Augen führen, daß er nicht so blöde sei, nichts mitzukriegen. Das Unterhemd und die Arbeitshose aus grobem Tuch, die er anhatte, erinnerten ihn jedoch an die verschiedenen Vorteile, die er von dem Kleiderhändler hatte. Deshalb stellte er ihm ab und zu eine Frage, aus Furcht, daß jener ihm vorwerfen könnte: »Erst geht er über den Fluß, dann zerstört er die Brücke.« Ferner ließ er A-hao und Jian nie mehr alleine. Er zwang sich, bis tief in die Nacht aufzubleiben, bis Jian in seine Hütte zurückkehrte, dann erst ging er schlafen. Er legte seinen Arm quer über A-haos Brust, nicht etwa weil er sich nach Liebe sehnte, sondern um zu verhindern, daß sie ihm entschlüpfte. Es ist noch nicht zu spät, die Hürde zu reparieren, auch nachdem ein Schaf verlorengegangen ist! Jetzt zog er eine Karrenladung weniger, um nachmittags früher nach Hause zu gehen. Wahrscheinlich kannte er die Geschichte von Pan Jinlian und ahmte ihren Mann Wu Dalang nach, der seinen Geschäften weniger nachging, um mehr auf seine Frau aufzupassen!
Jede Nacht hielt er den Belagerungszustand aufrecht, außer in jener einen Nacht, als der Mond hell und rund am Himmel stand.

Als A-hao Laowus zweihundert Yuan Monatseinkommen in der Tasche hatte, kaufte sie keine Ferkel, um sie großzuziehen, als hätte sie ihren Vorschlag vergessen. Wanfa begriff, daß sie mit ihrer Vergeßlichkeit eine Absicht verfolgte, und zwang sie nicht zu der Anstrengung, sich daran zu erinnern. Abzüglich des Geldes für Mittagessen und Zigaretten, die er anschreiben ließ, brachte Wanfa monatlich etwas über zweihundertvierzig Yuan nach Hause, das war alles. Es war nicht leicht, damit dreißig Tage im Monat morgens und abends ein halbwegs passables Essen zuzubereiten. Das ganze Jahr über aßen sie wäßrige Reissuppe mit getrockneten Rüben. Deshalb richtete A-hao mit Laowus Gehalt einige gute Mahlzeiten her, und Wanfa war mehrere Tage lang so glücklich und erfreut, daß er nicht nachprüfte, wofür das Geld ausgegeben wurde.

An jenem Vollmondabend bereitete A-hao Reis, Karpfensuppe und gebratene Bambussprossen zu. Wanfa aß gierig fünf große Schüsseln voll hintereinander weg. Als A-hao ihn wie einen Wolf schlingen sah, war sie so erschreckt, daß sie in ihrer Kehle komische Laute erzeugte: »Äaahh... äaahh... äaahh«, als rülpste sie.

»Äaahh!« Als sie den letzten Löffel Karpfensuppe aus dem kleinen Topf in die leere Suppenschale füllte, zuckte A-hao die Schultern. »Schäm dich! Als hättest du seit Tagen nichts gegessen! Oh, du willst noch mehr haben? Eh?«

Wanfa hatte derart geschlungen, daß seine Wangen glühten, als hätte er Alkohol getrunken. Man konnte wirklich vom vielen Essen betrunken werden. Es war noch nicht halb acht, als Wanfa sich, berauscht wie er war, danach sehnte, schlafen zu gehen. Du darfst nicht schlafen gehen! Jian wird noch herüberkommen! Du darfst nicht schlafen gehen!

Jian hockte sich hin, als wollte er sich erleichtern. Wanfa saß schweigend daneben und rauchte. Er döste immer wieder ein, und die Zigarette fiel ihm mehrmals aus der Hand, ohne daß er es merkte. A-hao beugte sich vor, als wollte sie an seinem Ohr saugen, und sagte zweimal: »Geh schlafen! Du bist derartig erschöpft!«

Erschrocken öffnete Wanfa die Augen. Jian war immer noch nicht gegangen! Es war auch nicht festzustellen, daß er müde war und die Absicht hatte zu gehen. »Plaudert nur weiter, kümmert euch nicht um mich«, sagte Wanfa, beugte sich vor und hob die Zigarette auf, die bereits ausgegangen war. Er zündete sie wieder an und paffte ruhig vor sich hin. Im Tabakdunst plauderten der Kleiderhändler Jian und A-hao, ein Herz und eine Seele.

Der Mond war voll und rund wie in der ersten und fünfzehnten Nacht des Mondzyklus. Es gab keine Stühle, sie hockten auf ihren Beinen oder saßen auf Steinen; es war, als genössen sie den Mond am Mittherbstfest. Durch den Dunst seiner Zigarette sah Wanfa A-hao und den Lugangnesen Jian mit Händen und Füßen gestikulieren und den Mund öffnen und schließen. Er wußte nicht, was sie dachten und fühlten und worüber sie sprachen. Es war, als belauschte er ein Geisterpaar, Mann und Frau, das sich in höchster Übereinstimmung unterhielt, in einer Sprache aus einer anderen Welt, von der er kein einziges Wort verstand: Wanfa konnte nicht in ihre Welt eindringen.

Er mußte wieder eingenickt sein. A-hao stand auf und rief: »Geh schlafen!« Wie gewöhnlich rief sie es zweimal. Sie trug ein ungewöhnlich weites, westliches Kleid, das milchig weiß war, aber im Mondschein mausgrau wirkte; es war aus ausländischem Stoff. Sie hatte es abgestaubt, als sie letztes Jahr einmal in die Kirche gegangen war und der Predigt eines Mannes mit einer hohen Nase und blauen Augen beigewohnt hatte. Warum sie dahin gegangen war, wußte sie auch nicht mehr. Ohne es weiter zu ändern, hatte sie das Kleid am Saum, wo es zu lang war, ein Stück eingenäht. Mitten auf der Brust schwebte ein Zierstück in der Form eines Schlosses, das an einer galvanisierten Eisenkette hing. Unterhalb des Bauches war noch so ein Zierstück. Es sah aus, als sollten damit jene geheimen, wichtigen Körperteile der Frau unter Verschluß gehalten werden.

»Geh schlafen!« A-hao setzte sich erneut auf den Stein und nahm ihre Unterhaltung mit Jian im Mondschein vor der Haustür wieder auf.

Laut gähnend ging Wanfa ins Haus schlafen. Seine Nachsichtigkeit mochte wohl einen unergründlichen Zusammenhang mit den Verzierungen in Form von Schloß und Kette auf A-haos ausländischem Kleid haben.

Als er aufwachte, schien der Mond draußen noch voller, als strahlte er vor Lachen. Wanfa streckte seine Hand aus und tastete die andere Seite der Strohmatte ab, sie war leer. Wie von einer Schlange gebissen, sprang Wanfa erschreckt hoch. Er war so schnell auf den Beinen, daß er keine Zeit hatte, in kalten Schweiß auszubrechen. In der Eile warf er eine hölzerne Kiste um und machte dabei einen solchen Lärm, daß es einem in dieser Friedhofseinsamkeit durch Mark und Bein ging. Er schlug sich an den Kopf und verfluchte seine Ungeschicklichkeit. Bestimmt hatten sie den Lärm gehört, was konnte er da noch ausrichten?

In der Tat hatten sie etwas umstoßen hören. Am Hauseingang lag eine an den Enden zerfetzte Strohmatte auf dem Boden ausgebreitet. Die Tür stand weit offen und ließ den Mondschein hinein. A-hao saß auf der Matte, ihr vom Mondlicht beschienenes Gesicht war erschreckend blaß, als hätte es lange im Wasser gelegen. Der Lugangnese Jian hatte sich auch gerade aufgesetzt und den Kopf in Richtung des Lärms gewandt. Auf seiner Stirn glitzerten feine Schweißperlen.

Mit einem scharfen, schneidenden »Was macht ihr da?« trat Wanfa auf sie zu, die Fäuste wie zum Boxkampf geballt. Wie Rekruten, die einem Befehl folgten, standen A-hao und Jian in einem Bruchteil einer Sekunde gleichzeitig auf und antworteten um die Wette, jeder den anderen überbietend, als käme es wie bei einem Rezitationswettbewerb unter Grundschülern darauf an, wer das Auswendiggelernte am schnellsten herunterspulen kann: Wa-la-wa-la, es war kein klares Wort auszumachen. Der Lugangnese schwitzte furchtbar, seine Weste klebte durchnäßt an seinem Körper, und seine Brustwarzen traten deutlich hervor wie Körner. Als A-hao sah, wie er seinen ganzen Körper derart mobilisierte, schob sie ihn – wohl weil sie das nicht ertragen konnte – in eine Ecke des Zimmers und verbot ihm weiterzureden. Mit lauter Stimme, pedantisch auf jedes Wort achtend, sprach A-hao nun alleine, ab und zu Jian einen Blick hinüberwerfend; sie schien zu sagen: »Wir haben nur... das ist alles, nicht wahr, nicht wahr?« »So war das doch?«

Ihr ist nicht zu trauen! Zwanzig, dreißig Jahre mit ihr verheiratet, wie sollte er da nicht jeden Zug ihres Wesens kennen! In ihrem großen Mund hatte sie zwei lange Zungen; war die eine erschöpft vom Reden, dann löste die zweite sie ab. Wer weiß, wann die beiden Schlösser auf ihrem ausländischen Kleid aufgebrochen worden waren. Während sie immer weiter und weiter redete, hielt sie ihr Kleid am Busen fest, als wollte sie verhindern, daß es hinunterglitt. Verschließ die Ohren und hör nicht auf sie! A-hao fuhr in ihrem Vortrag fort, den Mund weit geöffnet von Ohr zu Ohr. Ihre Worte begannen unflätig zu werden; sie mußte sehr aufgebracht sein.

»Verdammt! Hast du nun zugehört oder nicht? Ich rede den halben Tag, und du, sag doch etwas! Verdammt, warum sagst du nicht ein einziges Wort? Mistkerl, du bist doch nicht etwa auch noch stumm geworden?«

Jian trat dazwischen, sein Achselgeruch stach in die Nase. Sein Gesicht zeigte einen höchst vergnügten Ausdruck, als hätte er einen Ausweg gefunden. A-hao auf die Schulter klopfend, zeigte er mit der Hand in eine Ecke des Zimmers, in die kein Mondschein fiel. Jemand schien dort zusammengerollt zu schlafen. A-haos Augen leuchteten plötzlich auf. Sie sagte etwas zu Jian, ging dann schnell zu jener dunklen Ecke hin und rüttelte den Schlafenden mit beiden Händen wach; sie rüttelte mit aller Kraft.

»A-wu, wach auf! Wach auf! Sei Zeuge deines Onkels Jian! Wach auf! Verdammt, du schläfst wie ein Toter!«

»Du hast überhaupt kein Benehmen. Jian ist ein guter Kerl; anstatt ihm zu danken, bist du böse auf ihn. A-wu ist mitten in der Nacht aus dem Bett gestiegen, um zu pinkeln, und hat einen Schatten auf dem Friedhof gesehen. Er hat sich erschreckt und angefangen zu weinen«, schwatzte A-hao pausenlos weiter, als Wanfa sich wieder schlafen gelegt hatte, ihr Mund wollte gar nicht mehr von seinem Ohr lassen, als liebte sie seine Ohren inniglich. »Jian hat ihn auf den Armen hierher getragen. So einfach ist die Sache. Verdammt nochmal, und was hast du gedacht? Du hast A-wu doch genau befragt, und immer noch machst du ein grimmiges Gesicht und willst uns nicht glauben...« Sie wiederholte diese Sätze immer wieder, und jedesmal wurde ihr Ton nachdrücklicher, als geriete sie immer mehr in Wut.

Wanfa war es wirklich lästig, ihr Geschwätz anzuhören.

Er wünschte sich aufrichtig, völlig taub zu sein. »Wer sagt, daß ich es nicht glaube?«

»Warum hast du dann nicht ein Wort gesagt? Für Jian muß das sehr peinlich gewesen sein! Hm, du bist doch ein Versager, und dann noch eifersüchtig sein!«

Eine Zeitlang war es ruhig. Von draußen drangen vereinzelt merkwürdige Laute herein. War jemand mitten in der Nacht gekommen, um am Grab zu weinen? Oder stritten sich die Geister? Das war auch möglich.

Plötzlich fragte Wanfa: »Was ist mit den Ketten an deinem Kleid?« Er bemühte sich, seine Stimme ganz natürlich klingen zu lassen.

Hatte sie nichts zu erwidern? Oder hatte er ihre Antwort nicht gehört? Er fühlte sich müde und ihm war schwindlig, so bohrte er nicht weiter nach.

»Was soll das?« A-hao sprach mit bewußt leiser Stimme.

»Jian sagte, sie seien nicht schön, und riß sie ab.«

»Was hast du gesagt?« Diese Ohren..., diese Ohren..., was sie hören sollten, entgeht ihnen; wenn es darauf ankommt, versagen sie ihren Dienst.

»Verloren!« A-hao erhob die Stimme. »Verdammt, du bist derart taub!«

Sie preßte ihren Körper verführerisch an ihn. Seit er keine Erektion mehr zustande brachte, hatte sie sich ihm nie auf diese Weise genähert.

Wanfa warf einen Blick aus dem Fenster. Der Mond lachte immer noch mit vollem, rundem Gesicht. Plötzlich kam ihm ein Volkslied in den Sinn, das er einmal gehört hatte: »Frau Mond lacht über den Tölpel.«

Er war ein solcher Tölpel!

Gerade als er einschlafen wollte, wehte ihm Jians Achselgeruch, beißender als sonst, in die Nase. Er sah die verbotenerweise geöffneten Stellen an A-haos Kleid vor Augen und vergegenwärtigte sich die Szene, wie A-hao mit Jian auf der Matte saß. Vielleicht hatten sie ihm etwas vorgemacht, vielleicht war er aber auch zu argwöhnisch. Derartige Gedanken wälzend, fand er die ganze Nacht keinen rechten Schlaf.

Aber er hatte keine Zeit, die Wahrheit herauszufinden. Einige Tage später verkündete der Besitzer des Ochsenkarrens, daß er den Ochsen zum Pflügen vermieten werde und Wanfa sich eine Zeitlang ausruhen solle. Als wollte er ihm absichtlich Schwierigkeiten bereiten, erklärte Jian gerade in diesem kritischen Augenblick plötzlich, daß er mal wieder nach Lugang müsse und bei dieser Gelegenheit auch nach Taibei fahre, um Kleider einzukaufen. Es würde etwa einen Monat dauern. Vielleicht wollte Jian nur weit fort von hier und die Gelegenheit nutzen, sich aus dem Staube zu machen, um weiteren Schwierigkeiten aus dem Weg zu gehen. Natürlich mußte Laowu wieder nach Hause zurück und mit durchgefüttert werden.

Anfangs grub Wanfa nach Süßkartoffeln und verkaufte sie. Damit konnte er seinen Hunger eine Zeitlang mit Mühe und Not zu weniger als zwei Dritteln stillen. Als alle Süßkartoffeln ausgegraben waren, durchstreifte er die Berge auf der Suche nach Taroblättern. Damit konnte er nur zur Hälfte satt werden. Außerdem wurde er noch von den Frauen des Dorfes, die für gewöhnlich mit dem Sammeln und Verkaufen von Taroblättern ihr Taschengeld verdienten, bedrängt und eingeschüchtert: Die Blätter seien alle von dem tauben Wanfa weggesammelt worden, und sie könnten sich nun in diesem Jahr nicht so viele neue Kleider nähen. Schließlich waren überhaupt keine Blätter mehr zu finden, und sein Schlund war so tief wie das Meer, wie ein Sprichwort sagt, ein bodenloses Loch, das er nicht füllen konnte. Was sollte er tun? Was tun? Als er keinen Ausweg mehr wußte, half er beim

Ausschachten von Gräbern, um sich ein paar Pfennige zu verdienen. Aber es gab nicht jeden Tag Arbeit; manchmal mußte er zwei, drei Tage warten, bis jemand starb. Ach! Dieses Jahr starben die Leute nicht so freizügig wie früher! Sie starben einfach nicht. Und selbst wenn er wartete, schnappte ihm jemand mit flinken Ohren die Arbeit vor der Nase weg. Warten war keine gute Methode. Tag und Nacht forschte er im Dorf nach Familien mit Schwerkranken und bewarb sich dort um den Posten eines Totengräbers oder Sargträgers, obwohl der Kranke noch nicht gestorben war. Später verschlossen die Familien der Kranken schnell alle Türen, sobald sie Wanfas magere, heruntergekommene Gestalt auftauchen sahen; man betrachtete ihn als Todesboten. Jetzt schienen sich die Tage dahinzuziehen wie Jahre, er wurde nur zu einem Zehntel satt.

A-hao erinnerte sich an ihren Sohn, der in der Stadt arbeitete, und lief, zitternd vor Hunger, vier Stunden lang über Schotterstraßen zur Stadt. Als sie zurückkam, brachte sie nur ein Kätti fettes Schweinefleisch und einen Graskarpfen mit, sonst nichts. Das Leben in der Stadt war auch nicht leicht.

Jemand hatte sie an die Klinik eines Doktor Lin empfohlen zum Kochen und Putzen. Sie sollte hundert Yuan im Monat und Kost und Logis bekommen. Aber am Tage der Vorstellung gab es im Hause gerade kein einziges Körnchen Reis mehr. A-hao grub aus einem fremden Gemüsegarten heimlich Süßkartoffeln aus, röstete sie in der Asche des Küchenfeuers und aß sie zu Mittag. Diese Süßkartoffeln, diese unheilvollen Süßkartoffeln!

Gerade als Dr. Lin sie fragte, wie viele Kinder sie habe, donnerte es, bevor sie auch nur den Mund öffnen konnte, ohne jede Vorwarnung fünf rollende Fürze zur Antwort.

»Sie haben fünf Kinder?« fragte Dr. Lin grinsend, indem er versuchte, der Situation etwas Humor zu verleihen. Zu A-haos Beschämung machte sich das Kohlendioxyd in ihren Gedärmen unaufhaltsam in rhythmischen Tonfolgen Luft, als spürte es einen starken poetischen Drang. Die Aussicht auf Arbeit löste sich natürlich auch in Luft auf.

Weil sie draußen dauernd den Rücken krumm machen und allzuviel Ärger schlucken mußten, stritten sich Wanfa und A-hao zu Hause ständig. Durch dieses derart kümmerliche Bettelleben bis an den Rand der Existenz gedrängt, war es durchaus etwas Positives, einander anzuschreien, zumindest zeigte es, daß noch etwas Lebensgeist in ihnen war. Aber nie schlugen sie sich. Sie waren beide so zum Skelett abgemagert, daß man nur auf harte Knochen getroffen und sich die Hand verletzt hätte, wenn man mit den Fäusten auf den anderen einschlug, und das lohnte sich nicht.

Nach zwei Monaten und zehn Tagen kam der Lugangnese Jian schließlich zurück.

»Jian ist zurückgekommen!« A-hao konnte ihre Freude nicht verbergen, es verschlug ihr die Stimme, so daß sie stotterte: »Er h-hat so vie-viele Kleider einge-ge-kauft. Er ist au-auch viel di-dicker geworden…!« Ohne ersichtlichen Grund brach sie hier ab.

»Er will, daß A-wu ihm morgen früh hilft, den Verkaufsstand aufzuschlagen. Was meinst du dazu?« Plötzlich leuchteten ihre Augen auf. »Himmel! Und ich habe geglaubt, er käme nicht wieder!« Sie konnte ihre Freude nicht verhehlen.

Mit zweihundert Yuan mehr im Monat würden die Magenwände nicht mehr ununterbrochen vor Hunger schreien und einen in Unruhe versetzen wie ein kaputter Wecker. Nein, er durfte A-hao nicht wissen lassen, daß er sich auch über Jians Rückkehr freute. Auf keinen Fall durfte er zugeben, daß Jian ihm eine Wohltat erwies. Wanfa wunderte sich selbst, wie er plötzlich so berechnend sein konnte. War ein Mensch auch arm, so hatte er doch seinen Stolz. Als sie sah, daß er die Ohren zu verschließen und nichts zu hören schien, wiederholte A-hao ihre Worte unter heftigem Stottern mit ungewöhnlich schriller Stimme.

Wanfa fuhr sich mit den Fingern durch die Haare, kratzte hin und her und wirbelte einen wahren Schuppenregen auf.

»Wenn du willst, daß er geht, dann laß ihn gehen!« sagte er in einem derart fatalistischen Ton, daß es einem das Herz zusammenzog.

»Du magst nicht, daß er geht?« Vielleicht war das Fragezeichen am Ende dieses Satzes allzu langgezogen und nahm die Form eines Ausrufungszeichens an. Er wußte nicht, was besser war, sollte er antworten oder nicht?

»Soll er halt gehen! Was soll ich mich darüber freuen?« Seine gleichgültige Antwort überraschte ihn selber.

A-hao sagte nichts, an der Tür drehte sie sich um, rief ihm etwas offenbar sehr Boshaftes zu und verschwand. Wanfa hatte nicht verstanden, was sie da Unverschämtes gesagt hatte.

Am Abend, als Wanfa vom Sargtragen zurückkam, hatte A-hao Reis zubereitet.

»Hat Jian dir Reis rübergebracht?« Das Essen anstarrend, konnte Wanfa plötzlich den Hunger nicht mehr ertragen.

Bei der Erwähnung von Jian mußte A-hao mit vielen »Hm« ... »Hm« ihre Kehle freimachen, als hätte sie gerade in großen Mengen Süßes gegessen. »Hm, ... hm, ich habe mir etwas von Jian geholt für den dringenden Bedarf. Wir haben schon lange keinen Reis mehr gegessen. Hm... hm...«

Wanfa wollte etwas sagen, aber das Wasser lief ihm im Mund zusammen. Schnell schluckte er es brummelnd hinunter und blickte A-hao grimmig an; er durfte sie nicht merken lassen, wie hungrig er war. »Was ist in dich gefahren! Belämmer die Leute in Zukunft nicht so viel. Du sollst ihn nicht dauernd belästigen, man muß das richtige Maß kennen!«

Tatsächlich schloß A-hao den Mund und sagte nichts mehr, als wäre ihr die Luft ausgegangen.

Danach wurde A-haos Ton plötzlich äußerst vorsichtig, wenn sie in Wanfas Gegenwart den Lugangnesen Jian erwähnte, als nähme sie den Namen einer Gottheit in den Mund. Der Lugangnese hatte nach seiner Rückkehr Wanfas Haus selten besucht. Wahrscheinlich erinnerte er sich noch an die peinliche Situation an jenem Abend. Vielleicht war er auch mit seinem Handel beschäftigt und fand keine Zeit.

Seitdem Laowu dem Kleiderhändler Jian half und jeden Monat seinen Lohn mit nach Hause brachte, begannen Wanfa und seine Familie mehr wie Menschen zu leben. Die Süßkartoffeln wuchsen wieder massenhaft, und die Taroblätter wurden auch wieder dick und grün. Wanfa brauchte nicht mehr täglich ins Dorf zu gehen und wie auf Schatzsuche nach Toten Ausschau zu halten. Er konnte mehr zu Hause sein, A-hao und Jian im Auge behalten und ihnen überhaupt keine Gelegenheit geben, einander nahezukommen.

Dann änderte sich die Situation jäh. Der Besitzer der Hütte, in der der Lugangnese zur Miete wohnte, wollte diese zurückhaben, und Jian fragte an, ob er zu Wanfa ins Haus ziehen dürfe.

»Was meinst du zu Herrn Jians Plan?« Zwischen den beiden Männern sitzend, übermittelte A-hao Wanfa, was Jian gesagt hatte, indem sie jedes Wort bedachtsam abwägte, um ihm das richtige Gewicht zu geben, wie ein Diplomat beim Verlesen eines Kommuniqués. »Wenn du dagegen bist, wird er sich im Dorf ein Einzelzimmer suchen, das wird für ihn im ganzen bequemer sein. Was meinst du denn dazu?«

Ohne Wanfa Beachtung zu schenken, zog Jian, die Zigarette beständig an den Lippen, den Rauch ein und blies ihn aus. Das Wetter war kühl geworden, und jener Wanfas Nase so vertraute Achselgeruch Jians war nicht zu riechen. Wanfa hatte plötzlich das Gefühl, mit etwas Unbekanntem konfrontiert zu sein, das er nicht handhaben konnte, wie einer, der den ersten Tag zur Arbeit geht, vor allem, wenn es sich um eine ausländische Firma handelt.

»Ich werde es mir überlegen.«

»Auch noch überlegen? Verdammt nochmal! Was spielst du dich auf? Verflucht, du wirst mit deinen Zicken ein Leben lang arm bleiben!« A-hao starrte ihn zähneknirschend an.

Wenn Wanfa A-hao widersprach, würde sie, wütend wie sie war, alle möglichen Gemeinheiten herausschleudern. Er brachte ein lautes »Eh?« hervor, um anzudeuten, daß er sie nicht verstanden habe, und ging mehr oder weniger über die Sache hinweg. Manchmal war seine Taubheit durchaus nützlich, wenn er sie richtig einsetzte.

»Wieviel will er zahlen?« Sobald Jian aufgestanden und gegangen war, näherte Wanfa seinen Mund A-haos Wange.

A-hao sprang auf. »Was meinst du, wieviel? Er will vierhundertachtzig Yuan pro Monat zahlen für Miete und Kostgeld, ist das wenig? Er ist gewohnt, hier zu leben, deshalb hat er ein Interesse an deiner strohgedeckten

Friedhofsbruchbude. Verdammt nochmal, ein Ziegelhaus im Dorf kostet im Monat auch nur zwei Scheffel Reis. Ist es dir zu wenig? Hast du jemals vierhundert Yuan im Monat verdient? Verdammt, du bist wie ein Huhn, das keine Eier legt, sondern nur scheißt! Du machst alles kaputt! Verflucht! Du tauber Kerl!« Sie schrie aus voller Kehle; wie das morgendliche Krähen des Hahns war es in der ganzen Umgebung deutlich zu hören.

Letztlich zog Jian doch an einem günstigen Tage in Wanfas Hütte ein. Wanfa und A-hao schliefen im hinteren Zimmer. Jian übernachtete mit Laowu auf einer Matte am Hauseingang. Jians Kleidervorrat wurde im hinteren Zimmer gelagert.

Im Dorf ging wieder überall das Gerücht herum: »O wei! Wanfa, Jian und A-hao schlafen zusammen in einem Bett! O wei...«

Nur wenn es unbedingt sein mußte, ging Wanfa ins Dorf. Das Gespött der Dorfbewohner war ihm peinlich und unerträglich. Mit den vierhundertachtzig Yuan von Jian gab es im Hause genug zu essen. Laowus Lohn wanderte in Wanfas Tasche – das hatte er zur Vorbedingung für den Einzug des Lugangnesen gemacht. Wanfa brauchte nicht mehr außer Haus zu arbeiten. Tagsüber arbeitete er auf dem Süßkartoffelfeld, wobei ihm A-hao half. Abends konzentrierte er seine ganze Energie darauf, Jian daran zu hindern, sich seiner Frau zu nähern. Wie ein Schatten folgte er A-hao überallhin. Auch wenn A-hao nach draußen ging, um sich zu erleichtern, stellte er sich in einiger – seiner Auffassung von Anstand gebührenden – Entfernung auf und behielt sie im Auge. Bei so einer Gelegenheit geriet A-hao über seine ständigen Verfolgungen in Wut.

»Was gehst du mir dauernd nach! Verdammt, so etwas

Perverses habe ich noch nicht gesehen, mir beim Pinkeln zuschauen! Wenn du mir noch einmal nachgehst und guckst, schieße ich dir einen Strahl heißer Pisse ins Gesicht.«

Beim gemeinsamen Essen war der kalte Krieg am hitzigsten. Sein Essen in sich hineinschaufelnd, starrte Wanfa A-hao und Jian unverwandt mit kaltem, strengem Blick an, stumm und lautlos, er schien nicht einmal die Speisen zu kauen. Was auch kommen mochte, er war immer der letzte beim Essen und führte seine große Aufgabe, die beiden zu überwachen, gründlich durch. Einige Male gerieten A-hao und Jian miteinander ins Plaudern und sprachen leiser als gewöhnlich, auf ihren Gesichtern breitete sich ein angeregtes Lachen aus. Wanfa konnte, so sehr er die Ohren spitzte, nichts Genaues verstehen. Er räusperte sich zur Warnung einige Male energisch, aber sie plauderten lächelnd weiter, als wären sie taub, und schenkten ihm keine Beachtung. Das war die Höhe, das konnte er sich nicht bieten lassen! Krachend stellte Wanfa Schale und Stäbchen hin und ging wütend davon – Waffengerassel und Trommelwirbel, ein Kampf kündigte sich an. Aber es vergingen keine vierundzwanzig Stunden, und die beiden Männer hatten sich ohne Kampf versöhnt. Jedesmal, wenn Wanfa zornig davonging, band er an einem Ort, wo ihn niemand sehen konnte, den langen Stoffbeutel los, der an seinem Gürtel befestigt war, nahm die Papierscheine heraus und zählte sie immer wieder... Ach! Noch lange nicht genug für einen Ochsenkarren, er mußte Jian gegenüber noch etwas Nachsicht üben! Wo sollte er wieder so einen Gott des Reichtums finden? In den folgenden Tagen drückte Wanfa dann ein Auge zu.

In die Hütte, die der Lugangnese ursprünglich zur Miete bewohnt hatte, zog ein Mann ein, der mit eingelegtem Gemüse handelte. Er schien mit dem Besitzer der Hütte verwandt oder befreundet zu sein. Den ganzen Tag über sah man sie drüben Rüben und anderes Gemüse an der Sonne trocknen, was die Schmeißfliegen anzog. Der Essiggemüsehändler kam, wenn er Zeit hatte, oft zu Wanfa herüber, um zu plaudern. Wenn er kam, führte er stets einen Schwarm rotköpfiger Fliegen an, die um ihn herumsummten und nicht zu vertreiben waren. Während er auf dem Boden hockte und redete, schielten seine schmalen Augen ständig in das Innere der Hütte, um heimlich etwas zu erhaschen, was er weitertratschen konnte. Er hatte ein verschlagenes, gemeines Gesicht und roch ständig sauer wie ein Einmachtopf, daß einem Nase und Augen schmerzten. Nach dem Motto: Diejenigen, die kommen, bringen nichts Gutes; die Gutes bringen, kommen nicht, ignorierte Wanfa ihn mehr oder weniger, indem er sich auf sein schwaches Gehör zurückzog. Aber Jian und der Essiggemüsehändler plauderten gerne miteinander, wohl, weil sie mit ihrem Körpergeruch zusammenpaßten.

Eines Abends, als er, gefolgt von einem Schwarm schmutziger Fliegen, kam, war Jian gerade zu einem kleinen Bach in der Nähe geeilt, um sich zu baden. Als Wanfa hörte, daß es die Stimme des Essiggemüsehändlers war – er sprach näselnd, als steckte sein Mund in der Öffnung eines Einmachtopfes, jedes Wort ein Summen –, ging Wanfa nicht hinaus, ihn zu begrüßen. A-hao wusch im hinteren Teil des Hauses Geschirr. Nur Laowu spielte draußen mit Kieselsteinen. Wanfa konnte zunächst nicht genau hören, was der Essiggemüsehändler und Laowu sprachen. Dann wurde die Stimme des Händlers sehr laut, lauter als nötig, offenbar war das Absicht.

»Wo ist denn der Beschäler deiner Mutter?«

»...« Wanfa konnte Laowus Antwort nicht genau verstehen.

»Ich meine Jian, Jian, der deine Mutter bumst, wo ist er hingegangen?«

»Du Lügner!« Wanfa kam herausgeschossen, am ganzen Körper vor Wut zitternd, packte den Essiggemüsehändler an der Brust, schwang die Fäuste und trat mit den Füßen. Als schlüge er auf einen leeren Einmachtopf ein, gab der Brustkorb des Essiggemüsehändlers ein schmerzvolles Dröhnen von sich. Die Schmeißfliegen stoben auseinander, wohl aus Furcht, einen Teil der Prügel abzubekommen.

Als Jian vom Baden zurückkam, fand er seine Habe – Nahrungsmittel, Kleidung, Utensilien, Waren – vor der Tür verstreut; es sah aus, als hätte es einen Feueralarm gegeben und alle Sachen wären hastig rausgeschafft worden. Der Lugangnese Jian fühlte sich wie ausgehöhlt.

Wanfa stand vor dem Hauseingang und versperrte den Weg. Sobald er Jian, eine Waschschüssel in den Händen, sich nähern sah, ging er mit aufgekrempelten Ärmeln und ausgestreckten Fäusten auf ihn los, als wollte er ihn vernichten.

»Verdammter Kerl, scher dich fort, du Hurensohn! Ich habe eine Ratte genährt, daß sie meinen eigenen Sack annagt, verflucht nochmal! Du glaubst, mich hintergehen zu können, weil ich taub bin und nicht wüßte, was los ist! Du verdammter Hurensohn! Du bist wohl übergeschnappt! Meine Taubheit ausnutzend, mich betrügen, ha! Ich fick' deine Mutter, fick' deine Mutter! Ich bin nicht blind, du meinst, ich kann nicht sehen? Mistkerl! Du meinst, ich wüßte nicht, was los ist? Verdammt, ich habe eine Ratte genährt, daß sie meinen eigenen Sack annagt...« Der Anfang fast jeden Satzes war von einem Kraftausdruck untermalt, was einen sehr aufmuntern und zur Besinnung bringen konnte, genau wie wenn man sich Wanjin-Salbe in die Augen schmierte.

Am selben Abend lieh sich Jian einen Ochsenkarren und zog in der Nacht ins Dorf. Er wagte es nicht, A-hao auf Wiedersehen zu sagen, Wanfas ständiges Fluchen hatte ihm sogar den Mut geraubt, ihr auch nur einen Blick zuzuwerfen.

Die Männer und Frauen im Dorf hatten wieder etwas zu klatschen. Sie erzählten, Wanfa habe von Jian Geld verlangt. Als dieser abgelehnt habe, habe Wanfa ihn rausgeschmissen. Einige Leute suchten Wanfa, Wohlwollen vorgebend, auf, in der Absicht, einige Neuigkeiten auszugraben. Aber Wanfa schickte alle unter dem Vorwand, er sei im höchsten Grade taub, wieder fort.

Das Leben wurde wieder kärglich. Jemand hatte das Süßkartoffelfeld von der Gemeinde gepachtet, um Hanf anzubauen. Die noch unreifen Süßkartoffeln wurden alle ausgegraben, und Wanfa erhielt nur hundert Yuan Entschädigung. Und völlig unpassenderweise erkrankte Laowu ausgerechnet jetzt schwer an Diarrhöe. Das Geld in dem Beutel an Wanfas Gürtel, das für den Kauf eines Ochsenkarrens bestimmt war, war im Nu ausgegeben. Als er dem Arzt das Geld gab, traten Wanfa plötzlich aus irgendeinem Grunde die Tränen in die Augen. Tat es ihm um das Geld leid oder beklagte er sein Schicksal?

Schließlich stellte ihn sein früherer Arbeitgeber, der Ochsenkarrenbesitzer, wieder ein. Aber es verging nicht einmal eine Woche, als sich ein Unfall ereignete. Weil der Ochse durchging, überfuhr Wanfas Karren einen dreijährigen Jungen und zertrümmerte seinen kleinen Kopf. Warum der Ochse wild geworden war, wußte Wanfa nicht zu sagen, aber er wurde zu einer ziemlich langen Gefängnisstrafe verurteilt. Obwohl der Besitzer des Ochsenkarrens nicht ins Gefängnis mußte, wurde er zu einer so hohen Geldstrafe verurteilt, daß er immer wieder »Himmel! Himmel! Himmel!« rief.

Im Gefängnis machte Wanfa sich ständig Sorgen darum, wie A-hao und Laowu ihr Leben fristeten. Jedesmal, wenn er daran dachte, konnte er bis spät in die Nacht kein Auge zumachen. Eines Tages, ohne besonderen Grund, bereute er plötzlich, Jian vertrieben zu haben. Danach verwandte er immer etwas Zeit darauf, sich zu tadeln, allzu grob zu Jian gewesen zu sein. Manchmal stellte er sich wiederum vor, Jian habe die Gelegenheit wahrgenommen und sei zurückgekommen, um mit A-hao zusammen zu leben. Nach Meinung seiner Mitinsassen durfte eine Frau ihren Mann verlassen, wenn dieser im Gefängnis saß. Mann und Frau waren wahrhaft gleichberechtigt. Vielleicht hatte A-hao sich bereits mit Jian zusammengetan und sich von ihm getrennt! Was sollte er dagegen tun? Die Mitinsassen schlugen vor, daß es möglich sein müsse, von ihnen etwas Geld zu fordern. Wenn man eine Frau aus den Händen ließ, sollte man schon etwas Geld dafür verlangen. Schließlich hatte er auch einen beträchtlichen Brautpreis bezahlt, als er A-hao geheiratet hatte. Es wäre also nicht zu viel, etwas Geld zu fordern. Lächerlich, daß ich fürchte, meine Frau zu verlieren, wo ich sie nicht einmal ernähren kann, hm!

Die Tatsache, daß A-hao ihn immer seltener besuchen kam, brachte Wanfa zu der festen Überzeugung, daß sie wieder mit Jian zusammen war. Eines Tages, als A-hao zu Besuch kam, fragte er sie nach ihren Lebensumständen. Zuerst wich A-hao aus, indem sie über etwas anderes sprach. Schließlich, als sie sein hartnäckiges, drängendes Fragen nicht mehr ertragen konnte, senkte sie den Kopf und sagte: »Jian ist zurückgekommen.« Sie hob den Kopf und schaute in die Ferne. »Wir haben das Glück, daß Jian für uns sorgt.«

Wanfa schwieg; er wußte nichts zu erwidern. Er dachte

nur daran, wie A-haos Gesicht rot geworden war, als sie dies sagte. Wenn jemand für die Familie sorgte, dann war das nur gut.

An dem Tag, als Wanfa aus dem Gefängnis entlassen wurde, holten A-hao und Laowu ihn ab. Laowu trug neue Kleidung. Als sie nach Hause kamen, sah Wanfa keine Spur von Jian. Am Abend kam Jian zurück und brachte zwei Flaschen Bier mit, um ihn zu besänftigen. Jian sprach zu ihm in seinem Lugang-Dialekt; Wanfa konnte kein Wort verstehen.

A-hao schaltete sich ein. »Herr Jian hat für dich einen Ochsenkarren gekauft. Ab morgen kannst du mehr verdienen!«

»Für mich gekauft?« Wanfa war sehr erstaunt. Sein Leben lang hatte er sich danach gesehnt, einen Ochsenkarren zu besitzen; endlich war dieser Traum in Erfüllung gegangen! Einen Augenblick lang war er überglücklich, dann stieg in ihm eine Wut gegen sich selber hoch. Was für eine Schande! Letztlich tauschte er seine Frau dafür ein. Wirklich eine Schande!

Aber er nahm den Ochsenkarren schließlich doch, wenn auch widerstrebend, an.

Fast regelmäßig schenkte Jian ihm jede Woche eine Flasche Bier und schickte ihn ins Dorf, um es sich im japanischen Gasthaus gutgehen zu lassen. Wanfa war taktvoll genug, bis spät in die Nacht fortzubleiben. Manchmal, wenn er zu früh heimkam, spähte er vor der Tür umher, bis Jian fertig war und herauskam, um sich auf die am Türeingang ausgebreitete Matte neben den fest schlafenden Laowu zu legen. Erst dann ging Wanfa ins Haus, mit einem gleichgültigen Gesichtsausdruck, als hätte er Jian weder gesehen noch dessen starken Achselgeruch gerochen.

Einmal in der Woche schenkte Jian Wanfa eine Flasche

Bier, niemals öfter; Jian besaß durchaus einige Kenntnisse in der Gesundheitspflege!
Im Dorf war ein Spruch im Umlauf: »Für eine Jungfrau braucht man eine Schachtel Gebäck, für eine alte Vettel aus zweiter Hand einen Ochsenkarren!« Er war sehr weit verbreitet und hielt sich sehr lange.

Jene Zecher vom anderen Tisch erhoben sich, miteinander wetteifernd, wer die Rechnung bezahlte. Als sie gingen, spuckte der eine, dessen Kopf größer war als sein mit Luft gefüllter Brustkorb, in Wanfas Richtung aus und spie ihm fast ins Gesicht.
Als Wanfa das Bier Schluck für Schluck ausgetrunken hatte, meinte er, es sei noch zu früh, nach Hause zu gehen. So schlug er auf den Tisch und rief: »Wirt, bring mir eine Schale Ente in Danggui!«
Aus irgendeinem Grund kamen jene Zecher, die gerade an dem anderen Tisch gesessen hatten, zurück zum Eingang des Gasthauses. Mehrere Augenpaare starrten Wanfa an. Sie redeten und lachten, als erzählten sie einander, daß Wanfas Gesäß auf seinem Kopf wachse.

1967 (Übersetzung: Charlotte Dunsing)

Chen Ruoxi

Chen Ruoxi (Pseudonym für Chen Xiumei), 1938 in Taibei geboren, entstammt einer Handwerkerfamilie; sowohl ihr Vater als auch ihr Großvater waren Zimmerleute. Von 1957 bis 1961 studiert sie an der Nationalen Taiwan-Universität Anglistik und Literaturwissenschaft. Zusammen mit Bai Xianyong gehört sie zum Kreis der Schüler Xia Ji'ans, die sich mit der Herausgabe der Zeitschrift »Moderne Literatur« ein eigenes Publikationsforum schaffen. Sie führt ihre Studien in den USA fort und erhält 1965 den Grad eines M.A. am Johns Hopkins Writing Seminar. 1966 entschließt sie sich voller Patriotismus, mit ihrem Mann, Duan Shiyao, in die Volksrepublik China überzusiedeln. Sieben Jahre verbringt sie in Nanking, wo sie als Lektorin für Englisch an der Universität arbeitet. Sie wird vom Wirbel der Kulturrevolution erfaßt, was ihre Begeisterung für das neue China so sehr dämpft, daß sie verzweifelt die Ausreise beantragt. 1973 verläßt sie China wieder. Nach kurzer Zwischenstation in Hongkong lebt Chen Ruoxi jetzt mit ihrer Familie in Vancouver, Kanada. Nach ihrer Rückkehr legt sie ihre Erlebnisse und Erfahrungen während der Kulturrevolution in zahlreichen Erzählungen und einem Roman nieder. Mit der Übersetzung ihres Erzählbandes »Die Exekution des Landrats Yin« (Yin xianzhang) in mehrere europäische Sprachen 1978 erlangt sie den internationalen Durchbruch. Doch bereits durch ihre während der Studienzeit veröffentlichten frühen Erzählungen hatte sie sich einen Namen außerhalb der VR China gemacht. Ein Band mit fünf Erzählungen war ins Englische übersetzt worden (Lucy H. Chen, Spirit Calling: Tales about Taiwan, 1962). »Die letzte Abendvorstellung« schildert die Konflikte einer durch Drogen heruntergekommenen Lokalopernsängerin. Mit dieser dichten Darstellung der Niederungen des kleinstädtischen Lebens in Taiwan erweist sich die Autorin als ein Vorläufer der »Heimatliteratur«.

Die letzte Abendvorstellung

Nach einem schnellen Trommelwirbel folgte ein vereinzelter Schlag des Messinggongs. Jin Xizi schritt auf die Bühne, hob anmutig beide Hände, preßte sie einzeln an die Wange und senkte sie ans Kinn. Dann schritt sie, die Hände in den Ärmeln, zu den langsamen und schnellen Gongschlägen vorwärts, einen Schritt bei jedem Schlag, bis zur Mitte der Bühne und murmelte ein Couplet. Darauf drehte sie sich um, senkte den Kopf, trat durch eine Tür, ging zwei Schritte zu einem Tisch hin, zog neben dem Tisch einen Stuhl hervor und setzte sich. »Ah...«, der Gongschlag verstummte, und Jin Xizi begann mit heiserer Kehle:
»Ich... Xuemei...«
Gefühllos rezitierte sie den Bühnentext, während sie abwesend auf das große, rote Plakat schaute, das an der Anschlagtafel des Theaters hing. Die letzte Abendvorstellung, »Helden der großen Song-Dynastie«, war mit Mühe und Not zu Ende gebracht worden; um Zuschauer anzuziehen, hatte man hinzugefügt: »Xuemei denkt an ihren Gebieter«. Diese vier klaren, mit Tusche gepinselten Zeichen tanzten vor ihren Augen und machten sie ein wenig schwindelig. Sie fühlte, daß ihre Lippen trocken und aufgerissen waren, ihre Zunge verklebt; Satz für Satz preßte sie den Text wie unter einem Mahlstein hervor, abgerissen und fade. Wenn sie nur einen Schluck Sirup trinken könnte, stöhnte sie innerlich. Nach vorne schauend sah sie über einer Menge gelber und schwarzer Köpfe verschwommen ein Glas Sirup, das durchsichtige Glas war mit hellgelbem, schimmerndem Sirup gefüllt. Gierig starrte sie es an. Das Glas begann anzuschwellen. Es

dehnte sich nach allen Seiten, nach oben und unten, rechts und links, immer weiter aus; der Sirup geriet allmählich in immer stärkere Bewegung, wogte hin und her, floß über und überschwemmte schließlich das Dach des Theaters, die Wände und die Köpfe...

Plötzlich schlug die Klapper, und die dreisaitige Laute begann zu schluchzen. Sie erschrak ein wenig, erhob sich unbewußt, bewegte sich zur vorderen Bühne hin und begann gleichzeitig zu singen:

»Xuemei beklagt ihr trauriges Schicksal. Sie denkt an ihren Gatten und vergießt Tränen.«

Während sie gelangweilt auf der Bühne sang, schätzten ihre Augen die Zuschauer ab: Die dreißig Reihen Holzbänke waren nur zur Hälfte besetzt, meist von alten Leuten und kleinen Kindern. Die alten Frauen wedelten mit Papierfächern und hörten, sie schräg von der Seite anschauend, zu. Die Männer rauchten Zigaretten und tranken Limonade in großen Schlucken. Die Kinder liefen im Hintergrund umher und balgten sich. Der Junge, der Eisstangen verkaufte, rief seine Ware mit leiser Stimme aus, mit einem Auge nach Kunden Ausschau haltend, mit dem anderen sie auf der Bühne beobachtend. Hinter den Kulissen ertönten Geräusche, hervorgerufen durch das Demontieren schwerer Gegenstände und das Verrükken von Kisten und Schränken, ein schleppend schweres, ungeduldiges Schieben.

Sie fühlte sich müde und enttäuscht. Es war das dritte Mal, daß sie im Landbezirk Luzhou war; obwohl es immer mehr bergab ging, war es doch nie so schlimm gewesen wie dieses Mal. Sie erinnerte sich noch an ihren ersten Besuch mit achtzehn Jahren. Das war bereits zehn Jahre her, die Eintrittskarten waren schon sehr früh ausverkauft gewesen, dazu noch hundert Stehplätze. Rote Papierstreifen mit Geldversprechen waren von Bewunderern überall am Haupteingang angeklebt worden; wie viele Männer und Frauen, die von ihr fasziniert waren, hatten jeden Abend am Bühnenausgang gewartet... Als sie vor vier Jahren kam, war in der Nähe ein Kino gebaut worden, das gerade einen amerikanischen Film zeigte; die Frau war barbusig, stellte ihre Schenkel zur Schau und küßte den Mann in aller Öffentlichkeit. Trotzdem war das Opernhaus immer noch voll besetzt gewesen, und nach der Vorstellung hatten die Theaterbesucher auf dem Heimweg noch über Jin Xizis Gesang und Spiel diskutiert.

Mit der Lokaloper ging es Jahr für Jahr bergab, jeder wußte das, auf der Bühne und außerhalb.

Unklar sah sie eine aufgeschwemmte, dicke Frau in der Ecke sitzen, die genau wie Hehua aussah. Das Lampenlicht war zu dunkel und die Entfernung zu groß, so daß sie nicht klar sehen konnte. Sie war verwirrt, Hehua sollte erst morgen kommen, vor einigen Tagen hatte sie jemanden beauftragt, die Nachricht zu überbringen, daß sie bereit sei, A-bao zu sich zu nehmen... Sollte sie sie vergebens kommen lassen... wie letztes Mal? Sie konnte sich wirklich nicht von A-bao trennen. Das konnte doch nicht Hehua sein? Sie warf nochmals einen verstohlenen Blick hinüber. Ei, dachte sie, meine Augen sind sicher schlecht.

Jetzt fühlte sie sich kraftlos, ihr ganzer Körper begann zu schwanken, sie wollte nichts als sich hinhocken oder auf den Boden legen, irgend etwas ergreifen, es fest in die Hand nehmen und hineinbeißen. Sie fühlte, daß ihr Magen begann, zu rumoren und sich zusammenzuziehen, ihr wurde immer verschwommener vor Augen, ihre Füße zitterten leicht, und auch wenn sie all ihre Kraft aufbot, gelang es ihr nur zeitweilig, sie daran zu hindern, die Erdoberfläche zu verlassen... Sie

wollte sich hinkauern, sich hinlegen, irgend etwas ergreifen...
Die Klapper schlug schneller, die Laute spielte immer schneller, die Melodie wurde höher. Unter großer Anstrengung holte sie Luft, streckte ihren Hals und öffnete den Mund. Kein Laut. Ihre Kehle war trocken, und nicht ein einziger Ton kam heraus. Sie konnte nicht singen. Die Laute spielte alleine, die Klapper schlug einsam. Die Leute im Zuschauerraum wurden unruhig, und Gemurmel ging durch die Reihen. Einige begannen, mit schriller Stimme komische Rufe auszustoßen, ein Zigarettenstummel fiel zu Jin Xizis Füßen, die Männer lachten boshaft.
Sie stand vorne auf der Bühne, die in den langen Ärmeln versteckten Hände fest ineinander verkrampft, die langen Fingernägel tief ins Fleisch vergraben. Ihre Gesichtsporen weiteten sich plötzlich, und heißer Schweiß trat aus. Der Lautenspieler und der Klapperspieler starrten sie an, schlugen immer lauter und zupften immer schneller.
In diesem Augenblick straffte sie ihre Brust und biß die Zähne zusammen, alles Blut in ihrem Körper schien in Wallung zu geraten, die Beine zitterten wie Baumstämme im Sturm. Sie öffnete den Mund und bot all ihre Kräfte auf. »Ah...«, aus den Tiefen ihrer Kehle preßte sie gewaltsam eine Librettozeile heraus. Das Murmeln der Zuschauer fiel plötzlich ab, alle reckten ihre Hälse in Richtung auf die Bühne, den Mund leicht geöffnet, und betrachteten sie mit Erstaunen.
Sie hatte das Gefühl, ihr Kehlkopf sei ein Stück ausgetrockneten Bodens, der gerade zu bersten begann, Tropfen für Tropfen sickere Blut heraus, das mit ihrem Singen hervortröpfele. Ihre Magenwände dehnten sich in erschreckender Weise aus und zogen sich zusammen wie

ein Blasebalg, ihre Glieder zitterten wie Weidenzweige im Winterwind.
Sie fröstelte am ganzen Körper und hatte das Gefühl, nicht sicher stehen zu können und gleich umzufallen. Mit aller Kraft kämpfte sie mit sich selbst, in ihrem Inneren schrie sie sich heiser: »Sing weiter!« Ein kleines Kind kam aus den Kulissen und brachte ihr ein Glas Sirup. Sie hob den linken Ärmel hoch, um ihr Gesicht zu verbergen, mit der rechten Hand nahm sie das Glas entgegen, führte es an die Lippen, schüttete es in einem Zug hinunter und fuhr dann gierig mit der Zungenspitze über den Rand des Glases. Ihre Mundwinkel waren feucht, aber sie hatte keine Zeit, sie trockenzuwischen, und sang schnell weiter zu der Laute.
Der Sirup stellte ihre körperlichen und geistigen Kräfte vorübergehend wieder her. Sie sah ein Sklavenmädchen auf die Bühne kommen. Hinter den Kulissen hörte sie das Weinen eines kleinen Kindes. Dieses eigensinnige Weinen war das A-baos; sie wußte, daß er darauf wartete, gestillt zu werden. Plötzlich fiel ihr jener Wahrsager ein. Vor einigen Monaten hatte der Wahrsager in Yangmei zu ihr gesagt: »Das Schicksal dieses Kindes ist, adoptiert zu werden, wenn du es nicht zu anderen Leuten gibst, fürchte ich, wird es nicht großgezogen werden können...«
»Ich glaube das nicht!« Sie schüttelte den Kopf. Kaum hatte sie das getan, fiel ihr plötzlich ein, daß sie gerade in der Oper sang. Während sie routiniert den Bühnentext vortrug, ließ sie gleichzeitig den Blick über die Zuschauer gleiten. Jene Frau in der Ecke war gerade dabei, einzudösen. Sie sah doch wie Hehua aus, die ebenso ungerührt bleiben würde, auch wenn der Himmel einstürzte. Aber das Weinen wurde immer lauter, und sie hatte das Gefühl, sich nicht mehr aufrecht halten zu können,

ihre Augen tränten, ihre Nase tropfte, als würde sie ganz auslaufen; ohne Spritze würde sie sich absolut nicht mehr aufrecht halten können...

Die 40-Watt-Birne hing in der Mitte hinter den Kulissen, das dämmerige Licht fiel auf die unordentlich aufgehäuften Koffer, Kostüme, Masken, Tische und Stühle und erzeugte einen zackigen, bizarren Schatten. Jin Xizi schob den Vorhang zur Seite und stürzte eilig hinein. Das Lampenlicht und die Schatten verwoben sich ineinander und tanzten vor ihren Augen, und die geschminkten Gesichter der Kollegen funkelten, verzerrten sich und wurden größer. Sie tastete nach dem kleinen Tisch in der Ecke, stützte sich auf einen Stuhl und setzte sich. Sie zog die Schublade heraus und hielt die Augen mit aller Kraft weit geöffnet, um nach der Spritze zu suchen.

»Waya... wa...« A-baos ungezügeltes Schreien drang durch das Trommelfell in ihr Herz. In der Nähe brachen die Leute die Kulissen ab, hier und dort wurde gehämmert. Sie konnte niemanden sehen. Sie konnte nichts um sich herum erkennen; in ihrer Welt flimmerte nur die Spritze. Sie konnte sich um dies alles nicht mehr kümmern, setzte eilig die Nadelspitze auf und steckte sie in ein kleines Fläschchen. Als sie ihren linken Arm hochstreckte, glitt der lange Ärmel zurück, mit erhobenem Kopf, die Augen auf den linken Arm geheftet, stach sie mit der rechten Hand die Spritze schnell ins Fleisch.

Sie schloß die Augen und öffnete sie wieder; vor den Augen wurde alles klarer. Sie sah die unordentlichen, geöffneten Koffer und die wie Leichen an der Wand nebeneinander aufgereihten Kostüme. Sie vernahm den vertrauten Geruch von Moder und den beißenden Gestank von Schweiß, vermischt mit dem Rauch von Zigaretten der Marke Paradies; dies bildete zusammen mit dem ekelerregenden Duft von Gesichtspuder und Salben einen stikkigen, feuchten Geruch, der überall in der Luft hing. Allmählich wurde es hinter den Kulissen heller, und die ganzen Requisiten erhielten einen goldenen Anstrich. Tisch und Stühle um sie herum veränderten ihre Gestalt und wurden mit einem Mal großartig und herrlich. Ein neben dem Tisch hängendes Bündel falscher Bärte begann zu zittern und lächelte ihr zu.

Sie hatte das Gefühl zu schweben, nachgiebig wie ein Stück Kandiszucker, das, in heißes Wasser geworfen, schnell schmilzt. Eine Wärme durchfuhr ihren ganzen Körper, als läge sie in den Armen eines Mannes, und sie fühlte eine unvergleichliche Zufriedenheit; sie war so zufrieden, daß sie an nichts dachte.

Plötzlich platzte ein schreckliches, gewaltsames Schreien in die Leere; der ohrenzerreißende Ton drang durch das Trommelfell und traf ihr Gehirn. Sie erschrak, blinzelte und sah A-bao und die alte Tante He.

A-bao weinte in den Armen von Tante He, seine beiden kleinen Hände zerrten an der Bluse der alten Frau und die streichholzdünnen Beinchen traten ruckartig aufwärts. Nasenschleim und Tränen überschwemmten sein graues Gesicht und bildeten einen Schlamm, in dem die kleinen Augen und die kleine Nase versanken. Die dunklen Lippen waren zu einem Trichter verzerrt. Er schrie aus voller Kraft, und sein Gesicht bekam die Farbe eines verfaulten Eies. Die alte Tante He hatte die Augen geschlossen und gab sich alle Mühe, ihn in den Armen zu wiegen, wobei sie undeutliche Worte murmelte, um ihn zu beruhigen. Plötzlich konnte sie ihn nicht mehr halten, das Kind entglitt ihren Armen und fiel auf den Boden; es zuckte und zitterte am ganzen Körper und erstarrte dann zu einer Kugel wie ein Igel.

Jin Xizi eilte hinüber. Mit dem Zucken der Glieder des Kindes begann ihr Herz zu sinken. Sollte Hehua ihn nehmen! In ihr regte sich Überdruß. Die alte Tante He riß das Kind mit einem Griff hoch; es rollte sich in ihrem Arm ein und weinte zusammengekauert. Der Maskenbildner kam herbei, um Jin Xizi zu helfen, das Kostüm auszuziehen. Sie nahm das Kind aus den Armen von Tante He; diese hinkte davon, um das Milchpulver anzurühren. Das Kind rollte in Jin Xizis Armen hin und her und suchte nach der Brustwarze, Nasenschleim und Tränen zogen auf seiner Brust zwei dicke Spuren. Sie öffnete ihren Büstenhalter und entblößte die linke Brust, die trocken und eingefallen war. Das Kind biß in die Brustwarze, sog mit aller Kraft, und das Weinen nahm langsam ab. Jin Xizi zog die Augenbrauen zusammen; die ersten Zähnchen des Kindes kauten an ihrer Brustwarze und nagten direkt an ihrem Lungenflügel und ihrem Herzen. »Tante He!« Sie schloß die Augen und stöhnte auf. »Schnell, schnell!«

Tante He goß die zubereitete Pudermilch in die Milchflasche.

»Soll ich das weiße Pulver beimengen?« fragte die alte Frau.

Das Kind, das keine Milch heraussaugen konnte, zerrte wild an der Brustwarze. Jin Xizis Finger begannen sich zu verkrampfen.

»Ja, misch es bei.«

Tante He murrte, schüttelte hilflos den Kopf und wakkelte zu dem Platz herüber, wo Jin Xizi sich gerade ausruhte. Sie zog die Schublade heraus, entnahm ihr ein Päckchen Morphiumextrakt, schüttete es in die Milchflasche, steckte den Schnuller auf, schüttelte die Flasche zweimal, ging hinüber zu Jin Xizi und gab sie ihr.

Als sie das Kind gierig an der Flasche saugen sah, war Jin Xizi bekümmert und entmutigt; und mit einem Schlag verwandelte sich der Haß gegen das Kind in Schuldgefühl. Mein Liebling... Mutters Sünde ist durch die Milch ganz auf dich vererbt worden! Ihre Brustwarze schmerzte dumpf, aber sie zog die Augenbrauen zusammen und ertrug es...

»Das Milchpulver ist bald aus, Jin Xizi«, machte Tante He sie aufmerksam, während sie hinüberging, um einem Arbeiter beim Packen zu helfen. Jin Xizi antwortete nicht. Sie hatte keine Lust zum Nachdenken. Der Gong schlug erneut.

Jin Xizi legte das Kind hastig in Tante Hes Arme, erhob sich und machte ihren Büstenhalter zu. Der Maskenbildner kam herbeigelaufen, um ihr das Kostüm anzuziehen, und als die Klapper zum zweiten Mal drängte, stürzte sie hastig auf die Bühne, der Maskenbildner hinter ihr her, ihr den Gürtel von hinten befestigend.

(Der verräterische Minister Wenxi reizt Xuemei auf dem Balkon über dem hinteren Garten, Xuemei stickt in ihrem Boudoir.)

Jin Xizi saß in einer Ecke auf der Bühne und machte Bewegungen, als ob sie einen Faden einfädelte, führte und dann abbisse. Auf der Bühne herrschte Totenstille, man hörte nur das kratzende, einsame Schlucken der Laute. Sie war so sehr mit ihren Sorgen beschäftigt, daß sie sogar an dieser Rolle, die ihre beste war, jedes Interesse verloren hatte; es war nur ein mechanisches Reproduzieren des Auswendiggelernten. Sie schaute seitwärts in den Zuschauerraum, die Frau in der Ecke war schon nicht mehr da; plötzlich fühlte sie sich etwas enttäuscht.

A-baos zuckendes Gesicht trat an die Stelle jener Frau; über den gelben und schwarzen Köpfen sah sie A-baos zuckendes Gesicht, das einem zertrümmerten vergorenen Ei glich. Ach, soll Hehua ihn aufziehen; ihr Entschluß begann zu wanken. Die Schwierigkeiten, A-bao aufzuziehen, gingen ihr mit einem Mal durch den Kopf.

Sie hatte alles für das Kind opfern wollen, nur um es zu behalten. Für diesen Entschluß hatte sie auf eine Möglichkeit verzichtet, zu heiraten und so die zweite Frau eines Mannes zu werden; sie hatte auch die Zuneigung des Publikums verloren...

Aber es schien so, als hätte sie das alles für ein noch traurigeres Ergebnis eingetauscht. Sie wagte einfach nicht, sich das auszumalen. Schloß sie die Augen, so sah sie die Gestalt eines durch Spielhöllen streifenden, Drogen verfallenen Vagabunden lebhaft vor sich. Ist das die Zukunft meines Kindes? Dieser Gedanke ließ sie erzittern. Sie hatte versucht, sich wegen A-bao das Rauschgift abzugewöhnen. In der Zeit des Wochenbetts hatte sie oft gelitten, aber es war ihr nie gelungen; um zu leben, mußte sie fortwährend auf die Bühne. In dieser Zeit des Niedergangs der Lokaloper war die Schauspielerei bei weitem nicht mit ehedem zu vergleichen. Vor zehn Jahren war sie es gewesen, die die Rollen aussuchte, von den Einnahmen einer Vorstellung konnte sie einen Monat lang leben; jetzt konnte der Direktor sie jederzeit entlassen, wenn er unzufrieden war. Sie hatte diesen Teufelskreis schon längst erkannt: Überleben, Drogen, Überleben..., sie war darin gefangen und konnte nicht entkommen. Sie sang gerne Opern, sie konnte sich nicht vorstellen, was sie anderes tun könnte. Sie wußte genau, was Schauspielerinnen erwartete, wenn sie von der Bühne abtraten. Wenn sie älter wurden, heirateten sie entweder einen Kaufmann, wie Hehua es getan hatte, oder sie kauften einige Adoptivtöchter und eröffneten schließlich eine Teestube oder ein Bordell. Aber sie war erst achtundzwanzig Jahre alt! Wenn sie sich zusammenreißen könnte, dann könnte sie durchaus noch einige Jahre singen und ein wenig Geld zurücklegen... Aber dann bräuchte sie ein halbes Jahr, um sich vom Rauschgift zu entwöhnen, darüber hinaus müßte sie auch auf das Kind verzichten. Ach, sie mußte sorgfältig darüber nachdenken, alles war völlig verworren...

Als die Oper zu Ende war, kam ein Statist heraus und verbeugte sich vor dem Publikum. Er hatte mit weißem Puder drei Punkte auf seine Nase gemalt und trug eine rote, melonenförmige Mütze schief auf dem Kopf.

»Meine Damen und Herren, unsere Operntruppe hat hier zehn Tage lang gastiert, wir sind Ihnen sehr dankbar für Ihr Wohlwollen und Ihre Aufmerksamkeit, die Sie uns zuteil werden ließen. Unsere Truppe wird morgen nach Taoyuan weiterfahren und im Dahua-Theater spielen, und wir hoffen, daß Sie, meine Damen und Herren, uns oft mit Ihrem Besuch beehren werden. Alle, die Fotos zur Erinnerung erwerben wollen, sollen bitte bleiben...«

Die Zuschauer erhoben sich einer nach dem anderen und begannen zu gehen, einige flüsterten miteinander, andere wedelten klappernd mit ihren Papierfächern. Einige blieben abwartend auf ihren Plätzen, als sie sahen, daß alle gingen, gingen sie auch. In kürzester Zeit war das gesamte Theater verlassen und leer, es blieb nur eine Aufwartefrau, die unlustig Fenster nach Fenster schloß.

Alle waren enttäuscht, vor allem Jin Xizi. Der Trommler, der Gongschläger und der Lautenspieler warfen ihre Instrumente hin und gähnten mit weit geöffnetem Mund. Hinter den Kulissen begann es zu lärmen: Gurgelndes Schlucken von Wasser, Quietschen von Schrankkoffern, die über den Holzfußboden gezogen wurden, vermischte sich mit spöttischem Lachen und verächtlichem Fluchen.

Sie entfernte gerade ihren Kopfschmuck. A-bao kroch herüber zu ihren Füßen; sich an ihren Beinen festhaltend richtete er sich auf, und die wachen Augen in dem kleinen Gesicht schauten zu ihr empor. Tante He hatte bereits die Tränen und den Nasenschleim abgewischt, und sein kleines Gesicht sah sauber und ordentlich aus. Sie vergaß die dicke Schicht von Schminke und Bleiweiß auf ihrem Gesicht, nahm ihn in die Arme und liebkoste sein Gesicht und seine Händchen. Das Kind strahlte sie an und zeigte drei kleine Zähnchen, sein ganzer Körper hüpfte vor Freude. Mit den kleinen Händen die Nase der Mutter betatschend, rief es immer wieder: »Mo, mo«. Plötzlich wurde ihr Verstand ganz klar. Sie umarmte A-bao fest und liebkoste sein kleines Gesicht erneut.

»Jin Xizi, du fährst doch morgen zusammen mit allen? Soll dein Kleiderkoffer gepackt werden?« fragte ein Arbeiter, der vor ihrem Koffer stand, mit lauter Stimme.

»Eh... oh... ja gut.« Sie hielt das Gesicht des Kindes in beiden Händen und schmierte immer wieder ihren Lippenstift darauf.

Tante He schüttelte in der Ecke den Kopf. Jin Xizi schaute von der Seite zu ihr hin und tat so, als hätte sie es nicht gesehen. Oh, mein Kind..., was für ein liebes Gesichtchen! erinnerte sie sich selbst.

»Jin Xizi.«

Sie hob den Kopf und bemerkte, daß der Direktor der Theatertruppe bereits vor ihr stand, mit langem Gesicht, den Blick grimmig auf A-bao gerichtet. Ihr war unbehaglich zumute, als hätte sie etwas Unrechtes getan, und sie fühlte sich schuldig; unwillkürlich begann ihr Herz schneller zu schlagen.

»Was war heute abend mit deiner Stimme los? Deine Stimme wurde immer leiser, A-baos Schreien dagegen immer heftiger!«

»Es tut mir wirklich leid, Tante He war so beschäftigt, daß sie nicht herüberkommen konnte, um ihm seine Milch zu geben...«

»Ich habe dir bereits gesagt, daß die Oper kein Ort ist, um Kinder aufzuziehen. Wenn du so sehr ein Kind wolltest, warum bist du dann damals nicht mit dem Teehändler gegangen? He, heute abend hat wider Erwarten niemand nach Fotos gefragt! Jin Xizi, es ist nicht so, daß ich mich von einem Freund abwende, aber in dieser Weise können wir nicht weitermachen, wir alle wollen etwas zu essen haben. Der Vertrag läuft nächsten Monat aus, du solltest darüber nachdenken. Ich will es dir nur vorher gesagt haben.«

Seinen fetten Körper hin und her wiegend, ging er, ohne sich auch nur umzuwenden, und ließ sie erstarrt zurück.

Der Lärm hinter den Kulissen hallte in Jin Xizis Ohren wider, verstärkte sich und explodierte schließlich; sie schloß die Augen.

»Ma-ma-ma...!« A-bao hüpfte in ihren Armen umher. Sie öffnete die Augen, das Kind zeigte ihr lachend die Zähne, beim Lachen zogen sich die Augen zusammen, die schmalen Lippen bildeten einen Bogen, es war ein liebenswürdiger, lustiger Gesichtsausdruck.

Sie betrachtete das Lächeln aufmerksam. Es dehnte sich allmählich aus, wurde breiter... Dann sah sie jenes Lächeln von damals, so verführerisch und wild. Plötzlich war sie verwirrt und gespannt, sie fühlte sich von ihm so bedrückt, daß sie nach Luft schnappte.

Dieses Lächeln war von ihr bereits vor über einem Jahr begraben worden, jetzt lebte es in A-bao wieder auf. Plötzlich kehrten jene ausschweifenden, liederlichen Tage zurück; jene Tage, die Jin Xizi mit aller Anstrengung vergessen wollte, kehrten alle zurück. Jenes Lächeln hatte sie in erschreckender Weise angezogen, seinetwegen war sie verrückt geworden, war dem Rauschgift verfallen und sogar schwanger geworden. Das waren furchtbare Tage gewesen! Als Jin Xizi schmerzerfüllt zurückdachte, fühlte sie, daß es ihr die Kehle einschnürte und auf ihren Nacken drückte, so daß sie weder den Kopf drehen noch Luft holen konnte; die Erinnerungen ließen sie am ganzen Körper unkontrolliert zittern.

Das Kind lächelte sie an, die Augen zusammengezogen, die schmalen Lippen bildeten einen bezaubernden Bogen, drei Zähne kamen zum Vorschein, als es ihr zukicherte.

Jin Xizi starrte es an, starrte und starrte, ihr Gesicht begann, sich zu verzerren. Plötzlich stand sie auf und stellte das Kind auf die Erde.

»He, du brauchst meinen Koffer nicht zu packen, Hehua kommt morgen, und ich werde einen Tag später fahren.«

Als sie das hörte, richtete sich Tante He, die sich in der Ecke niedergelassen hatte, auf und rieb sich die Augen.

Jin Xizi stand auf, streckte sich und fuhr fort, ihren Kopfschmuck abzunehmen; das Kind krabbelte alleine auf dem Boden herum.

1961 (Übersetzung: Charlotte Dunsing

Lu Mo

Lu Mo ist eines der Pseudonyme Yang Weis. Er wird 1928 in Harbin auf dem Festland geboren und erlebt als Kind und Jugendlicher den Krieg gegen Japan. Nach der Niederlage der Guomindang im Bürgerkrieg mit den Kommunisten flieht er nach Taiwan, wo er seitdem als Redakteur, Romancier und Drehbuchautor arbeitet. Unter dem Pseudonym He Suo (der chinesischen Transkription für Saul Bellows Romanhelden Herzog, mit dem sich der Autor identifiziert) erscheinen im Feuilleton einer der großen taiwanesischen Tageszeitungen regelmäßig satirische Kolumnen, die sich großer Beliebtheit erfreuen und auch als Sammelbände veröffentlicht sind. Bei dem größten Teil dessen, was er unter den Pseudonymen He Suo und Lu Mo publiziert, handelt es sich um unambitionierte, halbseidene Erzählungen aus dem Tanzhallen- und Barmädchen-Milieu, wobei er virtuos die umsatzfördernde Mixtur aus Schwüle, Sentimentalität und Zynismus findet (»Zärtliche Nächte«, Rouqing zhi ye; »Nächtliche Erzählungen aus Taibei«, Taibei yetan; »Das Mädchen hinter der Leinwand«, Yinmu hou de nüren; »Weinende Mädchen«, Kuqi de nühai). Die männlichen Helden seiner Erzählungen sind in der Regel Schriftsteller, einsam, schwach und verrucht, verstoßen gegen Konventionen, ohne sie je in Frage zu stellen. Soziale Probleme werden nicht thematisiert. Solche Erzählungen und Romane werden auch in Taiwan als Trivialliteratur eingeschätzt. Gleichwohl gibt es wenige chinesischsprachige Autoren, die so locker, witzig und unbedenklich unterhaltsam schreiben können wie Lu Mo.

Die Sache mit den Kaninchen

»Wie viele sind es nun eigentlich?« Er war ein wenig irritiert. Eben gerade hatte er die Eisenkäfige in der dritten Reihe durchgezählt und war auf hundertzwölf gekommen, als er gleich darauf noch einmal zählte, waren es hunderteinundzwanzig.
Wirklich rasant, wie sich Kaninchen vermehren.
Er mußte lachen.
In der Tat, Kaninchen vermehren sich rasch, und er, er hatte bis heute noch keinen einzigen Sohn zustande gebracht. Bei diesem Gedanken verging ihm das Lachen.
Alle Hoffnungen hatte er auf Cuiping gesetzt. Dieses Weib! Mit einem so üppigen Hintern kann es doch kein Problem sein, einen Sohn zu gebären, dachte er.
Was für ein Riesenhintern!
Unwillkürlich lief ihm das Wasser im Munde zusammen.
Also noch einmal zählen, sagte er sich. Und machte sich tatsächlich noch einmal daran, die Käfige in der dritten Reihe durchzuzählen. Aber in den fünf Minuten hatten sich die Kaninchen noch einmal um elf vermehrt. Was für ein Erfolgserlebnis für die Kaninchen! Wenn man nur genauso schnell Kinder zeugen könnte! Ha!
Zhuang Fule züchtete Kaninchen. Vor zwei Jahren hatte er damit begonnen. Zunächst waren es nur über hundert gewesen, nun besaß er schon ein paar tausend und dazu umfangreiche Stallungen.
Und außerdem züchtete er sich noch ein Mädchen heran, eben besagte Cuiping. Das ist eine lange Geschichte. Ohne Cuiping würde er keine Kaninchen züchten.

Mit anderen Worten: Es ging ihm bei der Kaninchenzucht um das Mädchen.
Zhuang Fule war in diesem Jahr achtundvierzig geworden; er war in dem Alter, wo man beginnt, Speck anzusetzen, und es stand ihm im Gesicht geschrieben, daß er im Leben Glück gehabt hatte. Nur eines fehlte und machte sein Glück unvollkommen: Er hatte keinen Sohn, ja nicht einmal eine Tochter. Er und seine Frau, mit der er schon seit über zwanzig Jahren verheiratet war, kamen nicht schlecht miteinander aus, und sie hatten sich auch ziemlich angestrengt, um ein Kind zustande zu bringen. Aber alle Mühe war für die Katz gewesen. Zhuang Fule war nervös geworden. Er war zwar hart im Nehmen, aber wie sollte er vor seinen Ahnen bestehen, wenn es ihm nicht gelang, einen Sohn zu zeugen? Es ist ja nicht gerade das Wahre, wenn man in die Jahre kommt und immer noch ohne Kinder dasteht, und Mann und Frau sich dann vorwurfsvoll anstarren. Und also hatte er begonnen, sich seine Gedanken zu machen. Wenn seine Frau kein Ei legte, warum dann nicht einen anderen Weg suchen?
Er sprach mit ihr darüber. Zunächst reagierte sie wütend, so wütend, daß sie drei Tage lang nichts aß. Aber sie selber konnte keine Kinder bekommen, so sprang sie schließlich ein Stück über ihren Schatten und stimmte unter Tränen zu.
»Du altes Aas!« sagte sie wütend. »Glaubst du, ich wüßte nicht, was du vorhast? Daß es dir nur um Kinder geht, nehme ich dir nicht ab.«
Er hatte darauf nichts geantwortet, sein Plan stand fest.
»Gut«, meinte seine Frau, »ich akzeptiere. Aber was das Geld angeht, so sage ich dir: Keinen Pfennig rührst du an von dem, was mir zusteht. Niemals wirst du von dem Geld hier im Hause etwas ausgeben, um ein Mädchen auszuhalten.«

So war Zhuang Fule auf die Idee gekommen, Kaninchen zu züchten. Man hatte ihm gesagt, das sei ein einträgliches Geschäft. Er hatte sich ein wenig Geld geliehen und mit der Zucht begonnen. Ob das einträglich war? Er brauchte das Geld, um ein Mädchen aushalten zu können.
Beides tat er gleichzeitig.
Zuerst kaufte er für dreitausend Yuan ein Paar aus Australien importierte Kaninchen. Und damit begann die ganze Geschichte. Dann fing er an, sich nach einem Mädchen umzusehen, das seinen Absichten entgegenkam.
Zhuang Fule hatte schon immer gern ein paar Gläschen getrunken, und so kam es schon mal vor, daß er »zufällig« mit Freunden in einer Weinstube voller hübscher Hostessen landete.
An besagtem Tage hatte er wieder einmal heimlich mit Freunden eine solche Weinstube aufgesucht; sie war klein und primitiv eingerichtet. Die Gäste stammten zumeist aus der Unter- und Mittelschicht. Einige der Hostessen waren auch schon nicht mehr ganz frisch. Vier, fünf von ihnen saßen um den Tisch herum, darunter eine, die, obwohl an die dreißig, bezaubernde Augen hatte. Die strahlten hell und lebhaft und blickten immer wieder verführerisch von einem zum anderen. Auch hatte sie eine gute Figur. Vor allem ihr üppiges Hinterteil nahm Zhuang für sie ein. Die war gutes Material. Wenn er mit der eine Zeitlang zusammenlebte, dachte er, dürfte es kein Problem sein, zu einem Sohn zu kommen. Und noch während ihm das durch den Kopf ging, zeigte er sich ihr gegenüber besonders aufmerksam.
»Wie heißt du?«
»Cuiping«, sagte das Mädchen. »Komm, trinken wir! Ex!« Dabei warf sie ihm wieder so einen verführerischen Blick zu. Zhuang Fule fühlte sich dem nicht ganz ge-

wachsen und kippte drei Gläser hintereinander hinunter. Mit dem sechsten Sinn, den Mädchen ihres Gewerbes zu haben pflegen, spürte Cuiping wohl, wie fasziniert dieser Gast von ihr war, und so verhielt sie sich ihm gegenüber unweigerlich ein bißchen herzlicher als gegenüber den anderen.

Man war schon ziemlich beschwipst.

Und mit dem Schwips wuchs Zhuangs Mut.

»Wie wär's denn, wenn ich dich mietete?« meinte er laut lachend.

»In Ordnung. Wieviel willst du anlegen?«

»Was verlangst du?«

»Zwanzigtausend«, sagte Cuiping wie zum Spaß. Aber Zhuang Fule war es ernst.

»Kannst du nicht etwas runtergehen? Jeden Monat zwanzigtausend, das geht doch etwas über meine Möglichkeiten.«

»Darüber kann man reden!« Auch Cuiping merkte, daß er es ernst meinte.

»Ja, laß uns alles ganz genau durchsprechen.«

»In Ordnung«, sagte Cuiping. »Komm, noch einen ›ex‹!« Wieder lief ein Glas die Gurgel hinunter.

Zhuang setzte noch einmal an: »Und wie wollen wir darüber sprechen?«

»In aller Ruhe.« Cuiping warf Zhuang einen sehr eigenartigen Blick zu, der ihn vor Freude noch beschwipster machte. Er verstand, was Cuiping hatte sagen wollen.

Am Ende lief es darauf hinaus, daß er an diesem Abend erstmals nicht nach Hause ging, sondern mit ihr in ein Hotel zog. In dieser vergnüglichen Nacht handelten sie die Bedingungen aus: Zhuang zahlt Cuiping monatlich achttausend Yuan für den Lebensunterhalt, außerdem die Miete. Dafür kann er mit ihr zusammenziehen. Andererseits darf Cuiping weiterhin in der Weinstube arbeiten.

»Auf das bißchen Geld von dir allein kann ich mich nicht stützen. Und warum soll ich unbeschäftigt bleiben? Schadet dir ja nicht, wenn ich mir nebenbei noch was dazuverdiene.«

»Nun ja«, Zhuang hatte Bedenken, »du darfst aber auf keinen Fall noch mit anderen ins Bett gehen. Sonst lassen wir die Sache lieber ganz.«

»Das ist doch klar. Soviel Anstand hab' ich noch. Keine Sorgen, ich geh' auf keinen Fall mit anderen Männern. Ich komme jeden Abend zu dir. Noch Fragen?«

Zhuang überlegte. Ja, so schien die Sache bestens geregelt. Er zahlte dann Unterhaltskosten und Miete für den ersten Monat und lebte fortan, als wäre er mit Cuiping fest liiert. Seine Zeit teilte er sich folgendermaßen ein: Tagsüber ging er seinen Geschäften nach und kümmerte sich um seine Frau, abends ging er zu Cuiping und blieb die Nacht über bei ihr. »Wenn sie erst schwanger ist, brauche ich nachts nicht mehr auswärts zu schlafen«, sagte er zu seiner Frau. »Kein Grund, wieder wütend zu werden. Ich will mir nur ihren Bauch leihen. Wenn das Kind da ist, mache ich mit ihr Schluß.« Seine Frau antwortete, indem sie eine Teetasse zerschmiß, die Tür verschloß, sich die Decke über den Kopf zog und schlief.

Cuiping trieb sich seit Jahren in den Amüsiervierteln herum, sie war gewitzt und durchtrieben, im Grunde ihres Herzens aber ein gutes Mädchen. Grundsätzlich war sie, wenn es dabei was abzustauben gab, zu allem bereit. Doch mußte man ihr zubilligen, daß sie auch einige wenige Prinzipien hatte: Allzu schmutziges Geld nahm sie nicht.

Erst als Zhuang bereits mit ihr zusammenlebte, rückte er mit der Sprache heraus und erklärte ihr, worum es ihm im Grunde ging. Cuiping lauschte mit weit aufgerissenen Augen.

»Soll das heißen, daß du bei mir wohnst und mir allmo-

natlich was zahlst, nur um dir meinen Bauch zu leihen?«
Zhuang nickte.
»Ich soll dir einen Sohn schenken?«
»Ja, ich werde närrisch vor Sehnsucht nach einem Sohn.«
»Und deine Frau ist damit einverstanden?«
»Notgedrungen«, meinte Zhuang. »Wenn jemand, der so viele Jahre auf dem Buckel hat wie ich, nicht endlich ein paar Kinder zeugt, wie will er dann im Alter zurechtkommen?«
Ein wahres Wort!
»Sie ist wirklich völlig einverstanden?« fragte Cuiping noch einmal.
Zhuang zauderte. »Ehrlich gesagt, sie ist nicht sehr glücklich darüber.«
»Inwiefern nicht glücklich?«
»Als ich gestern, nach der ersten Nacht bei dir, nach Hause kam, zerschmiß sie eine Teetasse.«
Cuiping überlegte einen Augenblick. »Nicht weiter schlimm«, meinte sie dann, »nur eine Teetasse, das hört sich nicht an, als wollte sie uns Schwierigkeiten machen.«
»Was meinst du mit ›Schwierigkeiten‹?«
»Wie sollte so etwas ohne Schwierigkeiten abgehen? Große Schwierigkeiten. Wenn sie Ärger machen will, läßt sie uns wegen Zerstörung der Familie belangen, vielleicht verklagt sie mich, dann muß ich sitzen.«
»Das würde sie nie tun«, lachte Zhuang. »Sie weiß ja nicht einmal, wo das Gericht ist. Wir können fröhlich drauflosleben.«
Cuiping lachte kalt auf. »Fröhlich!«
»Was meinst du damit?«
»Was ich damit meine? Mein lieber Zhuang, du hast recht, ich treibe mich draußen in den Bars herum. Aber

deswegen ist ein Mensch noch immer ein Mensch. Denk dir selbst, wie mir zumute sein mag, wenn wir ins Bett gehen und mir einfällt, daß du es nur tust, um dir meinen Bauch zu leihen.«
Zhuang muckste sich nicht.
»Und noch etwas: Was wird, wenn das Kind da ist?«
»Wenn das Kind da ist?«
»Ja. Was wird aus uns beiden, wenn ich dir ein Kind geboren habe?«
»Ja, was wird dann aus uns beiden?« Auch Zhuang war verwirrt.
»Uns trennen?«
»Das...« Zhuang wußte nichts darauf zu sagen.
Wieder lachte Cuiping kalt auf. »Oje, was ist aus mir geworden! Eine Maschine?«
Zhuang fiel keine Antwort ein.
»Nun ja, meinetwegen«, sagte Cuiping dann, »wo wir nun schon beisammen sind, verschieben wir die Diskussion auf später!«
»Genau!« brummte Zhuang Fule.
Cuiping schüttelte den Kopf. »Mein lieber Zhuang, nur weil ich sehe, daß du ein anständiger Mensch bist, laß ich mich darauf ein. Ich hätte es nie für möglich gehalten, daß es dir im Grunde nur ums Kind geht. Aber noch eines: Gesetzt den unwahrscheinlichen Fall, ich kriege kein Kind, was dann?«
»Das...« Wieder fiel Zhuang keine Antwort ein.
»Hieße das auch Trennung?«
»Cuiping, warum reitest du so darauf rum? Es geht mir wirklich nur um das Kind.«
»Soll das heißen, daß du dir aus mir nicht viel machst?«
»Natürlich mach' ich mir was aus dir«, sagte Zhuang hastig. »Ich mag dich sehr, so wichtig mir das Kind auch ist.«
Cuiping seufzte. »Das klingt schon menschlicher, da fühlt

man sich gleich besser. Mein lieber Zhuang, mach das Licht aus! Laß uns mit dem Kindermachen anfangen!«

Doch, es machte Zhuang Spaß, mit Cuiping zu leben. Sie kam jeden Abend nach der Arbeit in ihre Wohnung, wo Zhuang schon auf sie wartete. Sie aßen zusammen, badeten und stiegen dann ins Bett. Für gewöhnlich mokierte sich Cuiping über ihre Situation mit Zurufen wie: »Komm, lieber Zhuang, Kinder machen!«

Aber Zhuang ließ sich dadurch nicht aus der Ruhe bringen, er gewöhnte sich an solche Bemerkungen, sie machten ihm nichts aus.

Im Grunde hatte sie ja recht!

Schlimmer war, wie seine Frau ihn ins Unrecht setzte. Immer wieder hackte sie, wenn er tagsüber zu Hause war, auf ihm herum.

»Sollten wir nicht was essen?« fragte er. »Ich habe Hunger.«

»So, Hunger kennst du auch?« meinte seine Frau. Die Luft roch nach Schießpulver.

»Frau!!« flehte er.

»Fasel nicht! Ich deine Frau? Warum verreckst du nicht draußen?!«

Er wagte nicht zu antworten.

»Das Essen ist fertig. Aber nicht für dich. Geh doch auswärts eine Schüssel Nudeln essen!«

Das beste war also, er ging eine Schüssel Nudeln essen. Wenn er sich den ganzen Tag mit den Kaninchen rumgeplagt hatte, war er abends müde und hätte sich gern einen Moment ausgeruht.

Aber seine Frau piesackte ihn dann aufs neue: »Warum bist du noch nicht weg?«

»Ich brauch' mal einen Augenblick Ruhe.«

»Pah! Ruhe! Ruhe!« schäumte seine Frau. »Und wenn du ausgeruht bist, gehst du Kinder zeugen. Wie konnte

ich so blind sein, einen Mann wie dich zu heiraten?!«
Es blieb ihm dann nichts anderes übrig, als sich anzuziehen und, ganz gleich, ob es regnete oder stürmte, zu Cuipings Wohnung zu laufen.
Mit Cuiping war auch nicht gut Kirschen essen. »Leihst du dir nicht meinen Bauch? Der soll dich teuer zu stehen kommen.«
»Ich fühle mich nicht gut, mein lieber Zhuang. Ich muß was essen, das mir auf die Beine hilft.«
Kann man da ablehnen? Wie soll sie denn einen weißen, fetten Sohn gebären, wenn es ihr nicht gut geht?
Also zog Zhuang Fule tapfer sein Portemonnaie und kaufte Danggui und Ginseng und Hühner- und Entenfleisch und päppelte sie nach allen Regeln der Kunst.
Von dem guten Essen wurde sie immer fülliger und immer unternehmungslustiger, so daß der gute Zhuang sich ihr oft nicht mehr gewachsen fühlte.
Und noch etwas: Cuiping wußte ihn auf hunderterlei Weise dringend um etwas zu bitten, indem sie ihn an seinen schwachen Stellen packte. Heute brauchte sie Taschengeld, morgen wollte sie was zum Anziehen kaufen; mal war's dies, mal war's das, aber immer ging es um Geld. Und da sich Zhuang von seinem Geld so großzügig trennte, geriet er in die roten Zahlen, womit er sich aber wohl oder übel abfinden mußte. Es kam jetzt alles darauf an, daß ein Kind geboren würde.
So zerrieben zwischen seiner Frau und Cuiping, durchlebte er ein wahres Martyrium. Keiner von beiden konnte er es recht machen, mal stimmte dies nicht und mal ging das nicht. Und die Kaninchen?
Auch die hatten sich gegen ihn verschworen.
Das ist wieder eine lange Geschichte.
Für die Aufzucht der Kaninchen hatte Zhuang anfangs einen Teil seiner Ersparnisse abgezweigt. Zusammen mit

dem, was er monatlich an Cuiping zu zahlen hatte, ergab das einen ansehnlichen Betrag. Man muß bei dieser Gelegenheit erwähnen, daß seine Ersparnisse ursprünglich als Kapital für den Kauf eines Sarges gedacht waren. Er konnte nicht damit rechnen, daß seine Frau ihm einen Pfennig von dem lassen würde, was ihr zustand. Ja, vielmehr stellte sie, als sie anhand der Kosten, die ihm für Cuiping allmonatlich entstanden, um ihren Marktwert wußte, die gleichen Forderungen an ihn.

»Ich bin deine Frau. Zwar habe ich dir noch keinen Sohn geboren, doch habe ich es in all den Jahren mit dir wahrhaftig nicht leicht gehabt. Folgt daraus nicht, daß du mich genauso honorieren solltest?«

Was blieb ihm anderes übrig als zu zahlen?

Und wenn er nicht gezahlt hätte? Er hätte wohl auf keinen ruhigen Tag mehr hoffen können.

Was nun die Kaninchen betraf, sah es ganz so aus, als wollten sie ihm noch mehr Scherereien bereiten als die Menschen.

Zunächst zum Futter: Anfangs hatte er Futter zu elf Yuan das Pfund verwendet, aber nach einer gewissen Zeit stieg der Preis plötzlich auf achtzehn Yuan. Kaninchen putzen ganz schön was weg, kann ich Ihnen sagen; kricks-kracks-kricks-kracks, so ein Maul steht den ganzen Tag nicht still.

Es tat Zhuang in der Seele weh, wenn er sah, wie diese Kaninchen-Horde fraß. Also gab er ihnen schlechter und weniger zu fressen, verfütterte nicht länger reguläre Futtermittel.

Dabei hatte er aber nicht bedacht, daß es mit der Kaninchenzucht seine besondere Bewandtnis hat, daß es sich rächt, wenn man weniger und schlechter füttert. Mit einem Male magerten die Tiere ab, und zwar so sehr, daß sie nur noch Fell und Knochen waren.

Als seine Kaninchen nun nicht mehr die Standarderwartungen erfüllten, fielen sie im Preis, und die Nachfrage blieb aus. Zhuang war verwirrt.
Schleunigst besorgte er sich Geld und kaufte wieder das alte Futter. Zu seinem Befremden setzten die Kaninchen trotzdem kein Fleisch an, sondern kriegten lediglich einen Bauch.
So sehr er sie auch fütterte, sie wurden nicht, was sie einmal gewesen waren.
Es war aussichtslos. Also die Kaninchen verkaufen; das Fleisch brachte vierzig Yuan pro Pfund, das Fell hundert bis zweihundert. Schade nur, daß er nicht genug hatte, um Stammkunden an Land zu ziehen.
Das Abziehen der Kaninchen verursachte ihm Übelkeit. Er wußte nicht warum, aber jedesmal, wenn er eines abzog, hatte er das vage Gefühl, eine Frühgeburt zu häuten. Das tropfende Blut ließ ihn am ganzen Körper zittern.
Eine Zeitlang schlug er sich so durch, aber es brachte ihn der Verzweiflung nahe. Da schlug ihm jemand vor, die Kaninchen auszustopfen und nach Australien zu exportieren. In seiner hoffnungslosen Lage empfand er das immerhin als einen Lichtblick. Er ließ ein paar Exemplare anfertigen, um den ausländischen Markt erst einmal zu erkunden. Die Resultate waren gut. Jedes Paar brachte tausend Yuan, während er für das Ausstopfen wenig mehr als hundert zu zahlen brauchte.
Das war die große Wende. Zhuang zitterte vor Erregung. Er sah sich schon als reichen Mann.
Nur dauern schöne Träume meist nicht lange. Nach einiger Zeit erhöhte die Firma, die das Ausstopfen übernommen hatte, plötzlich die Preise und verlangte fünfhundert Yuan pro Stück. Und da es nur diese eine Firma in dieser Branche gab, hatte er keinerlei Möglichkeit, den

Auftrag an eine andere zu vergeben. Wenn er sich aber auf den neuen Preis eingelassen hätte, was hätte er dann noch verdienen können?

Die Kaninchen waren für ihn der Quell ständiger Scherereien. Eine Zeitlang hatten sie alle die Krätze. Er gab eine Menge Geld aus, geheilt wurden sie nicht. Und nun überlegen Sie selbst: Wer will schon Kaninchen mit Krätze?

Er verzagte, als er überlegte, wie er mit seiner Zucht Geld verdienen sollte, und kümmerte sich nicht mehr so sorgfältig wie früher um die Tiere. Die Kaninchen rächten sich, indem eines nach dem anderen erkrankte und verreckte, bis schließlich nur noch ein Haufen stinkenden Fleisches übrig war.

Da war die Reue groß. Ursprünglich hatte er durch das Kaninchenzüchten ja zu einem Kind kommen wollen. Konnte er ahnen, daß die Kaninchen sterben würden, bevor noch ein Kind da war? Seine Frau lachte.

»Na, immer noch kein Kind?«

Er schwieg.

»Oje. Und die Kaninchen?«

Wieder blieb er die Antwort schuldig.

»Du kannst nicht einmal Kaninchen durchbringen und willst noch Kinder aufziehen? Ich brauche dich nur anzusehen, um zu wissen, daß dir recht geschieht.«

Cuiping war genauso. Es interessierte sie nicht im geringsten, ob die Kaninchen lebendig oder tot waren; sie wollte jeden Monat ihr Geld, dafür half sie ihm täglich beim Kindermachen.

Aber darüber verging ein Monat, dann ein halbes Jahr, ein Jahr...

Cuiping wurde immer voller, aber das ersehnte Kind meldete sich nicht.

Zhuang wurde nervös.

»Warum tut sich immer noch nichts?«
»Willst du mir Vorwürfe machen?« meinte Cuiping wütend.
»Du selber bringst nichts und willst die Schuld nun auf mich abschieben?«
»Was heißt ›bringst nichts‹?«
»Bringst nichts heißt bringst nichts, basta.« Cuiping fing an zu zetern. »Wenn ich sehe, wie du den ganzen Tag mit hängendem Kopf rumläufst, wie ein krankes Kaninchen, und dabei noch ans Kindermachen denkst – oje!«
»Dann mache ich eben keine. Ich habe auch keine Lust mehr zu zahlen.«
»Du willst nicht mehr zahlen? Gut, dann trennen sich unsere Wege hier.« Sie war bester Laune.
Eigentlich wollte Zhuang sofort gehen, aber als er schon einen Fuß aus der Tür gesetzt hatte, merkte er, daß er sich doch nicht von ihr trennen konnte. Jäh wurde ihm klar, daß er in Wahrheit nicht allein der Kinder wegen Cuiping gesucht hatte, vielmehr liebte er dieses Mädchen mit dem koketten Blick. Also kehrte er beschämt zu ihr zurück.
»Was, ich denke, du wolltest gehen?«
»Ich bleibe.«
»Wenn du bleibst, dann zahle«, sagte Cuiping. »Du kannst mir das nicht übelnehmen, immerhin muß ich leben!«
Er zahlte ihr die volle Summe.
So zog sich die Sache ein weiteres halbes Jahr hin, bis Zhuang das Gefühl hatte, ihr nicht länger gewachsen zu sein. Sein Geld war aufgebraucht, und er hatte reichlich einstecken müssen in dieser Zeit. Doch eines Tages meinte Cuiping, sie sei wohl schwanger.
»Richtig schwanger?«
Er zitterte vor Aufregung am ganzen Körper.

»Natürlich richtig. Glaubst du, man könnte auch falsch schwanger sein?«

Zhuang war ungeheuer erregt. Von nun an gab er Cuiping noch mehr Geld und ließ nicht zu, daß sie länger in der Weinstube arbeitete.

Auch zu Hause trumpfte er auf. »Sie hat es«, sagte er zu seiner Frau.

»Was hat sie?«

»Ein Kind! Du siehst, ich habe nicht vergeblich investiert.«

Als Antwort zerschmiß seine Frau wieder einmal eine Teetasse. Als sich aber herausstellte, daß Cuiping wirklich schwanger war, wurde auch seine Frau sehr viel milder. Und in dem Maße, wie sie milder wurde, wurde Cuiping hysterischer.

»Ai-yoh, tun mir meine Hüften weh!«

»Nicht bewegen, nicht bewegen«, meinte Zhuang nervös. »Ruh dich einen Augenblick aus, nur, um Himmels willen, beweg' dich nicht!«

Er war wirklich so vorsichtig, als hielte er ein Phönixei in Händen. Er zitterte am ganzen Körper vor Sorge und war besessen von der Angst, es könnte noch etwas schiefgehen.

Cuipings Bauch wuchs mit jedem Tag. Und Zhuang wurde mit jedem Tag nervöser und aufgeregter.

Cuiping war ungefähr im siebten Monat, als sie eines Tages plötzlich aufschrie, ihr Bauch tue ihr weh.

»Aber es kann doch nicht jetzt schon kommen«, meinte er zweifelnd. Er rief sofort einen Krankenwagen und brachte sie ins Hospital.

Die Untersuchung ergab, daß mit dem Fötus etwas nicht stimmte.

»Was stimmt nicht?«

»Der Fötus ist abgestorben«, meinte der Arzt.

Himmel und Erde drehten sich, fast wäre Zhuang Fule ohnmächtig zusammengebrochen.

»Wie konnte das passieren?« fragte er kraftlos.
»Nicht sauber!« meinte der Arzt. »Die Mutter ist nicht gesund.« Zhuang mochte nicht weiter nachfragen. Er verstand natürlich, was mit ›nicht sauber‹ gemeint war.
Aus und vorbei der Traum vom Kind.
Die Kaninchen alle krepiert.
Und Cuiping? Sie verließ ihn. Geblieben war ihm nur seine Frau, die ja kein Ei zustande brachte. Trotzdem wagte er nicht noch einmal, sich etwas so Verrücktes einfallen zu lassen.
Nun gut, dann hat man eben keine Kinder, sagte er sich, irgendwie würden er und seine Frau schon zusammen über die Runden kommen, jedenfalls wäre er davor bewahrt, je von Frau und Kind in die Zange genommen zu werden.
Ja, so ist der Mensch; es gibt eben eine Menge Dinge, die sich nicht erzwingen lassen!

(Übersetzung: Wolf Baus)

Yang Qingchu

Yang Qingchu (eigentlich Yang Hexiong ist 1940 in der Nähe von Tainan auf dem Lande geboren. 1952 zieht er mit seiner Familie nach Gaoxiong, der großen Hafen- und Industriestadt im Süden des Landes. Die beengten materiellen Verhältnisse seiner Familie zwingen ihn, schon als Jugendlicher tagsüber zu arbeiten, um den Besuch der Abendschule finanzieren zu können. Nach dem Mittelschulabschluß kann er sich keine weitere Ausbildung leisten. Er arbeitet in einem Verlag, gibt Bücher mit Schnittmustern für Herren- und Damenbekleidung heraus, eröffnet selber eine Schneiderei und hilft auch später, nachdem er eine Anstellung in der Verwaltung der Ölraffinerie von Gaoxiong gefunden hat, in der Schneiderei seiner Eltern aus. Yang ist in mancher Hinsicht ein Sonderfall unter den Autoren Taiwans. Er stammt aus dem Süden, und es zieht ihn nicht in die Metropole im Norden. Zwar arbeitet er hin und wieder in Zeitschriften mit, die in Taibei erscheinen (unter anderem in Xiachao), aber er sucht keinen Anschluß an die literarischen Zirkel und Cliquen der Hauptstadt und bringt seine Bücher im eigenen Verlag in Gaoxiong heraus. Gelehrte Kritiker werden, soweit sie seine Veröffentlichungen überhaupt zur Kenntnis nehmen, nicht müde, ihm Schwächen im Aufbau seiner Erzählungen vorzuhalten, die Eindimensionalität seiner Charaktere zu bemängeln und stilistische Mißgriffe zu beklagen. Es fällt ihnen schwer zu akzeptieren, daß hier jemand schreibt, dem an ihrem Verständnis und Urteil wenig gelegen ist, dem es auch nicht so sehr darum geht, ein Kunstwerk zu produzieren, als über die Lebensbedingungen großer Bevölkerungsgruppen zu informieren. In einem Land, in dem Sozialkritisches als kommunistische Propaganda verleumdet wird oder sich den Vorwurf machen lassen muß, kommunistischer Propaganda in die Hände zu spielen, sind Yangs Erzählungen ein Ärgernis. Im Gegensatz zu vielen anderen Autoren bemüht Yang nie das Schicksal, um Glück oder Elend eines Menschen zu erklären, Schicksal ist für ihn von Menschen gemacht.

Die männliche Jungfrau

Ihr Kinn auf eine Hand gestützt, saß die Chefin des Modesalons PRACHTVOLL auf dem Ladentisch und döste. Aus der Schneiderei hinter dem Laden tönte eifriges Summen von Nähmaschinen und das Geräusch von Bügeleisen, die über Stoffe bewegt wurden.
»Hallo, ist meine Bluse fertig?« tönte es wie eine Kette von Silberglöckchen. Erschrocken riß die Chefin die Augen auf. Eine auffällige Gestalt in leuchtendem Blaugrün tauchte vor ihr auf.
»Oh, du bist's, Großauge. Sag doch gleich, daß du Grübchen sprechen willst. Warum so tun, als kämst du wegen der Bluse?«
Großauge zuckte mit den Schultern und schnitt eine Fratze; in ihren Augen schimmerte ein Lächeln, als sie leise fragte: »Ist Grübchen da?«
»Ja.« Die gespitzten Lippen der Chefin wiesen zur Werkstatt. Mit einer anmutigen Drehung, bei der sich ihr blaugrüner Rock raschelnd kräuselte, betrat Großauge federnden Schrittes die Schneiderei.
Dort herrschte großes Durcheinander. An den Wänden hingen alle möglichen Kleider in den verschiedensten Farben, der Fußboden war mit Stoffresten übersät. Entlang der Wand stand eine Reihe Nähmaschinen. Vom Arbeitstisch hingen ineinander verschlungen Nähmaschinen- und Bügeleisenkabel. Vor dem Arbeitstisch stand, bis auf ein Höschen nackt, eine Modepuppe aus Plastik. Ihre pudergelbe Haut schimmerte rosa, das lange Haar hing ihr über die Schultern, ihre kristallen blitzenden Augen schienen zu leben, die beiden Brüste standen steif und weit hervor.

»Setzen Sie sich doch bitte, Fräulein Großauge, setzen Sie sich doch!«

»Bitte, setz dich, Großauge!«

Nur der Junge mit dem Grübchen fuhr errötend in seiner Arbeit fort, als er Großauges Stimme hörte, die anderen Angestellten wurden unruhig. Immer wenn sie kam, brachte sie Leben in die Schneiderei, in der sonst jeder stumm vor sich hin arbeitete.

»Du kommst ja jetzt jeden Nachmittag, um dein Grübchen zu besuchen, Großauge. Morgen schließ ich ab und laß dich nicht rein«, sagte Löwennase, ein Geselle, während er mit dem Bügeleisen über ein Kleid fuhr. Und dabei vibrierte seine flache, breite Nase wohl mehr als zehnmal. Es war absolut genial, wie er seine Nase vibrieren lassen konnte. Kein Zirkusclown mit Maske und weißer Nasenspitze hätte die Leute besser zum Lachen bringen können als Löwennase mit seiner vibrierenden Nase.

»Ach du meine Güte! Weißt du denn nicht, daß ich einginge vor Sehnsucht, wenn ich mein Grübchen einen ganzen Tag lang nicht zu Gesicht bekäme.« Großauge pflanzte die beiden Ellenbogen auf den Arbeitstisch, stützte die Wangen in die Hände, lachte schelmisch empört und warf dabei Grübchen einen Blick zu.

Er starrte sie an. Seine zusammengepreßten Lippen verzogen sich unfreiwillig zu einem schmalen Lächeln. Wie bei einem Betrunkenen bildeten sich auf den geröteten Wangen zwei Grübchen.

»Wie schön! Sieh mal, sieh!« Großauge zeigte auf die Grübchen. »So ein schöner junger Mann! Und so mädchenhaft! Die Brauen so fein geschwungen, die Nase so gerade, so elegant, der Mund nicht größer als meine Augen, die Linien seiner Lippen, ach, küssen möcht' ich sie!«

»Ahem! Ahem!« räusperte sich Breitmaul, ein Geselle, und strich sich mit beiden Händen über die Brust. »Wenn ich ihn nicht hätte, es brächte mich um!«
»Du sagst es. Es brächte mich wirklich um, wenn ich ihn nicht hätte.« Großauge streckte ihren Hals vor und musterte Grübchen aus den Augenwinkeln. »Du solltest mit mir tauschen. Gib mir dein zartes Mädchengesicht, dann brauchst du keine Angst mehr zu haben, daß sich jemand über dich lustig macht.«
Grübchen mußte grinsen, aber er nähte schweigend weiter, Stich um Stich.
»So ein Tausch ist doch ganz einfach: Eure Münder berühren sich, eure Zungen verhaken sich, und ich ruf' dazu eins, zwei, drei, verwandelt euch –«, Breitmaul vollführte eine fuchtelnde Bewegung, »und schon habt ihr euch verwandelt!«
Großauge spitzte die Lippen, als wollte sie Grübchen küssen. »Magst du, Grübchen?«
Grübchen wäre am liebsten im Erdboden versunken. Mit gesenktem Kopf bewegte er das Bügeleisen, ohne ihr auch nur einen Blick zu schenken.
»Er hat noch keine Frau geküßt. Raub ihm nicht den Jungfernkuß!« sagte Löwennase.
»Stimmt das? Noch keine Frau geküßt? Ich laß dich mal, ja?«
Großauge stellte sich neben ihn. Als er zwei Schritte zurücktrat, um ihr auszuweichen, ging sie zwei Schritte auf ihn zu. In seiner Not flüchtete er sich links hinter die Modepuppe und arbeitete dort weiter. Großauge stand rechts von der Puppe. Plötzlich griff sie nach Grübchens rechter Hand und strich damit über die weit hervorstehenden nackten Brüste der Puppe.
»Oho! Heimlich am Busen fummeln! Heimlich am Bu-

sen fummeln!« rief sie, indem sie aufsprang und die Hände zusammenschlug.

Hahaha! Wie eine Explosion erschütterte ein höllisches Gelächter die Werkstatt. Breitmaul wand sich vor Lachen und hielt sich den Bauch, Löwennase wischte sich mit einem Taschentuch Tränen aus den Augen.

»Geht's auch ein bißchen weniger albern?« Grübchens Wangen glühten, als hätte er getrunken. Ein Mädchen, das bislang wortlos in einer Ecke des Raumes an der Nähmaschine gearbeitet hatte, warf den Kopf hoch und schrie Großauge an: »Du Idiotin! Kannst du dich nicht ein bißchen weniger blöd aufführen?«

»Yuanyuan ist eifersüchtig!« Großauge lachte und zeigte auf das Mädchen. »Später, Yuanyuan, wenn ich seine Frau bin und du seine Geliebte, dann wollen wir uns seinetwegen nicht in die Haare kriegen. Ich laß ihn dir zwanzig Abende im Monat und gebe mich selber mit zehn zufrieden. Reicht das?«

Wie ein rotes Tuch breitete sich die Schamröte von der Stirn bis zum Hals über Yuanyuans Gesicht, in ihrer Verlegenheit verdrehte sie die Augen, bis sie aus weißen Glasperlen zu stieren schien. Sie wandte sich ab und trat wieder in die Pedale ihrer Nähmaschine.

»Gib zu, du hast noch keine Frau geküßt. Wenn du Lust hast, kannst du es bei mir mal versuchen, wohin du willst«, sagte Großauge zu Grübchen und schnitt ihm eine Fratze.

»Nimm sie mit nach oben, wenn du sie küssen willst. Oben ist ein Sprungfederbett. Wenn's dir nicht hoch genug ist, leg ein Kissen darunter. Hier unten in der Werkstatt bitte keine Gefährdung der öffentlichen Moral!« mischte sich Löwennase ein.

»Er ist noch unberührt, die Jungfernhaut noch heil«, meinte Breitmaul ernsthaft, »und es gehört sich, daß ihr Freudenmädchen einer männlichen Jungfrau einen roten Umschlag mit einem Geldgeschenk gebt. Wieviel in dem Umschlag drin sein muß, wird vorher abgesprochen.«

»Er ist unberührt, und ich bin Jungfrau, was heißt da Geld und roter Umschlag?«

»Du bist doch längst zermust, bei dir muß doch selbst der Nabel schon entjungfert sein. Du und Jungfrau! Daß ich nicht lache!«

Großauge riß ihre Mandelaugen so weit auf, daß sie wie zwei rote Ampeln aufleuchteten. Sie griff sich ein Lineal und hieb es Breitmaul wütend über die Schulter. »Verdammtes Arschloch! Ja, ich bin Barmädchen, aber noch lange nicht so verdorben, wie du denkst. Wenn du nicht so gern lästern würdest, wär' dein Maul auch nicht so breit wie die Westbucht geworden, und die Mundwinkel würden auch nicht bei jedem Wort bis zu den Ohrwurzeln aufreißen.«

»Kann schon sein, daß ich ein großes Maul habe, aber du vielleicht nicht? Und Männer mit großem Maul brauchen nicht zu hungern, was soll daran schlecht sein?«

»Mein Maul ist zwar groß, aber dabei hübsch und nicht so unheilbar monströs wie deines.« Großauge warf den Kopf hoch und blickte in den Wandspiegel. Zufrieden begutachtete sie ihren eine Idee zu großen, aber wohlgeformten Mund. »Ein Mädchen mit großem Maul kriegt seine Aussteuer, was soll daran schlecht sein?«

»Einen Furz kriegt die! Will doch keiner, ein Mädchen mit großem Maul.«

»Will keiner? So eine zieht sich doch jede Nacht ein paar Burschen an Land und macht mit denen was los.«

Löwennase machte eine Geste, als ob er jemanden umarmte, er bog sich nach links, bog sich nach rechts und brachte seine geniale Nasenspitze dabei aufs eindrucksvollste zur Geltung: Sie vibrierte, vibrierte und hörte nicht auf zu vibrieren. Patsch! Das Lineal klatschte ihm auf die Hüfte.

»Verfluchter Hund! Alles, was ich tu', ist, daß ich Kunden zum Trinken animier', darüber hinaus lief nie was bei mir. Also etwas höflicher, wenn ich bitten darf. Deine Nase ist schon platt genug. Noch eine solche Bemerkung und ich schlag' dir die Nasenspitze auf die Lippe runter.«

»Du Miststück! Hältst deinen Nabel für unberührt, wenn du nicht zehn am Tag gehabt hast.«

»Komm, Grübchen, gib mir einen Kuß, ja?« Kokett lief sie um die Puppe herum und baute sich neben ihm auf. Grübchen huschte von seinem Arbeitsplatz auf die andere Seite der Puppe.

»Meine Füße sind müde.« Löwennase ließ sich auf einen Stuhl sinken.

»Wenn eine saubere Jungfrau wie unser Grübchen auf einen Müllhaufen wie dich klettert, kann's schon passieren, daß ihn der Schlag trifft und er auf deinem Bauch verreckt.« Breitmauls Mundwinkel rissen tatsächlich bis zu den Ohrwurzeln auf. Und während er sprach, wich er einen Schritt in Richtung auf die Tür zurück. »Wasch dich erstmal mit Eiweiß, wenn du ihn küssen willst, und brenn Räucherstäbchen ab, damit du sauber wirst. Und wenn du dann einen ganz, ganz großen Umschlag mit Geld dabei hast, dann komm wieder, hähä, und küß, küß, küß ihn!«

Hahaha! Schallendes Gelächter, wie eine Explosion. Sogar Yuanyuan, die bisher nicht mitgelacht hatte, kicherte hinter vorgehaltener Hand.

Großauge griff nach dem Lineal, aber Breitmaul war schon aus der Tür gestürzt.

»Verfluchter Hund! Könntest dich als meine Fußstütze

bewerben und bliebest für mich doch nur ein riesenmäuliger, magerer Affe!«

»Miststück! Könntest dich als meine Matratze bewerben, ich nähm' dich nicht, dich unverschämten, glotzäugigen Affen.« Breitmaul blieb vorsichtshalber vor der Tür im Freien stehen. Er traute sich nicht herein.

»Jetzt reicht's mir aber!« Yuanyuan war von der Maschine aufgestanden, sie hielt eine blaue, gemusterte Hose mit dunklen Streifen in der Hand und schleuderte sie Großauge vor die Füße.

»Deine Hose ist fertig, probier sie mal an!«

Großauge griff nach der Hose, zog den Vorhang der Umkleidekabine auf und verschwand. Breitmaul schlich sich wieder herein. Der Vorhang bewegte sich und Großauge erschien. Mit einer Hand hielt sie die Hose am Bund zusammen, mit der anderen zerrte sie am Reißverschluß. Sie drehte sich vorm Spiegel. Wie angeklebt umspannte die Hose ihre schmalen Hüften, den wohlgeformten runden Hintern und ihre schlanken, langen Beine.

»Sie sitzt im Bund so eng, daß der Reißverschluß nicht zugeht.« Erst als sie den Bauch einzog, ließ er sich schließen. »Gar nicht einfach, da rein- und rauszukommen.«

»Hatte nicht daran gedacht, daß du dir den ganzen Tag lang die Hose an- und aus- und immer wieder an- und ausziehen mußt.«

Blitzschnell griff Großauge nach dem Lineal und hieb mit aller Kraft nach Löwennases Nasenspitze. Einen Moment lang war er verdutzt; während er eine Hand schützend vor die Nasenlöcher hielt, entwand er ihr mit der anderen das Lineal. Großauge flüchtete und versteckte sich hinter Grübchen.

In zwei Strömen rann Blut aus Löwennases Nasenlöchern. Er legte den Kopf zurück und schlug sich leicht an die Schläfen. Breitmaul nahm kleine Stoffetzen und stopfte sie ihm in die Nasenlöcher. »Ganz schön fies, du geiles Miststück!« Er kam mit dem Lineal um die Puppe herum geschossen und wollte Großauge schlagen, aber sie kroch blitzschnell unter dem Arbeitstisch hindurch und verschwand durch die Hintertür. Peng! Hastig zog sie die Tür von außen zu und lachte laut auf.

»He, Löwennase, jetzt mal im Ernst: Ihr habt doch morgen frei. Ladet Grübchen morgen abend zu mir ein, ich bestell' was zu essen, ihr seid meine Gäste. Bye bye, Grübchen!« Sie stellte sich auf die Zehenspitzen und blickte durchs Fenster in die Werkstatt, warf Grübchen eine Kußhand zu und lief davon.

»Unverschämtes Stück! Ihre Hose ist noch nicht mal richtig gesäumt, und schon ist sie weg. Und ihren Rock hat sie liegenlassen.« Yuanyuan hob den Rock auf und hängte ihn an die Wand.

Als Grübchen Großauges Schatten hinterm Fenster verschwinden sah, war ihm, als hätte er etwas verloren. Zwar war ihm ihr hemmungsloses, armseliges Gewäsch genauso zuwider wie das haarsträubend ordinäre Gerede der beiden Gesellen, aber wenn sie einmal ein paar Tage lang nicht erschien, wünschte er sie doch herbei. Selbst ihr mal spöttisches, mal kokettes, mal aufrichtiges, mal geheucheltes »Mein Grübchen...« und was sie noch alles an Gewagtem, Peinlichem sagte, wenn sie ihn aufziehen wollte, war doch nicht ohne Wärme und ließ sein Herz oft so heftig schlagen, daß er errötete und sich dann am liebsten in einem Mauseloch verkrochen hätte. Aber in ihrem Spott war Zärtlichkeit, und Süße war in all der Peinlichkeit. Er war sich darüber im klaren, daß Großauge ihn liebte. Er war vom Lande gekommen, um eine Lehre zu machen, und er verstand nicht, was sie an ihm fand.

Vor etwas über zwei Monaten war er eines Abends mit akuter Blinddarmentzündung zur Operation in eine Klinik eingeliefert worden. Er hatte nicht genug Geld gehabt, um die Kaution bei der Anmeldung zu hinterlegen, und es traf sich, daß sein Chef gerade alles Geld zur Bank getragen hatte, um fällige Wechsel einzulösen. Da hatte Breitmaul Großauge angerufen. Sie ließ sofort ihre Kunden im Stich und brachte zweitausend Yuan ins Krankenhaus, zahlte tausend als Kaution und ließ ihm die anderen tausend für Notfälle. Während er operiert wurde, vergoß sie vor Aufregung Tränen. Zweimal öffnete sie die Tür und wollte in den Operationssaal stürzen und mußte von den Schwestern fortgescheucht werden. In jener Nacht wachte sie zusammen mit Grübchens Kollegen bis zum frühen Morgen an seinem Bett.

»Sagt meinen Verwandten nichts, meine Familie ist arm. Wenn meine Eltern hören, daß ich im Krankenhaus liege und operiert wurde, bringen sie sich um vor Aufregung.« Tränen rollten ihm über die Wangen, seine Stimme war zerbrechlich wie ein Altweibersommerfaden. »Hoffentlich zahlt der Chef die Medizin. Ich bin ja nächstes Jahr mit der Lehre fertig, dann verdiene ich was und kann es zurückzahlen.«

»Da mach dir keine Sorgen. Ich zahl' dir die Medizin.« Sie wischte ihm die Tränen mit ihrem Taschentuch fort. Ihre Augen waren von einem gütigen Glanz erfüllt, der ihn tief berührte. Als er in ein Rekonvaleszentenzimmer verlegt werden sollte, sorgte Großauge für ein Einzelzimmer in der ersten Klasse.

»Das kann ich nicht bezahlen, ich will dritter liegen.«

»Ich mach' das schon. In der dritten Klasse liegen zu viele und alle möglichen Leute. Du sollst es gemütlicher haben und schnell wieder auf die Beine kommen.«

Tagsüber leistete sie ihm Gesellschaft, bis sie nachmittags

nach fünf von den Kollegen aus der Schneiderei abgelöst wurde und zur Arbeit in die Bar ging. Mit den ersten Sonnenstrahlen, die bei Tagesanbruch ins Krankenzimmer fielen, kam sie wieder hereingeschwirrt, wie eine Lerche. Aus ihren großen, runden Augen lächelte sie ihn warm und liebevoll an. Dann fütterte sie ihn, Löffel für Löffel, mit Reisbrei und wusch ihm die Wäsche. Und selbst als er schon wieder aufstehen konnte, bestand sie darauf, ihn zu füttern.

»Ich habe früher auch mal schneidern gelernt, aber es war mir zu mühsam, nach einem halben Jahr hab' ich aufgehört. Wenn wir zwei später mal einen Modesalon aufmachen, kann ich dir helfen. Für dich leide ich gern.«

»Ich bin doch erst achtzehn und nicht vor nächstem Jahr mit der Lehre fertig, und du bist drei Jahre älter als ich.«

»Na und? Lieber als ältere Schwester geheiratet werden, als allein auf einem goldenen Lehnstuhl versauern. Ich warte, bis du mit der Lehre fertig bist.«

Sie biß auf den Suppenlöffel und legte ihren Kopf auf seine Brust. Als sie den Kopf wieder hob, glitzerten Tränen in ihren großen, runden Augen. Sie fixierte ihn voller Zärtlichkeit, und ihr Ausdruck verriet, wie sehr sie sich nach einer Antwort sehnte.

Aber ihm fiel nichts ein, und er nickte nur stumm wie unter einem Zwang.

Als sie zum ersten Mal in die Werkstatt gekommen war und darauf gewartet hatte, daß ihre Sachen fertig würden, hatte sie sich neben den Arbeitstisch gestellt und ihm, Grübchen, aus ihren großen, runden Augen immer wieder Blicke zugeworfen, die Herz und Gesicht glühen ließen. Er hatte nicht gewagt aufzublicken.

»Er ist schön wie ein Mädchen! Die beiden Grübchen,

wenn er lacht! Da kann man ja schwach werden!« Vor allen Kollegen hatte sie ihn bewundernd angesehen.
Sie kam dann immer wieder, wartete darauf, daß ein Kleid fertig würde oder auch nicht, und da sie nicht alle Kollegen mit Namen kannte, verteilte sie Spitznamen und ließ sich dabei von den äußeren Besonderheiten eines jeden anregen: Grübchen, Breitmaul, Löwennase. Da ihre Augen so ungewöhnlich groß und rund waren, nannten die im Laden sie »Großauge«.
Grübchen hatte immer eine Abneigung gegen Freudenmädchen gehabt, die es ja mit jedem trieben. Aber als er nun nach der Operation im Krankenhaus lag, spürte er, wie ihr liebevolles Wesen und ihre Wärme immer mehr zu seinem Leben gehörten.
Inklusive Arzneikosten und allem, was noch nebenbei anfiel, hatte der Aufenthalt in der Klinik zweitausendzweihundert Yuan gekostet. Sie waren ganz allein von Großauge bezahlt worden, die dann noch darauf bestanden hatte, daß er die vierhundert, die ihm sein Chef für Medizin gegeben hatte, als Taschengeld behielt.
Es war ein allgemeiner Feiertag und alle hatten frei. Nach dem Abendessen wurde Grübchen von Breitmaul und Löwennase gedrängt, mit ihnen zu Großauge zu gehen. Grübchen zögerte.
»Die ist doch bis über beide Ohren in dich verknallt. Und Geld hat sie. Mach eine Inselrundreise mit ihr und staub dabei ein paar Zehntausender ab.« Löwennase wollte ihn unbedingt mitschleppen. »Wenn du nicht kommst, du Zwitter ohne Schwanz und Eier, dann scheuer' ich dir eine.« Breitmaul nahm ihn in die Zange, wie das üblich ist, wenn Gesellen Lehrlinge herumkommandieren. Und so, halb in die Zange genommen, halb gezogen, wurde Grübchen fortgeschleppt; das Herz schlug ihm bis zum Hals. Sie liefen den vierten Abschnitt

der Straße des Fünffachen Glückes hinunter, bogen in die Straße der Großen Tapferkeit ein und überquerten die Brücke über den Liebesfluß. Großauges Wohnung lag im ersten Stock eines Hauses in einer Gasse östlich des Flusses.

Als sie Schritte zu sich heraufkommen hörte, stürzte Großauge aus dem Zimmer und stellte sich an die Treppe, wo sie ihre Gäste lachend empfing.

»Oh, Grübchen! Gibt mir mein Märchenprinz die Ehre und beglückt mich mit seinem Glanz!«

»Hol's der Teufel! Wir mußten ihn hierher verschleppen. Nun laß sehen, was du mit uns vorhast!« sagte Löwennase.

»Ihr seid meine Gäste.«

Während sie Breitmaul und Löwennase einen Platz anbot, zog sie Grübchen hinter sich her.

Ihr Zimmer war sehr unkonventionell eingerichtet. Über das Sprungfederbett war eine rosafarbene Wolldecke gebreitet, die bis auf den Fußboden reichte. Eine Trennwand aus Brettern war wasserblau lackiert und in ihrem oberen Teil mit Schnitzereien von Vögeln und Blumen verziert, an die Wand waren in regelmäßigen Abständen, schräg nach unten gegeneinander versetzt, Landschafts- und Aktfotos geklebt, die aus einem Kalender ausgeschnitten waren. Über dem Kopfende des Bettes hing ein rechteckiger Frisierspiegel. In der Nähe des Fensters standen zwei fein gearbeitete Lehnstühle und zwei dunkle, bronzefarbene Teetischchen.

Breitmaul und Löwennase setzten sich auf die Stühle, Großauge zog Grübchen zu sich auf die Bettkante. Verschämt senkte er den Kopf und hörte zu, was die anderen redeten. Gelegentlich warf er verstohlen einen Blick auf Großauge. Sie hatte sich nicht geschminkt, aber auf ihrem Gesicht lag noch ein zartes, öliges Weiß, Nachwirkung einer erlesenen Gesichtscreme, die sie längere Zeit aufgetragen hatte. In ihren erregten großen, runden Augen waren das Schwarze und Weiße deutlich gegeneinander abgesetzt; ihr Nasenrücken war gerade, wie mit einem Messer gezogen, man sah, daß sie ihn einmal hatte korrigieren lassen; ihre Mundwinkel wiesen ein wenig in die Höhe.

»Gehen wir! Ihr sollt doch meine Gäste sein!«

»Gut, gehen wir!«

Großauge nahm ihre Handtasche aus dem Wandschrank. Als die vier auf die Gasse traten, öffnete sie die Tasche, zog zwei Hundert-Yuan-Scheine heraus und gab sie Breitmaul.

»Geht davon essen. Ich geh' mit ihm ins Kino.«

Löwennase ließ auf seine geheimnisvolle Art die Nasenspitze vibrieren und zog Breitmaul mit sich fort. »Geht in Ordnung. Wir gehen nach Süden, die beiden nach Norden.«

Grübchen lachte verlegen, er warf einen Blick auf Großauge und schickte sich an, den beiden anderen zu folgen, aber sie hielt ihn zurück und flüsterte: »Wir gehen am Flußufer spazieren.«

Am Ufer zog sich eine schnurgerade Reihe von Neonlichtern hin, die sich schaukelnd im klaren Wasser spiegelte. Im Dunkeln, unter den Bäumen, hing Nebel, dicht wie Tau. Großauge zog Grübchen auf dem von Bäumen gesäumten gewundenen Pfad hinter sich her. Die halbhohen Büsche zu beiden Seiten waren beschnitten. Großauge zog Grübchen an sich und lehnte sich gegen ihn. Ein kühler Windstoß trug ihnen das Gewisper der Blätter zu. Grübchen zitterte am ganzen Leib, die Knie wurden ihm weich, er konnte nicht weitergehen.

»Was ist mit dir?« fragte sie.

»Mir... mir... ist kalt!«

»Wir hatten noch nicht einmal Mondfest. Wie kann einem da kalt sein?«

»...« Er brachte kein Wort hervor, seine Zähne schlugen leise aufeinander, und der Magen krampfte sich zusammen.

»Gehst du zum ersten Mal mit einem Mädchen?«

»Hm.«

»Haha, wußt' ich doch, daß du nicht so furchtbar männlich bist. Zitterst, wenn du mit einem Mädchen allein bist.« Sie legte den Arm um ihn. »Keine Angst, ich freß dich nicht.«

Sie zog ihn auf einen Stein unter einem Baum.

»Du siehst blaß aus seit deiner Operation. Hast du was gegessen, das dir ein bißchen auf die Beine hilft?«

»Die Chefin hat mir ein Hühnchen gemacht.«

»Eins nur?«

»Hm... Ich kann's nicht ausstehen, daß du so oft in den Laden kommst, schon weil dann immer dieses alberne Geschwätz losgeht und weil du dann jedesmal Breitmaul und den anderen Gelegenheit gibst, dreckige Bemerkungen zu machen und sich auf deine Kosten zu amüsieren. Und noch weniger kann ich ausstehen, wie du mich im Laden vor den anderen aufziehst, nur um deinen Spaß zu haben. Und am allerwenigsten kann ich ausstehen, daß du vor den anderen so deutlich zeigst, wie lieb du mich hast.«

»Lieben kann man nicht wie ein Dieb. Sonst noch was, das du nicht ausstehen kannst?«

»Daß du so gut zu mir bist.«

»Das kannst du auch nicht ausstehen?« Sie griff nach seiner Hand und bog sich vor Lachen.

»Was gibt's denn da zu lachen?«

»Du verstehst mich nicht. Tagsüber hab' ich frei; ich fühl' mich dann sehr niedergeschlagen, wenn ich allein bin, und ich mag nun mal nicht meine Zeit mit Glücksspiel totschlagen wie die anderen Mädchen in der Bar. Wenn ich in deinen Laden komme, um mich mit den Leuten da zu unterhalten, und auch einen Blick auf dich werfen kann, fühle ich mich gleich besser.«

Sie hielt einen Augenblick inne und meinte dann: »Wenn du mir was versprichst, komme ich nie wieder in euren Laden. Dann lieb' ich dich wie ein Dieb, nicht mehr so unverblümt.«

»Und was?«

»Wenn du am Tage mal Zeit hast, komm bei mir vorbei. Sorg dafür, daß ich dich sehen kann, geh mal mit mir spazieren. Nach Feierabend kannst du an der Kreuzung auf mich warten, wir können dann eine Kleinigkeit essen, ich lade dich ein. Du kriegst Ente in Danggui oder Hammelfleisch, das wird dir auf die Beine helfen.«

»Es ist mir immer peinlich, wenn du dich meinetwegen so in Unkosten stürzt. Ich schulde dir noch zweitausendzweihundert Yuan für die Medizin. Du bekommst sie bestimmt zurück, wenn ich mit der Lehre fertig bin und was verdiene.«

»Du behandelst mich immer noch, als wenn ich irgend jemand wäre.« Sie stieß ihn von sich und wandte sich wütend ab.

»Wenn du dich nicht mehr in der Werkstatt sehen läßt, dann geb' ich dir mein Wort. Aber tagsüber muß ich arbeiten, da kann ich mich nicht freimachen.«

Sie traten unter den Bäumen hervor, die das Ufer säumten, und schritten über einen stockdunklen Sportplatz. Großauge lud Grübchen ins Kino ein. Sie schafften es noch bis zum Beginn der letzten Vorstellung. Im Dunkel des Kinos ergriff sie seine Hand und legte sie sich auf den Schenkel, lehnte ihren Kopf an seine Schulter und war im Nu fest eingeschlafen. Über die Leinwand huschten unaufhörlich Schatten von Menschen und Landschaften, aber was sich da abspielte, drang nicht mehr bis an den Rand des Bewußtseins vor. Grübchen war ganz absorbiert von ihr, die da an seine Schulter gelehnt so tief und fest schlief. Erst als am Ende der Vorstellung die Glocke schrillte, wachte sie auf. Kaum war das Licht angegangen, zog sie ihn aus dem Sessel, hängte sich mit einem Arm um seinen Hals und streckte sich.

»Wirklich gemütlich, so den Kopf an deine Schulter zu lehnen. Ich bin jetzt gar nicht mehr müde.« Sie bedankte sich mit einem zufriedenen Lächeln. »Besuch mich, wenn du nächsten Monat deinen freien Tag hast. Ich mach' ein Hühnchen für dich, das wird dir guttun.«

Grübchen nickte.

»Komm, laß uns noch eine Kleinigkeit essen, ich lade dich ein.«

»Nein, nein. Auf Wiedersehen!«

Grübchen winkte ihr noch einmal zu und entwischte durch einen Seitenausgang.

Wie verabredet, erwartete Grübchen sie allnächtlich um halb eins, wenn sie Feierabend machte, an der Straßenekke. Ein bißchen beschwipst zog sie ihn dann mit sich und lud ihn ein zu Hammelfleisch, Ente in Danggui oder Obst. Sie selber hatte, da ihr ihre Kunden bereits soviel spendiert hatten, keinen Appetit mehr, aber sie genoß es, ihm gegenüber zu sitzen und ihn so schüchtern essen zu sehen. In ihren großen, runden Augen war ein zauberhaftes Glitzern, es sah aus, als perlten wunderschöne, glänzende Wassertropfen aus ihnen hervor.

Aber nach etwas über zehn Tagen erschien Grübchen nicht mehr, auch nicht an seinem freien Tag, an dem sie, wie verabredet, ein Hühnchen für ihn gekocht hatte. Tags darauf wankte sie spät in der Nacht angetrunken zum Modesalon. In der Straße waren alle Läden geschlossen. Sie klopfte an die Tür.

In der Werkstatt zeigte Yuanyuan gerade Grübchen, wie man einen Mantel macht. Als Grübchen Großauge an der Tür rufen hörte, gab er Yuanyuan ein Zeichen und entschlüpfte durch die Hintertür.

So war es an Yuanyuan, die Tür zu öffnen.

»Ist Grübchen hier?«

»Er ist schon gegangen.«

»Er kommt aber gleich wieder, oder?«

»Keine Ahnung.«

Einen Augenblick lang verharrte Großauge unschlüssig, dann seufzte sie und schwankte davon.

Als Grübchen drei Tage später nach dem Abendessen das Haus durch die Hintertür verließ, fand er plötzlich den Weg von Großauge versperrt. Er drehte sich um und wollte sich davonstehlen, aber sie rief ihn zurück.

»Grübchen, warte!« In ihrer Stimme schwang Haß. Sie holte ihn ein und hielt ihn fest: »Warum läufst du vor mir weg?«

»Tu ich doch gar nicht. Ich hatte nur viel zu tun in den letzten Tagen.«

»Begleite mich ein Stück. Daß ich dich die paar Tage nicht gesehen hab', hat mich ganz kribbelig gemacht. Ich hab' meine Gäste sitzenlassen, nur um dich hier abzufangen.«

Sie wartete nicht, bis er zustimmte, sondern zog ihn mit sich fort. Sie gingen in das Restaurant, in dem Hammelfleisch serviert wurde und das sie schon oft besucht hatten. Großauge bestellte zweimal gebratenes Hammelfleisch.

»Hab' ich dich irgendwie beleidigt, daß du mir aus dem Weg gehst?«

»Frag dich selber. Du weißt es doch selber.«

»Meinetwegen beschimpf mich oder schlag mich, aber sei nicht so zu mir!«

»Mein Chef hatte mir an dem Tag, den ich meine, eine Freikarte fürs Kino gegeben. Ich sah dich da mit einem Mann sitzen. Ihr redetet und lachtet miteinander. Als die Vorstellung zu Ende war, sahst du mich, aber du wandtest dich ab und tatest, als hättest du mich nicht bemerkt. Der Mann zog dich in ein Taxi.«

»Ich hab' dich doch nicht schneiden wollen. Ich wollte nur nicht, daß du siehst, wie ich mit einem Kunden ins Kino gehe.« An den Enden ihrer Wimpern sammelten sich zwei glitzernde Tränen. »Das ist nun mal mein Beruf. Verzeih mir. Ich schwöre dir, ich werde nie wieder mit einem Kunden ausgehen, gut?«

Grübchen wurde weich ums Herz, er sah sie an, und in seinem Blick lagen Mitleid und Vergebung.

Mit ihren Stäbchen stopfte ihm Großauge ein Stück Hammelfleisch in den Mund. Dann stützte sie die Wangen in die Hände und beobachtete, wie sich im Rhythmus seiner Kaubewegungen Grübchen bildeten und wieder verschwanden. Er kaute mit zusammengekniffenen Lippen. Er sah sie aus tränenumflorten Augen vor sich hinstieren und mußte plötzlich lachen. Die Grübchen wurden noch tiefer.

»Pff!« schnaubte sie verärgert und spitzte die Lippen. Nach ein paar Bissen spürte Grübchen, wie ihm ein feiner, ranziger Geschmack die Kehle zuschnürte. In den Ohren klang ihm noch einmal nach, was Breitmaul und Löwennase gesagt hatten. –

»Bist ein blöder Hund, Grübchen. So ein junger Spund, und läßt dich wie ein Schoßhund von einem Mädchen päppeln, läßt dich aushalten, kriegst jede Nacht dein Futter«, hatte Breitmaul gesagt und höhnisch gelacht.

»Ich sag' dir, Grübchen, wenn sich so eine vom Fach in

dich verliebt, bringt sie sich um für dich. Der kannst du schon mal ein paar Zehntausender abnehmen. Ist doch üblich bei denen, daß sie tausend und abertausend Kunden übers Ohr hauen, nur um ein kleines Milchgesicht wie dich durchzufüttern. Nimmst du sie nicht aus, tut's ein anderer. Bei so einer läuft's immer darauf raus, daß sie die Leute übers Ohr haut und selber übers Ohr gehauen wird, bis es schließlich vorbei ist mit ihrer Jugend und sie hinterm Kino in einer Klitsche als unregistrierte Nutte verkommt und sich dort einen armen Hund aufsammelt, der ihr noch zehn Yuan dafür gibt, daß sie es mit ihm macht. Und diese Schmarotzer und Zuhältertypen wissen, wie man die Mädchen für sich arbeiten läßt. Wenn du das kapierst, kannst du deine Schneiderlehre an den Nagel hängen. Geld hat sie doch, diese Großauge.«
Löwennase rümpfte die vibrierende Nase und lachte meckernd. »Bist ein blöder Hund, Grübchen! Laß dich als junger Spund auf so was ein, und deine Kinder werden ohne Arschloch geboren und deine Enkel kein gutes Ende nehmen . . . Und das ist auch kein leicht verdientes Geld. Selbst wenn sie nicht mit einem Kerl ins Bett muß, muß sie sich immerhin überall befummeln lassen.«
Grübchen warf einen Blick auf Großauge. Sie hatte ihre Brauen dick und schwarz nachgezogen und für die Lidschatten ein Schwarzgrün gewählt; da sie ihr Gesicht bis zum Hals mit einer öligen Cremeschicht zugedeckt hatte, war das ehemals so zarte Weiß ihrer Haut verlorengegangen. Der gelbe Lippenstift ließ ihren Mund fettig glänzen, die Lippen wirkten wulstig wie die einer Negerin und hatten ihre ursprünglich wassernußförmigen Linien eingebüßt. Ihre Brüste hatte sie prahlerisch so ausgepolstert, daß sie um ein Drittel größer erschienen. Der Anblick des engen, blaßroten, schimmernden Qipao, der prachtvoll wie angeklebt auf ihren Rundungen saß,

ließ den Atem stocken. Nichts mehr erinnerte an ihre ehemals so lässige natürliche Schönheit. Zwar hatte er sie auch früher mehrmals in diesem aufdringlichen Make-up, das sie für ihre Arbeit in der Bar auftrug, gesehen, aber diesmal verursachte ihm der Anblick Übelkeit. War das ihr Kapital, ihr Kapital, an dem sie, wie Breitmaul gesagt hatte, jeden herumfummeln ließ, wenn sie ihn in den Arm nahm? Ihm wurde unaussprechlich elend zumute, als er sah, wie Großauge ihn mit einem stupiden, selbstzufriedenen Ausdruck anblickte, viel elender noch als damals, als er mit akuter Blinddarmentzündung im Krankenhaus lag und wartete, daß jemand die Kaution für ihn zahlte. Mit jemandem ins Bett gehen müssen, sich hier befummeln, da befummeln lassen, speiübel konnte einem werden bei der Erinnerung an Breitmauls Worte. Dabei gehörte sie jetzt zu seinem Leben. Wie dreckig Breitmaul dahergeredet hatte. Speiübel! Der ranzige Geschmack des Hammelfleisches schnürte ihm die Kehle zu, Herz und Magen drehten sich um, oh... oh... uuuah! Er erbrach alles, auf der Erde breitete sich eine Pfütze aus fauliger, gelber Masse aus, und während ihm Tränen über die Wangen strömten, verstopfte ihm ein unerträglicher Gestank nach Säure und Vergorenem die Nasenlöcher.

»Was ist los? Was ist los?« Mit einer Hand stützte ihn Großauge, mit der anderen strich sie ihm über die Brust.

»Es ist der Hammelfleischgeruch«, log er.

»Aber du hast dich früher nie übergeben. Warum diesmal?«

»Mein Magen ist nicht in Ordnung.« Wieder eine Lüge.

Großauge zog ein Tuch aus der Handtasche und wischte ihm den Mund ab, dann schenkte sie ihm hastig einen Becher Tee ein. »Trink das, das ist gut gegen den Brechreiz.«

Sie half der Kellnerin, das Erbrochene aufzuwischen und zahlte. Dann führte sie ihn zum Sportplatz und wollte dort mit ihm spazierengehen.

Die Feuchtigkeit der spätherbstlichen, betauten Rasenflächen strahlte Kühle aus. In der schwarzen Nacht lagen die Bäume am Flußufer in tiefem Schlaf, hin und wieder wirbelten Blätter herab, und ihr Rascheln klang wie Seufzen.

»Laß mich ›ältere Schwester‹ zu dir sagen, Großauge.«

»Gut, mein einfältiger kleiner Bruder.«

»Du bist zu gut zu mir, Schwester. Ich wünschte mir, du würdest nicht als Barmädchen arbeiten.«

Großauge lehnte sich an ihn. »Warum nennst du mich nicht deine ›Frau‹ oder ›Schätzchen‹?«

»Warum suchst du dir nicht einen anderen Beruf?«

»Ich habe mich schon bloßgestellt. Ob ich es nun auch weiterhin tue oder nicht, für die anderen bleibe ich immer eine Nutte. Es wird sich doch machen lassen, daß ich weiter als Animierdame arbeite und nur als Animierdame, aber – und das deinetwegen – keine Sonderwünsche erfülle.«

Sonderwünsche! Die verdient ihr Geld auch nicht im Schlaf! Sich hier befummeln, da befummeln lassen. Breitmaul, dieser verdammte Hurenbock, mit seinem dreckigen Gewäsch. Der bloße Gedanke an ihn verursachte ihm eine Gänsehaut, und er verspürte erneut einen Brechreiz. Er wollte ihr raten, den Beruf zu wechseln, aber er wußte nicht, wie er ihr das begreiflich machen sollte.

Schulter an Schulter gingen sie um den Sportplatz herum, durch den Wald am Flußufer und stapften dann schweigend von der nördlichen zur südlichen Brücke über den Liebesfluß.

»Bring mir morgen abend die Kleider, die ich bei euch

hab' machen lassen, und warte, bis ich nach Hause komme.«
Sie verabschiedeten sich und Großauge gab ihm einen Schlüssel.

Als Grübchen ihr spät in der Nacht die Kleider, die sie in Auftrag gegeben hatte, in die Wohnung bringen wollte, mußte er lange vergeblich auf sie warten.
Es war schon nach eins, und er wartete noch immer gelangweilt in ihrem Zimmer. Vielleicht brachte sie gerade einen Kunden fort; vielleicht trank sie gerade einem Kunden zu. Komm! Ex! Kippte Glas auf Glas, wurde vielleicht gerade von einem aufgedrehten Kunden umarmt, hier befummelt, da befummelt, ah! Bloß nicht dran denken, es war zu erniedrigend für sie. Breitmaul, dieser verdammte Hurenbock... wieder dieser Brechreiz. Auch um halb zwei war sie noch nicht zurück. Ein Kunde mußte sie abgeschleppt haben. Und verbrachte nun die Nacht im Hotel mit ihr?
Er schloß hinter sich ab, stieg die Treppe hinunter und wollte gehen. Da hörte er, wie vor dem Haus ein Taxi bremste, dann das Geräusch der Haustür. Er stand gerade auf der Treppe und zog die Schuhe an, als Großauge, sich mit einer Hand gegen die Wand stützend, hereingetorkelt kam.
»Grübchen, hilf mir die Treppe rauf. Ich bin so voll, der Kopf fliegt mir fast auseinander.«
Sie streifte ihre Pumps ab und stakste die Treppe hinauf, wobei sie eine Hand über Grübchens Schulter warf und sich mit der anderen auf das Geländer stützte. Er schloß die Tür wieder auf und half ihr ins Zimmer. Sobald sie nahe genug am Bett waren, ließ sie sich fallen und blieb keuchend liegen. Ihre Handtasche fiel zu Boden, Alkoholdunst erfüllte das Zimmer.

Er hob die Tasche auf und legte sie aufs Bett. Dann deckte er Großauge mit einem Bettbezug zu, schüttelte sie sanft und sagte: »Ruh dich gut aus, ich geh' jetzt. Dein Kleid hab' ich in den Wandschrank gehängt.«

»Bleib doch bei mir heut nacht!«

»Nein. Wir würden nur ins Gerede kommen.«

Mit einem Satz wollte er aus der Tür, wurde aber jäh von ihr, die vom Bett aufgesprungen war, festgehalten. Er befreite sich aus ihrem Griff und schickte sich an, zum Laden zurückzugehen.

»Eine Woche hab' ich an deinem Krankenbett gewacht, als du in der Klinik warst. Und du kannst nicht mal eine Nacht bei mir bleiben, wenn ich so schrecklich voll bin?«

Er hörte nicht auf sie und bestand darauf zu gehen. Sie knirschte mit den Zähnen und zerrte ihn mit aller Kraft zurück ins Zimmer, dann schloß sie die Tür, schob den Riegel vor, warf sich aufs Bett und begann, laut zu heulen.

»Ich weiß, du kannst es nicht ausstehen, daß ich Barmädchen bin, du verachtest mich«, kreischte und heulte sie zugleich. »Eben wollte mich ein Kunde unbedingt über Nacht bei sich behalten, ich hab' mich gesträubt, mit Händen und Füßen, über eine Stunde hat er mich bearbeitet, zwei Ohrfeigen hab' ich kassiert. Aber ich wollte nicht. Ich hasse dich!«

Sie schlug mit den Fäusten aufs Bett, das federnd nachgab und auch sie selber auf und ab federn ließ.

»Hör auf zu weinen. Ich bleibe.«

»Bring mir ein Glas Wasser aus der Küche. Meine Kehle platzt gleich, so trocken ist sie.«

Als er mit dem Wasser kam, weinte sie schon nicht mehr. Er faßte sie unter, so daß sie sich auf dem Bett aufrichten konnte, und reichte ihr das Wasser. Sie gab sich einen Ruck, nahm das Glas und trank es mit einem Schluck

aus. Ihre Hände umklammerten das leere Glas, Tränenspuren bedeckten ihr Gesicht.
»Ich hasse meinen Vater. Er spielt und säuft. Sein eigenes Geld langt dafür nicht. Meine Mutter hat hart arbeiten müssen, um uns vier Schwestern großzuziehen, und dann kam er noch oft und wollte Geld von ihr und schlug sie, wenn er keines bekam. Als ich sechzehn war, verkaufte er mich an die Bar. Früher war ich noch schüchterner als du, aber jetzt behaupten einige, ich saugte den Leuten das Mark aus den Knochen, ich sei eine Füchsin. Ehrlich, ich weiß, wie man einem Kunden den Kopf so verdreht, daß er tüchtig was springen läßt. Und ausgerechnet du läßt dir nicht von mir den Kopf verdrehen.« Sie knirschte mit den Zähnen und schleuderte das leere Glas auf die Erde, wo es mit ohrenbetäubendem Lärm zerschellte. Der Fußboden war mit Scherben übersät. »Fünf Jahre in der Bar! Wie ich dieses Leben hasse!« Ein ums andere Mal warf sie sich aufs Bett, heulend und am ganzen Körper bebend.
»An all deinem Kummer bin nur ich schuld.« Grübchen war so jämmerlich zumute, daß er zu schluchzen begann. Sofort hörte sie auf zu weinen, richtete sich auf und packte ihn bei den Schultern. »Jetzt heulst du auch? Das ist nicht sehr männlich, wirklich!« Aber er heulte nur noch schlimmer, so heftig, daß selbst die Schultern von diesem Heulen geschüttelt wurden.
»Will ein Mann sein und heult, haha!« Sie lachte unter Tränen. Ihr Gesicht war tränenüberströmt, ihr Haar zerzaust. Da mußte auch er unwillkürlich lachen. Er prustete los, beugte sich zu ihr hinab und vergrub sein Gesicht in ihrem Busen, während er mit den Händen so fest wie möglich ihre Taille umklammerte. Sie hob sein Gesicht zu sich empor und wischte ihm mit einem Rockzipfel die Tränen fort. Dann rieb sie sich fahrig über das

eigene Gesicht, senkte den Kopf und schmiegte sich an ihn.

»Sei lieb! Schlaf jetzt!« Sie zog eine Decke aus dem Wandschrank und starrte Grübchen lächelnd an. »Ich schlafe unterm Bettbezug, du unter der Decke. Aber damit es kein Mißverständnis gibt: Nicht daß du mitten in der Nacht aufstehst und heimlich das Laken zurückschlägst, sonst geh' ich morgen in euren Laden und sag' das allen. Mach mir den Reißverschluß auf.«

Er zog ihr den Reißverschluß bis zum Hintern auf. Als sie aus dem Kleid stieg, hob sich unter dem durchscheinenden Unterkleid undeutlich ihre kalebassenförmige Figur ab.

Grübchens Herz schlug schneller, sein Gesicht glühte. Ohne sich auszuziehen, wickelte er sich in die Decke und legte sich, das Gesicht der Wand zugekehrt, hin. Er schloß die Augen, hörte, wie sie in die Küche ging, hörte den Wasserhahn plätschern. Ob sie sich jetzt das Gesicht wusch? Nach einer Weile kam sie wieder ins Zimmer, schloß die Tür ab und schob den Riegel vor. Einen Moment lang öffnete er verstohlen die Augen. Sie stand vorm Spiegel und kämmte sich. Als sie sich hinlegte, federte das Bett. Er zog sich die Decke bis zum Hals. Noch immer federte das Bett leicht... dann war alles ruhig. Er wagte nicht, sich auf die andere Seite zu legen. Er hatte Angst davor, daß sein Blick, sobald er die Augen öffnete, auf ihren Körper unter dem durchscheinenden Unterkleid fallen würde.

Es war zwar schon Spätherbst, aber in dem weichen Bett wurde es sehr warm. Grübchen stieß mit dem Fuß die Decke zurück und atmete erleichtert auf. Der Schein der Tischlampe hinderte ihn daran, die Augen zu schließen. Im Zimmer schwebte der Geruch von Kosmetika. Ihm war, als bliese ihm der regelmäßige Atem der Frau, die in seinem Rücken schlief, ein Aufputschmittel zu. Sein Herz pochte wild. An der wasserblauen Wand klebte eine nackte Frau. Sie hielt die Knie zusammengepreßt, beugte sich zu ihm herunter und blickte ihn an, als amüsierte sie sich, daß er so wenig männlich sei. Er hielt es nicht länger aus, auf der Seite zu liegen, und drehte sich behutsam auf den Rücken. Das Bett federte. Als er die Beine ausstreckte, stieß er unversehens gegen ihren Fuß, der sich daraufhin hob und auf seinem liegenblieb. Er warf einen verstohlenen Blick auf sie. Sie schlief wie tot. Sein Fuß verkrampfte sich unter der Belastung, auch Rücken und Schultern verkrampften sich, da er nicht gewohnt war, in einem solchen Bett zu schlafen. Er hielt es nicht länger aus. Er zog seinen Fuß unter ihrem hervor und richtete sich allmählich so weit auf, daß er sitzen konnte. Im Schlaf sah sie sehr süß aus. Das Laken reichte ihr nur bis zum Bauch und am anderen Ende guckten die lackierten Fußnägel hervor. Sein Blick fiel auf ihre beiden Gipfel. Unter dem weißen, durchscheinenden Unterkleid saß der BH so stramm, daß ein Drittel des Busens hervorgepreßt wurde. Mit jedem ihrer Atemzüge hob sich der Spalt zwischen ihren Brüsten. Die Träger liefen durch Ösen in einen Knoten, an dem man nur einmal behutsam zu ziehen brauchte, um beide Brüste hervorspringen zu lassen. Angefeuert von einem wilden, ganz ursprünglichen Begehren, faßte er mit einer Hand nach dem Knoten und wollte ihn aufziehen. Dabei fiel sein Blick auf ihr Gesicht, ihr abgeschminktes Gesicht, das jetzt zart und weiß wie ein gepelltes Ei aussah. Die Augen waren zu Strichen verengt, die Wimpern ruhten entspannt auf den unteren Lidern, in ihrem Atem war etwas von der Unschuld eines jungen Mädchens. So schlafend sah sie sehr rein aus, nichts mehr deutete darauf hin, daß sie in einer Bar arbeitete. Einmal hatte er gesehen, wie Yuanyuan im

Stuhl zurückgelehnt schlief. Genauso rein wie Yuanyuan wirkte Großauge nun, da sie schlief. Yuanyuan! Yuanyuan!

Hatte sich dieses Mädchen, das da tief schlafend neben ihm lag, in Yuanyuan verwandelt? Wenn er jetzt an diesem Knoten zöge, wie könnte er dann wagen, noch länger unter Yuanyuans Augen zu arbeiten. Yuanyuan! Sie war genauso alt wie er, hatte aber ein Jahr früher mit ihrer Schneiderlehre begonnen und ihn dann auf Wunsch des Chefs von seinem ersten Tag an in die Arbeit eingewiesen. Wann immer er etwas Neues zu tun bekam, hatte sie ihm alles gewissenhaft erklärt. Hatte er etwas falsch gemacht, half sie ihm beim Auftrennen und nähte es dann selber wieder richtig zusammen, damit er sehen konnte, wie man es machte. Sie war da ganz anders als Breitmaul oder Löwennase, die in solchen Fällen mit ihm schimpften und ihm mit dem Lineal eins überzogen, bevor sie etwas erklärten. Einmal war Yuanyuan seinetwegen mit Breitmaul aneinandergeraten: »Wenn du ihm was beibringen willst, dann tu es, wenn nicht, dann laß es! Was soll das Geschimpfe? Du warst doch auch einmal Lehrling und bist nicht der einzige, der weiß, wie es richtig gemacht wird, brauchst dir also nichts einzubilden.«

Oft hielt sie ihm heimlich vor, daß er sich nicht sauber kleidete, daß sein T-Shirt voller Schweiß, die Hose voller Ölflecken sei. Einmal, als er gerade im Teich wusch, brachte auch Yuanyuan ihre Sachen. Sie rieb seine Wäsche mit Seife ein und walkte sie durch, aber als die Chefin plötzlich aus dem Haus trat, schob sie ihm die Sachen hastig wieder hin, obwohl sie noch voller Schaum waren. Die Chefin blieb stehen und sah sie beide auf eine Weise an, die Yuanyuan erröten ließ, als hätte man ihr das Abendrot ins Gesicht gestrichen. Kaum war die Chefin gegangen, holte sie sich die Wäsche zurück und spülte sie. Wie könnte ich Yuanyuan je wieder unter die Augen treten, wenn ich diesen Knoten jetzt öffnete? Bestimmt würde sie mich verachten.

Als dann Großauge in sein Leben eingebrochen war, war es einmal vorgekommen, daß Yuanyuan ihn ausschimpfte, weil er mit seiner Arbeit nicht fertig geworden war: »Du arbeitest nicht mehr ordentlich, Großauge hat dir den Kopf verdreht.« Tagelang hatte ihn das gewurmt. Am liebsten wäre er vor ihr niedergekniet und hätte sie um Nachsicht gebeten.

Großauge brummelte im Schlaf Unverständliches vor sich hin, ihr Atem ging tief, sie räkelte sich ein paarmal, streckte die Arme von sich, zog die Schultern hoch. Würde sie aufwachen? Schnell zog er seine Decke wieder hoch und legte sich mit dem Rücken zu ihr auf die Seite. Er schloß die Augen und tat, als schliefe er. Das Bett gab ein paarmal federnd nach, Großauge wälzte sich auf die andere Seite und wandte ihm ihr Gesicht zu. Wie absichtlich kam eines ihrer Beine auf seine Beine zu liegen. Aber es regte sich dann nichts hinter ihm. Ihm war, als würden in seinem Innern mit einem Blasebalg sengende Flammen geschürt.

Die Wanduhr schlug vier, dann lief sie weiter, tick-tack-tick-tack. Behutsam streifte er ihren Fuß ab, kletterte aus dem Bett und stürzte in die Küche. Er hielt den Mund unter den Wasserhahn und trank, ohne abzusetzen. Dann ließ er sich das Wasser übers Gesicht laufen, so kühlte auch das erhitzte Herz ab. Als er sich ins Zimmer zurückbegeben wollte, fegte er mit einer unvorsichtigen Bewegung die Aluminiumschöpfkelle vom Waschbekkenrand. Man hörte sie über den Fußboden kullern.

Im Zimmer blieb er verblüfft stehen. Großauge saß hellwach in ihrem Bett.

»Du bist aufgestanden?«

»Hatte Durst. Hab' Wasser getrunken.«
»Und hast nicht heimlich mein Laken zurückgestreift?«
Sie senkte den Kopf und blickte mit einem Lächeln an sich hinunter, als suchte sie auf ihrer Brust nach einem Beweis, daß er es doch getan hatte.
Dann machte sie eine Geste, die zu besagen schien: Schäm dich! »Im Entenstall überlebt kein Regenwurm die Nacht. Was bist du für ein Entchen, das den Wurm aus Dummheit liegen läßt?« Großauge zog ihn zu sich herunter. »Dich könnte man zu einer Jungfrau stecken, der passierte nichts.« Verärgert schüttelte er ihre Hand ab und rückte ein Stückchen von ihr fort.
»Hast vielleicht keinen Schwanz, kleiner Zwitter?« gluckste Großauge und hängte sich an seine Schulter. Er wollte sich von ihr freimachen, aber eine heftige Bewegung von ihr überraschte ihn und stieß ihn aufs Bett. Sie warf sich auf ihn, das Gewicht ihres Körpers hielt ihn nieder, sie hob sein Kinn und preßte ihren Mund auf seinen. Wild saugend, wie ein Drache durch den Fluß wirbelt, entrollte sich ihre Zunge in seinen Mund. Er war wie gelähmt. Er schloß die Augen und hätte gern begriffen, was in diesem Augenblick mit ihm geschah. Jede Zelle seines Gesichts zitterte, die Seele entwich seinem Körper, er zweifelte, ob er noch lebte. Ihm war, als würde er von einer Bö in die Luft geschleudert und triebe nun schwankend und zitternd dahin. Großauge keuchte, sie lockerte ihren Griff. Dann wieder dieses glucksende Lachen.
»Lach doch mal! Laß deine Grübchen sehen!«
Er starrte sie an, mit einem Blick, wie man ihn von Mädchen kennt, die empört sind, wenn man sich ihnen gegenüber etwas herausnimmt, und sich doch heimlich freuen, wenn man es tut.
»Wenn ich dich entjungfer', schenk' ich dir einen ganz,

ganz großen roten Umschlag, den größten der Welt«, sagte Großauge in gespieltem Ernst.
Er zog sich die Decke über den Kopf, aus Angst, ihr könnte noch mehr einfallen, und war dann ein wenig enttäuscht, als nichts passierte. Trotzdem behielt er die Decke überm Kopf. »Ich will deinen roten Umschlag nicht!« rief es in ihm. Er schloß die Augen und vergegenwärtigte sich noch einmal jenen Schauder, jenes Gefühl des Schwebens, des Treibens, das ihn überkommen hatte, als sie so rücksichtslos über ihn hergefallen war. Das also war der erste Kuß? Ganz allmählich schlief er ein.

»Entschuldigen Sie, ist das Mädchen mit den großen Augen, das bei Ihnen oben wohnt und in der Wanhua-Bar arbeitet, zu Hause?«
Nach über einem Monat wollte Grübchen Großauge wieder einmal besuchen.
»Sie ist vor mehr als einem Monat weggezogen«, meinte die Vermieterin.
»Wissen Sie, wohin?«
»Nein.«
Seitdem er sie an jenem Morgen verlassen hatte, war sie nicht wieder in den Laden gekommen. Sie wolle nicht länger als Barmädchen arbeiten, hatte sie gesagt, er brauche also nicht mehr nachts an der Straßenecke auf sie zu warten. Als er daraufhin fragte, was sie vorhabe, hatte sie nur gelacht und war die Antwort schuldig geblieben. Obwohl er ihr dort nie begegnete, traf es sich doch immer wieder, daß er um Mitternacht an jener Straßenecke, an der er so oft auf sie gewartet hatte, auf und ab lief und zusah, wie die Barmädchen von ihren Kunden ins Taxi gezerrt wurden und davonfuhren. Nur wenige von ihnen fanden niemanden, der sie abschleppte. Wenn er dann das

Klappern der Stöckelschuhe hörte und sah, wie sie spät in der Nacht ihre prahlerisch figurbetonten Leiber davontrugen, meinte er jedesmal, in einer von ihnen sie zu entdecken. Aber immer täuschte er sich. Ein paarmal kamen ihm auf der menschenleeren Straße die Tränen, weil sie nicht mehr erschien, weil er sie dort nie traf. Er wagte nicht, einfach selber in ihrer Wohnung nachzusehen. Sie wohnte ja oben, und wenn er unten an dem besagten Haus vorbeiging, warfen ihm die Familie der Wirtin und zwei Mieter Blicke voller Fragezeichen zu, die nahmen ihm jeden Mut. Mehrmals war er vor dem Haus stehengeblieben, von einem Fuß auf den anderen getreten, hatte aber nie gewagt, hineinzugehen. Immer aufs neue hatte er in dunkler Nacht die Einfahrt zur Gasse, in der sie wohnte, umkreist, in der Hoffnung, dabei zufällig auf sie zu treffen. Diesmal gab er sich endlich einen Ruck und ging in das Haus.

»Und hat nichts weiter gesagt, als sie wegzog?« murmelte er vor sich hin, nachdem er eine Weile wie benommen vor der Vermieterin gestanden hatte. Er verließ das Haus.

Überall gibt es Bars. In den Bars sind Barmädchen zu Hause. Also können sie überall zu Hause sein. Vielleicht war sie in eine andere Kreisstadt gegangen? Wenn sie noch hier in der Stadt wäre, hätte sie mich doch bestimmt besucht. Er dachte nach. Sie mußte in eine andere Stadt gegangen sein. Als er aus der Gasse bog, lag vor ihm der Liebesfluß, die romantische Stimmung hier am Ufer überwältigte ihn... Ein Entchen, das den Wurm aus Dummheit liegen läßt. Jene Nacht ging ihm nicht aus dem Sinn. Es stimmte, er war viel zu wenig männlich gewesen, etwas war offengeblieben, das Schlußkapitel war ausgefallen. Das Glucksen, mit dem sie sich an ihn herangemacht hatte. Die Erinnerung an jene Nacht, die er

nicht verloren geben mochte, brannte ätzend in seinem Herzen. Und in ihm gärte der Wunsch, dem Luft zu machen, was er sich in jener Nacht verkniffen hatte.
Sie tut nur so, als ob sie mich liebt, sie zieht mich damit auf, will nur ihren Spaß haben, wenn sie sich an mich heranmacht. Bist das Entchen, das den Regenwurm aus Dummheit liegenläßt, ein schwanzloser Zwitter! Das soll sie mir büßen! Die Jungfräulichkeit zerstören, die ihr so viel bedeutet!
Er suchte in seiner Tasche, zog den einen Fünfzig-Yuan-Schein hervor, den er besaß, und betrachtete ihn. Von den hundert Yuan, über die er monatlich verfügte, hatte er bereits die Hälfte für den täglichen Bedarf ausgegeben. Er überquerte die Brücke über den Liebesfluß und ging ins Bordellviertel hinter den Kinos. Auf halber Höhe der Häuser flackerten nervös die Neonlichter und warfen lüsternen Passanten aufmunternde Blicke zu. Besonders an Männer, die mit Katzenaugen nach Beute Ausschau hielten, machten sich die Mädchen heran und schleppten sie ab.
Einem Impuls folgend, stürzte sich Grübchen jäh in den PFIRSICHBLÜTENSTROM, ein Bordell, das sich durch drei grüne Lampen auswies. Fünfzig Yuan reichten für ein Billett in einem Drei-Lampen-Bordell.
Ein Schwarm von Mädchen, die sich die Schminke verführerisch dick aufgetragen hatten, umsurrte ihn. Er blieb verlegen stehen und vermied es scheu, den Blick auf einer von ihnen länger ruhen zu lassen.
»Such dir eine aus, aber ein bißchen schneller!« sagte eine, die auf einem Ballonkaugummi kaute.
»Schnell! Starr keine Löcher in die Luft! Suchst hier doch keine Frau fürs Leben. Greif dir eine und fertig.« Die mit den aufgeworfenen Lippen schien ungeduldig. Na gut. Wenn er sich eine greifen sollte, würde er sich eben eine

greifen. Er ließ den Blick nach rechts und links wandern und zeigte dann auf eine, die gegen eine Ecke lehnte und an einem Tintenfisch knabberte. Sie hatte ihre Augen dick mit schwarzgrüner Schminke umrandet, die Wimpern waren nach oben gebogen, Puppenaugen hatte sie. Das braungelb gefärbte Haar fiel ihr locker auf die Schultern, ihre Lippen glänzten von einer gelben Creme. Auch wieder diese wulstigen Negerlippen, wie eines von diesen Weibern aus dem Westen.
»Los, komm!« Sehr überzeugend klang die Aufforderung nicht. Mit den Hüften wiegend, trat sie in ein Zimmerchen, das kaum größer war als ein Vogelbauer. Verlegen ging er hinter ihr her.
Seit er über die Schwelle dieses Drei-Lampen-Bordells getreten war, kämpfte er mit dem Brechreiz, so erbärmlich und schmutzig erschien es ihm hier. Kaum hatte das Mädchen die Tür geschlossen, schälte es sich aus den Kleidern, Schicht für Schicht, wie bei einem Bambusschößling, schälte ungeniert alle Hüllen ab und räkelte sich schließlich wie eine weiße Schlange auf dem Bett.
»Was glotzt du so? Wird's bald?« drängte sie.
Er fühlte sich wie ein frischer Rekrut, der zum erstenmal auf dem Exerzierplatz antritt: ein Befehl, eine Bewegung, halbherzige Befehle, unbeholfene Bewegungen. Wie schmutzig und erbärmlich!
»Hm! Damit ist wohl bewiesen, daß ich männlich genug bin, kein schwanzloser Zwitter, daß das Entchen sehr wohl den Regenwurm hinunterschlucken kann.« Nicht länger war er unberührt! So sehnsüchtig hatte Großauge gehofft, ihn im Brautgemach entjungfern zu können, nun stand er, gegen einen Telegrafenmast gelehnt, am Ufer des Flusses und heulte. Er bereute, bereute so sehr. Diese Mädchen waren so erbärmlich und schmutzig, es drehte einem den Magen um. Sein Herz krampfte sich

zusammen. Nein, er würde Großauge nie wieder unter die Augen treten können.

Als er aus jenem vogelbauerähnlichen Zimmer getreten war, hatte ihm das Mädchen lächelnd etwas in die Hosentasche gesteckt und ihm aufmunternd zugeblinzelt.

»Komm mal wieder!«

Er suchte in seiner Tasche und zog etwas Eingewickeltes hervor. Schon beim ersten Anblick zuckte er zusammen. Ein roter Umschlag mit Geld!

»Sie hat gemerkt, daß ich es zum erstenmal machte. Die kennt sich aus!«

Kein Wunder, daß sie ihn nach all seinen halbherzigen Anweisungen und epileptischen Zuckungen mit einem koketten Lächeln ausgeschimpft hatte: »Alles, was ihr jungen Leute heutzutage lernt, ist, wie man auf die schiefe Bahn gerät.« Dabei war sie ihm mit feinen, sanften Händen durch die Haare gefahren und hatte sich an ihn geschmiegt.

»Hübsch sind deine Grübchen. Kommt selten vor, daß Männer Grübchen haben.«

Er öffnete den roten Umschlag und fand darin zwei Zehn-Yuan-Scheine. Er rollte den Umschlag wieder zusammen und warf ihn mit aller Kraft in den Fluß.

»So ein Geld stinkt. Ich will es nicht.«

Seine tränenverschleierten Augen blickten dem Umschlag nach, wie er auf den Kräuselungen des Wassers ein paarmal auf und ab tanzte und dann langsam versank.

Grübchen trat mit einer Jacke, die gerade fertig geworden war, aus der Schneiderei in den Laden und schrak zusammen, auf einem Stuhl saß Großauge. Sie hatte ihren schwangeren Bauch hervorgestreckt und redete und lachte mit der Chefin. Als sie Grübchen sah, verzog sie den Mund zu einem Grinsen. Ein halbes Jahr war bereits vergangen, seit sie sich getrennt hatten.

»Großauge hat geheiratet, Grübchen! Sie gehört nicht mehr dir!« lachte die Chefin.

»Komm mit, Grübchen, ich lade dich zum Essen ein.« Sie nahm ihn bei der Hand und verließ mit ihm den Laden. Ihr Bauch schwankte so heftig, als hätte sie sich eine große Trommel umgehängt. Sie näherten sich einer kleinen, dunklen Gasse, Grübchen zog Großauge in diese Gasse hinein, packte mit beiden Händen ihre Schultern und schüttelte sie wütend.

»Wieso bist du schwanger? Wieso bist du schwanger? Wieso bist du schwanger? Ich hab's nie mit dir gemacht. Wieso bist du schwanger?« schrie er heulend und schüttelte sie immer heftiger. Schließlich stieß er sie wütend von sich, beugte sich gegen die Hausmauer und heulte und stampfte mit dem Fuß auf.

»Wenn ich gewußt hätte, daß du es dir so zu Herzen nimmst, wäre ich nicht gekommen. Aber ich mußte die ganze Zeit an dich denken, also hab' ich, als ich jetzt nach Gaoxiong kam, die Gelegenheit genutzt und dich mit meinem dicken Bauch...«

»Hör auf davon! Hör auf!« schrie er und schnitt ihr das Wort ab.

»Wenn ich jetzt schwanger bin, dann doch nur deinetwegen. In Zukunft werden wir nie mehr arm sein, wir werden nie ohne Existenzgrundlage sein, wenn ich bei dir bin. Ich hatte das Leben als Barmädchen satt, aber ich brauchte auch Geld. Also hab' ich mich an den Geschäftsführer einer Firma in Taizhong vermietet, für zehntausend Yuan im Monat. Der Mann ist schon über vierzig und seine Frau bringt nicht mal eine Kakerlake zur Welt. Er will ein Kind von mir. Unter dreihunderttausend ist das nicht zu haben, und ich hab' ihm klipp

und klar gesagt, daß ich mit ihm Schluß mache, sobald das Kind da ist, und daß seine Frau es aufziehen soll.«
Großauge trat ganz nah an ihn heran und faßte ihn bei der Hand. »Sei mir nicht böse. Das ist nun mal mein Beruf. Ich will sein Geld, also muß er ein Kind von mir kriegen. Wenn du mit der Lehre fertig bist, hör' ich auf mit all dem und fang' ein neues Leben an und bin nur noch für dich da.«
»Auch so was nun wieder: dein Beruf! Daß du deinen Bauch vermietest, dein Beruf!« Er hörte auf zu heulen. »Kommt also im Zeitalter der Raumfahrt zu all den tausend Berufen noch ein neuer hinzu: den Bauch vermieten!«
»Zieh mich nicht noch auf damit! Lach mal! Laß mich deine Grübchen sehen.«
Er lachte nicht. Er zog sie fest an sich und preßte seinen Mund auf ihren. Wie ein Drache durch den Fluß wirbelt, entrollte sich seine Zunge in ihren Mund. Nach einem langen, langen Kuß stieß sie ihn, nach Luft schnappend, von sich.
»Wer hat einen solchen Routinier aus dir gemacht?«
»Du selber. In jener Nacht damals. Schon vergessen?«
»Du meine Güte! Was gut ist, kapierst du nicht, was schlecht ist, sofort. Bist mit deiner Schneiderlehre bald fertig und im Frauenaufreißen kannst du auch deinen Gesellen machen. Schüchtern bist du nicht mehr!«
»Männlich genug jetzt?«
»Hm. Immer noch Jungfrau?«
»Klar! Will doch den größten roten Umschlag der Welt von dir, wie du es mir damals versprochen hast«, sagte er kalt. In ihm stieg die Erinnerung an das Mädchen im PFIRSICHBLÜTENSTROM auf, an die krampfartigen Bewegungen, die er auf ihre halbherzigen Anweisungen hin vollführt hatte. Gern hätte er zu Großauge gesagt:

»Ich verzichte aber auf dein Geld, auf diese Bauchmiete.« Er brachte es nicht über die Lippen.
»Aber du kriegst ein Kind von einem anderen.«
»Komm, sei lieb! Kriegst auch Kinder von mir. Das erste soll einen Schwanz haben und Grübchen zum Verlieben wie du.« Der Gedanke berauschte sie. »Wenn du mit der Lehre fertig bist, laß ich ihn stehen. Wir mieten dann erstmal ein Zimmerchen, ich richte es hübsch ein, hellblaue Wände, dazu Gardinen mit einem gelben Traubenmuster, Gardinen, die bis auf die Erde reichen, übers Bett breiten wir eine große rote Wolldecke. Wir werden ganz formlos heiraten, uns einfach in diesem Zimmerchen vor Himmel und Erde verneigen und Mann und Frau werden und hundert rote Kerzen rings ums Bett anzünden als Symbol dafür, daß wir miteinander hundert Jahre alt werden wollen. Und dann«, flüsterte sie ihm ins Ohr, »dann entjungfere ich dich und du kriegst einen roten Umschlag mit vierhunderttausend. Ich kaufe einen Laden und richte einen großen Modesalon ein, darin verkaufen wir auch Stoffe. Ich helfe dir im Laden und mache neue Entwürfe; und dann kriegst du ein Kind von mir und dann...«
»Und dann...« Wieder ein langer, langer Kuß, seine Zunge wirbelte durch ihren Mund wie ein Drache durch den Strom. Auch er berauschte sich an dem schönen Traum, den sie da wob.
Vom Modesalon her tönte gebieterisch eine Hupe.
»Er kommt mich abholen«, sagte Großauge und stieß Grübchen von sich. Sie streckte ihren Bauch heraus und lief schwankend davon.
Grübchen trat aus der Gasse. Vor dem Laden hielt eine schwarze Limousine. Als Großauge den Wagen erreichte, öffnete vom Rücksitz her ein Mann die Tür und stieg aus. Er hielt Großauge die Tür auf und ließ sie einsteigen.

Dann stieg auch er ein und schlug die Wagentür zu. Der Mann war klein und dick und trug einen dunklen Anzug, ein Managertyp. Er legte eine Hand auf Großauges Schulter. Als die Limousine langsam an Grübchen vorbeifuhr, winkte ihm Großauge zu. Grübchen fühlte sich, als bruzzelte in seinem Herzen eine Pfanne mit heißem Fett; er knirschte mit den Zähnen. Und plötzlich lief er hinter dem Wagen her und rief: »Großauge! Großauge!« Das Auto bog um eine Ecke und verschwand. Er blieb stehen und ging dann keuchend zum Laden zurück. Am Eingang empfing ihn Yuanyuan: »Am Ende sind vier Räder doch schneller als zwei Beine. Sie ist weg. Aber du kannst nicht ohne sie und läufst hinter ihr her, als ging' es um dein Leben.«
»Nein! Sie hat geheiratet und kriegt bald ein Kind. Ich schulde ihr noch zweitausendzweihundert, bin ihr nur nachgelaufen, um sie nach ihrer Adresse zu fragen. Will ihr, wenn ich Geselle bin, unbedingt das Geld von meinem ersten Lohn zurückgeben, einschließlich Zinsen.«
»Geheiratet hat sie also. Du...«
»Ich lad' dich ins Kino ein«, schnitt er ihr das Wort ab.
»Wirk – lich?«
»Wirklich.«
»Guck erstmal nach, ob du Geld hast.«
Er durchsuchte seine Taschen und hielt ihr dann mit hochrotem Kopf die leeren Hände hin. Yuanyuan warf einen Blick auf den Laden hinter sich. Sie öffnete das kleine Portemonnaie, das sie in der Hand hielt, und reichte ihm einen Fünfzig-Yuan-Schein. »Kauf davon Karten. Du lädst ein und ich bezahle.«
Es war wie Gedankenübertragung: Auch er fürchtete, die Kollegen könnten sie zusammen sehen. »Geh vor«, sagte er leise, »ich komme nach.«
Yuanyuan errötete und ging voraus. Er sah ihr eine Zeit-

lang nach. Als er merkte, daß sie vom Laden her nicht beobachtet wurden, lief er, bis er sie eingeholt hatte.
»In welchen Film wollen wir denn?« fragte Yuanyuan.
»In ERSTE LIEBE RÜCKEROBERT.«
»Nicht lieber in VERLORENE LIEBE?« stichelte sie.
»Dann schon lieber in GEFUNDENE LIEBE. Ich mag dich nämlich, und außerdem: Du zahlst und ich lade ein.«
Er streckte ihr die Zunge heraus und lachte, und wie eine Blüte bildete sich dabei ein Grübchen.
Yuanyuan wurde rot, sie blickte ihn von der Seite an. Er faßte sie bei der Hand. Ihre Hand zitterte heftig. So hatte er damals gezittert, als Großauge unter den Bäumen am Flußufer zum ersten Mal nach seiner Hand gefaßt hatte.

1969 (Übersetzung: Wolf Baus)

Qideng Sheng

Qideng Sheng ist das Pseudonym von Liu Wuxiong, geboren 1939 in Tongxiao, Taiwan. 1955 bis 59 studiert er an der Pädagogischen Hochschule in Taibei und arbeitet dann als Volksschullehrer. Nachdem er zwischenzeitlich andere Tätigkeiten ausübt – als Schuhverkäufer, Konferenzstenograph und Angestellter eines Elektrizitätswerkes –, ist er seit 1970 wieder im Schuldienst. 1962 veröffentlicht er erste Erzählungen. Obwohl gebürtiger Taiwanese, unterscheidet sich Qideng Sheng stark von Schriftstellern wie Huang Chunming, Wang Zhenhe und anderen. Seine Sprache wirkt selbst auf Chinesen befremdlich; auch die Namen, die er seinen Figuren gibt, hören sich wie Transliterationen ausländischer Namen an. Er gehört zu der philosophischen Richtung unter den taiwanesischen Literaten, die Ende der fünfziger Jahre den Existentialismus als Antwort auf ihr Gefühl der Sinnlosigkeit und Ausweglosigkeit des Lebens entdeckten. So sind Qideng Shengs Erzählungen nicht dem Realismus verpflichtet, schildern nicht ein Stück der Alltagswirklichkeit – dies lehnt er als bloße Aufzeichnung ab –; sie sind eher Parabeln, in denen er seine Philosophie transportiert: Man muß sich eine eigene Ordnung und Ethik schaffen, um seinem Leben einen Sinn zu verleihen.

Ich liebe schwarze Augen

Einen grünen Damenregenmantel über dem Arm und einen schwarzen Regenschirm in der Hand, verließ Li Longdi die Siedlung, ohne seiner Tante etwas zu sagen. Er stand im Wartehäuschen an der Bushaltestelle neben der großen Straße, um mit dem Bus in die Stadt zu fahren. Es war die Zeit der Abenddämmerung, aber an regnerischen Tagen konnte man die herrlichen Farbschattierungen des Zwielichts nicht sehen, man hatte nur das Gefühl, daß ringsum ganz allmählich Dunkelheit herniederfiel. Er war über dreißig Jahre alt. Man konnte nicht erraten, was für einen Beruf er hatte. Jedenfalls vermittelte sein stets nachdenkliches Verhalten keineswegs den Eindruck eines optimistischen Menschen. Wenn die Leute, die in der Siedlung wohnten, ihn zu Gesicht bekamen, ging er immer spazieren; alle fuhren in die Stadt zur Arbeit, warum spazierte er alleine hier müßig herum? Nie grüßte er Leute oder wechselte einige Worte mit ihnen, wenn er sie traf. Manchmal war eine schöne, kleine Frau in seiner Begleitung, aber man wußte auch nicht, ob sie Mann und Frau oder Bruder und Schwester waren. Sicher war nur, daß er in dieser Siedlung wohnte und mit einer Witwe namens Qiu zusammenlebte, die vor fünf Jahren ihren Mann verloren hatte. Li Longdi sah einen Bus wie ein Ungetüm vorbeibrausen, das unzählige dicht nebeneinanderstehende leuchtende Stahlstangen zu durchbrechen schien. Die Räder rasselten, die Leute im Innern des Busses stöhnten über diesen unaufhörlichen Regen. Li Longdi zog schweigend die Schultern zusammen und schaute aus dem Fenster. Prasselnd schlug der Regen gegen die Scheibe, als wollte er Lis nachdenkliches Gesicht hinter dem Fenster treffen. Li Longdi dachte an Qingzis schwarze Augen. Er empfand eine tiefe Dankbarkeit, die ihn zugleich mit Trauer erfüllte. Durch die regentrübe Scheibe blickend, schien er Qingzi hinter dem Schaufenster des Spezialitätengeschäfts zu sehen. Sie schaute ständig zu den Zeigern der Uhr an der Wand, verzweifelt hoffend, daß der Besitzer, der zum Abendbrot nach Hause gegangen war, rechtzeitig zurückkomme, um sie abzulösen, so daß sie gehen konnte. So dachte er bekümmert daran, wie sie die Sorge des Lebensunterhalts für sie beide beherzt auf sich genommen hatte. Während der Bus voranbrauste, als ginge es darum, eine große Armee aus dem Felde zu schlagen, beschäftigte Li Longdi die Frage, ob es eine Freude sei, sich zu sehen.

Bevor er den Theaterbezirk erreichte, der einer ununterbrochenen Bergkette glich, mußte er noch in den Stadtbus umsteigen. Li Longdi stand vor der Menschenmenge unter dem Säulengang des Theaters und schaute in die Richtung, aus der Qingzi kommen mußte. Er hatte bereits zwei Theaterkarten in der Tasche. Ein Regenschirm nach dem anderen schwankte an ihm vorüber. Er versuchte, in diesem Meer einen Nylonschirm mit roten Jasminblüten und goldenem Griff auszumachen, als ihm plötzlich etwas einfiel. Er spannte den Schirm auf und stürzte zur gegenüberliegenden Ladenstraße. Vor dem Schaufenster einer Bäckerei betrachtete er die verschiedensten Brotsorten, die dort, in Schalen aufgehäuft, ausgestellt waren. Schließlich ging er in die Bäckerei und verlangte zwei Rosinenbrote. Er nahm die Papiertüte mit dem Brot und stopfte sie in die Tasche des grünen Regenmantels, den er immer noch über dem linken Arm hängen hatte. Sich mit dem Schirm gegen den schweren Regen schützend, stürzte er zurück unter den Säulengang des Theaters und stand dort wie zuvor vor der Menschenmenge. Die wunderbare und trügerische Erscheinung der Großstadt bei Nacht entfaltete sich bereits vor seinen Augen.

Die eisernen Gittertüren des Theaters wurden geöffnet, und das Geräusch ließ Li Longdi zusammenfahren und veranlaßte ihn, den Kopf zu wenden. Er sah, wie die Theaterbesucher begannen, sich in eine bestimmte Richtung zu schlängeln. Die Leute, die gerade noch so zahlreich unter dem Säulengang gestanden hatten, flossen davon wie Wasser und waren im Nu verschwunden. Zurück blieben nur eine Apfelsinenhändlerin, die ständig Passanten ansprach, und ein kleines Mädchen, das Blumen verkaufte. Das kleine Mädchen blieb nochmals vor Li Longdi stehen und bat ihn in einem mitleiderregenden Ton, indem sie ihn an dem Arm schüttelte, über dem der Regenmantel hing. Zuerst hatte er gedacht, Blumen zu kaufen sei nicht so wichtig wie Brot. Aber jetzt war es kurz nach sieben, und er war überzeugt, daß Qingzi gleich erscheinen würde. Einem Impuls folgend, zog er ein Geldstück heraus, kaufte eine Blume und steckte sie vorsichtig in die kleine Brusttasche seines Mantels.

Li Longdi hörte das knarrende Geräusch des Schließens der eisernen Gittertüren. Er wandte sich um und sah die Rücken einiger Theaterdiener nacheinander hinter der automatischen Tür verschwinden, die, wenn sie geöffnet war, die Finsternis im Innern sichtbar werden ließ. Den Griff des Schirms fest in der rechten Hand, stand er betroffen mitten im Durchgang und schaute voller Zweifel in die verregnete, endlose Ferne der Straße; dann ließ er den Kopf hängen und ging traurig davon.

Er setzte sich ruhig in den Stadtbus, die Räder des Busses drückten das Wasser zur Seite, als sie vorwärtsrollten. Einige junge Burschen drehten sich um, kletterten ans

Fenster und brachen bei dem spritzenden Geräusch in begeisterte Rufe aus. Im Innern des Busses übertönten die Scherze der Fahrgäste einige wenige Seufzer. Li Longdi schaute hinüber zu einem barfüßigen, zerlumpten, blassen Arbeiter. Dieser Arbeiter hatte ein schönes Gesicht mit einem dichten, schwarzen Bart und leeren Augen, die beiden Nasenlöcher seiner dünnen, geraden Nase schienen Ströme von Müdigkeit und Überdruß auszustoßen, seine Arme waren stark und mager wie mit dem Messer geschnitzte, unebene Holzstöcke. Einige in dicke Wollmäntel gehüllte Männer, die wie Bären aussahen, saßen beisammen und redeten lebhaft über Zeitvertreib an Regentagen. Jetzt begannen sich in die Prahlereien der fröhlichen, jungen Burschen einige das Ohr beleidigende, grobe Ausdrücke zu mischen.

Als Li Longdi ausstieg, überschwemmte das in der Straße angesammelte Wasser seine Schuhe. Rasch eilte er zu dem Spezialitätengeschäft, das Qingzi Tag und Nacht hütete, um für ihren Lebensunterhalt zu sorgen. Soweit Li Longdi sehen konnte, hatten alle Geschäfte der Marktstraße bereits Ladenschluß, und die Türen standen nur noch halb offen. Verwundert sah er den Besitzer des Spezialitätengeschäfts mit einem Mop aus Lumpen in der Hand, den fetten Körper mühsam gebeugt, mitten in der offengelassenen Tür stehen, bemüht, das ständig fließende Wasser aufzuhalten. Li Longdi ging zu ihm hinein und sagte: »Entschuldigen Sie...«

»Ja, was gibt's?« Er schaute geringschätzig auf Li Longdi.

»Ist Fräulein Qingzi noch hier?«

Er schüttelte gleichgültig den Kopf und sagte: »Sie ist fortgegangen.«

»Wann ist sie gegangen?«

»Etwa vor einer halben Stunde. Als ich nach dem

Abendbrot von zu Hause zurückkam, schien sie sehr unglücklich zu sein. Sie nahm ihre Sachen und ging eilig fort.«
»Oh, ist etwas vorgefallen?«
»Sie fing mit mir zu streiten an, über...«
Li Longdi setzte ein mechanisches Lächeln auf, als er diesen fetten Mann in den mittleren Jahren beobachtete, der mit gestraffter Brust einen ausführlichen Bericht gab: »... Ihr Temperament, sie hat mich einfach nicht als Chef behandelt. Wenn sie nicht wie ein liebenswertes Täubchen aussähe und Leute anzöge, würde ich... Ich sagte etwas zu ihr, sie brauste auf und ging schimpfend davon. Ich weiß nicht, was sie Wichtiges vorhatte. Weil es so furchtbar regnete, kam ich etwas verspätet von zu Hause zurück, und sie war so mißgestimmt, als hätte ich sie dadurch ihres Glückes beraubt, daß ich ihre Zeit in Anspruch genommen hatte. Ehrlich gesagt, wenn ich Geld hätte, könnte ich durchaus ein schöneres Mädchen einstellen...«
Li Longdi überlegte einen Moment und sagte dann zu ihm: »Entschuldigen Sie, daß ich Sie gestört habe.«
Der fette Mann richtete sich nochmals auf, und erst jetzt betrachtete er Li Longdi genauer.
»Sind Sie mit ihr verwandt?«
»Ich bin ihr Mann.«
»Oh, entschuldigen Sie...«
»Keine Ursache, ich danke Ihnen.«
Li Longdi kehrte erneut auf die Straße zurück, wo es wie aus Kübeln goß. Der Himmel war wie ein geborstener Deich, durch den ungeheure Wassermengen auf die Stadt herabströmten. Die Busse kamen jetzt nur unter großen Schwierigkeiten voran, einige blieben plötzlich mitten auf der Straße stehen und blockierten den Verkehr. Die Straßen verwandelten sich in Flüsse, und auch das Gehen

wurde mühsam. Das Wasser reichte Li Longdi bis an die Knie. In dieser Stadt, die so plötzlich und unvorbereitet von dem Unheil heimgesucht worden war, konnte er sein Ziel nicht mehr verfolgen. Seine Arme schmerzten und waren gefühllos, so daß er glaubte, den Schirm nicht mehr halten zu können. Obwohl der Schirm ihn die ganze Zeit geschützt hatte, war Li Longdi völlig durchnäßt, als er sich fast ohne Hoffnung zum Zentrum der Stadt durchgekämpft hatte. Die Mienen und Schreie der Menschenmassen, die herrenlos in alle Richtungen drängten und flohen, steckten ihn mit ihrer Furcht vor dem herannahenden Unheil an. Wenn er jetzt noch seine Frau Qingzi sehen könnte, was für eine Gunst des Himmels wäre das! Besorgt und entrüstet dachte Li Longdi, daß man den geliebten Menschen im Arm halten sollte, wenn der Tod unausweichlich war. Angesichts dieser noch nie dagewesenen Situation war er derart verzweifelt, nie hatte er es mehr gehaßt als in diesem Augenblick, daß die Menschheit so zahlreich war. Nicht nur, daß das Wasser immer tiefer und reißender wurde, auch jene aufgescheuchten, herrenlosen Menschen hinderten seine Augen daran, sein Ziel auszumachen. Li Longdi sah, daß die Leute jetzt, in der Furcht zurückzubleiben, Leitern aufstellten, um auf die Hausdächer zu klettern, und in beispiellosem Egoismus die anderen brutal zur Seite drängten und nach ihnen traten.

Li Longdi lehnte sich keuchend gegen einen großen Steinpfeiler und weinte, er dachte betrübt: »Wie beschämend eine Menschheit, die auf solche Weise um ihr Leben kämpft. Ich will lieber hier stehen, mich an den großen Pfeiler klammern und mit ihm zusammen untergehen.« Der schwarze Schirm in seiner rechten Hand konnte dem herabströmenden Regen nicht mehr standhalten, er fiel ins Wasser und war weg. Das eiskalte Wasser traf sein Gesicht und seinen Körper, langsam kam er zu sich und wurde ruhig. Insgeheim war er persönlich betroffen, daß in dieser Natur der Tod überhaupt nicht zählte; was konnte menschliches Leid dieser kaltherzigen Natur anhaben? Wie konnten die Werte, an die die Menschheit glaubte und an die sie sich hielt, angesichts dieser nicht aufzuhaltenden Zerstörung der Natur von Dauer sein? Er beglückwünschte sich zu seinem düsteren Glauben, den er sich in früheren Tagen gebildet hatte. Jetzt konnte er ihm konkret helfen, diesem furchtbaren Überfall ohne Furcht zu begegnen. Wenn er seinerzeit danach gestrebt hätte, Macht an sich zu reißen und eigene Interessen zu verfolgen, wie könnte er es jetzt ertragen, daß diese Dinge durch Naturgewalten vernichtet wurden? Waren jene Menschen, die ihr Hab und Gut zurückholen wollten, oder darüber trauerten, daß Leute, die sonst auf ihren Ruf hörten, nun flohen, um ihr Leben zu retten, und nicht wieder zurückkehrten, jetzt nicht alle ohne Hoffnung und fielen ins Wasser? Hoffnungslos sahen sie die fliehenden Menschen und forttreibenden Dinge verschwinden; sie hoben die Arme, als wollten sie sich traurig von ihnen verabschieden. Die Existenz des Menschen war alsdann die Beziehung zwischen ihm und seiner Umgebung im Hier und Heute. Konnte er sich unter diesen Umständen erst selbst erkennen, dann selbst bestimmen und sich lieben? War er jetzt eins mit Gott?

Das Wasser war bereits bis über Li Longdis Hüften gestiegen, er hielt immer noch seinen linken Arm hoch, über dem der Regenmantel hing, offenbar war er jetzt noch gefaßter. Diese von Menschenhand errichtete Stadt hatte in dem großen Unheil sofort all ihren Glanz verloren. Vor seinen Augen war alles pechschwarz und trübe geworden, die Katastrophe wurde immer schlimmer.

Eine Menschenmenge drängte an ihm vorbei, hastig wurde eine lange Leiter aufgestellt, und die Leute stiegen, sich drängelnd, eilig hoch. Er hörte schweres Klatschen vom Fallen ins Wasser, Stöhnen, Gurgeln und Flehen. Er sah die Umrisse eines zarten Mädchens, das sich an das untere Ende der Leiter klammerte. Sie schaute nach oben und bemühte sich hinaufzusteigen, aber sie war zu schwach. Li Longdi watete hinüber und stützte sie, dann stieg er, sie auf dem Rücken tragend (so ein zartes Mädchen war nicht allzu schwer), Sprosse für Sprosse hinauf aufs Dach. Als Li Longdi sie, auf dem Dach angekommen, absetzte, war sie bereits durch Schock und Schwäche ohnmächtig geworden. Er wickelte ihren durchnäßten, eiskalten Körper in den grünen Regenmantel und setzte sich, sie in den Arm nehmend, ruhig auf den Dachfirst. Er senkte den Kopf und betrachtete das blasse Gesicht dieses fremden Mädchens an seiner Brust. Ihre Lippen zitterten, ihre Augen lagen tief in den Höhlen und hatten dunkle Ränder, ihr Haar war feucht und verklebt; er sah, daß sie krank war.

Mitten im stummen Gebet und nächtlichen Warten hörte der heftige Regenguß unvermutet auf. Unter dem Dach schwoll der unermeßliche Wasserstrom weiter an. Die Leute saßen alle besorgt auf dem hohen Dachfirst.

Auf dem gegenüberliegenden Dach konnte Li Longdi die Schatten unzähliger Menschen sehen, die schweigend dasaßen. Von Zeit zu Zeit bewegte sich ein dunkler Schatten vorsichtig und langsam auf die Dachrinne zu und kehrte wieder zurück, um mit eintöniger, verlassener Stimme vom Wasserstand zu berichten. Seit der letzten Nacht hatte man von überall her abgerissene Schreckens- und Klagerufe gehört. Als es im Osten allmählich etwas heller wurde, konnte Li Longdi die Menschen um sich herum auch langsam deutlicher erkennen. Die Reinigung einer Nacht hatte bewirkt, daß sie abgehärmt aussahen; ihre Gesichter waren erstaunlich friedfertig und ruhig, freundschaftlich erwiderten sie die hinübergeworfenen Blicke. Li Longdi begegnete verwirrt einem sehr vertrauten Augenpaar auf jenem Dachfirst, der wie das gegenüberliegende Ufer eines Flusses erschien; die Strahlen der plötzlich aufgehenden Sonne beleuchteten es klar. Li Longdi ermahnte sich selbst, weder erschreckt noch erfreut zu sein. Er fühlte, wie das Mädchen in seinem Arm sich regte. Als die Frau auf der gegenüberliegenden Seite des Wassers plötzlich aufsprang und ihn freudig rief, senkte Li Longdi den Kopf, um einem schwarzen Augenpaar zu begegnen, gleich dem, das ihm vertraut war. Das Mädchen an seiner Brust wollte sich von ihm freimachen, aber er hielt sie um so fester und ermahnte sie mit sanfter Stimme: »Du bist krank, wir befinden uns gemeinsam im Unheil, du mußt auf mich hören!«

Dann schaute Li Longdi auf sie hinab und lächelte.

Zu sich selbst sagte er jedoch: »Wenn du nur tot wärst, fortgeschwemmt vom Wasser oder totgetrampelt von den Leuten! Tauch nicht zu diesem Zeitpunkt so auf, Qingzi. Jetzt erscheinst du am anderen Ufer, ich bin hier, zwischen uns liegt ein unüberwindbarer Strom. Ich erkenne an, daß ich gezwungen wäre, meine jetzige Verantwortung aufzugeben, wenn ich, solange unsere Situation sich nicht ändert, auf dein Rufen antwortete. Aus Überzeugung verharre ich hier und warte, daß die Umstände sich ändern. Wenn ich wie jene Pessimisten wäre, die wie Steine still dasitzen oder -stehen, oder die jetzigen Ereignisse verhöhnte und mich daran erfreute, daß die ganze Welt in Gefahr ist, wie jene gefühllosen Optimisten, dann würde ich meine Existenz aufgeben.«

Er hörte Qingzi weiter von der anderen Seite herüberrufen, aber er senkte den Kopf und betrachtete das Mädchen an seiner Brust. In Gedanken antwortete er ihr jedoch: »Qingzi, auch wenn du dich entschließt, böse zu sein, ist das deine Sache. Du mußt sehen, daß du, jetzt wo dieser große und gefährliche Strom zwischen uns liegt, nicht an unsere frühere Beziehung denken solltest.«

Das Mädchen an Li Longdis Brust bewegte sich, als wäre ihr unbehaglich; die Augen von ihm abwendend, schaute sie in den hellen Himmel und sagte heiser: »Ah, es hat aufgehört zu regnen...«

Li Longdi fragte sie: »Wie fühlst du dich jetzt?«

»Es ist mir unangenehm, daß du mich im Arm hältst.«

Sie versuchte, sich freizumachen und sich aufzusetzen, aber ihr wurde schwindelig und es gelang ihr nicht. Li Longdi ließ sie sich jetzt nur anlehnen und gab ihr mit den Knien Halt.

»Ich will nach Hause...«, sagte sie weinend.

»Wenn dieses Unheil vorbei ist, können wir alle nach Hause, aber vorher können wir ihm nicht entrinnen.«

»Ich will unbedingt nach Hause«, wiederholte sie hartnäckig ihren Wunsch. »Ist das Wasser bereits zurückgegangen?«

»Ich glaube, es geht allmählich zurück«, sagte Li Longdi tröstend, »aber es könnte auch wieder steigen und uns alle überschwemmen.«

Schließlich hörte Li Longdi, wie Qingzi auf der anderen Seite zum Schimpfen überging, nachdem ihr Rufen keinen Erfolg gehabt hatte. Außer Li Longdi meinten alle Leute, die sie hörten, sie sei verrückt geworden. Das Mädchen an Li Longdis Brust senkte ihre müden, schwachen Lider und sagte mit kraftloser Stimme wie zu sich selbst: »Auch wenn das Wasser mich nicht ertränkt, so werde ich doch verhungern.«

Li Longdi hörte ihr aufmerksam zu. Er streckte die Hand aus und zog das Brot aus der Tasche des grünen Regenmantels, den sie umgehängt hatte, es war feucht. Als er den Regenmantel umwandte, um das Brot herauszuholen, begann Qingzi auf der gegenüberliegenden Seite wild zu gestikulieren und zu schreien: »Es ist mein grüner Regenmantel, meiner! Das ist mein Rosinenbrot, das ich so gerne esse! Gestern abend waren wir am Theater verabredet, alles, was das Mädchen da jetzt hat, gehört mir…«
Li Longdi sagte sanft zu dem Mädchen an seiner Brust: »Das Brot ist zwar feucht, aber das Wasser ist durch den Regenmantel filtriert worden.«
Mit der Hand brach er ein kleines Stück Brot ab und steckte es ihr in den erwartungsvoll geöffneten Mund. Während sie kaute, lauschte sie aufmerksam den Worten der schreienden Frau auf dem gegenüberliegenden Dach. Sie fragte Li Longdi: »Meint die Frau da uns?«
Er nickte.
»Sie sagt, daß du ihr Mann bist, stimmt das?«
»Nein.«
»Gehört der Regenmantel ihr?«
Er schüttelte den Kopf.
»Warum hast du einen Damenregenmantel?«
»Bevor ich dir aufgeholfen habe, habe ich diesen Regenmantel aus dem Wasser gefischt.«
»Wieso ist es genau das Brot, von dem sie spricht?«
»Zufall.«
»Ist sie wirklich nicht deine Frau?«
»Bestimmt nicht.«
»Und deine Frau?«
»Ich habe keine.«
Sie glaubte ihm und hielt daraufhin die Frau von gegen-

über für verrückt. Zufrieden sagte sie: »Daß das Brot feucht ist, erleichtert das Schlucken.«

»Der Himmel vernichtet uns und hilft uns wiederum auch.« Ernst wiederholte er die Worte. Innerlich weinte Li Longdi, er sah jetzt, daß Qingzi gegenüber ihr zorniges Schimpfen eingestellt hatte, sie ruhte sich auf dem Dach aus und schluchzte. Einige Leute kamen herüber zu Li Longdi und fragten ihn, was los sei. Auf sein Leugnen hin zogen sie sich jedoch wieder zurück. Weil sie seit der letzten Nacht gesehen und gehört hatten, wie Menschen wegen des Unheils durchdrehten und sogar ins Wasser sprangen, waren alle, die Qingzi fluchen hörten, überzeugt, daß sie ihren Verstand verloren habe, und niemand beachtete sie weiter.

»Du sagst, ich hätte unsere Beziehung verraten, aber wie können wir in einer solchen Situation unsere Beziehung fortführen? Was deinen Zorn erregt, ist nicht mein Verrat, sondern einzig und allein deine Eifersucht; es geht dir gegen den Strich, daß deine früheren Rechte plötzlich von einer anderen übernommen wurden. Was mich anbelangt, so muß ich wählen, unter den gegenwärtigen Umständen wählen. Ich muß die Voraussetzung meines Menschseins schaffen. Ich bin nicht inhaltsleer auf dieser Welt, nur um mir Vorteile zu verschaffen. Ich muß eine Aufgabe übernehmen, die mich auf meine Existenz stolz sein läßt, egal wie. Dieser Strom gibt mir das Gefühl, daß ich nicht mehr konkret dein Mann bin. Es sei denn, es kommt die Zeit, daß dieser Strom verschwindet, dann erst kann ich zu dir zurückkehren. Gott erbarme sich deiner, du bist derart verwirrt und kaputt...«

»Warum ißt du selbst nichts?«

Als sein Gesicht von einer eiskalten Hand gestreichelt wurde, wachte Li Longdi wie aus einem Traum auf. Er schaute auf das Mädchen an seiner Brust und lächelte.

»Wenn du satt bist, werde ich auch etwas essen. Ich habe noch keinen Hunger.«
Li Longdi fuhr fort, sie zu füttern, indem er ihr das Brot Stück für Stück in den Mund steckte. Während sie aß, fragte sie ihn: »Wie heißt du?«
»Yazibie«, entfuhr es Li Longdi.
»Jene Frau sagt, du seist Li Longdi.«
»Li Longdi ist der Name ihres Mannes, aber ich heiße Yazibie und bin nicht ihr Mann.«
»Wenn du ihr Mann wärst, was würdest du tun?«
»Ich würde dich niederlegen und mein Leben wagen, um hinüberzuschwimmen.«
Li Longdi hob den Kopf und bemerkte, daß Qingzi gegenüber die Mannschaft eines Rettungsbootes anflehte, sie hinüberzubringen, aber als einige Leute sagten, sie sei verrückt, beachteten die Männer im Rettungsboot sie nicht weiter. Li Longdi senkte den Kopf und fragte das Mädchen:
»Was würdest du tun, wenn ich dich im Stich ließe?«
»Ich würde auf dem Dach liegen und langsam sterben, ich bin alleine in dieser großen Stadt und ich bin krank.«
»Was arbeitest du in der Stadt?«
»Ich bin eine Prostituierte.«
»Was wolltest du gerade tun, bevor die Flut begann?«
»Ich war auf dem Weg zum Bahnhof, um zurück aufs Land zu fahren, aber ich hätte nicht gedacht, daß ich es nicht schaffen würde.«
»Warum wolltest du nach Hause zurück?«
»Ich fand mein Leben sinnlos, ich war so verzweifelt, daß ich nach Hause zurück wollte.«
Li Longdi schwieg. Qingzi saß da gegenüber und sprach mit sich selbst über die Vergangenheit. Li Longdi senkte den Kopf und hörte still und aufmerksam zu.
Ja, jeder Mensch hatte seine Vergangenheit; ob Freud

oder Leid, jeder hatte es erlebt. Aber Menschen beriefen sich oft auf vergangene Verhältnisse, um in der Gegenwart Forderungen zu stellen, und wenn sie nicht erreichten, wonach sie drängten, dann fühlten sie sich bitter betroffen. Menschen waren oft so schamlos, die Gegenwart ständig mit der Vergangenheit zu betrügen. Warum konnten sie nicht in der jeweiligen Gegenwart einen neuen Sinn fürs Leben schaffen? Das Leben war wie ein brennendes Holzscheit: Obwohl die Asche am brennenden Ende die äußere Form des Holzscheits besaß, konnte es weder Berührung vertragen noch erneut brennen; nur das andere Ende war fest und glänzend.

»Ich liebe dich, Yazibie.«

Das Mädchen in Li Longdis Armen richtete seinen Oberkörper plötzlich auf, nahm Li Longdis Kopf in beide Hände und küßte ihn. Er ließ es ruhig zu, daß sie ihn leidenschaftlich küßte. Plötzlich erhob sich auf den Dächern zu beiden Seiten erschrecktes Rufen, das Geräusch von etwas, das ins Wasser fiel, veranlaßte Li Longdi und das Mädchen an seiner Brust, ihren innigen Kuß abzubrechen. Li Longdi sah Qingzi mit dem Ausdruck größten Hasses auf dem Gesicht im Wasser; sie versuchte herüberzuschwimmen, aber sie wurde von der schnell zurückweichenden Strömung fortgetragen. Ein Rettungsboot folgte ihr auf das Rufen hin eilig und holte sie ein, dann waren Mensch und Boot verschwunden.

»Warum weinst du?«

»Es tut mir leid, wenn Leute sterben.«

Das Mädchen streckte ihren Arm aus und wischte sanft mit den Fingern die Tränen fort, die Li Longdis Wangen durchzogen, jedoch seinem schönen Gesicht keinen Abbruch taten.

»Kümmere dich nicht um mich. Daß ich weine und daß

ich dich jetzt beschütze, gehört gleichermaßen zu meinem Wesen.«

Li Longdi gab ihr das letzte Stück Brot. Sie nahm das Brot mit der Hand, mit der sie die Tränen berührt hatte, steckte es in den Mund und aß es. Sie spürte etwas und sagte zu Li Longdi: »Ich habe Tränen gegessen, es schmeckt etwas salzig.«

»Das zeigt, daß sie gesund sind und man sie essen kann«, sagte Li Longdi.

In der zweiten Nacht, in der sie eingeschlossen waren, dachte Li Longdi: »Jetzt, wo du mich nicht sehen kannst, wird dein Herz Ruhe finden. Ich hoffe, daß du noch lebst.«

In der Dunkelheit bewegten sich die Leute auf dem Dach unruhig hin und her, überall war Lärmen und Schreien zu hören; das Wasser war zurückgewichen. Das Unheil war schnell gekommen und auch schnell wieder gegangen. Als es Tag wurde, war nur noch Li Longdi, das Mädchen fest in den Armen haltend, auf dem Dach zurückgeblieben. Sie stiegen vom Dach herab und gingen zusammen zum Bahnhof.

Auf dem Bahnsteig wollte das Mädchen den grünen Regenmantel ausziehen und Li Longdi zurückgeben, aber er schärfte ihr ein, ihn anzubehalten und so nach Hause zu fahren. Dann erinnerte er sich an etwas, faßte in die Brusttasche und holte die Blume heraus. Da sie die ganze Zeit über vom Wasser befeuchtet worden war, war sie immer noch frisch und in voller Blüte, kein bißchen verwelkt. Er steckte sie dem Mädchen ins Haar. Als der Zug abgefahren war, verließ er langsam den Bahnhof.

Li Longdi dachte an seine Frau Qingzi, er machte sich Sorgen, wo sie wohl sei. Er dachte: »Ich muß nach Hause gehen und der Tante alles erzählen, ich muß ihr sagen, daß ich unerträglich müde bin. Ich werde mich einige Tage richtig ausruhen, mich ins Bett legen und wieder zu Kräften kommen. In so einer riesigen, chaotischen Stadt Qingzi wiederzufinden, ist eine Aufgabe, der ein erschöpfter Mann nicht gewachsen ist.«

1967 (Übersetzung: Charlotte Dunsing)

ZHANG XIGUO

Zhang Xiguo ist 1944 in Chongqing in der Provinz Sichuan geboren. 1949 übersiedelt seine Familie nach Taibei, wo Zhang seine Schulausbildung erhält. Wie die meisten führenden taiwanesischen Autoren seiner Generation, studiert er an der Nationalen Taiwan-Universität, allerdings nicht Literatur, sondern Elektrotechnik. Aus dieser Zeit stammen Veröffentlichungen wie »Die philosophischen Ideen Sartres« (Sade de zhexue sixiang, 1963) und »Pastor Pi« (Pi mushi zhengzhuan, 1963). 1965 geht Zhang in die USA und promoviert an der Universität von Kalifornien in Berkeley im Fach Elektrotechnik. Nach Unterrichtstätigkeit an der Cornell Universität und der Jiaotong-Universität in Xinzhu (Taiwan) lehrt er gegenwärtig an der Universität von Illionois in Chicago Information Engineering. Von allen wichtigen Autoren Taiwans ist Zhang sicher der produktivste und vielseitigste. Neben einer großen Zahl von Fachpublikationen veröffentlicht er Romane, Erzählungen, zwei kurze Dramen, Essay-Bände und zeigt gerade in letzter Zeit zunehmend Interesse für Science-fiction. Unter dem Pseudonym Yuwairen (der Exterritoriale) kommentiert er in einer eigenen Kolumne in einer der beiden größten Tageszeitungen Taiwans regelmäßig politische und kulturelle Ereignisse und Trends in Taiwan und den USA. Wenn Zhang auch vornehmlich in Taiwan veröffentlicht, braucht er doch – und die Wahl des Pseudonyms weist darauf hin, daß er sich dessen bewußt ist – die Entfernung von der Heimat, um über das Leben dort schreiben zu können. Als überzeugter Antikommunist nimmt er sich die Freiheit, Verlogenheit und Zynismus, wie sie von den Politikern in der »antikommunistischen Feste Taiwan« vorgelebt werden, ebenso unerbittlich zu geißeln wie das Leben der von Geldgier beherrschten Intellektuellen und Unternehmer im Wirtschaftswunderland Taiwan.

Führer

Unter dem Apfelbaum,
da hast du mich verraten,
da habe ich dich verraten.
George Orwell, 1984

1

Sonntag morgens frühstückten wir immer bei den Schwiegereltern. Meine Arbeit brachte es mit sich, daß ich in einer kleinen Stadt etwas außerhalb von Taibei wohnte. Zum Wochenende fuhr ich dann mit meiner Familie nach Taibei, lebte zwei Tage bei den Schwiegereltern und eilte Montag morgens in mein Büro zurück. Meine Frau war die einzige Tochter ihrer Eltern, die beiden Alten hofften, daß wir oft mit dem Kind vorbeikämen, auch wohnten die meisten unserer Freunde in Taibei. Dieses allwöchentliche Hin und Her war zwar beschwerlich, wurde uns aber im Laufe der Zeit zur Gewohnheit.
An jenem Wochenende wohnten wir wie immer bei den Schwiegereltern. Zum Frühstück hatte Schwiegermutter Reisbrei und Fisch gekocht und für Beibei frischen Orangensaft ausgepreßt. Kaum hatte sich Beibei gesetzt, da stieß sie das Glas um. Meine Frau war wütend und wollte sie schlagen, doch Beibei flüchtete in Schwiegermutters Arme und hielt uns vorbeugend mit lautem Geheul in Schach. Nun waren wir es, denen Schwiegermutter Vorwürfe machte, wir sollten doch nicht zu streng mit dem Kind sein. Bei all dem Lärm hatte niemand darauf geachtet, daß das Telefon läutete, schließlich ging

Schwiegervater an den Apparat. Er ist ein bißchen schwerhörig, und so brüllte er erst eine ganze Zeitlang in den Hörer, bis er mir schließlich zurief:
»Liwen, für dich; eine Frau.«
»Wer denn?« kam mir meine Frau zuvor.
»Eine gewisse Lin, der Name sagt mir nichts.«
Ich eilte an den Apparat. Am anderen Ende der Leitung redete jemand mit sehr leiser Stimme, es dauerte eine Weile, bis ich heraushörte, daß es Xinyi war.
»Liwen, kannst du sofort mal vorbeikommen? Yumin ist etwas zugestoßen.«
Ich warf einen Blick auf meine Armbanduhr, halb acht erst. Ich konnte jetzt unmöglich schon gehen. Außerdem hatte ich Beibei versprochen, mit ihr ins Kinderparadies zu gehen, die Vorfreude stand ihr schon im Gesicht geschrieben. Xinyi schien mein Zögern zu spüren, sie sprach jetzt etwas lauter:
»Ich rufe dich aus der Telefonzelle an der Ecke zu unserer Gasse an, Liwen, ich kann hier nicht gut sprechen. Komm doch bitte auf jeden Fall.«
»Aber was ist denn? Hat Yumin einen Unfall gehabt?«
»Er...«, ihre Stimme wurde wieder leise. »Gestern abend wurde Yumin verhaftet und Xiaoshi auch.«
»Was? Yumin verhaftet? Und warum?«
»Ich weiß es auch nicht. Bevor er ging, schärfte er mir ein, ich sollte dich unbedingt benachrichtigen.«
»Wie konnte das passieren?«
»Qiangqiang und ich warten bei uns zu Hause auf dich, gut?«
»Gut, ich komme sofort.«
Ich fühlte mich ratlos. Hatten sie Zhou Yumin also doch verhaftet! Und Xiaoshi auch. Warum aber? Warum hatte man vorher nicht das geringste davon läuten hören? Verwirrt stand ich da, erst nach einer ganzen Weile merkte

ich, wie mich vom Tisch her vier Augenpaare anstarrten. Ich räusperte mich, da ich spürte, daß meine Kehle trokken war.

»Einem Freund ist etwas zugestoßen. Ich schau' mal eben vorbei, bin gleich wieder da.«

Meine Frau und die Schwiegereltern blickten mich verängstigt an. Nur Beibei riß sich sofort von Schwiegermutter los, als sie hörte, daß ich gehen wollte, und bekniete mich: »Papa, Beibei will auch raus und spielen. Beibei will zum Kinderparadies.«

»Papa geht nicht spielen, Papa muß zu einem Freund. Ich bin gleich wieder da, dann geh' ich mit dir ins Kinderparadies.«

»Bist du verrückt geworden?« sagte meine Frau. »Wen haben sie denn verhaftet? Wozu soll es gut sein, wenn du da hingehst?«

»Zhou Yumin. Und Zhao Xiaoshi auch. Eben war Zhou Yumins Frau am Apparat. Ich muß auf jeden Fall zu ihr und ihr Mut machen.«

»Du... du... du, mach dich doch nicht lächerlich!« Meine Frau war vor Aufregung ganz rot geworden. »Die beiden sind verhaftet, was hast du da noch zu suchen? Willst du auch eingelocht werden?«

»Liwen«, ungeachtet seiner Schwerhörigkeit hatte Schwiegervater, wie es schien, mitbekommen, wie ernst die Lage war, »du solltest unter keinen Umständen deinen persönlichen Gefühlen nachgeben. Ich weiß zwar nicht, was für Leute diese beiden Freunde von dir sind, aber der Regierung werden wohl konkrete Beweise gegen sie vorliegen, wenn man sie verhaften läßt. Warum hätte man sie sonst verhaften sollen? Sieh zu, daß du nicht in die Sache hineinschlitterst, wenn du gehst. Das wirst du nie wieder los, da wäscht dich auch kein Huanghe rein.«

»Ich lasse mich keineswegs von persönlichen Gefühlen fortreißen. Zhou Yumin wie Zhao Xiaoshi sind alte Freunde von mir. Ich tue nicht mehr als meine Freundespflicht, wenn ich jetzt mal bei ihnen zu Hause nach dem Rechten sehe; was macht denn das?«
Schwiegervater wandte sich an meine Frau, die zornig dasaß, und fragte sie: »Die beiden sind gute Freunde von Liwen? Warum habt ihr nie von ihnen gesprochen? Was sind das für Freunde?«
»Zwei von diesen Artikelschreibern«, sagte meine Frau voller Haß. »Kaum sehen sie sich, dann fangen sie an, groß daherzureden, und eben nur zu reden und zu reden und nichts zu tun. Ich hab' ihm immer gesagt, er soll sich mit denen nicht einlassen, soll weniger über Politik diskutieren und uns nicht soviel unnötigen Ärger machen. Nun, wo es wirklich schiefgegangen ist, will er noch den Helden markieren! Da pfeift er auf sein Leben und auf Frau und Kind.«
»So ernst ist es nun auch wieder nicht«, suchte ich die gereizte Stimmung zu entspannen. »Zhou Yumin und Zhao Xiaoshi sind Professoren, man kennt sie. Es muß sich um ein Mißverständnis handeln.«
Schwiegervater schüttelte mehrmals den Kopf.
»Ich glaube nicht, daß der Fall so einfach liegt. Ihr Intellektuellen seid in vieler Hinsicht so naiv. Je mehr ihr mit einer Sache zu tun habt, desto vertrackter wird sie. Wann wurden sie verhaftet?«
»Gestern abend, sagt Zhous Frau.«
»Hm... Wenn es sich wirklich um ein Mißverständnis handelt, wird man sie innerhalb von 24 Stunden freilassen. Ich schlage vor, du rufst heute abend noch einmal bei Zhous an und erkundigst dich. Natürlich wäre es am besten, wenn die beiden dann schon wieder auf freiem Fuß sind, wenn nicht, dann heißt das, daß es sich um eine

größere Affäre handelt, und dann kümmerst du dich besser nicht weiter darum. Natürlich ist es wichtig, daß man für seine Freunde da ist, aber deswegen lohnt es sich trotzdem nicht, ihnen für nichts und wieder nichts im Gefängnis Gesellschaft zu leisten!«

»Wie soll ich das machen? Die Zhous haben kein Telefon. Und ich habe der Frau schon versprochen, daß ich komme, ich kann doch nicht gut mein Wort brechen. Macht euch keine Sorgen, ich komme bestimmt so schnell wie möglich wieder.«

Meine Frau wandte sich wutentbrannt von mir ab. Schwiegervater murmelte, so könne man an eine solche Sache nicht herangehen. Schwiegermutter hatte die ganze Zeit über geschwiegen, aber sie runzelte die Brauen und zog Beibei an sich; sie hielt ihre kleine Hand ganz fest, als fürchtete sie, jemand könnte ihr das Kind entreißen.

Beibei versuchte angestrengt, sich aus diesem Griff zu befreien und rief: »Beibei will spielen gehen, will aber spielen gehen.«

Ich gab ihr einen Kuß, zog mir Schuhe an und ging. Als ich die Treppe hinuntergestiegen war und gerade aus dem Haus treten wollte, hörte ich, wie mir meine Frau von oben nachrief: »Ruf mich sofort an, wenn du bei ihr warst.« Als ich nach oben blickte, sah ich Schwiegermutter mit Beibei auf dem Arm sowie Schwiegervater und meine Frau mit sorgenvoller Miene am Fenster stehen. Ich winkte ihnen zu und sprang an der Straßenecke in ein Taxi.

2

Am Sonntagmorgen herrschte kein dichter Verkehr in Taibei, und noch nicht alle Läden entlang den Straßen hatten geöffnet. Im Eingang zum Bohnenmilchladen stand der Angestellte, er schöpfte mit einer Kelle kochendheiße, strahlendweiße Sojabohnenmilch und ließ sie dann wie einen Wasserfall zurück in den Topf laufen. Die Tür zu einem Schallplattenladen stand nur halb offen, doch aus Lautsprechern tönte ohrenbetäubend die Melodie von »Schöner Sonntag«. Der Himmel war düster, es sah aus, als wollte es gleich regnen.

Während der Wagen mit hoher Geschwindigkeit auf die Außenbezirke der Stadt zuhielt, wurde ich immer bedrückter. Vor Frau und Schwiegereltern hatte ich mich zwar eben ganz locker gegeben, doch täuschte ich mich nicht über den Ernst der Lage. Zhou Yumin galt unter Intellektuellen allgemein als Liberaler. Die Behörden hatten sich darüber zwar nie beglückt gezeigt, seine antikommunistische Einstellung jedoch anerkennen müssen. Er selber hatte öffentlich erklärt, daß es für ihn, sollten je die Kommunisten kommen, keinen anderen Ausweg als den Tod geben würde.

Und Zhao Xiaoshi hatte kaum einen Satz sagen können, ohne sich auf Sun Yatsens »Drei Volksprinzipien« zu beziehen, er kannte das Vermächtnis Suns im Schlaf, überdies war er ein altes Parteimitglied. Wenn schon diese Leute als politisch unzuverlässig galten, wer konnte einem dann noch garantieren, daß man selber nicht auch als politisch unzuverlässig eingestuft wurde? Die Nachricht von ihrer Verhaftung war inzwischen bestimmt zu jedem, der zu Taibeis kleinem intellektuellen Zirkel gehörte, durchgedrungen. Ob sich jemand Gedanken machte, wie man die beiden retten könnte? Zhou Yumin kannte eine ganze Reihe von Prominenten, Zhao Xiaoshi unterhielt enge Verbindung zu Parteikreisen, sie hatten beide aus ihren Verbindungen gewöhnlich kein Hehl gemacht, eine Taktik, durch die sie sich schützen wollten, wie ich vermute. Und nun waren sie trotzdem ins Gefängnis gewandert. Warum?

Vielleicht wegen jenes Symposions?

Vor nicht allzu langer Zeit war an einer Universität ein Symposion veranstaltet worden; dabei hatten beide einen nationalistischen Standpunkt vertreten und ihre Ansichten sehr temperamentvoll dargelegt. Ich war zwar selber nicht dabeigewesen, hatte aber gehört, wie sich unsere Studenten, die auf die Nachricht von diesem Symposion hin sofort dorthin geeilt waren, darüber unterhielten und erzählten, jemand habe öffentlich erklärt, die USA sollten die Treuhänderschaft für Taiwan übernehmen oder die Insel einfach zu einem Staat der USA machen. Daß Zhou Yumin und Zhao Xiaoshi gegen einen solchen Standpunkt vom Leder gezogen hatten, gab doch wohl keinen Anlaß zur Kritik. Lag es also daran, daß sie in Zeitschriften die Regierung als nicht hinreichend demokratisch kritisiert hatten? Vielleicht stieß man sich auch daran, daß sie den Studenten zu nahestanden? Oder hatten sie sich wirklich irgendeiner Übertretung schuldig gemacht?

Meine Handflächen begannen feucht zu werden; je länger ich darüber nachdachte, desto verzagter wurde ich. Auch ich mischte mich gewöhnlich gern unter die Studenten und identifizierte mich mit ihnen. Und wenn ich auch zu dem Schluß kam, daß ich nicht leichtfertig irgendwelche Diskussionen in Gang gesetzt hatte, konnte es doch immer vorkommen, daß jemand, den es eigent-

lich gar nicht betraf, etwas aufschnappte, und ihm dann eine im Grunde ganz arglose Bemerkung höchst verdächtig erschien, und schon hatte man eine Handhabe. Yumin und Xiaoshi waren langjährige Freunde von mir, »Die Drei Musketiere« hatte man uns in unserer Studentenzeit genannt; wir hatten zusammen eine Studentenzeitung herausgegeben, zusammen einiges in Szene gesetzt, und nach dem Examen hatten wir alle drei an verschiedenen Universitäten unterrichtet. Jetzt waren sie verhaftet, und ich machte den weiten Weg, um Zhou Yumins Familie zu trösten. Wenn man mich sähe, könnte man vielleicht meinen, es existiere doch eine ganz besondere Beziehung zwischen uns, und mich in diese Auseinandersetzung hineinziehen. Ich wußte auch nicht, warum sie verhaftet worden waren. Nun trotzdem noch auf irgendeine alberne Weise in die Sache verwickelt zu werden, lohnte sich wirklich nicht!
Solche Überlegungen stimmten mich immer kleinmütiger. Fast hätte ich dem Taxifahrer Anweisung gegeben, umzukehren und zurückzufahren. Aber vielleicht lag es an meiner Trägheit, vielleicht hatte ich auch Angst, der Fahrer könnte mich auslachen, jedenfalls brachte ich nichts über die Lippen. Als wir angekommen waren, riß ich mich zusammen, zahlte und stieg aus. Lange blieb ich dann unschlüssig am Eingang der Gasse stehen. Auf der Hauptstraße raste Wagen für Wagen an mir vorüber, ich aber stand wie benommen da. Mehrmals erblickte mich das scharfe Auge eines Taxifahrers und er fuhr dann langsamer; mehrmals war ich drauf und dran, die Hand zu heben und ihn herbeizurufen, aber dann zwang ich mich doch zu bleiben. Schließlich faßte ich mir ein Herz und ging, obwohl meine Beine mir nicht recht gehorchen wollten, in die Gasse hinein. Kein Mensch war zu sehen, niemand schien aus einer dunklen Ecke heraus das Haus

zu überwachen. Die Tür zu Zhous Anwesen, von der der rote Lack blätterte, stand halb offen, über die niedrige Gartenmauer ragte ein großer Oleander, alles sah sehr friedlich aus, alles war wie sonst. Noch bevor ich die Hand gehoben und an die Tür geklopft hatte, stürzte mir jemand entgegen.

»Liwen, ich bin dir so dankbar, daß du gekommen bist. Ich wußte vor Aufregung gar nicht, was ich machen sollte. Nun, wo du hier bist, bin ich beruhigt.«

Xinyis Augen waren rot geschwollen, ihre Stimme klang dumpf. Sie trug einen schwarzen Pullover mit weitem Kragen, das lange Haar hing ihr wirr über die Schultern, und sie schien noch zerbrechlicher als sonst. Als Yumin sie geheiratet hatte, hatten wir uns alle darüber mokiert, daß er eine kleine Schülerin zur Frau nahm. Damals hatte Xinyi gerade erst ihr Abitur gemacht und die Haare so getragen, als hingen ein paar Nudeln in klare Fleischbrühe, ein rundes Babygesicht hatte sie gehabt und sehr unschuldig und jung ausgesehen. Auf eine entsprechende Frage hatte Yumin auch eine geistreiche Antwort parat gehabt: Keine andere Studentin in der Klasse sei bereit gewesen, einen armen Assistenten am Philosophischen Seminar wie ihn zu heiraten, allein Xinyi habe sich nicht an seiner Armut und seiner Pedanterie gestoßen. In Wahrheit gab es eine ganze Reihe von Mädchen, die Yumin wegen seiner Begabung heimlich verehrten; eine Zeitlang hatte sich die Tochter eines Zementmagnaten heftig für ihn interessiert, schließlich hatte er sich doch für Xinyi entschieden. Sie waren beide arm gewesen und hatten in der Tat eine harte Zeit durchgemacht, schnell war Xinyis rundes Gesicht spitz geworden. Und nachdem das Kind gekommen war, war es bei ihnen noch bescheidener zugegangen. Erst als Yumin Lektor wurde und das Haus einer Tante erbte, stabilisierte sich ihr Leben. Wenn wir uns bei Yumin trafen, nahm Xinyi selten an unseren Unterhaltungen teil, sie machte sich statt dessen bald hier, bald dort zu schaffen, nie ohne ein reizendes Lächeln auf den Lippen. Ihr Gang glich dem Hüpfen eines Kindes. Vielleicht war es dieses Lächeln gewesen, das Yumin bezaubert hatte? Dabei war sie ganz zweifellos eine tüchtige junge Frau. Sie hielt das Haus tadellos in Ordnung, und auch Yumin selber erschien nach einiger Zeit wie aus dem Ei gepellt, für Xiaoshi immer wieder Anlaß zu neidvoller Bewunderung; er war noch immer Junggeselle.

Aber die Xinyi, die jetzt vor mir stand, hatte ihre alte Fröhlichkeit verloren. Ganz offensichtlich hatte sie in der Nacht nicht geschlafen, und wenn sie sich auch zur Ruhe zwang, konnte sie ihre Verwirrung doch nicht verbergen. Im Wohnzimmer herrschte heilloses Durcheinander. Die meisten Bücher waren von den Regalen, auf denen sie sich sonst türmten – Yumin gab mindestens die Hälfte seines Gehalts für Bücher aus –, heruntergefallen. Als Xinyi meinen fragenden Blick bemerkte, wischte sie sich die Tränenspuren aus dem Gesicht und meinte:

»Nachdem sie ihn gestern abend verhaftet hatten, kamen sie noch einmal, durchsuchten das Haus und nahmen dann eine Menge Bücher mit. Sogar die von Qiangqiang wollten sie mitnehmen und durchsehen. Ich sagte zu ihnen: ›Die Bücher gehören meinem Sohn, er ist erst acht. Interessieren Sie sich auch dafür, was der denkt?‹ Das kümmerte sie gar nicht. Sag selber, ist das nicht lächerlich?«

Dabei mußte sie schließlich doch lachen, aber es klang mir ein wenig hysterisch. Plötzlich meinte sie, sie wolle mir einen Tee machen, im nächsten Augenblick stürzte sie jedoch wieder aus der Küche, um nachzusehen, ob ich noch da sei. Dann begann sie ganz unsystematisch das

Wohnzimmer aufzuräumen und fuhr dabei in ihrem Bericht von Yumins Festnahme fort. Erst jetzt erfuhr ich, daß nicht nur Yumin und Xiaoshi verhaftet worden waren; bereits vorgestern abend hatte man eine Reihe von Studenten festgenommen. Yumin hatte zwar an dem besagten Abend davon erfahren, aber da war vor ihrem Haus schon eine Wache aufgezogen. Einen Tag lang hatten sie wie auf Kohlen gesessen, bis gestern abend schließlich jemand kam und Yumin abholte. Danach wurde die ganze Wohnung gründlich durchsucht. Xiaoshi hatte man in der Wohnung seiner Freundin verhaftet. Sie lachte wieder, als sie das erzählte.

»Alles in allem hatten wir uns schon präpariert. Ich hatte am Abend zuvor Zahnpasta und Zahnbürste für Yumin zurechtgelegt und ihm ein paar Sachen durchgewaschen. Yumin begrüßte sie denn auch mit den Worten: ›Ich habe schon auf Sie gewartet‹, nahm sein Bündel und ging, so daß selbst diese Leute ganz perplex waren.«

Und sie erzählte dann alles noch einmal, ganz so, als wäre von einem großen Sieg zu berichten. Aber ich fühlte mich elend, als ich sie so lachen hörte. Unwillkürlich fragte ich mich, ob meine Frau, gesetzt den Fall, man hätte mich verhaftet, ähnlich reagiert hätte. Gesetzt den Fall, man hätte mich verhaftet...

»Warum hast du mir am Telefon nicht gesagt, daß am Freitag schon eine ganze Reihe von Studenten festgenommen wurde?« Ich war selber überrascht, wieviel Ärger und Vorwurf in meiner Stimme schwang.

Xinyi warf mir einen erschrockenen Blick zu und senkte den Kopf. Leise entschuldigte sie sich, sie habe es nicht für ratsam gehalten, am Telefon allzusehr in Einzelheiten zu gehen.

Ich konnte nicht mehr tun, als ihr gut zuzusprechen, sicher würde man Yumin bald freilassen. Dabei war ich

nun doch überzeugt, daß es sich, wo so viele Studenten mit hineingezogen worden waren, um eine größere Geschichte handeln mußte. Vielleicht war doch irgendeine illegale Organisation aufgeflogen? Eine Vorstellung, bei der meine Handflächen feucht wurden. Ich bereute, daß ich so vorschnell hierhergeeilt war, und fürchtete, es könnte schwierig werden, mich wieder abzusetzen.
In diesem Augenblick kam Qiangqiang, Yumins achtjähriger Sohn, herein. Er rieb sich die Augen, wahrscheinlich hatte ihn unsere Unterhaltung geweckt. Xinyi drückte ihn fest an sich, und plötzlich rannen ihr Tränen übers Gesicht. Das Kind wischte sie fort.
»Nicht weinen, Mama. Papa hat nichts Böses getan. Er kommt bestimmt wieder.«
Ich konnte hier nicht noch länger herumsitzen und murmelte, ich wolle nun zurück nach Taibei und dort jemanden beauftragen, sich nach Yumins Verbleib zu erkundigen. Sobald ich Nachricht von ihm hätte, würde ich wiederkommen. Xinyi sprang hastig auf und hielt mich am Ärmel fest. »Kann ich mitkommen? Ich kann wirklich nicht länger allein hier warten.«
Als ich ihren ängstlichen, hilflosen Ausdruck sah, brachte ich es wieder nicht übers Herz, nein zu sagen. Notgedrungen riet ich ihr, die Sachen zusammenzuräumen und das Kind mitzunehmen. Ich würde sie garantiert nicht im Stich lassen, beruhigte ich sie, ich müsse nur vorher noch von einer Telefonzelle an der Straßenecke telefonieren. Daraufhin schien sie etwas erleichtert und zog schweigend Qiangqiang um.
Draußen war es noch immer sehr still, ein feiner, dichter Regen setzte ein. Die Asphaltdecke der Straße war feucht und glitschig. Mein Herz pochte heftig, als ich die Umrisse eines Menschen zu sehen meinte, der sich schnell verdrückte. Ich war zu keinem klaren Gedanken mehr

fähig und wollte nur noch ein paar gute Freunde anrufen, damit wir alle zusammen überlegen könnten, was zu tun sei. Erst nach einer ganzen Weile gelang es mir, mit zitternden Händen eine Kupfermünze aus der Tasche zu fischen und sie in den Apparat zu stecken. Ich wählte Li Zhigongs Nummer, das Telefon tutete, erst nach längerem Warten hörte ich Li Zhigongs tiefe Stimme.

»Ich bin es, Zhigong, ich, Jin Liwen. Hast du gehört, daß Yumin und Xiaoshi verhaftet worden sind?«

Mir war, als hörte ich, wie mein Gesprächspartner am anderen Ende der Leitung zusammenzuckte! Zhigongs ohnehin tiefe Stimme verlor sich fast in den Nebengeräuschen des Telefons, diesmal war es aber auch besonders gestört, es rauschte wie Meereswogen und Zhigongs Stimme schien fast vom anderen Ende der Welt zu kommen.

»Ja, habe davon gehört... hielt es nicht für möglich... wie kann das angehen...«

»Xinyi ist bei mir, sie ist schrecklich aufgeregt und weiß nicht, an wen sie sich wenden soll. Hast du vielleicht einen Bekannten, der sich mal erkundigen könnte, was eigentlich gespielt wird?«

»Ich habe keinen Bekannten, ich habe keinen Bekannten, wie soll ich denn zu einem Bekannten kommen, der sich erkundigen könnte?! Wir müssen uns das alle noch einmal durch den Kopf gehen lassen.«

Zhigong verstummte, ich hörte nur noch, wie sich das Rauschen in der Leitung immer mehr verstärkte, und wurde darüber noch nervöser. Zhigong war sehr viel enger mit Yumin befreundet als ich, beide waren sie gesuchte Wirtschaftswissenschaftler, Zhigong hatte nebenher in einer ganzen Reihe von Ministerien gearbeitet und wurde oft von den Handelskammern um einen Vortrag gebeten. Was er sagte, hatte Gewicht, und wenn er trotz der offenkundigen Gefahr nicht helfen wollte, was konnte ich dann allein in meinem blinden Eifer ausrichten? Ob er über Hintergrundinformationen verfügte, von denen ich nichts wußte?

»Zhigong, wir können nicht so tun, als ob uns die Sache nichts anginge. Du hast doch gute Verbindungen, überleg doch mal, wie man was in Erfahrung bringen könnte!«

»Natürlich mußt du ihm helfen. Mir selber kommt die Sache, ehrlich gesagt, nicht ganz gelegen... ich habe meine Bedenken... entschuldige, ich habe zu tun, wiederhören, wiederhören.«

Ich machte in der Folge noch eine Reihe von Anrufen, die Reaktionen waren jeweils gleich. All seine Freunde, die ihn sonst als Bruder angeredet hatten, benahmen sich jetzt, als wären sie auf eine Schlange oder einen Skorpion gestoßen, und hätten am liebsten sofort aufgelegt. Auch mir gegenüber waren sie von einer Kühle, die mich argwöhnisch stimmte. Was hatte es zu bedeuten, wenn Li Zhigong sagte, natürlich müsse ich Yumin helfen? Wir alle waren doch gute Freunde von ihm. Und alle anderen halfen nicht. Warum ausgerechnet ich? Gingen die anderen etwa davon aus, daß Yumin, Xiaoshi und ich unter einer Decke steckten, daß also, wenn sie erst einmal säßen, ich auch bald eingelocht werden würde? Sahen sie in mir vielleicht nur einen Fisch, der noch einmal durch die Maschen geschlüpft war und gerade ein letztes Mal zappelte? Wie Schuppen fiel es mir plötzlich von den Augen, kalter Schweiß brach mir aus. Kein Wunder, daß jedermann so kühl zu mir war, man sah in mir bereits den Todgeweihten, sah mich schon halb in der Erde verschwunden. Wer auf so jemanden trifft, dem heftet sich das Pech an die Fersen! Am liebsten hätte ich Hals über Kopf Reißaus genommen, so unerträglich verspannt fühlte ich mich. Nur, wohin hätte ich fliehen sollen? Wer

weiß, wie viele Augenpaare mich in diesem Moment observierten. Rings um mich waren die Fallen gestellt, man wartete nur, daß ich hineinstolperte. Aber ich hatte doch von nichts eine Ahnung! Ich war unschuldig. Nur, wer kann seine Unschuld beweisen? Wer wäre bereit, auf das einzugehen, was ich zu erklären hätte?
In diesem Augenblick tippte mir jemand auf die Schulter.

3

»Du bist's, Bruder Yiping, mein Gott, hast du mich erschreckt!«
Wang Yiping wiegte das feiste Gesicht und hängte mit seinem strahlendsten Lächeln für mich den Hörer wieder ein, den ich neben dem Apparat hatte baumeln lassen. Ich war sehr froh, als ich erkannte, daß es Wang Yiping war. Er unterrichtete an derselben Universität wie Yumin und war obendrein sein Nachbar. Sicher wußte er über alles, was an diesen beiden Tagen vorgefallen war, genau Bescheid.
»Bruder Yiping, die Sache mit Zhou Yumin...«
»Schon gut, schon gut! Ich bin über alles informiert.« Er machte eine dramatische Armbewegung, blickte sich nach allen Seiten um und sagte leise: »Er hat sich das selber zuzuschreiben. Ich hatte ihn gewarnt: In hohen Bäumen fängt sich der Wind, und wie das Schwein Angst haben sollte, zu fett zu werden, so sollte ein Mensch Angst haben, sich einen Namen zu machen. Wie soll das gut gehen, wenn unter all den Professoren an unserer Universität allein er immer im Rampenlicht stehen muß und wenn er sich von den Studenten wie eine Wiedergeburt des Sokrates verehren läßt? Zu viele Kollegen waren heimlich verstimmt. Dazu kommt, daß er sich ja nicht

verkneifen konnte, sich als Erbe des großen Herrn Ying aufzuspielen, so zu tun, als hätte der persönlich ihn als seinen Nachfolger benannt, und dann von früh bis spät mit einer Miene herumzulaufen, als wäre er heilig und unantastbar wie ein Religionsstifter, ganz so als wären alle anderen nur Lakaien, als wagte nur er allein, den Mund aufzumachen. Nun ja, wenn alle anderen zu nichts nütze sind, dann bleibt eben alles an einem hängen, der richtet dann auch bei uns eine Mauer der Demokratie ein, muß dann aber auch sehen, wie er dasteht, wenn es soweit ist. Er hat zuviele Leute vor den Kopf gestoßen, und ich fürchte, es ist nicht nur eine Minderheit, die ihm jetzt, wo er in der Patsche sitzt, gern den Rest geben würde, haha.«

»Warst du dabei, als sie ihn gestern festnahmen?«

»Wie sollte ich?!« Wang Yiping schüttelte den Kopf heftig wie eine Gebetstrommel. »Bei so was kann man nicht einfach hinlaufen und gaffen wollen, nur weil da was los ist. Um so weniger, als eine Gruppe von Studenten in den Fall verwickelt sein soll, wie ich hörte, Studenten von mehreren Universitäten, darunter solche, die noch keinen Abschluß haben. Sag selbst: wohin soll das führen? Wo sind wir denn, daß man hier nach Belieben miteinander konspiriert?« Dabei sah er mich bedeutungsvoll an. »Du mußt wirklich ein guter Freund von Zhou Yumin sein, wenn du unter diesen Umständen noch hierherkommst. Bewundernswert, wirklich bewundernswert.«

Mein Herz klopfte heftig und ich beeilte mich zu versichern: »Ich bin etwas langsam. Ich habe erst heute morgen von der Sache erfahren und habe keinen Schimmer, was Zhou Yumin letztendlich angestellt haben soll. Mir tut nur seine Frau leid, sie ist schrecklich aufgeregt. Sieh mal...«

»Ich finde, Zhou Yumin geht ziemlich weit, aber diesmal hat es ihn umgerissen. Wenn er diesmal wieder auf die Beine kommen will, muß er wirklich was können, und wenn er's nicht schafft, sitzt er ganz schön in der Klemme, fürchte ich, haha. Bis nachher!«
Er drehte sich plötzlich um und schwankte davon. Xinyi und Qiangqiang, die ihm entgegenkamen, schien er nicht zu bemerken.
Xinyi hatte sich umgezogen. Sie trug jetzt einen dünnen Wollmantel, dazu einen kleinen Schirm mit feinem Blütenmuster, der Qiangqiang gegen den Regen schützte. Ich rief uns ein Taxi und überlegte, wohin ich es dirigieren sollte. Wen konnten wir jetzt besuchen? Es schien mir doch ein wenig unschicklich, so mit Xinyi in der Gegend herumzukutschieren. Schon Wang Yiping hatte sich eben eine spöttische Bemerkung nicht verkneifen können. In diesem Punkt sind die Leute in Taibei sehr sensibel. Warum sich mit aller Gewalt derart exponieren? Während ich noch unentschlossen war, kam Xinyi eine Idee. Laß uns zu Zhao Xiaoshis Freundin fahren, schlug sie vor, wir könnten uns mit ihr zusammensetzen und überlegen, wie wir am besten vorgehen. Ich fühlte mich wie aus einem Traum erwacht; ich überlegte, ja, es gab keine andere Möglichkeit. Also ließ ich den Taxifahrer zu Zhang Ruoxu fahren.
Zhang Ruoxu, Zhao Xiaoshis Freundin, war in ihrer Studentenzeit, als sie begeistert an allen möglichen studentischen Aktionen teilgenommen hatte, ziemlich bekannt gewesen. Sie hatte bei Zhao Xiaoshi eine »Einführung in die Philosophie« gehört, und daraus hatte sich dann eine Liebesgeschichte zwischen Lehrer und Schülerin entwickelt, die damals in aller Munde gewesen war. Dabei waren beide ganz und gar keine romantischen Typen.

Yumin und Xiaoshi verband eine unverbrüchliche Freundschaft. Gemeinsam schrieben sie Artikel und gaben Zeitschriften heraus, und jetzt waren sie auch noch gemeinsam verhaftet worden, aber vom Temperament her lagen Welten zwischen den beiden. Yumin war als Redner wie als Schriftsteller ziemlich begabt und hielt sich auf diese Begabung allerhand zugute; zudem verfügte er über ausgeprägte Führerambitionen. So hatte er mit seinen Artikeln und in den von ihm herausgegebenen Zeitschriften nicht wenige Leute vor den Kopf gestoßen. Er war das Idol der jungen Studenten, jeder seiner Aufsätze verursachte, kaum daß er erschienen war, einigen Wirbel. Verglichen damit wirkte Xiaoshi sehr viel proletarischer. Wenn es hieß, daß Yumin etwas von einem Religionsstifter hatte, so war Xiaoshi eher der Typ des asketischen Mönchs.

Er hatte eine bemerkenswerte Lebensgeschichte. Sein Großvater war von den Kommunisten als despotischer Großgrundbesitzer ermordet worden, seine Mutter hatten die Guomindang als Kommunistin erschossen. So war er einerseits Nachfahre eines Märtyrers, andererseits hielt man ihn für politisch nicht zuverlässig. Aus diesem Grund wollte Xiaoshi nie über seine Vergangenheit sprechen und ließ nur, wenn er betrunken war, in wenigen Bemerkungen einiges davon durchblicken. In seiner Schulzeit hatte er sich mit Halbstarken herumgetrieben, sich dann aber gewandelt und wie besessen studiert. In einem Punkt hatte er sich allerdings nicht verändert: Wie ein fahrender Ritter ergriff er immer gern die Partei derer, denen Unrecht geschah, nur tat er es nicht länger mit der Faust, sondern mit dem Pinsel, auch hatte sich der Kreis derer, die er gegen Unrecht in Schutz nahm, erweitert. Am bewundernswertesten erschien mir bei ihm, wie frei er von jeglicher Arroganz war, die so viele Intellektuelle auszeichnet. Mit Straßenhändlern und Boten verkehrte er wie mit seinesgleichen. Wenn er Taiwanesisch sprach, hätte niemand für möglich gehalten, daß er Festländer war, während Yumin und ich das Stigma des Festländerschweins im Gesicht zu tragen schienen. Oft sagten wir aus Spaß, wenn je einer von uns einmal für einen Abgeordnetensitz kandidieren sollte, damit einmal ein richtiger Intellektueller an den Regierungsgeschäften beteiligt würde, dann käme dafür nur Xiaoshi in Frage. Er war ein sehr gefühlsbetonter Mensch. Einmal saßen wir zusammen beim Wein und lasen, schon nicht mehr ganz nüchtern, den Abschiedsbrief, den Lin Juemin, dieser Märtyrer der Revolution, an seine Frau geschrieben hatte, und es endete schließlich damit, daß wir uns laut schluchzend in den Armen lagen. Das war fünf Jahre her.

Als wir bei Ruoxu ankamen, war Lin Li, ein Freund von Xiaoshi und ihr, dabei zu gehen. Wir kamen gerade recht. Ruoxi wirkte ruhig und gelassen, und auch Xinyi faßte neuen Mut, nachdem Ruoxu ihr gut zugesprochen und sie aufgemuntert hatte.

»Sich jetzt an irgend jemanden von der Partei zu wenden, hat keinen Sinn«, stellte Ruoxu nüchtern fest. »Dort hat man bestimmt längst vor der Verhaftung der beiden darüber beraten und einen entsprechenden Beschluß gefaßt. Die vom gemäßigten Flügel überlegten zwar, wie sie die beiden schützen könnten, aber die Konservativen wollten das Ärgernis durch einen raschen Schnitt beseitigen, also schnappte man sich die zwei. Bei den Flügelkämpfen in der Partei erwischt es immer wieder gerade die kleinen Fische. Wenn wir uns jetzt an einen von den Gemäßigten wenden würden, kämen wir nur ungelegen. Am besten gehen wir direkt zum Rektor der Universität und bitten ihn, sich für die beiden einzusetzen.«

»Du hast recht. Gehen wir zum Rektor!« Plötzlich war mir klar, was wir zu tun hatten, und ich bewunderte Ruoxu heimlich für ihren klaren Blick. »Wenn jemand vom Lehrkörper verhaftet wird, kann der Rektor nicht so tun, als ob ihn das nichts anginge. Jeder andere kann sich für unzuständig erklären, nicht aber der Rektor.«
Während ein Wort das andere gab, bekamen wir plötzlich alle Auftrieb. Wir ließen sofort einen Wagen kommen und fuhren direkt zur Wohnung des Rektors, zögerten allerdings wieder, als wir dann vor dem Eingang seines Hauses eintrafen. Ruoxu meinte, da es um ihre Männer gehe, sollten Xinyi und sie den Rektor aufsuchen.
Als ein Diener die Tür öffnete, ließ sie ausrichten, um was es ginge. Wir warteten eine ganze Zeitlang an der Tür, bis der Diener schließlich kam und sagte, der Rektor sei zu Hause und bitte die beiden Damen zu einem Gespräch herein.
Lin Li und ich warteten mit Qiangqiang in der Nähe unter den Arkaden der Läden. Der Regen wurde stärker, und immer wenn ein Wagen vorbeikam, spritzte das Wasser auf der breiten Straße klafterhoch auf. Die ganze Zeit über war Lin Li sehr einsilbig, und auch ich überließ mich meinen Gedanken. Der Rektor war von einem gewissen Herrn in diese Position gehievt worden, einem Herrn, der in der gegenwärtigen politischen Szene durchaus einen Namen hatte. Sollte der Rektor seine Hilfe zusagen, könnte das die Wende bedeuten. Aber wenn nicht? Wen könnten Xinyi und Ruoxu dann noch um Unterstützung bitten? Als ich, solchen Gedanken nachhängend, zufällig den Kopf hob, bemerkte ich, wie Qiangqiang, der stumm neben mir stand, Tränen über beide Wangen liefen. Ich erschrank, tätschelte seinen Kopf und sagte: »Nicht weinen, Qiangqiang. Ein Junge darf nicht einfach weinen.«

»Onkel Jin, ist mein Papa ein schlechter Mensch?«
»Natürlich ist er kein schlechter Mensch.«
»Aber warum wollte die Polizei ihn dann schnappen? Mein Lehrer hat gesagt, die Polizei ist extra dafür da, daß sie die schlechten Menschen faßt. Mein Papa ist ein guter Mensch. Warum schnappen sie sich ihn dann? Was hat Papa Böses getan?«
»Er hat nichts Böses getan. Die Polizisten wollen sich nur mal mit ihm unterhalten.«
»Sie haben auch meine Bücher mitgenommen. Warum haben sie meine Bücher mitgenommen? Mein Lehrer hat gesagt, man darf nicht einfach anderer Leute Sachen wegnehmen. Warum haben die einfach meine Sachen weggenommen? Ich mag die Polizei nicht. Ich mag die Polizei nicht!«
Er weinte immer lauter. Ich wußte nicht, wie ich ihn beruhigen sollte. Nicht einmal ein Paket Bonbons, das Lin Li ihm besorgte, machte seinem Schluchzen ein Ende. Lin Li und ich sahen uns an. Lin schloß Qiangqiang seufzend in die Arme und murmelte etwas, das ich nicht verstand. Auch seine Augen röteten sich. Gewöhnlich redete Xiaoshis Freund nicht viel, ich hatte ihn nie besonders beachtet und hätte nicht gedacht, daß er nun, wo Xiaoshi etwas zugestoßen war, so herzlich und hilfsbereit sein würde. Ich fürchtete, er möchte seiner Gefühle nicht Herr werden, und wollte ihm gerade zureden, sich doch nicht allzusehr aufzuregen, da traten zum Glück Xinyi und Ruoxu aus dem Hause des Rektors, beide mit einem Lächeln auf den Lippen.
»Wir dürfen wieder hoffen«, meinte Ruoxu, »der Rektor hat uns versprochen, sich mit den zuständigen Stellen in Verbindung zu setzen. Er wird uns heute abend benachrichtigen.«

»Und warum hat man sie eigentlich verhaftet?« fragte ich.
»Darüber hat er nichts gesagt. Er meinte nur, wir sollten uns keine Sorgen machen, er werde sich persönlich erkundigen.«
Wir wußten zwar noch nicht, was dabei herauskommen würde, aber allein die Tatsache, daß der Rektor bereit war, in dieser Sache etwas zu unternehmen, war schon ein Lichtblick und ließ uns unwillkürlich erleichtert aufseufzen.
Als Qiangqiang seine Mutter sah, quengelte er, er habe Hunger. Das erinnerte mich daran, daß auch ich noch nicht gefrühstückt hatte. In der Anspannung eben hatte ich das gar nicht bemerkt, aber jetzt spürte ich, wie mein Magen knurrte. Wir suchten uns ein Restaurant in der Nähe und bestellten auf gut Glück ein paar Gerichte. Xinyi und Ruoxu hatten keinen sonderlichen Appetit, Qiangqiang aß ohnehin nie viel, nur Lin Li und ich schlangen, nicht eben sehr fein, wie die Wölfe herunter, was uns vor die Stäbchen kam.
»Ach«, sagte Ruoxu plötzlich, »so ein Ärger! Wir haben vergessen, uns beim Rektor noch nach etwas zu erkundigen.«
»Nach was denn?« Wir wurden alle wieder nervös.
»Nach den Studenten. Wir haben eben gar nichts von den Studenten gesagt, die man verhaftet hat. Sie sitzen doch jetzt und sind auch arm dran. Wir sollten den Rektor bitten, daß er auch für sie etwas tut.«
Ich war anderer Meinung. Ich glaubte nicht, daß Yumin und Xiaoshi irgend etwas wirklich Unzulässiges getan hatten, im schlimmsten Fall waren sie in dem, was sie gesagt und geschrieben hatten, zu weit gegangen. Und die Studenten? Das ließ sich schwer sagen. Hatte Wang Yiping doch noch eben gesagt, daß unter ihnen Studenten

mehrerer Hochschulen seien, Studenten, die noch nicht einmal einen Abschluß hätten, und ob sie nun wirklich miteinander konspiriert oder nur eine Studiengesellschaft gebildet hatten, in jedem Fall hatten sie entschieden gegen ein Tabu verstoßen. Selbst wenn zwischen der Verhaftung Yumins und Xiaoshis sowie der der Studenten ein Zusammenhang bestehen sollte, wäre es doch günstiger, beides getrennt zu behandeln; zunächst konnten wir nur etwas zur Rettung von Yumin und Xiaoshi unternehmen.

Als ich den anderen sagte, wie ich über die Sache dachte, seufzte Ruoxu. »Ein paar von ihnen kenne ich, alles nette junge Menschen. Was für ein Jammer, daß man solche Leute verhaftet!«

»Es wäre schon ein großes Glück, wenn es uns gelänge, jetzt Yumin und Xiaoshi zu retten«, sagte ich. »Wie können wir uns auch noch um die Studenten kümmern? Wir können uns nicht um zu viele Leute kümmern.«

Auf meinen Einwand hin nahmen wir erst einmal Abstand davon, uns für die Freilassung der Studenten zu verwenden.

Als wir mit dem Essen fertig waren, war es bereits zwei Uhr nachmittags. Da der Rektor gesagt hatte, er werde sich erst abends melden, riet ich Xinyi und Ruoxu, nach Hause zu fahren und dort auf Nachricht zu warten. Aber sie wollten nicht. Wir beratschlagten eine Weile und entschieden uns dann dafür, lieber noch bei einem hohen Parteifunktionär um eine Unterredung nachzusuchen. Sein ältester Sohn studierte an besagter Universität und war nach Ruoxus Worten ein recht nachdenklicher junger Mann, der Xiaoshi gewöhnlich ziemlich nahestand. Da es nun einmal eine Verbindung auf dieser Ebene gab, sollte man es auf einen Versuch ankommen lassen, meinten wir. Auch Ruoxu hatte keine Einwände. Wir fuhren mit dem Taxi zum Haus des Funktionärs, bekamen aber unerwartet einen Korb und wurden abgewiesen. Daraufhin rief Lin Li noch einmal an und wollte den Sohn sprechen, aber es hieß, er sei vor ein paar Tagen in den Süden gereist, und man wisse nicht, wann er zurückkommen werde. Ganz offensichtlich hatte dieser Funktionär nicht die Absicht, uns behilflich zu sein, und hatte seinen Sohn fortgeschickt, wahrscheinlich um zu verhindern, daß er in den Fall hineingezogen würde.

Dieser Weg führte also nicht weiter, und etwas anderes fiel niemandem von uns ein. Ruoxu rief noch einmal beim Rektor an, aber diesmal nahm selbst dort niemand den Hörer ab. Ruoxu und Xinyi wurden wieder nervös. Xinyi begann leise zu schluchzen, auch Qiangqiang wischte sich Tränen aus dem Gesicht. Ruoxu wollte erneut zum Rektor fahren. Aber ich sah absolut keinen Sinn darin, mit dem Taxi wild durch Taibei zu kurven; zum einen würden wir niemanden finden, der bereit wäre, uns zu helfen, und einer solchen Erfahrung wäre Xinyi seelisch sicherlich nicht gewachsen, zum anderen hatten wir ja auch noch ein achtjähriges Kind bei uns, jede Unruhe konnte die Sache also nur verschlimmern. Ich riet ihr, sich keine Sorgen zu machen. Am besten würden wir uns etwas suchen, wo wir in aller Ruhe auf die Nachricht des Rektors warten könnten.

So warteten wir ein paar Stunden lang in einem kleinen Laden, in dem Obst verkauft und Fruchtsäfte ausgeschenkt wurden. Hier unter vielen Menschen beruhigte sich Xinyi, und auch Qiangqiang weinte nicht länger. Seltsame Gedanken gingen mir durch den Kopf, als wir in diesem Laden saßen und ich sah, wie die Menschen kamen und gingen. Was würden die, die da hereinkamen, denken, wenn sie wüßten, daß es sich bei den Männern und Frauen, die dort um den Fenstertisch saßen, um

Verwandte und Freunde von politischen Gefangenen handelte? Würden sie einen großen Bogen um uns machen? Oder würden sie neugierig näher kommen, um zu erfahren, was los sei? Würde sich einer von ihnen um diese politischen Gefangenen sorgen? Schwiegervaters Worte klangen mir noch in den Ohren: »Die Regierung wird schlüssige Beweise haben, wenn sie verhaften läßt. Wie sonst hätte man sie verhaften lassen können?« Und ich erinnerte mich meiner Studentenzeit, erinnerte mich, wie Herr Wu, der unser Wohnheim zu betreuen hatte, uns immer wieder einschärfte: »Wenn ihr jungen Leute freßt, sauft, hurt und spielt, dann macht das gar nichts. Nur macht euch um Gottes willen nicht eure eigenen politischen Gedanken. Wenn ihr es mit den Weibern treibt oder euch bestechen laßt, das alles wird euch nicht den Kragen kosten, aber macht euch eure eigenen politischen Gedanken, und man wird euch den Kopf verpflanzen.« Herr Wu war ein Soldat, dem alle Winkelzüge fremd waren. Ich kann mich noch erinnern, wie die Studenten unseres Wohnheims damals zu einem Hungerstreik aufriefen, aus Protest gegen das miserable Mensaessen und um den Mensapächter zu vertreiben. Herr Wu hatte damals heimlich auf unserer Seite gestanden; das hatte viele von uns für ihn eingenommen, und manche der etwas aktiveren Studenten standen mit ihm auf recht vertrautem Fuß. Er wußte, daß wir gern unsere politischen Vorstellungen diskutierten und Zeitschriften herausgaben, und als er eines Abends plötzlich die oben zitierte kleine Rede hielt, achtete ich nicht einmal besonders auf das, was er sagte.

Nun, da ich hier in dem Obstladen saß, tönten mir seine Worte, wie von Geisterstimme gesprochen, wieder im Ohr: »Junge Leute sollten sich nicht ihre eigenen politischen Gedanken machen... Macht euch eure eigenen politischen Gedanken, und man wird euch den Kopf verpflanzen.«

Um sechs Uhr hielt es Ruoxu nicht länger aus, sie wollte zu Hause anrufen. Sie benutzte das Telefon auf dem Ladentisch. Aber sie hatte kaum zwei Sätze gesagt, da schrie sie jäh auf, so daß jedermann im Laden sie befremdet anblickte.

»Sie sind frei!«

»Sie sind frei!« stimmte Xinyi ein. Und wir lachten, bis wir keuchten, weil uns die Luft wegblieb.

»Sie sind frei!«

4

Knapp eine Stunde später waren wir allen in Yumins Wohnung versammelt, und sechs, sieben Münder redeten durcheinander. Yumin holte eine Flasche RED LABEL hervor, die er für besondere Anlässe aufbewahrt hatte; heute abend wolle er sich total betrinken, meinte er.

Xinyi räumte den Kühlschrank aus und traf Vorbereitungen, uns ihre Kochkünste vorzuführen. Am lautesten tönte Xiaoshis Stimme, wild gestikulierend erzählte er von diesem Tag, an dem sie inhaftiert gewesen waren. Ruoxu hörte zu und konnte sich vor Lachen nicht halten. Wenig später kam von nebenan wiegenden Schrittes Wang Yiping. Mit einem Schluck leerte er ein randvolles Glas Whisky und fuhr sich mit der Zunge über die Lippen. »Es war nur ein Schreckschuß. Ich wußte gleich, das war nur ein Schreckschuß. Sie wollten euch nur einschüchtern. Woher ich das wußte? Schau mal, übermorgen beginnt das Semester, und was ihr beiden im letzten Semester gezeigt habt, haha, das war schon sehr bemerkenswert. Also hat man diesmal vor Semesterbeginn speziell zwei Herren gebeten, einmal einen Blick ins Gefängnis zu werfen. Man wird diese beiden Herren nun vielmals um Entschuldigung bitten. Das ist es, was man ›Den General Cao Cao fangen und dann wieder laufen lassen‹ nennt, haha, kommt, trinken wir noch einmal ex, helfen wir euch über den Schrecken hinweg!«

Wenig später fuhr auch Li Zhigong in einem Mercedes vor. Er baute sich in der Mitte des Wohnzimmers auf und hielt eine lange, temperamentvolle Rede, die im großen und ganzen besagte, daß es Freiheit nur gebe, wo man um sie kämpfe, der heutige Vorfall zeige ganz deutlich den Respekt der Behörden gegenüber den Intellektuellen und gegenüber der Forderung nach Freiheit und Demokratie. Er redete sich so in Rage, daß ihm Schaum vor dem Mund stand. Yumin klopfte ihm auf die Schulter und meinte: »Du bist ein Theoretiker, Zhigong. Was soll das Gerede, wenn einem die Praxis fehlt? Hör auf davon, hör auf! Von uns Anwesenden haben nur Xiaoshi und ich wirklich einen Preis für Demokratie und Freiheit entrichtet. Wer nie gesessen hat, was schwätzt der von Demokratie und Freiheit? Das geht doch nicht!«

Wang Yiping klatschte und lachte, als Yumin Li Zhigong mit dieser Bemerkung bloßstellte. »Phantastisch! Phantastisch! Einen ganzen Tag lang hat Bruder Yumin gesessen, nun ist er ein richtiger Kämpfer für die Demokratie geworden. Wir wollen uns ein Beispiel an dir nehmen, haha!«

Yumin wurde heftig. »Denkt nicht, daß ich angeben will. Ihr habt ja nicht gesessen, ihr wißt ja nicht, wie es da drinnen aussieht. Woher sollt ihr denn auch wissen, wie schlimm es da zugeht?! Stimmt's, Xiaoshi?«

Xiaoshi nickte lächelnd, und Yumin wiederholte: »Wir waren es doch, die für Freiheit und Demokratie gezahlt haben. Komm, Xiaoshi, trinken wir noch ein Glas!«

Beide leerten ihr Glas mit einem Schluck. Yumins Augen verengten sich zu einem Spalt. »Wenn man für Demokratie und Freiheit kämpfen will, dann hilft kein leeres Gerede, dann muß man durch Feuer und Wasser gehen. Aber ich hoffe, ihr allc werdet eines Tages mit uns zusammen den Weg ins Gefängnis antreten, es ist eine wertvolle Erfahrung.«

Xiaoshi, etwas freimütiger, machte sich über seinen Freund lustig, als er hinzufügte: »Wir sollten nicht übertreiben, Yumin. Mir reicht dieser eine Tag. Es mag ja eine wertvolle Erfahrung sein, noch einmal länger zu sitzen, aber ich kann gut darauf verzichten.«

Alle lachten, und Xiaoshi wandte sich an mich: »Liwen, man hat sich da auch nach dir erkundigt.«

Unwillkürlich erschrank ich. »Und wonach?«

»Nur nach deinen politischen Ansichten, ob es da irgendwelche ungesunden Tendenzen gebe. Ich habe alles verneint.«

Mir war klar, daß es jetzt ernst für mich wurde. Hastig fragte ich Yumin: »Haben sie sich auch bei dir nach mir erkundigt? Und was hast du gesagt?«

»Nein, haben sie nicht.« Er schüttelte mehrmals den Kopf. »Gar nicht. Wahrscheinlich hatten sie mich so viel in eigener Sache zu fragen, daß sie gar nicht fertig wurden, haha!«

Als wir die Whiskyflasche geleert hatten, war Xinyi mit dem Essen fertig, und alle begaben sich lachend zu Tisch. Wang Yiping überschüttete Xinyi mit Komplimenten für ihre Art, Eisbein in Gelatine und scharf gewürzte Hühnerbrust in Würfeln zuzubereiten. Li Zhigong tönte laut von seinen Erfolgen im Wirtschaftsministerium im Zusammenhang mit nationalen Sparmaßnahmen und redete sich in seiner Begeisterung abermals Schaum vor den Mund. Er und Wang verabschiedeten sich nach dem Essen als erste, während wir anderen das Gefühl hatten, noch nicht genug gehört zu haben. Xiaoshi bestand darauf, wir alle sollten das neue Haus besichtigen, das Ruoxu und er demnächst beziehen würden. Zwar hatten wir schon einen Tag im Taxi verbracht, aber im Gefühl, gerade eine Katastrophe überlebt zu haben, schmerzte es uns nicht, noch einmal Geld fürs Taxi auszugeben. Also ließen wir zwei Wagen kommen und fuhren zusammen hinaus aufs Land zu Xiaoshis neuer Wohnung. Es handelte sich dabei um ein kleines Appartement, für das Xiaoshis künftiger Schwiegervater, der auf eine sehr rührende Weise um seinen Schwiegersohn besorgt war, das Geld vorgestreckt hatte und das bereits mit allem Komfort eingerichtet war.

Wir zogen Xiaoshi damit auf, daß er als Anhänger von Sun Yatsens »Drei Volksprinzipien« so zu einem würdigen Kleinbourgeois avanciert sei. Doch Xiaoshi bestand darauf, die Wohnung gehöre gar nicht ihm, er sei nur ein Anhängsel Ruoxus. Wieder lachten alle und protestierten gegen diese Interpretation, da hörten wir durch den Lärm hindurch, wie unten jemand wild klingelte und draußen nach Yumin gerufen wurde. Wir wußten nicht, was los war, plötzlich war es ganz still in der Wohnung. Xinyi war wie ein Vogel zusammengezuckt, der des Bogens Sehne hatte sirren hören, sie war ganz bleich geworden. Auch Yumin wirkte alarmiert. Er zog mich mit sich. Ich sollte mit ihm zusammen hinuntergehen und nachsehen.

Auf dem freien Platz vor dem Haus waren sieben, acht Studenten versammelt. Einige schoben ein Fahrrad, ihre Kleidung war durchgeschwitzt. Sie mußten mit dem Rad aus Taibei gekommen sein. Ich wußte nicht, was für Irrfahrten sie hinter sich hatten, bevor sie diesen abgelegenen Neubau auf dem Lande gefunden hatten. Ganz offensichtlich waren sie sehr erregt, ihre Mienen waren düster. Erst ihr Anblick erinnerte mich daran, daß eine Reihe von Studenten noch im Gefängnis saß. In unserer Begeisterung hatten wir völlig vergessen, daß es für diese Studenten immer noch um Kopf und Kragen ging. Wir hatten gefeiert, als wäre alles wieder in bester Ordnung. Unwillkürlich schämte ich mich.

Es waren Studenten von Yumin. Ich stellte mich also neben ihn, um zu sehen, wie er mit der Situation fertig werden würde.

»Herr Professor, Song Taisheng hat sich umgebracht. Er hat sich am Tor zum Campus die Pulsadern aufgeschnitten!«

»Was?!« Yumins Stimme klang belegt. Obwohl ich hinter ihm stand, merkte ich, daß er eine Fahne hatte. »Er hat sich umgebracht? Wann denn?«

»Heute nachmittag nach fünf. Er wußte nicht, daß man Sie und Professor Zhao schon freigelassen hatte. Er ist zum Tor gelaufen und hat dort ein Poster angebracht, darauf standen die Worte, die Sun Yatsen vor seinem Tode sprach: ›Kämpft mit allen friedlichen Mitteln für die Rettung Chinas.‹ Dann hat er sich die Pulsadern aufgeschnitten.«

»Ich hab' es mit eigenen Augen gesehen«, schluchzte eine Studentin. »Kurz darauf hat ihn die Polizei weggeschafft, und das Poster wurde heruntergerissen.«

»Und was ist nun mit ihm? Ist er tot?« drängte Yumin.

»Weiß nicht.«

»Man sagt, daß er ins Krankenhaus gebracht wurde.«

»Mein Gott!« Yumin stampfte mit dem Fuß auf. »Dabei war ich schon wieder frei! Wenn ihr nur etwas besser informiert gewesen wäret!«

Beschämt ließen die Studenten die Köpfe hängen, ganz so, als wäre es ihre Schuld gewesen, daß sie nicht besser

informiert waren. Die Luft war plötzlich drückend geworden, nur das Quaken der Frösche tönte gelegentlich aus den nahen Reisfeldern. Nach einer Weile fragte einer der Studenten leise:
»Was sollen wir tun, Herr Professor?«
»Was sollen wir tun?«
»Was sollen wir tun?«
Von Yumin kam geraume Zeit keine Antwort.
Die Gegend hier war gerade erst zur Bebauung erschlossen. Nur am Eingang zu dem Block, in dem Xiaoshi wohnte, gab es eine Straßenlaterne, die Reisfelder ringsum lagen im Dunkeln. Da Yumin mit dem Rücken zur Laterne stand, konnte ich sein Gesicht nicht sehen, wohl aber im schummrigen Licht die besorgten jungen Gesichter, eines neben dem anderen, und alle so rein, so ernsthaft und fragend. Ihnen mußte jetzt zumute sein wie mir heute morgen. Zwar waren sie noch auf freiem Fuß, aber doch schon von Angst erfüllt; sie machten sich Sorgen um ihre inhaftierten Kommilitonen und auch um ihr eigenes Schicksal. Was sollten sie tun?
Schließlich seufzte Yumin: »Ach, wißt ihr, ich bin auch eben erst entlassen worden... in solchen Situationen ist man völlig hilflos... was kann man tun? ...Alle nach Hause gehen... geht jetzt zurück nach Hause.«
»Und was ist mit Song Taisheng?« fragte einer der Studenten.
»Song Taisheng... Ich weiß es auch nicht... Ich muß es mir noch einmal durch den Kopf gehen lassen... Geht nur nach Hause!«
Einer wie der andere senkten sie die Köpfe und tauchten nach und nach in der Dunkelheit unter. So aussichtslos, so verzweifelt mußte ihnen die Situation erscheinen. Sie gingen ganz leise, ohne noch eine Frage zu stellen, ließen sich ganz still von der Dunkelheit verschlucken.

5

Etwas über zwei Monate später heirateten Xiaoshi und Ruoxu. Die Feier fand in einem Hotel in fröhlicher und entspannter Atmosphäre statt. Xiaoshi war offensichtlich in Hochstimmung. Ruoxu, sonst von fast männlicher Freimütigkeit, wirkte nun, als Braut herausstaffiert, sehr weiblich und verführerisch. Die Gäste hielten Reden, wobei sich Ernst und Humor in der bei einem solchen Anlaß angemessenen Weise die Waage hielten. Der Rektor war erschienen, der Militärinstrukteur, außerdem einige mittlere Beamte, die zu den Liberalen in der Partei gerechnet wurden. Natürlich waren alle alten Freunde Xiaoshis und viele seiner Schüler erschienen, darunter auch einige von denen, die man neulich festgenommen hatte. Auch sie waren im Verlaufe des Monats, der auf Yumins und Xiaoshis Freilassung folgte, einer nach dem anderen wieder auf freien Fuß gesetzt worden. Song Taishengs Selbstmordversuch war glücklicherweise mißlungen; nachdem seine Wunden verheilt waren, hatte man ihn aus der Klinik entlassen. So blieb als einziges Mißgeschick, daß sich die Mutter eines Studenten, eine Witwe, umgebracht hatte, während ihr Sohn im Gefängnis saß. Dieser Sohn fand sich also nach seiner Freilassung als Waise wieder. Wäre dieses Mißgeschick nicht passiert, hätte man wohl von einem komödienhaften Ausgang der ganzen Affäre sprechen können.

Trotzdem ist mir, ohne daß ich sagen könnte warum, all das, was an jenem Tag passierte, nicht mehr aus dem Sinn gegangen. Ich kann vor allem die besorgten jungen Gesichter nicht vergessen, wie ich an jenem Abend jedes von ihnen im Schein der Straßenlaterne wahrnahm, den

Ausdruck der Verzweiflung, als sie sich von uns trennten. Seit jenem Vorfall ist es mir unmöglich, mich den Studenten mit der alten Unbefangenheit zu nähern. Sie kommen noch wie früher zu mir. Aber immer, wenn ich den Mund öffne, um etwas zu sagen, taucht vor meinen Augen wieder jene Szene auf. Was kann ich ihnen denn sagen, ohne daß sie sich später getäuscht fühlen müssen? Wohin könnte ich sie führen, ohne daß es auf einen Verrat an ihnen hinausliefe? Eine Zeitlang nahm ich es Yumin sehr übel, wie er sich an jenem Abend verhalten hatte. Wie hatte er es fertigbringen können, seine treuesten Jünger so im Stich zu lassen?

Später fragte ich mich selbstkritisch, was mich denn eigentlich berechtigte, über Yumin ein Urteil zu fällen. Hätte ich nicht einem plötzlichen Impuls nachgegeben, dann hätte ich mich vielleicht nicht anders als Wang Yiping und Li Zhigong verhalten und keine Hand für ihn gerührt, als er verhaftet wurde. Und hatte ich nicht an dem Nachmittag, bevor Yumin entlassen wurde, Ruoxu widersprochen, als sie meinte, wir müßten etwas für die Studenten tun? Hätte ich mich in Yumins Lage, gerade erst entlassen und noch unter Schock, mutig den Problemen der Studenten gestellt?

Ich fürchte, ich hätte ebenfalls gekniffen.

Woher also nahm ich das Recht, ein Urteil über ihn zu fällen? Ich begann, mich zu hassen. Plötzlich begriff ich, wie schwach und nutzlos wir Intellektuellen sind und wie unqualifiziert, irgend jemanden zu lenken. Sobald auf uns Druck ausgeübt wird, ziehen wir uns in unser Schneckenhaus zurück, wenn wir uns nicht gar gegenseitig verraten.

Unfreiwillig hatte Xiaoshi an jenem Abend durchblicken lassen, daß man ihn im Laufe des Verhörs auch nach mir befragt hatte. Wenn sie ihn gefragt hatten, hatten sie doch bestimmt auch Yumin gefragt. Das aber hatte Yumin entschieden abgestritten. Vielleicht, weil er mich bereits verraten hatte? Xiaoshi hatte zwar gesagt, er habe mich nicht verraten, aber konnte ich ihm glauben?

Solche Überlegungen nagten seither an meinem Herzen. Mir wurde bewußt, daß ich meinen alten Freunden nicht länger trauen durfte, ja, daß ich nicht einmal mir selber noch länger trauen durfte. Was für Menschen sind wir eigentlich? Wer hat das aus uns gemacht?

Ich hörte nicht auf, mir solche Fragen zu stellen. Selbst während der Trauung von Xiaoshi und Ruoxu quälten mich derartige Gedanken.

Auf der Party, die im Anschluß an die Trauung stattfand, traf ich wieder auf Wang Yiping. Er war noch ein bißchen fetter geworden. Er drängte mich in eine Ecke und zog schrecklich über Yumin her. Seit jenem Vorfall, meinte er, gefalle sich Yumin mehr denn je in der Rolle des Kämpfers für Demokratie, so daß in der Universität die Zahl derer, denen er nicht passe, ständig wachse und nicht wenige sich wünschten, daß er mal wieder einen Dämpfer bekäme. Mir war Wang Yiping ohnehin unsympathisch, ich konnte mir auch keinen Reim darauf machen, was ihn wohl bewegte, in meiner Gegenwart derart über Yumin zu lästern. Ich machte ein paar beiläufige Bemerkungen und stahl mich dann unter einem Vorwand schleunigst davon.

Als ich gerade aus dem Festsaal schlüpfen wollte, um ein bißchen frische Luft zu schnappen, trat mir unversehens ein Student in den Weg. Ich erkannte in ihm einen Schüler Yumins, einen von denen, die damals verhaftet worden waren, aber ich kam nicht auf seinen Namen. Ein hochgewachsener, robuster junger Mann mit einem Kindergesicht; er redete hastig und aufgeregt.

»Professor Jin, ich muß etwas mit Ihnen besprechen.«

»Worum geht es denn?«

»Können wir irgendwohin gehen, wo weniger Leute sind?«

Ich folgte ihm auf den Flur vor dem Festsaal, Lärm und Gelächter drangen nur noch undeutlich zu uns herüber.

»Ich muß Ihnen unbedingt etwas sagen. Auch wenn ich fürchte, daß es nicht mehr viel nützt, wenn ich es Ihnen jetzt sage. Aber ich habe kein ruhiges Gewissen, wenn ich nicht davon rede.« Er kniff die Brauen zusammen, etwas schien ihm schwer auf der Seele zu liegen. »Als ich im Gefängnis war, hat man mir eine ganze Menge Fragen über Sie gestellt.«

»Wie?«

»Man hat mich gefragt, ob Sie bestimmte Bücher gelesen hätten.«

»Und was haben Sie gesagt?«

»Ich habe das bejaht.«

»Aber... wie konnten Sie das so einfach behaupten?«

»Ich weiß. Ich verstehe auch nicht mehr, wie ich dazu kam. Ich hatte einfach Angst, es kam mir einfach so über die Lippen. Und dann war es schon zu spät, das noch richtigzustellen.«

Ich schwieg. Hastig fuhr er fort: »Ich wollte Ihnen das schon die ganze Zeit lang sagen, fand nur einfach nicht den Mut dazu. Aber ich mußte es Ihnen sagen. Obwohl es, fürchte ich, nichts nützt.«

Er blickte mich aus klaren, offenen Augen an.

»Es tut mir wirklich leid, daß ich Sie angeschwärzt habe.«

Er verschwand eilig. Als er die Tür zum Festsaal aufstieß, tönte der Lärm der Party zu mir heraus und wurde dann in dem Maße leiser und undeutlicher, in dem sich die Tür allmählich wieder schloß. Noch lange blieb ich auf dem

Flur stehen. Ich hätte wütend sein sollen auf diese böse Nachricht hin. Aber es gelang mir nicht, zornig zu werden, im Gegenteil, ich fühlte mich erleichtert. Mit einem Mal war das Gefühl der Niedergeschlagenheit, das sich in meiner Brust angestaut hatte, wie fortgewischt.

1979 (Übersetzung: Wolf Baus)

ZENG XINYI

Zeng Xinyi (eigentlich Zeng Taisheng), 1948 in Tainan geboren, wächst ohne Vater auf und muß früh erleben, wie die Mutter erniedrigende Arbeit verrichtet, um sich und ihre Kinder durchzubringen. Die materielle Not zwingt Zeng, ihre Ausbildung immer wieder zu unterbrechen und durch alle möglichen Tätigkeiten Geld zu verdienen. Einen ersten Versuch, sich als Gasthörerin in geisteswissenschaftlichen Fächern an der Universität weiterzubilden, gibt sie auf, weil ihr die Relevanz der Kenntnisse, die dort vermittelt werden, nicht einleuchtet und sie sich von der Eitelkeit der Intellektuellen abgestoßen fühlt. Mehrere Jahre lang arbeitet sie als Reporterin und Redakteurin für verschiedene dem Regime kritisch gegenüberstehende Zeitschriften und nimmt an gegen die Guomindang gerichteten Demonstrationen teil. Zur Zeit studiert sie in Taibei Publizistik. Zengs reiche Erfahrungen in vielen verschiedenen Berufen schlagen sich direkt in ihren Erzählungen nieder. Neben einer Reihe von Aufsätzen hat sie bisher drei Bände mit Erzählungen veröffentlicht. 1977 erscheint »Ich liebe einen Doktor« (Wo ai boshi), eine Sammlung von Erzählungen, die in ihrer Mehrzahl das Elend der Barmädchen beschreiben und kommentieren. Deutlicher als alle anderen Heimatliteratur-Autoren scheidet Zeng zwischen Gut und Böse.

Der Loyale

Während der letzten Tage wurde Papa ganz schön in Trab gehalten. Die Kampagne für die Stadtratswahlen hatte nämlich begonnen. Seit seiner Pensionierung fungiert Papa als Leiter einer Parteizelle. Einmal im Monat beruft er eine Versammlung zu uns nach Hause ein. Das ist sein einziger Kontakt zur Außenwelt, sieht man einmal von den Heirats- und Todesanzeigen ab, die der Briefträger bringt.

Nun mußte er täglich mehrfach aus dem Hause, was für sein sonst so ruhiges, regelmäßiges häusliches Leben in der Tat einige Veränderungen bedeutete.

Noch zweimal übernahm Papa nach seiner Pensionierung einen Posten, zog sich aber beide Male wenig später davon zurück. Seit mehr als zwei Jahren verbringt er den größten Teil seiner Zeit damit, im Garten nach dem Rechten zu schauen. Von morgens bis abends liest er Zeitung, macht zur festgesetzten Stunde seinen Spaziergang und hilft Mama bei der Hausarbeit, indem er etwa den Boden fegt oder Wasser abkocht. Nach Einbruch der Dämmerung setzt er sich ins Wohnzimmer und sieht fern. Nie versäumt er die Nachrichten, ein Fernsehspiel auf Hochchinesisch, die Übertragung eines Basketballspiels- oder eines Baseballspiels in der Little League. Es liegt ihm, in aller Gemütsruhe das Haus zu hüten und Tag für Tag dasselbe zu tun. Das hängt wohl damit zusammen, daß er in früher Jugend aus dem Hause gegangen ist und als Soldat am Widerstandskrieg gegen die Japaner und an den Ausrottungsfeldzügen gegen die Kommunisten teilgenommen hat. Und auch nach seiner Ankunft in Taiwan war er an die Truppe gebunden und konnte kaum einmal ein paar Tage bei seiner Familie sein. Wenn ich ihn von jenen entbehrungsreichen Jahren des Krieges und des Bürgerkrieges reden höre, kann ich mir manchmal vorstellen, daß Leute wie er damals sicher nichts sehnlicher hofften, als irgendwann einmal ihr Leben geruhsam im Kreise der Familie verbringen zu können, und es befremdet mich dann nicht länger, daß er es nicht satt hat, Tag für Tag zu Hause zu hocken.

Im zweiten Drittel eines jeden Monats pflegt er einige Briefe zu verschicken, in denen er die Mitglieder seiner Parteizelle zu einer Versammlung in unser Haus lädt. Wenn er die Briefe fertig hat, radelt er zu den Parteigenossen und wirft sie in die Briefkästen am Hauseingang. Alle Parteigenossen wohnen in unserer Nähe. Kommt dann der Tag der Versammlung, rückt er extra im Wohnzimmer Tisch und Stühle zurecht und bereitet heißes Wasser für den Tee vor. Auch trennt er sich dann einmal von der Schlafanzughose, in der er gewöhnlich herumläuft, zieht ein sauberes Hemd und eine Anzughose an und sieht dann, während er auf das Eintreffen seiner Gäste wartet, fern. Und immer wenn eine solche Versammlung ansteht, mahnt er morgens Mama, das Abendessen etwas zeitiger auf den Tisch zu bringen. Mama macht sich uns gegenüber oft über ihn lustig, denn es kommt selten vor, daß auch nur sieben Mitglieder der Zelle auf einmal an einer solchen Versammlung teilnehmen. Mama meint, seine Truppe sei doch ein herzlich stiller Verein. Mama und mein älterer Bruder gehören auch der Partei an, allerdings einer anderen Zelle. Die trifft sich kaum einmal im Jahr, doch entrichtet man treulich und fristgemäß allmonatlich zwei Yuan für die Teilnahme am Treffen. Wenn mein Bruder den Bericht über die Aktivitäten der Zelle schreibt und Ausflüge oder Grillparties mit Kollegen als Gemeinschaftsveranstaltungen der Zelle aufführt, sparen die vorgesetzten Parteizellen nicht mit Lob. Vielleicht ist unser Land zu demokratisch? Ich fürchte, wenn so etwas in einem Land hinterm Eisernen Vorhang passierte, würde der Betreffende Opfer einer Kritik-Kampagne.

Jedenfalls sind wir alle aufrichtige Patrioten und gehen über eine solche etwas laxe Haltung so belustigt hinweg, wie man sich darüber amüsiert, wenn Volksschüler mal schwänzen. Papa ist es gleich, ob zur festgesetzten Stunde jemand erscheint, er hat alles vorbereitet. Findet das Treffen statt, verbringt man die erste Hälfte damit, sich die Serie im Fernsehen anzusehen und dabei auf diejenigen zu warten, die sich verspäten. Mit großem Eifer kann Papa seine Gäste in das Stück einführen und ihnen sagen, wer heute auftreten und wem Unheil zustoßen wird. Wenn dann das unvermeidliche »Bitte, sehen Sie die nächste Folge morgen zur selben Zeit« erklungen ist, kommt man schnell zur Sache. Mal gibt Papa Anweisungen der übergeordneten Dienststelle bekannt, mal läßt er sich über die wichtigsten Geschehnisse der internationalen Politik aus, wobei sich seine Meinung respektvoll stets im Einklang mit der der Regierung befindet. Danach tragen ihm die anderen ihre Klagen vor, die sich in der Regel darauf beschränken, daß irgendwelche Leute bei den Behörden keine Achtung mehr vor ihnen hätten, und wie schwierig es sei, eine Stelle zu finden.

Ich weiß nicht, was Papa konkret für sie tun kann, wenn er so mit ihnen geredet und gelacht hat. Er selber trägt ja auch oft Klagen vor. Manchmal versucht er, sich zu arrangieren, indem er meint, es liege wohl nicht so sehr daran, daß sich das Amt für Veteranen nicht hinreichend um sie kümmere, als vielmehr daran, daß sie alle daran gewöhnt seien, Chef zu sein, und sich nun nicht darauf einstellen könnten, als Untergebene für andere zu arbeiten.

Vor ein paar Tagen griff mich Papa und betraute mich mit einem amtlichen Auftrag, und zwar sollte ich ihm helfen, ein großes, rotes Transparent an der hohen Mauer am Eingang zu unserem Wohnviertel aufzuhängen. Darauf stand in weißen Zeichen: »Alle Bewohner des Distrikts unterstützen einmütig die Kandidatur Tan Junxians«. Außerdem klebten wir überall rote Zettel an, auf denen in schwarzer Tusche stand: »Das junge Talent Tan Junxian steht für das Wohl aller Landsleute ein« und: »Bitte, geben Sie Ihre werte Stimme Tan Junxian, der sich leidenschaftlich für das Wohl der Öffentlichkeit einsetzt«. Eigentlich machte mir das keinen Spaß. Von den Passanten dabei gesehen zu werden, war mir peinlich. Außerdem standen die Semesterzwischenprüfungen vor der Tür, und ich war mit einer ganzen Reihe von Referaten im Rückstand. Aber als ich Papas von Erschöpfung gezeichnetes Gesicht sah und merkte, wie reizbar er wurde, wagte ich nicht, ihn noch zusätzlich zu provozieren. Ehrlich gesagt, selbst ich wurde von dem Fieber angesteckt, das sich aller Wahlhelfer bemächtigte: Tag für Tag das Kommen und Gehen von Leuten, die auf diese oder jene Weise in den Wahlkampf eingespannt waren, ja, Tan Junxian mit der roten Schärpe des Kandidaten erschien höchstpersönlich dreimal an unserer Tür, um uns einen Besuch abzustatten. Und so höflich und förmlich waren all diese Leute; wie sie übers ganze Gesicht strahlten, ein ums andere Mal »Bitte ergebenst, bitte ergebenst« sagten und dann noch jedermann im Hause grüßen ließen. Und wie ganz gewöhnliche Besucher, die zum erstenmal zu uns kamen, neckten sie unseren chinesischen Schäferhund und spielten ein Weilchen mit ihm. Und Papa berief fast täglich eine Sitzung seiner Parteizelle ein, um den

Verlauf der Wahlkampagne zu erörtern. Da Wohn- und Arbeitszimmer bei uns nur durch eine dünne Sperrholzwand getrennt waren, konnte ich alles mithören. Aber es ließ sich nicht leugnen, daß der Wahlkampf für uns auch seine guten Seiten hatte: Neben der öffentlichen Toilette in unserem Wohnviertel befand sich ein freier Platz, auf dem Festtage mit Filmvorführungen unter freiem Himmel gefeiert wurden. Vor ein paar Tagen hatte man dort einen Streifen in der Hochsprache gezeigt, der in den Kinos gerade erst angelaufen war. Da wurden Erinnerungen wach an die ausgelassene Stimmung, in der wir, als wir noch Kinder waren, Neujahr gefeiert hatten. Und doch reagierten die Leute diesmal nicht sehr enthusiastisch, was damit zusammenhängen mochte, daß man durchs Fernsehen abgestumpft war.

Man ließ auch jemanden kommen, der besagte Toilette einmal gründlich und gewissenhaft säuberte, so daß man, wenn man auf die Toilette ging, nicht länger von infernalischem Gestank erstickt wurde. Und neben den beiden roten Fliesen, auf die man seine Füße setzte, krabbelten nicht mehr allzu viele jener kleinen weißen Fliegenmaden. Auch waren die Abflußrinnen nicht länger verstopft, und man hatte die Häufchen schwarzen Moders, die man daraus hervorgezogen hatte, nicht wieder einfach achtlos neben den Rinnen liegen lassen. Und an einigen Stellen im Wohnviertel, wo die Straßenbeleuchtung ausgefallen war, setzte man neue Birnen ein. Allerdings wagte niemand vorauszusagen, wie lange die halten würden. Früher waren immer alle gestohlen worden. So konnte ich in diesen Tagen, wenn ich nachts heimkam, unbesorgt ausschreiten und brauchte keine Angst zu haben, aus Versehen in eine Pfütze oder in Hundedreck zu treten. Zwar ließ einen das Kommen und Gehen der Wahlkämpfer keine Ruhe finden, doch hatten die Hektik und die Erregung, die mit all diesem Durcheinander einhergingen, ihren eigenen Reiz, ganz wie zu Neujahr. Sonst lebte ja jede dieser -zig Familien im Viertel auf sich selbst bezogen vor sich hin, man traf sich höchstens zum Mahjongspiel. Und von außerhalb des Viertels schaute noch seltener jemand vorbei, um sich nach unserem Befinden zu erkundigen. Daß ein so gebildeter Mann wie Tan Junxian, ein Mann, der doch überdies eine gewisse Position bekleidete, uns mit einem Schwätzchen beehrte, das war schon ein ungewöhnliches Ereignis. Mit einem Mal wurden alle Bewohner hier zu höchst respektablen Leuten, was von jedermann mit Zufriedenheit quittiert wurde.

Ich habe mich nie besonders für Politik interessiert, wüßte auch gar nicht, wo ein Interesse ansetzen sollte. Da wir schon lange in einem demokratischen Staat leben, wie man ihn selten findet auf der Welt, und in einem Gemeinwesen, in dem jeder glücklich werden kann, Politik überdies eine Sache der Partei ist, brauchen wir kleinen Leute nur den politischen Richtlinien der Regierung zu folgen, um unseren Patriotismus hinreichend unter Beweis zu stellen.

Allerdings gibt es in unserer Klasse einen Bücherwurm, der einen Haufen Theorien gelesen hat. Er widersprach mir eines Tages und nannte mich einen Holzkopf. Niemals würde er seine Stimme einem Kandidaten der Partei geben, meinte er. Seine demokratischen Ideale forderten eine kraftvolle Opposition als Gegengewicht zur herrschenden Partei. Und kraftvoll sei bei uns nur eine Partei. Ich sagte ihm, wie ich die Dinge sehe: Wir stecken, sagte ich, noch in einer Periode, in der es gilt, das von den kommunistischen Banditen ins Chaos gestürzte China zu befrieden. Das erfordere absolute Stabilität auf Taiwan. Nur so könnten wir unser militärisches Potential mit Blick auf dieses Ziel verstärken und unser Land aufbauen. Ehrlich gesagt, ich war mir über keinen der Kandidaten im klaren; selbst wenn ich mir alle ihre Wahlkundgebungen bis zu Ende angehört hätte, hätte ich die Leute nicht unbedingt verstanden oder ihnen vertraut. Ich hielt es immer noch für zuverlässiger, meine Stimme jemandem zu geben, der von der Partei überprüft und empfohlen worden war, anstatt mir blindlings irgendeinen parteilosen Kandidaten rauszuklauben. Ich setzte dem Bücherwurm meine Ansichten in allen Einzelheiten auseinander, aber er ließ sich davon nicht beeindrucken, sondern meinte weiterhin, er werde für einen parteilosen Kandidaten stimmen (wobei er sich mit »Partei« natürlich auf unsere herrschende Partei bezog). Und er kündigte mir an, er werde mir, für den Fall, daß ich trotzdem für den Kandidaten der Partei stimmen sollte, eine Lektion verpassen, wenn er mich später einmal zu fassen kriegte. Zu Hause erzählte ich meinen Eltern und dem Bruder davon. Mama schnaubte verächtlich durch die Nase und meinte, dem Bücherwurm gehe es wohl zu gut, daß er was Neues, Aufregendes wolle. Und dann meinte Mama noch, der Bücherwurm hätte seinerzeit mal durchmachen sollen, was sie durchgemacht hätten, dann würde er nicht so daherreden.

Es stimmte schon: Wenn es den Menschen gut geht, wissen sie nicht, was gut gehen heißt.

Ich fragte Papa, warum er der Partei gegenüber derart loyal und vertrauensvoll sei. Er sagte, der Staat habe immer für ihn gesorgt und ihn mit viel Liebe und Mühe etwas werden lassen, da sei es selbstverständlich, daß man sich als loyal erweise. Und er meinte, hätte die Regierungspartei nicht mehr als zwanzig Jahre lang unter großen Anstrengungen die Staatsgeschäfte geführt, könnten wir wohl kaum so fein in Ruhe und Sicherheit leben.

Papa konnte beim besten Willen nicht glauben, daß es uns noch besser gehen würde, wenn irgendeine andere Partei an die Macht käme, und daß sie dann noch entschlossen zu den fundamentalen politischen Zielsetzungen der Nation stehen würde. Früher hatte ich es nie über mich gebracht, einen der Handzettel, die die Wahlhelfer verteilten, zurückzuweisen, hatte ihn aber auch nie richtig durchgelesen. Diesmal begann ich, die politischen Erklärungen eines jeden Kandidaten zu lesen. Früher war ich nie zu politischen Kundgebungen gegangen; selbst wenn ich zufällig an einem der kleinen Podeste vorbeikam, auf dem die Wahlhelfer standen und mit schriller Stimme auf die Passanten einschrien, hatte ich geringschätzig einen Bogen um sie gemacht. Diesmal besuchte ich extra mit Papa eine Wahlveranstaltung hinterm Bahnhof. Leider hatte ich nichts davon, denn die Redner sprachen die ganze Zeit über nur Taiwanesisch, so daß ich nichts verstehen konnte. Ich wunderte mich, daß Papa in seinem Alter und mager und schwach wie er war die Geduld aufbrachte, dort ein paar Stunden auszuharren. Auch er verstand keinen Satz Taiwanesisch. Immer wenn ich an die Chancen dachte, die ich in den letzten Sommerferien gehabt hatte, ein bißchen was dazuzuverdienen, fiel mir ein, wie mir diese Jobs durch die Lappen gegangen waren, weil ich kein Taiwanesisch konnte. Unwillkürlich war ich wütend auf Papa geworden. Er war schuld, er hatte uns von klein auf nur die Hochsprache sprechen lassen. Wenn der Staat eine Bewegung propagiere, mit der er die Hochsprache durchsetzen wolle, so lautete seine hehre Begründung, dann hätten wir das zu respektieren. Er hätte sich nicht träumen lassen, daß sich in unserer heutigen Gesellschaft nur durchbeißt, wer Geschäfte auf Taiwanesisch abwickeln kann, daß man erst dann Zugang zu einheimischen Kreisen gewinnt.

Papa und seine Parteifreunde sprachen auf ihren Sitzungen mit Empörung über die parteilosen Kandidaten. Wie es schien, befürchteten sie, diese Burschen könnten mit ihren Tricks Stimmen bei den Unentschlossenen und Wankelmütigen in der Bevölkerung gewinnen, sich in den Stadtrat drängeln und dort der Regierungspartei Scherereien machen. Je näher die Wahlen rückten, um so nervöser wurden alle. Auch ich war nervös und überlegte hin und her, wie ich meiner Verantwortung als Wähler gerecht werden sollte, wem ich denn nun schließlich meine Stimme geben und wie ich mich meines Wahlrechts würdig erweisen könnte. Stimmten meine alten Ansichten noch, oder mußte ich alles neu überdenken?

Am Tag der Wahlen ruhte, ganz wie zu Neujahr, überall im Lande die Arbeit, und jeder war aufgeregt. Mit Tagesanbruch fuhren Leute in Spezialwagen von Haus zu Haus, von Tür zu Tür, klopften an und schärften den Wahlberechtigten ein, ihren Personalausweis bei sich zu tragen, wenn sie sich am angegebenen Ort zur Stimmabgabe einfänden. Papa ging in aller Frühe ins Wahllokal, um zuzuschauen, Mama ging nach dem Einkaufen. Da mein älterer Bruder morgens noch etwas zu erledigen hatte, wollte er hinterher mit mir zusammen gehen. Doch im Wahllokal wußte man, daß mein Bruder und ich noch nicht gestimmt hatten, und so kam, kaum war es kurz nach zehn Uhr, jemand bei uns vorbei und drängte uns. Zwar hatte er ein Lächeln aufgesetzt, doch schüchterten uns sein Eifer sowie seine Nervosität auf eine unerklärliche Weise ein. Es war, als fühlten wir uns an diesem Tage bespitzelt. Als ich mich mit meinem Bruder dem Wahllokal näherte, sah man uns schon von weitem entgegen. Man begrüßte uns lachend und geleitete uns wie gute Bekannte zu dem Tisch, an dem die Personalien überprüft wurden. Als ich den Stimmzettel in der Hand hielt, pochte mein Herz wie wild. Mein Gott, ich hatte mich ja immer noch nicht entschieden, für wen ich stimmen wollte. Ich trat hinter den gebogenen Schirm aus Pappe, hinter dem man seinen Stimmzettel ausfüllt, und griff zu dem kleinen Stempel, mit dem man den Kandidaten seiner Wahl markiert. Hirn und Herz gefroren mir zu einem einzigen Eisblock. Ich stierte wohl aus weit aufgerissenen Augen, wie kurz vor einem Wutanfall. Sollte ich das landläufige Denkmuster durchbrechen und – wie der Bücherwurm – einmal etwas Neues, Sensationelles tun? Dagegen stand die klare Einsicht: Verdiente jemand meine Stimme, nur weil er parteilos war? Da ich von Politik keine festen, selbständigen Vorstellungen hatte, wäre es vielleicht doch klüger, objektive Empfehlungen zu beherzigen. Den Stempel blindlings irgendwohin zu setzen, wäre Vergeudung. Einen Augenblick lang verglich ich die Kandidaten miteinander und drückte ihn dann doch in das kleine Karree über Tan Junxian. Es schien mir weniger willkürlich und etwas beruhigender. Und doch, obwohl meine Augen vor Aufregung fieberten, spürte ich, daß ich im Grunde meines Herzens traurig war. Ich hatte mir wohl zu viele Gedanken gemacht bei meiner ersten Stimmabgabe.

Immer näher rückte der Augenblick der Auszählung. Papa war so nervös, als hätte er selber für den Stadtrat kandidiert. Als das Ergebnis verkündet war, kam er vergnügt nach Hause gelaufen, den ganzen Weg über meinte er lachend: »Wir haben gewonnen«. Achtzig bis neunzig Prozent der Kandidaten, von denen wir gehofft hatten, daß sie gewählt werden würden, waren in der Tat gewählt worden. Auch war die Wahl fair, anders als früher, entfielen nicht die meisten Stimmen gehäuft auf einige wenige Kandidaten, die es verstanden hatten, alle Aufmerksamkeit auf sich zu ziehen.

Am Tage nach der Wahl berief Papas Parteizelle abermals eine Versammlung ein. Alle waren froh und meinten, ihnen sei ein Stein vom Herzen gefallen. Am meisten freuten sie sich, daß nicht ein einziger von diesen Wirrköpfen gewählt wurde. »Wäre einer von denen durchgekommen, hätte er zwar im Stadtrat nichts durchsetzen können, aber es wäre schon lästig genug gewesen, wenn er überall herumgestänkert hätte.« Papa, der seit Tagen keinen ruhigen Mittagsschlaf mehr gehabt hatte, schlief an diesem Tag vom Mittag bis in den frühen Abend.
Manchmal denke ich: Papa ist über sechzig. Seine Karriere dürfte in diesem Leben mit seiner Pensionierung als Oberstleutnant ihr Ende gefunden haben. Nur bei einem gewaltigen Umschwung in der Weltlage, wenn es etwa zum Krieg käme, würde er reaktiviert werden. Nun aber wird er etwa einmal im Monat eine Versammlung einberufen, Anweisungen der Partei weiterleiten und Berichte abfassen, aus denen seine Loyalität deutlich wird. Sollte es sich doch noch einmal ergeben, daß er wieder eingestellt wird, werden seine Vorgesetzten, denke ich doch, sicherlich als wesentlich berücksichtigen, daß er seiner Arbeit als ein guter Parteizellenleiter mit soviel Beharrlichkeit nachgegangen ist, und sie werden ihn sicher mit Vorzug berücksichtigen, wenn es darum geht, ihm eine gute Position zu verschaffen, um die sich eine ganze Reihe von Leuten gerissen hätte.

Unsere Familie hat zu ihrem ruhigen, regelmäßigen Lebensrhythmus zurückgefunden. Auch in unserem Wohnviertel ist nun, da die mit den Wahlen verbundene Hektik vorüber ist, allmählich wieder tiefe Stille eingekehrt. Nicht länger drängen sich Wagen und Leute zuhauf in der Einfahrt zu unserem Viertel. Das ruhmvolle rote Transparent haben Papa und ich vorsichtig heruntergeholt und behutsam zusammengefaltet, als wäre es ein Anzug des Abgeordneten Tan. Ich kann mich wieder in Ruhe meinen Büchern widmen. Der Bücherwurm muckste sich nicht, als er mich sah, und von »mir eine Lektion erteilen« konnte gar nicht die Rede sein. Meine Freude ist ungetrübt, ich habe mir meine kleinbürgerlichen politischen Glaubensüberzeugungen bewahrt.

1974 (Übersetzung: Wolf Baus)

Bai Xianyong

Bai Xianyong ist der bekannteste unter den jungen Schriftstellern Taiwans. 1937 wird er in Guilin, Provinz Guangxi, als Sohn des Generals Bai Chongxi geboren, eines prominenten militärischen Führers der Nationalistischen Armee im Bürgerkrieg und im Krieg mit Japan. Nach dem Zusammenbruch lebt die Familie in Shanghai, Nanking und Hongkong, bevor sie sich 1952 in Taibei niederläßt. Hier beendet Bai die Oberschule und studiert an der Nationalen Taiwan-Universität westliche Literatur. Erste Publikationen erscheinen seit 1958 in der »Literaturzeitschrift« (Wenxue zazhi), herausgegeben von dem bekannten Literaturwissenschaftler Xia Ji'an, der Bais Lehrer war. 1960 gründet Bai Xianyong mit einigen Kommilitonen eine eigene Zeitschrift, »Moderne Literatur« (Xiandai wenxue), die bis 1973 erscheint und großen Einfluß auf die jungen Schriftsteller ausübt. Seine Erzählungen werden zumeist in dieser Zeitschrift veröffentlicht. Nach seinem Universitätsabschluß geht Bai 1963 zu weiteren Studien nach Amerika und erlangt dort den Grad eines M.A. des Writers' Workshop der Universität von Iowa. Seitdem lehrt er an der Universität von Kalifornien, Santa Barbara. Sein Werk liegt in mehreren Erzählbänden vor und läßt sich in zwei Themenkreisen fassen: Menschen in Taibei und chinesische Studenten und Intellektuelle in Amerika. Die beiden vorliegenden Erzählungen, 1965 und 1966 entstanden, sind dem Band »Menschen in Taibei« (Taibeiren) entnommen. Die in diesen vierzehn Geschichten geschilderten Figuren unterscheiden sich jedoch grundlegend von den in den Werken gebürtiger taiwanesischer Schriftsteller dargestellten Menschen. Sie sind alle Festlandchinesen, die nach der Machtübernahme durch die Kommunisten mit der Nationalregierung nach Taiwan kamen und jetzt im Exil ihrer glanzvollen Vergangenheit nachtrauern.

Yin Xueyan bleibt Yin Xueyan

1

Yin Xueyan wird niemals alt. Einige der lebensfrohen jungen Leute, die ihr vor mehr als zehn Jahren im Shanghaier Tanzpalast »Paramount« Beifall klatschten, haben mittlerweile einen kahlen Kopf, andere sind an den Schläfen ergraut. Einige von ihnen sind, als sie nach Taiwan kamen, zu untätigen Beratern für Stahlwerke, Zement- und Kunstfaserfabriken herabgesunken, aber einige wenige auch zu Vorstandsvorsitzenden von Banken und Leitern von Behörden aufgestiegen. Wie sich auch die persönlichen Verhältnisse der anderen verändert haben mochten, Yin Xueyan blieb ewig Yin Xueyan. In Taibei kleidete sie sich ganz wie früher in ihr einfaches weißes Kleid aus hauchdünnem Stoff, und genau wie früher war ihr Lächeln so fein, daß sich nicht einmal in den Augenwinkeln eine Falte zeigte.

Yin Xueyan war wirklich faszinierend, aber niemand konnte genau sagen, was sie eigentlich so anziehend machte. Sie hatte sich nie gern geschminkt oder gepudert, allenfalls betupfte sie ihre Lippen ganz leicht mit Max-Factor-Lippenstift, so daß man es kaum wahrnahm. Sie liebte auch kein auffälliges Rot und Grün. An Sommertagen, bei sehr heißem Wetter, war sie ganz in Silberweiß gekleidet und äußerst einfach aufgemacht. Es ist wahr, Yin Xueyans Haut war weiß wie Schnee, sie war von schlankem Wuchs, und die schönen, reizenden Augen und Brauen fügten sich vortrefflich in das schmale Gesicht, aber dies alles war es nicht, was sie so außergewöhnlich machte. Alle, die Yin Xueyan einmal gesehen hatten, sagten, ohne dafür einen Grund nennen zu können, daß ihre Bewegungen – ob sie nun einen Arm hob oder ein Bein streckte – von einer für andere unerreichbaren verführerischen Anmut seien. Bei anderen sah es sehr unschön aus, wenn sie sich streckten oder die Stirn in Falten legten, aber bei Yin Xueyan hatte dies sogar noch einen besonderen Reiz. Sie redete nicht allzuviel; nur in kritischen Situationen schaltete sie sich ein und sagte einige Sätze in ihrem Suzhou-gefärbten Shanghai-Dialekt, so wohlklingend und besänftigend. Einige Besucher des Tanzpalastes, deren Geldbeutel zu klein war, konnten es sich nicht leisten, Yin Xueyan an ihren Tisch zu bitten, dennoch kamen sie ins »Paramount«, um dort zu sitzen, ihre anmutige Erscheinung zu betrachten und sie einige Sätze im weichen Suzhou-Dialekt reden zu hören, und waren es zufrieden. Auf der Tanzfläche bewegte sich Yin Xueyan ohne Hast, den Kopf ein wenig erhoben, die Hüften leicht hin- und herwiegend; selbst beim schnellen Foxtrott war sie noch nie aus der Rolle gefallen und wirkte immer ruhig und leicht wie ein Weidenkätzchen, das sich im Winde wiegt, als hätte sie keinen Boden unter den Füßen. Yin Xueyan hatte ihre eigene Melodie, ihren eigenen Takt. Was um sie herum vorging, rührte sie nicht.

Man kann weder genau erklären, noch vollständig aufzählen, was an Yin Xueyan so faszinierend war. Aber es gab da etwas, das sie ganz besonders geheimnisvoll erscheinen ließ. Als Yin Xueyans Ruf wuchs, ließ es sich kaum vermeiden, daß sie Neid erweckte, und so begannen ihre Berufsgenossinnen überall eifersüchtig zu lamentieren: »Yin Xueyans Horoskop steht unter einem bösen Stern, sie hat sich gegen den ›Weißen Tiger‹ versündigt, und wer mit ihr in Berührung kommt, dessen Familie wird ruiniert, wenn er nicht selbst zugrundegeht.«

Wer ahnte denn, daß sich das Interesse der Herren aus der Shanghaier Lebewelt an ihr verstärkte, gerade weil Yin Xueyan diesen Ruf als böser Unglücksgeist genoß. Bei ihrem müßigen Leben und ihrem üppigen Vermögen blieb es schwerlich aus, daß es ihnen einmal in den Sinn kam, sich in ein Abenteuer zu stürzen und es mit diesem allbekannten Unglücksstern vom Huangpu-Strand aufzunehmen.

Einer von denen, die das Schicksal herausforderten, war Wang Guisheng, der Juniorchef der Shanghaier Baumwollmagnaten Wang. Tag für Tag fuhr er in einem funkelnagelneuen Cadillac vor und wartete am Eingang des »Paramount«, bis Yin Xueyan ihre Runde von Tisch zu Tisch beendet hatte, worauf sie sich dann gemeinsam auf den Dachgarten im 24. Stock des Park-Hotels begaben und dort ein üppiges Nachtmahl zu sich nahmen. Beim Anblick des Mondes und der glitzernden Sterne am Himmel erklärte Wang Guisheng: Wenn er die Goldbarren seiner Familie zu einer Himmelsleiter zusammenfügen könnte, würde er hinaufklettern und die Mondsichel herunterholen, um sie an Yin Xueyans Stirnlocken zu stecken. Yin Xueyan lachte verhalten und sagte kein einziges Wort; sie streckte ihre zarte, orchideengleiche Hand aus und führte bedächtig ein mondsichelförmiges Kaviarschnittchen nach dem anderen zum Mund.

Wang Guisheng investierte auf Teufel komm raus und verdiente mit allen Mitteln Geld. Er wollte seinen ursprünglichen Reichtum verdrei- und vervierfachen, um die rivalisierenden betuchten »Jäger« in Yin Xueyans Umgebung aus dem Felde zu schlagen, dann eine Kette aus Diamanten und Achaten um Yin Xueyans Hals schlingen und sie daran zu sich nach Hause ziehen. An dem Tag aber, als Wang Guisheng, der sich des schweren Verbrechens der verbotenen Zusammenarbeit mit

Staatsbeamten schuldig gemacht hatte, in den Kerker geworfen und an die Wand gestellt wurde, hielt Yin Xueyan ihr Trauersoll damit für erfüllt, daß sie dem »Paramount«-Tanzpalast eine Nacht lang fernblieb.
Schließlich war es der mächtige Direktor Hong aus der Shanghaier Finanzwelt, der Yin Xueyan gewann. Er verstieß seine erste Frau und ließ seine drei Kinder im Stich und versprach die Erfüllung von zehn Bedingungen, auf denen sie bestand. Daraufhin wurde sie Frau Hong und wohnte in einem von Japanern übernommenen luxuriösen Haus mit Garten im französischen Pachtgebiet von Shanghai. In zwei, drei Monaten entfaltete sich Yin Xueyan in den Kreisen der höheren Gesellschaft Shanghais wie ein spätblühender Birnbaum, der die anderen schönen Blumen in den Schatten stellt.
Yin Xueyan hatte tatsächlich die Fähigkeit, in der Gesellschaft zu dominieren. Wenn üppige Bankette und rauschende Feste stattfanden, ganz gleich, ob die anwesenden Gattinnen der hochstehenden Herren und ihre schönen Töchter wertvolle violette Zobel trugen oder einen Rotfuchs übergeworfen hatten, sobald Yin Xueyan leicht und graziös wie der Märzwind hereinkam, ihren hochgeschlossenen, taillierten Silberfuchsmantel umgehängt, wandten sich alle Anwesenden, wie von diesem Windhauch berührt, nach ihr um. In der Menschenmenge glich sie einem Geist aus Eis und Schnee, ihre kühle Schönheit übte einen Zwang aus. Wenn sie, leicht wie der Wind, einherschritt, leuchteten die Augen der vornehmen Herren und der schönen Damen auf, sobald sie sie erblickten. Das war Yin Xueyan: In der Tanzhalle des »Jessfield«-Nightclubs, auf den Gängen des »Lyceum Theatre« und in all den Salons der Aristokraten und hohen Beamten auf der Avenue Joffre lehnte sie, ganz in Silberweiß gekleidet, an einem Sofa oder Stuhl, in

ihren Mundwinkeln spielte stets jenes verhaltene Lächeln; so scharte sie zahlreiche anwesende Bankdirektoren, stellvertretende Direktoren, Inhaber und Juniorchefs von Garnfabriken und auch einige Neureiche mit ihren Frauen um sich.
Aber Direktor Hongs Horoskop erwies sich doch als etwas zu schwach, um dem Unglück standzuhalten, das Yin Xueyan mit sich brachte. Im ersten Jahr verlor er sein Amt, im zweiten Jahr war er bankrott, und als er nach Taibei kam, brachte er es noch nicht einmal fertig, sich einen müßigen Repräsentationsposten zu angeln. Als Yin Xueyan Direktor Hong verließ, hielt man sie für moralisch, denn außer ihrem eigenen Vermögen nahm sie nur noch ihren berühmten Küchenchef, der mit ihnen aus Shanghai gekommen war, und zwei Dienerinnen aus Suzhou mit sich.

2

Yin Xueyans neuer Wohnsitz lag in dem erstklassigen Viertel im vierten Abschnitt der Renai-Straße. Es war ein funkelnagelneues Haus im westlichen Stil mit einem geräumigen Salon, in dem man zwei, drei große Tische für ein Festessen unterbringen konnte. Sie hatte viel Mühe auf die Einrichtung ihrer neuen Wohnung verwandt. Das Mobiliar im Salon bestand aus einem Tisch und Stühlen aus rötlichem Mahagoni. Auf einigen altmodischen Sofas mit hohen Lehnen häuften sich schwarzseidene Kissen mit Hunan-Stickerei, darauf waren Mandarinentenpärchen dargestellt, die sich im Wasser tummelten. Setzte man sich hinein, so war man sofort halb darin versunken, und lehnte man sich in die samtweichen Seidenkissen, dann fühlte man sich äußerst wohl. Alle, die schon einmal bei Yin Xueyan gewesen waren, lobten ihren Salon, der so vortrefflich ausgestattet sei, daß man gar nicht mehr aufbrechen wolle, habe man erst einmal Platz genommen. Zum Mahjong-Spielen gab es einen eigens eingerichteten Raum. Mahjongtisch und Mahjonglampe waren äußerst geschickt installiert. Für Gäste, die gerne »Wahua« spielten, hatte Yin Xueyan noch extra ein schalldichtes Zimmer abgeteilt; darin konnten sich die Wahua-Spieler einschließen und nach Herzenslust die dazugehörenden Gedichte rezitieren. Für den Winter gab es einen Ofen, im Sommer eine Klimaanlage, und wenn man in Yins Wohnung saß, vergaß man leicht Taibeis trübe Kälte oder schwüle Hitze da draußen. Die antiken Blumenvasen auf den Tischen im Salon waren zu jeder Jahreszeit mit frischen Blumen gefüllt. Yin Xueyan legte großen Wert auf Blumengestecke, und das Rosengeschäft auf der nördlichen Zhongshan-Straße schickte ihr während des ganzen Jahres ausgesucht frische Ware. Den ganzen Sommer über schwebte in ihrem Salon der ölig-süße Duft eines Straußes Tuberosen.

Yin Xueyans neue Wohnung wurde sehr schnell zu einem Treffpunkt ihrer alten Freunde und neuen Bekannten. Wenn alte Freunde zu ihr kamen, erzählte man von früheren Zeiten, und alle verfielen in Nostalgie. Hatten sie eine Weile der vergangenen Zeiten gedacht, so begannen sie Yin Xueyan gegenüber zu klagen, ganz als wäre sie ein ewiges Symbol für die Zeiten im Shanghaier »Paramount«, ein Zeugnis der Pracht von Nanking und Shanghai.

»Schau, Liebling, die Haare deines Adoptivvaters sind völlig weiß geworden! Und du bist wie ein Immergrün, du wirst immer jünger!« Direktor Wu hatte in Shanghai bei einer Bank das Amt des Generaldirektors bekleidet und war häufiger Gast im »Paramount« gewesen. Nach seiner Ankunft in Taibei ging er keiner Arbeit nach und wurde dem Namen nach Berater eines Stahlwerkes. Wenn er Yin Xueyan sah, hielt er sie gerne fest und sagte halb im Scherz, jedoch nicht ohne Selbstmitleid, solche Dinge. Direktor Wus Haare waren tatsächlich vollkommen weiß, zudem litt er an schwerem Rheumatismus und humpelte stark beim Gehen. Seine Augen waren an Bindehautentzündung erkrankt, und die Wimpern hatten sich nach innen gestülpt; durch das ständige Tränen hatten die Augenränder schon zu eitern begonnen, so daß das rosarote Fleisch zum Vorschein kam. Im Winter rückte Yin Xueyan den elektrischen Heizofen im Salon immer vor Direktor Wus Füße und reichte ihm eigenhändig eine Schale besonders kostbaren Fujian-Tees. Leise lachend sagte sie:

»Was sind denn das für Worte! Du blühst doch gerade jetzt im Alter erst so recht auf, Adoptivvater!«

Das schmeichelte Direktor Wu und war dazu angetan, sein Selbstvertrauen wiederherzustellen. Mit seinen weitsichtigen, wimpernlosen Augen blinzelnd, gab er in Yins Wohnung vor allen Anwesenden die Arie »Im Palast« zum besten und sang mit dünner, heiser-brüchiger Stimme:

»Ich gleiche dem Drachen im seichten Gewässer, eingeschlossen von Sandbänken.«

Yin Xueyan hatte die Gabe, Männer zu betören und gleichzeitig Frauen zu faszinieren. Schon seit ihrer Shanghaier Zeit hatten die Frauen, die sie kannten und mit ihr befreundet waren, begonnen, sie heimlich bei jeder Gelegenheit zu tadeln. Als Yin Xueyan dann plötzlich kometenhaft aufstieg, konnten sie ihren Ärger nicht mehr unterdrücken und sagten: »Ganz gleich, wie hoch du auch kletterst, du bist und bleibst doch ein Tanzmädchen.«

Und als Yin Xueyans Freunde und Gönner ihr widriges Schicksal ereilte, da seufzten sie:
»Dem Schicksal kann man nicht entrinnen, und man sollte es nicht herausfordern, indem man sich mit so unglückbringenden Frauen einläßt.«
Aber seit über zehn Jahren hatte es noch keine einzige dieser Frauen über sich gebracht, sich von Yin Xueyan zu lösen. Nachdem sie nach Taibei gekommen waren, versammelten sie sich alle wie ein Schwarm Bienen in ihrer Wohnung, und sie mußten zugeben, daß Yin Xueyan tatsächlich die Menschen zu fesseln vermochte. Im Seidengeschäft »Hongxiang« gelang es Yin Xueyan, fünfundzwanzig Prozent Rabatt zu erhalten; bei »Xiaohuayuan« wußte sie sich die schicksten bestickten Schuhe auszusuchen; über das Programm der Shaoxing-Oper im »Honglou«-Theater war sie stets auf dem laufenden. Sang Wu Yanli das Lied »Meng Li Jun«, so konnte Yin Xueyan Gratiskarten für die ersten Plätze bekommen. Sie kannte sich auch genau aus, wo es im Ximending-Viertel kleine Gerichte nach Nanking- oder Shanghai-Art gab. Und so zogen diese Frauen unter Yin Xueyans Führung durch Ximending, sahen sich die Shaoxing-Oper an, aßen im Restaurant »Sanliujiu« Lorbeerblütenklößchen und vergaßen dabei oft die unangenehmen Dinge der letzten zehn Jahre. Es schien, als strömte Yin Xueyans ganzer Körper den Moschusduft der prunkvollen »Großen Welt« von Shanghai aus, der diese Frauen mittleren Alters, die andere Zeiten erlebt hatten, so umnebelte, daß sie in einen halb berauschten Zustand verfielen und unwillkürlich über den »Krabbenlaich mit Nudeln« im Shanghaier Lokal »Wuxiangzhai« ins Schwelgen gerieten. Diese Frauen waren zumeist sehr schnell niedergeschlagen. Yin Xueyan brachte jeder einzelnen große Anteilnahme entgegen; stets hörte sie sich ihre

Klagen über ihr Mißgeschick geduldig an, sprach, wenn es sein mußte, einige beruhigende Worte und besänftigte die aufgebrachten Gemüter.
»Verloren! Man muß ja wohl erst alles verlieren! Jedenfalls habe ich zu Hause meinen alten Ochsen, der für alles geradesteht, und wenn ich nicht verliere, dann tut es ein anderer.« So beklagte sich Frau Song jedesmal weinerlich bei Yin Xueyan, wenn sie beim Mahjong Geld verloren hatte. Frau Song hatte sich in Taibei die Fettsucht zugezogen, die Frauen bekommen, wenn sie in den Wechseljahren sind. Ihr Gewicht war plötzlich auf über hundertachtzig Pfund angestiegen, sie war dick und aufgeschwemmt, und wenn sie eine längere Strecke zu Fuß zurücklegte, geriet sie in Atemnot. Frau Song beklagte sich recht häufig, da ihr Mann, Vizedirektor Song, ein Verhältnis hatte und sich ihr gegenüber ziemlich gleichgültig verhielt, außerdem war die andere ein kleines Barmädchen von schlankem Wuchs. Vor mehr als zehn Jahren hatte Frau Song einmal im Gesellschaftsleben von Shanghai geglänzt, und deshalb hing sie den vergangenen Tagen besonders nach. In Yin Xueyan hatte sie natürlich die geeignete Zuhörerin gefunden, um ihr Herz auszuschütten, denn nur sie konnte Frau Songs Empfindungen angesichts dieser veränderten Lebensumstände nachvollziehen. Manchmal, wenn sie auf traurige Dinge zu sprechen kamen, konnte Frau Song sich nicht mehr beherrschen, verbarg ihr Gesicht und weinte.
»Ältere Schwester Song, ›keinem Menschen geht es tausend Tage gut, wie auch keine Blume hundert Tage blüht‹, und wer könnte sich sicher sein, ein Leben lang Glanz und Reichtum genießen zu können?« Yin Xueyan reichte Frau Song ein heißes Handtuch, damit sie sich das Gesicht abwischte, und redete ihr gut zu. Frau Song wollte

sich nicht mit ihrem Schicksal abfinden, schluchzend grollte sie:
»Ich kann einfach nicht glauben, daß mein Schicksal schlechter sein soll als das anderer! Du zum Beispiel, jüngere Schwester Yin, brauchst dir dein Leben lang keine Sorgen zu machen, es wird immer jemand da sein, der dir hilft.«

3

Yin Xueyan brauchte sich wirklich keine Sorgen zu machen: Die Reihe der Droschken vor ihrer Tür war bisher noch niemals abgerissen. Die alten Freunde betrachteten Yins Wohnung fraglos als Insel des Friedens, und auch die neuen Bekannten spürten dort eine sonst selten zu findende Anziehungskraft. Yin Xueyans Salon bewahrte stets seinen Glanz, sie hätte es nie zugelassen, daß ihr Haus hinter der Pracht der Avenue Joffre in Shanghai zurückblieb. Gab es auch unter den Ein- und Ausgehenden einige, deren Zeit vorbei war, so hatten sie doch ihre Stellung und ihr Auftreten, daher kamen sich alle sehr bedeutend vor, sobald sie ihre Wohnung betraten. Und war es auch ein vor über zehn Jahren abgeschaffter Titel – wenn Yin Xueyan sie mit bezaubernder Stimme freundlich mit diesem Titel ansprach, so war es, als hätten sie eine kaiserliche Ernennung empfangen, und ihr altes Gefühl der Überlegenheit stellte sich wieder ein. Für die neuen Bekannten aber war ihre Wohnung der geeignete Ort, Kontakte anzuknüpfen.
Was die Leute am stärksten anzog, war natürlich immer noch Yin Xueyan selber. Sie war eine hervorragende Gastgeberin. Sie kümmerte sich aufmerksam um jeden einzelnen Gast, ungeachtet seiner Stellung und seines Alters. Sobald man in ihrer Wohnung war und im Salon auf

den Sofas mit den schwarzseidenen Kissen saß, fühlte man sich wie zu Hause und dachte vor Wohlbehagen an nichts anderes mehr. Zusammenkünfte zum gegenseitigen Geldausleihen wurden stets in Yins Wohnung abgehalten, Geburtstage feierte man immer in ihrem Hause, selbst wenn nichts Besonderes anlag, erfand man eben einen Vorwand und traf sich zu einem Spielchen bei Yin Xueyan. Kaum ein Tag verging, an dem ihre Wohnung nicht voll von Freunden war.

Yin Xueyan spielte nur selten mit. An Tagen, wenn ein Fest stattfand, arrangierte sie stets im voraus für ihre Gäste die Spiele, manchmal an zwei Tischen, manchmal an dreien. Weil sie Verhalten und Vorlieben ihrer Gäste beim Spiel sehr genau kannte, paßten die Spielpartner immer sehr gut zueinander, und nie hatte es Disharmonie gegeben. Yin Xueyan überwachte ihre zwei adretten Dienstmädchen aus Suzhou persönlich, während sie die Gäste bedienten. Den Mittagsimbiß bildeten Neujahrskuchen aus Ningbo oder Reisklöße in Bambusblättern nach Huzhou-Art. Als Abendessen gab es von ihrem berühmten Koch zubereitete Gerichte nach Nanking- und Shanghai-Art: Schinken, geschmort mit Schweinefleisch, in Soja geröstete Hühnerflügel, kurzgebratene Krabben und Krebse in Gaoliang-Branntwein. Yin Xueyang hatte eine rotierende Speisekarte entworfen, und Tag für Tag gab es ein delikates Festmahl mit wechselnden Gängen. Um Mitternacht reichten die beiden Dienstmädchen schneeweiße, parfümierte Erfrischungstücher, damit sich die im harten Kampf erhitzten Gäste das Gesicht abwischen und wieder einen klaren Kopf bekommen konnten. Danach gab es eine Schale Hühnersuppe mit dünnen Nudeln als Nachtimbiß. Die Gäste waren sehr freigebig mit ihren Festbeiträgen, die sie auf dem Tisch hinterließen, es waren jedesmal zwei- bis dreitausend Yuan. Wer Geld gewonnen hatte, war natürlich mit Recht guter Laune, aber auch diejenigen, die Geld verloren hatten, gaben gern und aus freien Stücken. Nachdem sie bei Yin Xueyan gegessen und gespielt hatten, wurden sie in Taxen nach Hause gefahren, die Yin Xueyan hatte herbeirufen lassen.

Wenn das Spiel heftig und leidenschaftlich wurde, zog sich Yin Xueyan etwas legerer an und schwebte mit leichten Schritten wie ein Windhauch von Tisch zu Tisch; während sie so, sich leicht und graziös hin- und herbewegend, ihre Runde machte, glich sie einer ganz in Weiß gekleideten Priesterin, die für jene Kämpfer betete und opferte.

»Ach Liebling, dein Adoptivvater hat schon wieder fast alles verloren!« Immer wenn Direktor Wu verlor, wandte er sich, mit eitrigen, wimpernlosen Augen blinzelnd, hilfesuchend an Yin Xueyan.

»Es ist noch früh, Adoptivvater, in den nächsten vier Runden wirst du ›alle Steine von einer Farbe‹ haben«, tröstete Yin Xueyan den glücklosen alten Mann, indem sie ihm ein schwarzseidenes Kissen hinter sein rheumatisches Kreuz schob.

»Sie haben es gesehen, Fräulein Yin. Ich habe heute abend keinen einzigen Spielfehler begangen, aber das Glück ist nicht auf meiner Seite!«

Auch die weiblichen Gäste wandten sich laufend mit flehenden Hilferufen an Yin Xueyan, und manchmal, wenn Frau Song aufgebracht war, weil sie so viel verlor, vergaß sie sich, griff nach den beiden Würfeln und spuckte darauf: »Pt! Pt! Pt! Ihr schamlosen Dinger! Wir wollen doch mal sehen, wie lange ihr mir noch Unglück bringt!«

Yin Xueyan ging dann hinüber und tröstete sie voller Anteilnahme. Bei diesen Gelegenheiten wirkten ihre Worte ehrfurchtgebietend wie ein göttlicher Befehl. Am

Mahjong-Tisch, wo man sein Geschick oft nicht in der Hand hat, baten alle Yin Xueyan um Glückverheißung, um ihre Zuversicht wiederzugewinnen und den Kampfwillen zu stärken. Yin Xueyan stand dann daneben, zog genußvoll an einer »999«-Zigarette mit goldfarbenem Filter, blies gemächlich Rauchringe und betrachtete mit mitleidsvollem Blick die Schar ihrer zufriedenen und unzufriedenen, alten und noch jungen, einst mächtigen und einflußreichen, einst unvergleichlich eleganten Gäste, die wie wild übereinander herfielen und sich gegenseitig zerfleischten.

4

Unter den neueingeführten Gästen war auch ein Mann mittleren Alters namens Xu Zhuangtu, ein Absolvent der Jiaotong-Universität in Shanghai. Er war eine eindrucksvolle Erscheinung, von großer und kräftiger Statur, in seinem maßgeschneiderten europäischen Anzug wirkte er außerordentlich stattlich. Xu Zhuangtu war ein bedeutender Mann in der aufblühenden Industrie Taibeis. Als mit der Industrialisierung Taibeis viele große wirtschaftliche Unternehmen entstanden, war Xu Zhuangtu, mit einem lebhaften Verstand und reichen Kenntnissen der modernen Unternehmensführung ausgestattet, obwohl erst knapp vierzig Jahre alt, bereits Geschäftsführer einer großen Zementfirma geworden. Er hatte eine vortreffliche Frau und zwei liebenswerte Kinder, sein Familienleben war harmonisch, und die Geschäfte liefen ausgezeichnet. Xu Zhuangtu war ein ehrgeiziger Unternehmer voller Energie.

Er kam zum ersten Mal anläßlich einer Geburtstagsfeier in Yin Xueyans Wohnung. Yin richtete für Direktor Wu das große Fest des sechzigsten Geburtstages aus, und da

Xu Zhuangtu Direktor Wus Neffe war, kam er auch mit zu Yin Xueyan.

An jenem Tage hatte sich Yin Xueyan wirklich in Schale geworfen: Sie trug einen kurzärmeligen Qipao aus schneeweißem Brokat mit einer Reihe großer, zartrosa Schließen auf der Vorderseite, die Füße steckten in weichen, bestickten Schuhen gleichfalls aus schneeweißem Satin, auf deren Spitzen je eine fleischfarbene Wildapfelblüte angebracht war. Um Glück anzuziehen, hatte sich Yin Xueyan entgegen ihren Gewohnheiten eine blutrote Tulpe, groß wie ein Weinglas, an der rechten Schläfe ins Haar gesteckt, und an den Ohrläppchen hingen lange, silberne Gehänge. Auch der Salon war für die Geburtstagsfeier festlich geschmückt. Auf die Tische hatte sie frischgeschnittene Tuberosen gestellt, und schon beim Eintreten nahm Xu Zhuangtu den durchdringenden, süßen Geruch wahr.

»Liebling, dein Adoptivvater hat dir einen äußerst ehrenwerten Gast mitgebracht.« Direktor Wu, der ein nagelneues Gewand aus feiner Seide trug, stellte ihr höflich gebückt und freundlich lächelnd Xu Zhuangtu vor und fuhr dann, auf Yin Xueyan weisend, fort: »Meine Adoptivtochter hier ist wirklich unübertrefflich aufmerksam zu mir. Alt und nutzlos wie ich bin, von Unglück und Leid geschlagen, richtet sie mir noch eine Geburtstagsfeier aus. Wenn ich es recht bedenke: Ich bin nicht mehr im Amt und kümmere mich nicht um die Gesellschaft, meine alten Knochen werden Tag für Tag von diesem unglückseligen Rheumatismus geplagt. Es soll mir egal sein, wenn ich damit mein Glück vertue, heute will ich dieses Fest, das meine Adoptivtochter für mich gibt, in vollen Zügen unbeschwert genießen. Mein Neffe hier ist jung und vielversprechend, nur selten gönnt er sich einmal ein Vergnügen, heute ist auch er mit uns Alten und

Nutzlosen gekommen, um sich zu amüsieren. Mein Liebling hier ist eine perfekte Gastgeberin. Ich vertraue dir Zhuangtu an, bewirte ihn gut.«

»Herr Xu ist ein seltener Gast und darüber hinaus ein ehrenwerter Verwandter des Adoptivvaters; da muß ich mich selbstverständlich ganz besonders um ihn kümmern«, sagte Yin Xueyan mit verhaltenem Lächeln, und die blutrote Tulpe an ihrer Schläfe zitterte.

Und tatsächlich erfreute sich Xu Zhuangtu Yin Xueyans besonderer Fürsorge. Während des Essens saß Yin an seiner Seite und forderte ihn ständig zum Essen und Trinken auf. Sie beugte sich zu ihm hinüber und sagte leise:

»Herr Xu, dies ist die Spezialität unseres Koches, kosten Sie doch einmal, ob das Essen im Restaurant da mithalten kann!«

Nach beendetem Mahl reichte Yin Xueyan höchstpersönlich Herrn Xu Zhuangtu feierlich eine Schale gefrorenen Mandelquark, auf dem zwei leuchtendrote Kirschen steckten. Als man nach dem Essen zu spielen begann, kam sie immer wieder zu Xu Zhuangtu, stellte sich hinter ihn und sah ihm beim Ausspielen der Steine zu. Xu Zhuangtu war mit dem Spiel nicht vertraut und spielte oft falsche Steine aus. In der achten Runde hatte er schon die Hälfte seiner Chips verloren. Gerade wollte er den Stein »Fünf Kreise« ausspielen, da beugte sich Yin Xueyan plötzlich vor, streckte ihre feine Hand aus, legte sie auf seinen Handrücken, und sagte:

»Herr Xu, dieser Stein darf nicht ausgespielt werden.«

In diesem Spiel bekam Xu Zhuangtu einen »Garten voller Blumen«, und mit einem Schlag hatte er den größten Teil der gerade verlorenen Chips wieder zurückgewonnen. Einer der Gäste legte scherzhaft Protest ein:

»Fräulein Yin, warum kommen Sie nicht und zeigen mir

die richtigen Steine? Sehen Sie doch, ich habe alles verloren!«

»Herr Xu ist zum ersten Mal hier bei uns, da wäre es doch sehr unhöflich, ihn geschlagen wieder gehen zu lassen!«

Xu Zhuangtu blickte sich nach Yin Xueyan um, die ihn, über das ganze Gesicht strahlend, anlächelte, während die silbernen Ohrgehänge unter ihrem rabenschwarzen Haar ungehemmt hin- und herschwangen.

Um Mitternacht war der ganze Salon vom schweren Duft der Tuberosen erfüllt. Während des Essens hatte Xu Zhuangtu ziemlich viel heißen Huadiao-Reiswein getrunken, dazu kam dann die Begeisterung über den »Garten voller Blumen« beim Spiel, so daß er sich schon ein wenig angeheitert fühlte, als es Zeit zum Aufbruch war.

»Fräulein Yin, es bedurfte wirklich Ihrer Anleitung, sonst hätte ich heute abend beim Mahjong eine vollständige Niederlage erlitten«, sagte er dankbar zu Yin Xueyan, als sie ihn zur Tür begleitete. Yin Xueyan stand ganz in Weiß im Türrahmen, die Arme über die Brust verschränkt wie ein Ebenbild der Guanyin, der Göttin der Gnade. Zu Xu Zhuangtu gewandt antwortete sie mit verhaltenem Lächeln:

»Aber nicht doch! Wenn Sie bald mal wieder vorbeikommen, dann werden wir noch einmal zusammen die Kniffe beim Mahjong durchgehen!«

Zwei Tage vergingen, und Xu Zhuangtu kam tatsächlich wieder zu Yin Xueyan und bat sie, ihn in die Geheimnisse des Mahjong-Spiels einzuweihen.

5

Xu Zhuangtus Frau saß daheim auf einem Korbstuhl und blickte stumpf auf die Haustür. Ihre Wangen wurden Tag für Tag schmaler, und ihre Augenhöhlen waren nurmehr tiefe Löcher.

Als ihre Adoptivmutter, Frau Wu, kam, um sie zu besuchen, ergriff sie Frau Xus Hand und rief erschreckt: »O weh, mein Kind, nun haben wir uns vielleicht einen Monat lang nicht mehr gesehen! Wie bist du nur so abgemagert?«

Mutter Wu war über sechzig, von großer und kräftiger Gestalt, sie hatte noch kein einziges weißes Haar. Ihre Füße waren ursprünglich gewickelt gewesen, dann hatte man sie wachsen lassen, aber sie ging immer noch mit schnellen, flatternden Schrittchen. Mutter Wu war einmal zum Qingcheng-Berg in Sichuan gereist, um die Lehre vom Dao zu studieren. Dort oben im Tempel der weißen Wolken verehrte sie einen Daoisten als ihren Meister, der die geheimen Künste beherrschte und Macht über Geister besaß. Dieser alte Zauberpriester hatte Mutter Wus außergewöhnliche Veranlagung erkannt und ihr all sein Wissen und seine Kunst weitergegeben, als er zum Himmel aufgestiegen war. Mutter Wu hatte in ihrer Wohnung in Taibei einen daoistischen Tempel hergerichtet. In der Mitte des Raumes war das Geisterbild ihres alten Lehrmeisters aufgestellt, dem sie Opfer darbrachte. Unter dem Geisterbild hing ein rechteckiges, acht Fuß langes Tuch aus dünner, gelber Seide. Nach Mutter Wus Aussagen erschien der Geist des alten Lehrers oft auf diesem Seidentuch und gab ihr Anweisungen, deshalb konnte sie die Zukunft vorhersagen und Unheil abwenden. Mutter Wu hatte eine ziemlich große Anhängerschaft, meist Frauen mittleren Alters, von denen einige eine recht hohe gesellschaftliche Stellung einnahmen. Obwohl sie sich finanziell keine Sorgen zu machen brauchten, fühlten sich diese Frauen leer und unausgefüllt. Und so unterbrachen sie an jedem Ersten und Fünfzehnten des Monats das Mahjong-Spielen oder ein Treffen zum gegenseitigen Geldleihen und kamen in Scharen zu Mutter Wus Tempel. Dort rezitierten sie andächtig die Schriften, verbeugten sich tief und knieten nieder, verteilten Almosen, um den Armen und Leidenden zu helfen und damit für sich und ihre Familie Frieden zu erlangen. Einige hatten schwere Krankheiten, andere häusliche Zwistigkeiten; Mutter Wu versprach allen gleichermaßen großzügig, vor dem Geist des alten Lehrmeisters für sie Hilfe aus dem Jenseits zu erbitten.

»Meine Liebe, du siehst aber gar nicht gut aus«, sagte Mutter Wu seufzend und schüttelte den Kopf, nachdem sie Frau Xu eingehend gemustert hatte. Diese senkte den Kopf, brach in Tränen aus und schüttete Mutter Wu ihr Herz aus.

»Liebe Mutter, du hast es erkannt«, begann Frau Xu schluchzend. »Wir sind nun so lange verheiratet, und noch nie hat es solche Ausbrüche, ja nicht einmal heftige Worte gegeben. Mein Mann ist ein Mensch, der immer gerne tonangebend sein möchte. Er sagt immer: ›Ein Mann sollte doch zu drei Fünfteln in seinem Beruf aufgehen.‹ In den zehn Jahren seit unserer Ankunft in Taiwan haben wir einiges durchgemacht, es war nicht leicht, die Zementfirma hochzubringen, dann erst hatte er es geschafft. Aber wenn ich sehe, wie er sich Tag für Tag in gesellschaftlichen Verpflichtungen für das Geschäft aufreibt, kann ich mir nur Sorgen machen. Das Geschäft ist nicht so wichtig, und ich und die Kinder würden um seiner Gesundheit willen gerne wieder etwas mehr Entbehrungen in Kauf nehmen. Wer hätte denn gedacht, daß er seit dem letzten Monat ein ganz anderer Mensch geworden ist? Oft kommt er an zwei, drei Abenden in der Woche nicht nach Hause. Frage ich ihn nur mit einem Wörtchen danach, schon zerschlägt er Schüsseln, zerbricht Eßstäbchen und bekommt einen schrecklichen Wutanfall. Vorgestern hat er sogar die beiden Kinder fürchterlich verprügelt. Jemand hat mir erzählt, er habe ein Verhältnis, und die andere sei zudem eine geachtete und namhafte Person. Liebe Mutter, wie soll ich als pflichtbewußter Mensch so etwas durchstehen? Wie sollte ich da nicht schrecklich aussehen?«

»Meine Tochter«, sagte Mutter Wu und schlug die Hände zusammen, »ich hätte nichts gesagt, wenn du nicht selbst davon angefangen hättest. Du weißt ja gut, daß ich nichts so hasse, wie mich in den Streit anderer einzumischen. Da du mich nun Mutter nennst, stehe ich natürlich mehr auf deiner Seite. Du kennst doch die dicke alte Frau Song? Ihr Mann, der Vizedirektor Song, hatte sich doch so ein Animiermädchen von der ›Maiblüten‹-Bar angelacht. Sie kam dann zu mir gelaufen und bat mich unter Tränen, für sie zu meinem Meister zu beten. Ich habe mir darauf das Horoskop ihres Mannes angeschaut: Natürlich hatte er sich gegen einen Geist versündigt. Frau Song legte vor dem Geist des alten Lehrmeisters ein Gelübde ab, und ich rezitierte zwölf heilige Schriften für sie. Und was geschah? Ist ihr Mann etwa nicht gehorsam zurückgekehrt? Dann habe ich Frau Song geraten: ›Es wäre besser, sich nicht den ganzen Tag lang sinnlos mit solchen füchsischen Frauen herumzutreiben, statt dessen sollten Sie die Schriften rezitieren und Gutes tun.‹ Frau Song hat mir dann alles ausführlich über deinen Mann erzählt. Was glaubst du denn, was diese Yin Xueyan für eine saubere

Person ist? Könnte sie all diese Leute ohne Zauberkraft an sich binden? Sie hat doch sogar die Fähigkeit, einen so aufrechten und integren Mann wie Herrn Xu in ihren Bann zu schlagen. So etwas hat es in der Geschichte schon gegeben: Baosi, Daji, Feiyan, Taizhen – all diese unglückbringenden Frauen. Glaubst du vielleicht, das sind wirkliche Menschen gewesen? Nein, es waren Dämonen! Immer in Zeiten der Wirren kommen diese Unglücksgeister in Scharen zu den Menschen herab und stiften Unruhe unter ihnen. Wer weiß denn, wessen Inkarnation diese Yin Xueyan ist? Ich meine, du solltest etwas anderes unternehmen, um das Unheil von deinem Mann abzuwenden.«

»Liebe Mutter«, Frau Xu brach erneut in Tränen aus, »du weißt doch, daß mein Mann nicht so ein gewissenloser Mensch ist. Jedesmal, wenn er abends ausgeblieben ist und dann zurückkehrt, weiß ich, daß er alles im Innersten bereut, auch wenn er überhaupt nichts sagt. Manchmal sitzt er ganz alleine da, raucht wie ein Verrückter, und ihm treten die Adern an den Schläfen hervor, daß es einem angst und bange wird. Ich wage dann auch nicht, zu ihm zu gehen und ihn zu beruhigen, sondern rege mich nur ohnmächtig auf. In den letzten Tagen war er wieder wie besessen: Er kam nach Hause und schrie herum, alle Leute in der Firma hätten es darauf angelegt, ihm Unannehmlichkeiten zu bereiten. Sogar mit den Arbeitern hat er sich angelegt, gestern hat er auch noch einige entlassen. Als ich ihm zuredete und sagte, es lohne sich doch nicht, sich mit diesen Flegeln herumzustreiten, da hat er auch noch mich angeschrien. Sein Verhalten ist so anders als sonst, daß man sich einfach Sorgen um ihn machen muß.«

»Genauso ist es«, nickte Mutter Wu zustimmend, »vielleicht hat er sich auch gegen irgend etwas versündigt?

Gib mir doch mal sein Horoskop, ich deute es dann zu Hause für ihn.«

Frau Xu schrieb Xu Zhuangtus Horoskop für Mutter Wu ab und sagte: »Mutter, nun hängt alles von deinem Glück ab.«

»Du kannst unbesorgt sein«, sagte Mutter Wu im Fortgehen, »die übernatürlichen Kräfte meines alten Lehrmeisters sind unbegrenzt, er vermag es, die Nöte der Menschen zu beseitigen und Gefahren abzuwenden.«

Aber die übernatürlichen Kräfte des alten Lehrmeisters konnten Xu Zhuangtu nicht retten. Eines Tages, als Xu gerade einen Arbeiter anbrüllte und auf den Tisch schlug, drehte der Arbeiter auf einmal durch, griff einen Bohrer und stieß ihn Xu Zhuangtu durch die Brust.

6

Direktor Wu war Vorsitzender des Komitees, das Xu Zhuangtus Begräbnis organisierte. Da er tagelang hin- und herhetzte, verstärkte sich sein Rheuma, und wenn er in der Aufbahrungshalle »Zur höchsten Wonne« ein- und ausging, stützte er sich stets auf einen Stock und hinkte stark. An dem Tage, als die Trauerfeierlichkeiten begannen, wurde in der Aufbahrungshalle eine Trauerkapelle hergerichtet. Binnen kurzer Zeit häuften sich in der Halle bis zum Eingang hin Berge von weißen Kränzen und Schriftrollen mit Beileidsbekundungen der Verwandten und Freunde. Die Trauerbezeugung der Kollegen von der Zementfirma bestand aus vier großformatigen Zeichen: »Schmerzhafter Verlust einer außergewöhnlichen Begabung«. Ab neun Uhr morgens riß die Reihe der Trauergäste nicht mehr ab, und Frau Xu war vor Weinen schon längst von Sinnen. In einem Trauergewand aus Leinen, die beiden Kinder an ihrer Seite, kniete sie vor dem Sarg und dankte den Trauergästen. Mutter Wu führte zwölf Daoisten an, die in Priestergewändern mit Wedeln in den Händen im hinteren Teil der Trauerhalle an einem daoistischen Altar Rituale zur Befreiung des Toten von seiner Schuld und Reinwaschung von seinen Sünden durchführten. Außerdem rezitierten ein Dutzend buddhistische Mönche und Nonnen Sutren zur Erlösung der Seele von ihren Leiden. Sie beteten das Bußgebet »Große Trauer«.

Zur Mittagsstunde war die Halle bereits vollgedrängt mit Trauergästen, und als alle so durcheinanderlärmten, ging plötzlich eine Unruhe durch die Menge, auf die eine feierliche Stille in der ganzen Halle folgte. Yin Xueyan war, zunächst unbemerkt, wie ein Windhauch hereingeweht. Sie war wie immer ganz in Weiß gekleidet und ungeschminkt. Leicht und graziös ging sie zu dem Tisch, an dem man sich in die Kondolenzliste eintrug, ergriff ruhig einen Pinsel und schrieb in einem Zug ihren Namen in das Buch. Als sie dann langsam zur Mitte der Trauerhalle schritt, wichen die Gäste hastig zur Seite und ließen Yin Xueyan bis an den Sarg herantreten. Dort sammelte sie sich, wurde ernst und verneigte sich dreimal tief vor dem Bildnis Xu Zhuangtus. Die anwesenden Verwandten und Freunde standen starr da wie die Ölgötzen. Einige zeigten Verwunderung und Erstaunen, andere Wut und Entrüstung, einige Mienen waren von Angst und Verwirrung geprägt, aber wie von einer unsichtbaren Kraft zurückgehalten, wagte keiner einen unüberlegten Schritt. Nach dem grausamen Tod Xu Zhuangtus hatten einige aus Frau Xus Verwandtschaft ihren Ärger auf Yin Xueyan gerichtet, aber keiner hatte erwartet, daß sie die Stirn haben würde, zur Trauerfeier zu erscheinen. Die Situation war zum Zerreißen gespannt, alle waren ratlos, was zu tun

sei. Nachdem Yin Xueyan die Zeremonie vollzogen hatte, trat sie auch noch vor Frau Xu hin, streckte die Hand aus, streichelte den beiden Kindern über den Kopf und drückte Frau Xu feierlich die Hand. Und während sich noch alle in stummer Verzweiflung anstarrten, war sie schon, leicht wie der Wind, aus der Aufbahrungshalle »Zur höchsten Wonne« hinausgeschritten. Sofort entstand in der Halle großes Durcheinander, Frau Xu sank plötzlich in sich zusammen, sie war in Ohnmacht gefallen. Mutter Wu warf hastig ihren Wedel hin, stürzte hinüber und brachte Frau Xu in den hinteren Teil der Halle.
An jenem Abend wurde in Yin Xueyans Salon wieder gespielt. Einige Spielpartner hatten sich bereits tagsüber nach Xu Zhuangtus Trauerfeier verabredet. Direktor Wu hatte wieder zwei neue Gäste mitgebracht. Der eine war der neuernannte Direktor Yu von der »Nanguo«-Weberei, der andere der Vorstandsvorsitzende Zhou von der »Dahua«-Industriegesellschaft. An diesem Abend hatte Direktor Wu ungewöhnliches Glück im Spiel, mehrmals nacheinander erreichte er die höchste Punktzahl. Er hörte nicht auf zu lachen und zu schreien, und die Tränen tropften nur so von seinen blutroten Augenrändern mit den abgefaulten Wimpern. In der zwölften Runde fuchtelte Direktor Wu plötzlich wild mit den Armen und rief:
»Liebling, komm schnell! Komm schnell! ›Vierfaches Glück steht vor der Tür‹! Das sind Steine, wie man sie in hundert Jahren kaum einmal hat. Osten, Süden, Westen, Norden – alles komplett, und der Stein für das letzte Paar ist aus der Mauer genommen! Es heißt, es sei ein schlechtes Omen, wenn man das große vierfache Glück hat. Ich aber habe mein Leben lang Pech gehabt, und nun bekomme ich diese wunderbaren Steine. Das könnte auch die Wende meines Pechs zum größten Glück sein. Lieb-

ling, ach Liebling, schau dir doch diese Steine an, sind sie nicht zum Verlieben? Ist das nicht aufregend?«
Lachend und rufend warf Direktor Wu die Mahjong-Steine auf dem Tisch durcheinander. Yin Xueyan stellte sich neben ihn, legte ihm leicht die Hand auf die Schulter und sagte lächeln:
»Schnell, Adoptivvater, streng dich an und gewinn noch einige Male. Dann hast du im Handumdrehen das Geld von Direktor Yu und Vorstandsvorsitzendem Zhou gewonnen, und ich bekomme ein wenig davon ab!«

1965 (Übersetzung: Charlotte Dunsing und Hans Link)

Der letzte Abend im Jahr

Am letzten Tag des Jahres brach plötzlich eine Kältewelle über Taibei herein. Schon am späten Nachmittag senkte sich Dunkelheit auf die Stadt. In allen Häusern wurde früher als sonst Licht angeschaltet, gerade so, als wollte man den kleinen Rest, der vom Jahr noch verblieben war, eilig verscheuchen und sich auf den Empfang des neuen vorbereiten.

In der Xinyi-Ostsiedlung, einem Komplex aus flachen Häusern am Ende der Changchun-Straße, wo Soldaten mit ihren Familien wohnten, quoll Rauch aus jedem Schornstein und zeigte an, daß gekocht wurde. Man hörte, wie in Töpfen geschabt wurde, wie Öl brutzelte, und dieses Geräusch war durchsetzt von Gesprächsfetzen, von Gebrüll und Gelächter, all das flutete auf die Straße heraus. Der letzte Abend des Jahres näherte sich seinem Höhepunkt, dem Augenblick, in dem überall das große Festessen, das man für dieses alljährliche große Familientreffen zu kochen pflegte, auf den Tisch kam.

Haus Nummer fünf in der Xinyi-Ostsiedlung, das Haus, in dem Bataillonskommandeur Liu und seine Familie wohnten, war ungewöhnlich hell erleuchtet. Das rührte von den beiden hohen, roten Kerzen her, die dick wie Kinderarme waren und deren Flammen von der Fensterbank her den kärglichen Raum gut ausleuchteten.

»Du hast eine weite Reise gemacht, Bruder Lai, um mit uns zusammen Neujahr zu feiern, und hast dann noch darauf bestanden, dich so in Unkosten zu stürzen: der Wein, das Huhn, die großen Kerzen, es war bestimmt nicht einfach, das alles heil hierher zu bringen«, meinte Frau Liu lachend zu einem Gast gewandt, der oben an der runden Tafel den Ehrenplatz einnahm. Sie trug gerade einen kupfernen Feuertopf herein, unter dem ein Holzkohlenfeuer knatternd brannte. Sie war um die vierzig und trug einen neuen Qipao aus schwarzem Satin mit runden violetten Mustern. Dazu hatte sie eine blaue Baumwollschürze umgebunden, das Haar war zu einem glänzenden Knoten straff nach hinten gekämmt, ihr Gesicht war ungeschminkt, nur die Brauen hatte sie mit schmalem Strich nachgezogen. Sie sprach Sichuan-Dialekt, die Worte kullerten ihr aus dem Mund, ohne je Gefahr zu laufen, an den Zähnen kleben zu bleiben.

Der als Lai angeredete Gast schlug sich auf die Schenkel. »Ehrlich gesagt, Schwägerin, das mit den Kerzen hat mich eine Menge Schweiß gekostet. Das Gedränge auf dem Bahnhof in Tainan war geradezu lebensgefährlich. Nun bin ich ja glücklicherweise groß, und dadurch, daß ich sie über meinen Kopf hielt, hat sie niemand kaputtstoßen können. Es ist für mich immer eine seltene Gelegenheit, so einmal im Jahr zu euch hochzukommen, und den letzten Tag im Jahr wollte ich doch unbedingt mit euch verbringen und auch die Nacht auf Neujahr mit euch zusammen aufbleiben. Wenn wir dann die Nacht durchmachen, dachte ich mir, könnten wir doch die Kerzen anzünden, das würde die Stimmung noch heben.« Er lachte schallend. Sein kurzes, nur etwa zollanges Haar war hier und dort bis zum Scheitel ergraut und sah, da jedes Haar einzeln in die Luft ragte, wie eine Drahtbürste aus. Die dunkle Gesichtshaut war übersät mit schwarzbraunen Verfärbungen, und wenn er lachte, legte sie sich in Falten, so daß es aussah, als stürzten Wellen übereinander. Er war auffallend groß und stämmig, selbst im Sitzen überragte er die anderen in der Runde um einen ganzen Kopf. Seine Handflächen waren riesig und seine Finger sahen mit ihren knotigen Gelenken wie zehn

Baumwurzeln aus. Unter einem abgewetzten, dunkelblauen Kammgarnanzug im Sun-Yatsen-Stil trug er einen grasgrünen Wollpullover, dessen ausgefranste Manschetten unter der Jacke hervorguckten. Er sprach mit ungewöhnlich rauher, lauter Stimme und mit starker Sichuan-Färbung.

»Genauso hat es sich Yunhua auch gedacht. Sie hat schon Mahjong-Partner für dich gefunden«, schaltete sich der Bataillonskommandeur in das Gespräch ein. Er trug noch seine Uniform. Er war hager und groß, seine Wangen waren schmal, die straffe Gesichtshaut hatte die Patina antiker Bronzen, Sonne und Meerwind hatten sie blankgewetzt. Auch seine Schläfen waren ergraut. Wie sein Gast, sprach er ebenfalls mit starker Sichuan-Färbung.

»Ich weiß ja, wie gern du ein paar Runden spielst, Bruder Lai, und eben deswegen habe ich die beiden nicht aus dem Hause gelassen.« Frau Liu stellte den Feuertopf in die Mitte des Tisches und wies auf einen jungen Mann und eine junge Frau, die mit am Tisch saßen. »Ein ganz seltener Glücksfall, daß sowohl Yu Xin als auch Kusine Lizhu kommen konnten. Lizhu tat noch heute nachmittag im Armeehospital Dienst, und auch Yu Xin ist erst heute aus Fengshan gekommen. Die beiden hatten sich wohl für heute abend verabredet und wollten ausgehen, um sich einmal ungestört zu unterhalten. Nun wurden sie von mir hier festgesetzt. Gleich werden sie mit dir zusammen ›durch den Garten bummeln‹.«

»›Durch den Garten bummeln‹, da bin ich stark!« rief Lai Mingsheng. »Niemand erhebt sich von diesem Tisch, bevor es Tag wird. Und wenn Sie, Fräulein Lizhu, mit Herrn Yu ein wenig herumturteln möchten, dann tun Sie, während wir Mahjong spielen, einfach so, als wären wir gar nicht hier.«

Lizhu lachte errötend, auch Yu Xin setzte ein leicht verlegenes Lächeln auf. Lizhu war ein zartes Mädchen mit frischen Farben und lebhaften schwarzen Augen im runden Gesicht; sie wirkte zwar nicht älter als sechzehn, siebzehn, doch arbeitete sie bereits seit zwei Jahren als Krankenschwester im Armeehospital.

Neben ihr saß kerzengerade Yu Xin. Er trug eine frisch gewaschene und gestärkte, mit peinlicher Sorgfalt gebügelte Ausgehuniform, hell erdfarben und im US-Schnitt, am Kragen steckten blitzblank geputzt die Spiegel der Offiziersakademie, dazu hatte er eine schwarze Krawatte umgebunden. Er wirkte ausgesprochen jung, sein sorgfältig rasiertes Gesicht strahlte vor Frische, und da er gerade beim Friseur gewesen war, schmiegte sich ein jedes Haar gehorsam an den Kopf.

»Ich bleibe auch bis morgen früh auf«, mischte sich Liu Ying, der zehnjährige Sohn des Kommandeurs, in die Unterhaltung ein.

»Ab geht es ins Bett, wenn du aufgegessen hast, verstanden? Ich werd' dir was! Von wegen ›bis morgen früh aufbleiben‹!« rief Frau Liu ihrem Sohn zu.

»Onkel Lai hat mir aber versprochen, daß er um Mitternacht mit mir auf die Straße geht und Knallfrösche abbrennt«, widersprach Liu Ying beunruhigt und mit einem Blick auf Lai Mingsheng. Der strich ihm mit seiner riesigen Handfläche über die rasierte, blau schimmernde Kopfhaut und lachte: »Mein liebes Kind, mit Knallfröschen kennt sich dein Onkel Lai aus. Hab noch etwas Geduld, dann zeige ich dir, wie ich ›Blitze‹ in der Hand explodieren lasse.« Er wandte sich an Frau Liu: »Du solltest den Kleinen nicht unterschätzen, Schwägerin. Vielleicht wird er später einmal ein ganz großer General!«

»Großer General?« Frau Liu lachte trocken auf. »Auf dieser Welt braucht es schon einige Tüchtigkeit, nur um

nicht zu verhungern; bin gar nicht scharf darauf, daß er ein hoher Beamter wird.«
»Was willst du später einmal werden?« fragte Lai seinen Neffen. Der hob den Kopf und meinte ernst: »Oberbefehlshaber des Heeres.«
Die Runde lachte, selbst Frau Liu mußte mit einstimmen. Lai zog den Jungen an sich. Er lachte so herzlich, daß sein Gesicht nur noch aus Falten bestand. »Ein großes Wort! Recht so! Als dein Onkel Lai so alt war wie du, wollte er auch noch höher hinaus.«
Frau Liu trug einige weitere Platten mit Zutaten für den Feuertopf auf: eine mit Rindermagen, eine mit geschnetzelter Schweineniere, zwei mit feinen Hammelfleischscheiben, dazu noch fünf, sechs Teller mit eingelegtem Gemüse, nach Sichuan-Art zubereitet und mit rotem Öl beträufelt. Einen Extrateller mit gebratenen Erdnüssen stellte sie als Beigabe zum Schnaps vor Lai Mingsheng hin. Dann begann sie, den anderen Gästen Schnaps einzuschenken.
»Auch diese Flaschen Gaoliang aus Jinmen hat Bruder Lai mitgebracht«, gab Frau Liu bekannt, »dabei hätten doch zwei vollauf genügt, um uns zu zeigen, wie gut du es mit uns meinst. Statt dessen kaufst du gleich ein Dutzend! Wer säuft denn in diesem Hause so schlimm?!«
»Ich habe die nicht extra gekauft«, Lai Mingsheng zeigte auf die Gaoliangflaschen, die auf dem Teetischchen standen. »Ein ehemaliger Untergebener von mir, jetzt Zugführer in Jinmen, hat sie mir als Geschenk mitgebracht, als er nach Tainan kam. Kaum zu glauben, daß er sich an mich, seinen alten Vorgesetzten, noch erinnerte. Ich für mein Teil hatte ihn jedenfalls schon vergessen.«
»Du warst auch mein Vorgesetzter, Bruder Lai. Auf dein Wohl!«

Kommandeur Liu war aufgestanden und trat mit seinem randvoll geschenkten Glas vor Lai Mingsheng. Er umfaßte es mit beiden Händen und verbeugte sich leicht. Lai sprang auf, drückte ihn auf seinen Stuhl zurück und sagte mit rauher Stimme:

»Wenn du mit mir trinken willst, Bruder, kommt es darauf an, wie du mit mir trinkst. In Anbetracht der engen Bande zwischen uns wäre es auch nicht übertrieben, wenn du heute abend zehn Gläser auf mein Wohl leertest. Aber wenn du darüber förmlich wirst und mir so respektvoll zutrinkst, als wäre ich dein Vorgesetzter, dann bringe ich keinen Tropfen herunter. Schließlich bin ich aus dem Dienst ausgeschieden und du bist noch aktiv. Bataillonskommandeur, das ist keine ganz hohe, aber auch keine ganz niedrige Position, immerhin hat er mehrere Hundert Leute unter sich, während ich nur als Einkäufer für die Küche im Veteranen-Hospital arbeite. Wie nennt man solche Leute beim Militär? – Küchenbulle!«

Er lachte laut auf, als er das sagte, und Liu Ying stimmte mit spitzem Gekicher ein. Lai strich ihm über die bläulich schimmernde Kopfhaut und meinte: »Warum lachst du, Kleiner? Versteh das mit dem Küchenbullen nicht falsch! Dein Onkel Lai hat es einmal aus dieser Position bis zum Offizier gebracht! – Daher meine ich ja, Bruder, es geht nicht an, daß du als ein hochrespektierter Bataillonskommandeur einen Küchenbullen deinen Vorgesetzten nennst.« Der Kommandeur fuchtelte protestierend mit der Hand, als er von Lai auf seinen Stuhl gedrückt wurde.

Da trat Frau Liu mit einem Glas Schnaps vor Lai Mingsheng: »Ganz so, wie du sagst, ist es wohl doch nicht. Wenn wir einmal davon absehen, daß ihr beiden zusammen durch dick und dünn gegangen seid, muß man auch

zugeben, daß Liu damals, als du Offizier warst, praktisch noch ein Nichts war.«
»Ich? Als Bruder Lai in Sichuan Kompaniechef war, war ich Bursche in seiner Kompanie«, fügte Liu hastig hinzu.
»Sagte ich es doch. Willst du nun immer noch nicht einsehen, daß du in unserem Kreise der Vorgesetzte bist, Bruder Lai? Nicht nur er muß dir zutrinken, auch ich trinke auf das Wohl dieses Vorgesetzten«, sagte Frau Liu und leerte zunächst selber ein halbes Glas; dann stand die ganze Runde auf, um Lai zuzuprosten, wobei ihn jedermann als »Herr Vorgesetzter« ansprach. Verwirrt wollte sich Lai Mingsheng dagegen wehren, aber dann griff er doch zum Gaoliang-Glas, hob lächelnd den Kopf und leerte es in einem Zuge. Als er sich setzte, schnalzte er anerkennend und pickte sich mit den Stäbchen ein Stück Rindermagen zum Schnaps. Frau Liu schenkte allen Gästen noch einmal nach. Als sie im Begriff war, Yu Xins Glas aufzufüllen, sah Lai noch einen Rest Gaoliang im Glas des jungen Offiziersanwärters. Er zeigte mit dem Finger auf Yu Xin und rief, als hätte man ihn beleidigt:
»Was, Bruder Yu, Sie haben nicht ex getrunken?«
Yu erhob sich hastig. Er wirkte betreten, als er sich verteidigte:
»Ehrlich gesagt, ich vertrage nicht viel, ich ...«
»Schnickschnack«, fiel ihm Lai ins Wort, »bei Frauen und Mädchen lasse ich das gelten, aber darf im Glas eines Soldaten ein Rest bleiben? Als ich so alt war wie Sie, Bruder Yu, habe ich Sanhua und Maotai aus Wasserschalen getrunken. Und wenn ich am Abend im Rausch vom Pferd fiel, war ich am nächsten Morgen doch ganz vorn dabei, wenn es galt, die feindlichen Stellungen zu stürmen. Was ist denn das für ein Soldat, der nicht trinken kann? Trinken Sie aus! Trinken Sie aus!«

Yu blieb nun nichts anderes übrig, er hob das Glas und stürzte den Gaoliang hinunter. Für einen Augenblick errötete er bis zu den Lidern. Schnell entwand Lai Mingsheng Frau Liu die Schnapsflasche und schenkte Yu Xin noch einmal nach. Yu lächelte gequält, wagte aber nichts zu sagen. Neben ihm saß Lizhu. Sie lachte Lai an und meinte:

»Er verträgt wirklich nicht viel, Bruder Lai. Als er neulich einmal ein paar Klare trank, bekam er hinterher am ganzen Körper Ausschlag.«

»Da machen Sie sich keine Sorgen, Fräulein Lizhu. Von ein paar Gläschen Gaoliang ersäuft so ein Bursche nicht gleich. Ehrlich, wenn ich ein junges Paar wie Sie beide sehe, er so klug und sie so hübsch, dann freue ich mich so sehr für Sie, daß ich einfach einen Doppelten auf Ihr Wohl trinken muß.« Er schenkte sich zwei Gläser ein, hob sie hoch und ging damit auf die beiden zu, so daß Lizhu verwirrt aufsprang. »Bruder Yu, ich möchte Ihnen die Wahrheit sagen, ein Stück Altersweisheit: Natürlich ist es des Soldaten heilige Pflicht, seinem Vaterland treu zu dienen, aber darüber darf man eine große Sache wie die Heirat nicht vertagen. Sehen Sie sich das Ehepaar Liu an! Muß man da nicht rote Augen bekommen vor Neid?«

»Nun mach aber mal einen Punkt, Bruder Lai!« rief der Kommandeur lachend vom anderen Ende der Tafel her. »Genug, daß du die beiden Babies aufziehst. Willst du dich jetzt auch noch über uns alte Leute lustig machen?«

»Sie haben großes Glück, Bruder Yu. Mit der Laterne könnten Sie in Taibei nach einer Frau suchen, die so tüchtig ist wie Lizhu, Sie würden keine zweite finden. Nehmen Sie sich ein Beispiel an unserem Kommandeur Liu und haben Sie Ihre Frau später sehr lieb! Wenn Sie aber

Fräulein Lizhu schlecht behandeln, dann werde ich der erste sein, der mit Ihnen abrechnet.«

Lizhu war über und über errötet, sie hatte den Kopf gesenkt. Lai Mingsheng hob beide Gläser, wünschte Yu Xin und Lizhu Glück und stürzte die beiden Gaoliang hintereinander hinunter.

»Nicht so hastig, Bruder, das ist Jinmen-Gaoliang!« rief Frau Liu vom anderen Ende der Tafel her. Mit wenigen Sätzen stand Lai hinter ihr. Er fuchtelte mit den Armen, sein fleckiges Gesicht hatte sich tiefrot verfärbt. Er beugte sich zu ihr hinunter und sprach in ihr Ohr:

»Daß der jüngere Bruder eine Frau wie dich bekam, kann doch nur die Belohnung sein für Gutes, das er in einer vorigen Existenz tat. Ich bin zwar mein Leben lang Junggeselle gewesen, habe aber doch genug Ehen gesehen, um sagen zu können: Ein Paar wie euch beide findet man nicht leicht, nein, nicht leicht.«

Frau Liu beugte sich vor Lachen über den Tisch. Dann drehte sie sich zu Lai Mingsheng um und sagte:

»Lad mich doch einmal zum Essen ein, Bruder, dann sorge ich dafür, daß du eine Frau bekommst und ich eine Schwägerin. Die Inhaberin des Tabakladens in unserer Straße sucht einen Chef, und die sieht nicht schlecht aus. Wäre das nichts für dich?«

»Ich weiß, du meinst es gut mit mir, Schwester«, lehnte Lai dankend ab, indem er die Hände über der Brust faltete, dann fuhr er mit belegter Stimme fort: »Ein so großes Glück hebe ich mir doch besser für mein nächstes Leben auf. Um ehrlich zu sein: Letztes Jahr noch spielte ich selber mit solch trivialen Gedanken, und das hat mich dahin gebracht, wo ich jetzt bin. Habe ich nicht, als ich letztes Jahr aus dem Dienst ausschied, dreißigtausend Yuan Abfindung erhalten? Für reiche Leute mag das ja keinen Furz wert sein, aber ich hatte mein Lebtag noch nie so viele Scheine auf einmal in Händen gehabt. Eigentlich hatte ich sie in ein kleines Unternehmen stecken wollen. Aber dann traf ich unversehens einen Landsmann, der für mich den Heiratsvermittler machen wollte und mir erzählte, er kenne in Hualian eine Witwe aus einem Bergstamm, die einen Mann suche. Ich sah mir die Frau an. Es stellte sich heraus, daß sie in den Zwanzigern war, sie machte einen sauberen Eindruck. In ihrem Elternhaus hieß es allerdings gleich, unter fünfundzwanzigtausend Yuan sei nichts zu machen. Ich rückte also sofort mit meiner Abfindung heraus, kaufte außerdem noch einen goldenen Ring und ein goldenes Armband für sie und staffierte sie von Kopf bis Fuß neu aus. Hätte mir nicht träumen lassen, daß so ein Flittchen nicht für einen Furz Gewissen hat. Drei Tage nach der Hochzeit war sie spurlos verschwunden und hatte obendrein meine gesamte Habe mitgehen lassen, selbst die zerschlissene Baumwolldecke.«

Noch bevor ihn jemand zum Trinken auffordern konnte, hatte er, kaum daß seine Erzählung beendet war, das Gaoliang-Glas geleert. Er wischte sich mit dem Handrücken über den Mund, sprang auf einmal hinter Yu Xin, legte ihm beide Hände auf die Schultern und musterte ihn vom Scheitel bis zur Sohle. Dann meinte er: »Wäre ich so jung wie du, diese Wilde hätte sich nicht von meiner Seite fortjagen lassen.« Alle brachen in schallendes Gelächter aus. »Bruder Yu«, fuhr Lai fort, »halten Sie mich nicht für einen Angeber, wenn ich behaupte, daß ich damals, als ich noch den schrägen Schulterriemen trug, womöglich noch respektgebietender aussah als Sie.«

»Schneidig sah er damals aus!« fügte Kommandeur Liu schnell hinzu und lachte. Und auch Frau Liu lachte, als sie sich in das Gespräch einschaltete:

»Genau. Sonst hätte Bruder Lai wohl auch kaum seinem

Bataillonskommandeur die Stiefel abschneiden können.«

Lizhu beugte sich zu ihr hinüber und fragte leise: »Was heißt denn das: Die Stiefel abschneiden?«

»Das kann ich hier nicht erzählen«, kicherte Frau Liu und hielt eine Hand schützend vor den Mund, während sie mit der anderen herumfuchtelte, »frag schnell Bruder Lai!«

Doch Lai kam ihrer Frage zuvor. Mit einem Gesicht voller Lachfalten meinte er: »Schieben Sie es auf den Wein, wenn ich mich nicht geniere, es Ihnen zu erzählen. Sie wollen die Geschichte von den abgeschnittenen Stiefeln hören? Also gut, ich werde Ihnen erzählen, wie ich damals unserem Bataillonskommandeur die Stiefel abschnitt. Bruder, erinnerst du dich noch an Pockennarben-Li, an Li Chunfa?«

»Selbstverständlich!« antwortete der Kommandeur. »Li Chunfa, der kleine Warlord, der mich so böse herumgestoßen hat.«

»Ein kleiner Warlord war er, der Hahnrei!« Lai Mingsheng knöpfte sich den Kragen auf, krempelte die Ärmel hoch und trank sich mit Kommandeur Liu zu. Auf seiner Stirn bildeten sich nach und nach Schweißperlen und seine Wangen glühten, als er sich an Lizhu und Yu Xin wandte:

»1937 war ich Zugführer bei der Kavallerie in Chengdu. Wir vom Fünften Bataillon lagen damals außerhalb der Stadt. Der Kommandeur hatte eine Konkubine, die nun ausgerechnet eine leidenschaftliche Reiterin war. Also forderte mich der Kommandeur auf, ihr mein Pferd zu überlassen und obendrein alle Tage hinter ihr herzuscharwenzeln und aufzupassen, daß sie sich nicht die teuren Knochen zerbräche. Eines Tages, als Pockennarben-Li in die Stadt gegangen war, lud sich die Konkubine zwei Frauen zum Mahjongspielen in ihre Wohnung; ich sollte den Vierten in der Runde abgeben. Wir hatten eine Weile gespielt, da spürte ich, wie etwas auf meinem Stiefel lastete, ganz so, als würde er von irgend etwas heruntergepreßt. Ich langte mit der Hand unter den Tisch und fand einen Fuß in besticktem Schuh, der mit Entschiedenheit gegen meinen drückte. Ich blickte auf. Die Konkubine des Kommandeurs hatte sich so gesetzt, daß sie mir zuzuspielen hatte. Kichernd spielte sie einen blanken, weißen Stein aus: ›Hier! Ein fettes Stück Fleisch für Sie!‹ Nach dem Spiel ließ sie mich durch den Burschen in die inneren Gemächer bitten. Sie hatte Hühnersuppe mit roten Datteln gekocht und erwartete mich. Das war der Abend, an dem ich unserem Kommandeur die Stiefel abschnitt.« Er stierte einen Augenblick lang vor sich hin, dann sprang er plötzlich auf und hieb mit Wucht auf den Tisch und knirschte mit den Zähnen: »Teufel auch, war das eine Fotze! Was für eine zarte Haut, was für weißes Fleisch diese Hexe hatte!«

Als er auf den Tisch schlug, waren Holzkohlenfunken aus dem Feuertopf gesprungen. Die Runde schrak zusammen und brach dann in lautes Gelächter aus. Lachend fischte Frau Liu eine große Kelle mit Schweinenieren und füllte sie auf Lais Teller. »Weißt du noch, Bruder«, wandte sich Lai an Kommandeur Liu, »damals meinte Li Chunfa, ich sollte mit dem Tode büßen. Erinnerst du dich nicht mehr, wie er mich später nach Shandong versetzen ließ. In Shandong wurde damals heiß gekämpft. Li hatte wohl Verdacht geschöpft, und so wollte der Hurensohn mich nach Taierzhuang in den Tod schikken.«

»In Taierzhuang waren Sie dabei?« fragte Yu mit plötzlichem Interesse.

Statt zu antworten, griff sich Lai eine Handvoll gebratener Erdnüsse und führte sie zum Munde. Für eine Weile, in der man nichts hörte als das Geräusch, mit dem seine Kiefer die Nüsse zermalmten, unterbrach er seine Erzählung. Dann erst wandte er sich an Yu Xin, lachte durch die Nasenlöcher und sagte: »Tai – er – zhuang, Bruder Yu. Diese drei Silben bringt man nicht so mir nichts dir nichts über die Lippen.«

»Gerade letzte Woche sprach unser Dozent für Geschichte des antijapanischen Widerstandskrieges über die Schlacht von Taierzhuang«, erklärte Yu schnell.

»Wer ist denn Ihr Dozent?«

»Niu Zhongkai. Er gehört zum fünften Jahrgang, der an der Whampoa-Militärakademie graduiert hat.«

»Kenne ich. Klein und dick und mit starkem Hunan-Akzent. Und der will über die Schlacht von Taierzhuang reden?«

»Er ist bis dahin gekommen, wo der japanische General Isoya Zaoze angreifen läßt«, sagte Yu Xin.

»Aha«, Lai Mingsheng nickte nachdenklich. Plötzlich begann er, aufgeregt an seiner Kleidung zu nesteln, öffnete unter heftigem Gekeuche das Oberteil seines Anzugs, krempelte den Pullover hoch und zog das Hemd, das er darunter trug, in die Höhe, so daß ein gewaltiger Brustkasten zum Vorschein kam. Auf der rechten Seite dieser Brust sprang einem eine tiefrote, runde Narbe, groß wie ein Reisschälchen, leuchtend ins Auge, die ganze Brustwarze war ausgehoben worden, geblieben war eine Grube.

Frau Liu wandte sich lachend ab, auch Lizhu lachte, hielt aber dabei die Hand vor den Mund und senkte den Kopf. Lai Mingsheng zeigte auf seine runde Narbe. Seine Schläfenadern traten hervor und seine Augen röteten sich, als er sagte:

»Bruder Yu, ich habe mein Lebtag Krieg geführt und keinen halben Orden dafür an Land gezogen. Aber dieses Ding hier ist mehr wert als selbst unser ›Orden zur weißen Sonne am blauen Himmel‹. Dieses Ding hier würde mich wohl berechtigen, Ihnen etwas über Taierzhuang zu erzählen. Wer so ein Ding nicht hat, kann doch gar nicht mitreden. Fragen Sie diesen Niu Zhongkai doch einmal, wie viele Regiments- und Bataillonskommandeure in dieser Schlacht fielen und was das für Leute waren. Und wie General Huang Mingzhang fiel. Glauben Sie, er weiß darüber Bescheid?« Wild gestikulierend redete er auf Yu Xin ein, während er gleichzeitig seine Kleider hastig wieder zurechtstopfte. »Ich war zur Verteidigung von Zaoze eingesetzt, als es von den Japsen angegriffen wurde. Sie machen sich keine Vorstellung, mit welcher Streitmacht diese Rettichköpfe anrückten: Hunderte von Panzern, zwanzigtausend Infanteristen, doppelt so viele wie wir. Was hatten wir dem entgegenzusetzen? Unsere Leiber! Ich weiß nicht, was von unserem Regiment nach einer Nacht noch übrig war. Huang Mingzhang war unser Kommandeur. Als es tagte, ritt ich hinter ihm her, wir wollten die Linien inspizieren. Plötzlich sah ich es aufblitzen, sein Kopf war weg. Sein Körper aber saß noch aufrecht und steif, mit beiden Händen hielt er die Zügel und galoppierte davon. Ich fand kaum Zeit zu blinzeln, da riß mich eine Granate aus dem Sattel, dem Pferd riß es die Bauchdecke weit auf, so daß sich die Gedärme um meinen Leib schlangen. Die Japsen meinten, ich sei hin, und auch unsere eigenen Leute dachten, es hätte mich erwischt. Zwei Tage und zwei Nächte lag ich in einem Haufen von Leichen, und niemand scherte sich darum. Erst als unsere Truppen dann gesiegt hatten und die Leichen bergen wollten, gruben sie mich aus dem Haufen heraus. Sehen Sie her, Bruder Yu Xin«, Lai Mingsheng wies auf seine rechte Brusthälfte, »hier hat mir die Explosion den halben Brustkasten weggerissen.«

»Diese Schlacht war für unsere Armee wirklich ein Ruhmesblatt«, sagte Yu Xin.

»Ruhmesblatt?« schnaubte Lai. »Ihr wart noch nicht im Felde, Bruder, ihr habt leicht reden von wegen ›Ruhmesblatt‹. Wir von der Nationalarmee – schweigen wir mal von allen anderen Schlachten –, wenn wir von dieser Schlacht, Bruder Yu, von dieser Schlacht reden . . .«

Hier geriet Lai Mingsheng plötzlich ins Stottern. Mit einer Hand in der Luft fuchtelnd, das Gesicht rot geschwollen, schien er nach den feurigsten und leidenschaftlichsten Worten zu suchen, um Taierzhuang zu beschreiben, aber in der Erregung fiel ihm nichts ein. Da zerriß vor dem Fenster der Knall einer Explosion die Stille, und es blitzte zweimal grellweiß auf. Liu Ying, der lange schweigend dagesessen hatte, fuhr empor und stürzte zur Tür. »Sie haben zwei Zhuge-Liang-Raketen abgefeuert!« schrie er. Der Kommandeur fluchte und wollte ihn festhalten, aber Liu Ying war schon entwischt. An der Tür drehte er sich noch einmal um und rief: »Komm bald nach, Onkel Lai, damit wir die Knallfrösche zünden können! Vergiß nicht, was du mir versprochen hast!«

»So ein kleiner Teufel!« schimpfte Frau Liu lächelnd. »Aber lassen wir ihn gehen! Er ist sowieso nicht zu halten. Schnell, Bruder Lai, greif zu und probier meine ›Ameisen klettern auf den Baum‹, solange sie noch heiß sind.«

Sie füllte Lai eine große Schale Reis auf, aber Lai schob die Schale zurück und griff statt dessen noch einmal nach den Erdnüssen. Dann goß er sich ein weiteres Glas Gaoliang ein, führte es zum Mund und trank so hastig, daß sich die Hälfte auf seinen Körper ergoß.

»Langsam, Bruder, verschluck dich nicht!« Kommandeur Liu lachte und reichte Lai Mingsheng ein Tuch, mit dem er sich das Gesicht abwischen konnte.

»Bruder!« Lai Mingsheng knallte das leere Glas auf den Tisch und stützte beide Hände auf Lius Schultern. »Glaubst du, ich würde von so einem Tröpfchen Jinmen-Gaoliang umfallen? Hast du vergessen, wie ich auf dem Festland den Maotai aus Guizhou krügeweise getrunken habe?«

»Wir wissen schon, was du vertragen kannst, Bruder«, sagte Liu lächelnd.

»Verehrter Bruder!« Lai Mingsheng packte ihn mit beiden Händen fest an den Litzen und rieb seinen großen Schädel fast gegen Lius Gesicht. »Glaub nicht, daß ich hierhergekommen bin, nur weil du Bataillonskommandeur bist. Selbst wenn du General wärest und mit einer Sänfte und acht Trägern nach mir schicktest, brächten die mich nicht hierher. Einzig und allein, weil wir alte Freunde sind, bin ich gekommen.«

»Aber was redest du denn, Bruder!« warf Liu hastig ein.

»Es ist doch so, wie ich sagte, verehrter Bruder. Wu Shengbiao war zu meiner Zeit stellvertretender Zugführer. Keines Blickes würdigte ich ihn, als ich in Taibei an seiner Tür vorbeikam. Daß er inzwischen ein großer Mann geworden ist, war sein Schicksal, kein Grund für mich, ihm deswegen in den Hintern zu kriechen. Hätte ich es über mich gebracht, wäre ich jetzt mehr als nur ein Küchenbulle. Als ich letzte Woche einmal die Reiskruste, die in den Töpfen der Hospitalküche kleben geblieben war, an die Schweine verfütterte, zog der Vorsteher gleich die Augen hoch und kehrte den Boß heraus. Ich krempelte die Ärmel hoch, hielt ihm meinen Zeigefinger vors Gesicht und sagte: ›Ich will jetzt mal ganz offen mit Ihnen reden, Vorsteher Yu. Als es 1927 gegen die Warlords im Norden ging, marschierte ich mit den revolutionären Truppen gegen Sun Chuanfeng. Sie brauchen mich also nicht zu unterweisen, was man in der Küche zu tun und zu lassen hat.‹ Rechne mir doch einmal aus, Bruder ...«, Lai Mingsheng zählte die Jahre an den Fingern ab und wiegte dabei seinen Schädel, »in welchem Jahr wir jetzt stehen und wie alt ich inzwischen bin. All diese Jahrzehnte, all diese Umwälzungen, gibt es da denn noch irgend etwas Verrücktes, das ich nicht miterlebt hätte? Was sollte mich jetzt noch aus der Fassung bringen? Ehrlich gesagt, das einzige, womit ich mich noch nicht ausgesöhnt habe, ist, daß meine alten Knochen – mehr ist mir ja nicht geblieben – noch nicht haben in ihre alte Heimat zurückkehren können.«

»Du denkst immer nur ans Reden, Bruder, und die ›Ameisen, die auf den Baum klettern‹, die ich extra für dich gemacht habe, um dir eine Freude zu machen, hast du immer noch nicht probiert. Selbst in einem Sichuan-Restaurant werden sie dir nicht heimatlicher schmecken als bei mir.« Frau Liu stellte sich zwischen Lai und ihren Mann.

»Schwägerin«, sagte Lai und streckte die Hand noch einmal nach der halbleeren Gaoliang-Flasche aus, aber Frau Liu fuhr dazwischen und riß sie an sich. »Wenn du noch ein paar Gläser davon trinkst, Bruder, wie willst du dann die Nacht durchstehen?«

Lai Mingsheng riß sich zusammen und stand auf. Er schlug sich ein paarmal heftig gegen die Brust und meinte heiser:

»Schwägerin, auch du unterschätzt mich. Zwar bin ich nicht mehr der Jüngste, aber körperlich bin ich noch voll auf der Höhe. Ganz ehrlich, Schwägerin, auch nach meinem Ausscheiden aus dem Dienst habe ich mein Gongfu-Training nicht unterbrochen; jeden Tag krieche ich aus

dem Bett, sowie ich beim Bataillon nebenan das Trompetensignal höre. ›Die Giftschlange kriecht aus dem Loch‹, ›Die Gottesanbeterin rüstet zum Kampf‹, das ›Kleine Rad‹ und das ›Große Rad‹ – ich zweifle, ob die jungen Burschen mir da das Wasser reichen können.«
Damit trat er vom Tisch zurück, stellte sich in Positur und begann fuchtelnd und tänzelnd ein Scheingefecht, Schweißperlen liefen ihm über das vor Eifer gerötete Gesicht wie Wassertropfen beim Waschen. Die anderen bogen sich vor Lachen auf ihren Stühlen. Schließlich hielt ihn Frau Liu am Handgelenk fest und führte ihn mit Gezerre und Geschubse nach hinten, damit er sich frisch machte. Als er den Raum schon fast verlassen hatte, drehte er sich noch einmal um und meinte zu Frau Liu:
»Hast du gesehen, Schwägerin? Wenn wir einmal nach Sichuan zurückkehren, kann ich, auch wenn ich sonst zu nichts mehr zu gebrauchen bin, immer noch acht bis zehn Töpfe stemmen.« Wieder brach die Runde in schallendes Gelächter aus.
Als Lai Mingsheng verschwunden war, sorgte Frau Liu dafür, daß der Tisch abgeräumt und abgewischt und eine neue viereckige Tischplatte zum Mahjongspielen aufgesetzt wurde. Sie holte die Steine und bat Yu Xin und Lizhu, die Chips auszuteilen. Sie selber trug die roten Kerzen von der Fensterbank herbei und stellte sie auf den Teehocker neben den Mahjongtisch. Sie waren inzwischen ein gutes Stück heruntergebrannt und hatten die Kerzenständer über und über mit Wachs betropft. Frau Liu kratzte gerade die überhängenden Wachstropfen mit einem Taschenmesser ab, da hörte man vom Badezimmer her, wie sich jemand erbrach. Kommandeur Liu lief ins Badezimmer.
»Betrunken!« Frau Liu ließ das Messerchen auf den Tee-

hocker fallen und wandte sich kopfschüttelnd an Yu Xin und Lizhu: »Ich habe es ja gewußt. So geht das jedesmal. Er trinkt so gern und verträgt so wenig.«
»Ist doch lustig, wenn Bruder Lai trinkt«, gluckste Lizhu und schnitt Yu Xin eine Fratze. Auch Yu mußte lachen.
Kurz darauf kam Liu zurück. »Er ist eingeschlafen«, sagte er mit gesenkter Stimme. »Er meinte, ich solle erst einmal für ihn einspringen, er würde mich nachher ablösen.«
Einen Moment lang war Frau Liu unschlüssig; sie gähnte und massierte sich mit beiden Händen die Schläfen. Dann meinte sie:
»Das war es wohl für heute. Wer weiß, wann der wieder aufwacht, wenn er erst einmal eingeschlafen ist. Ich war den ganzen Tag auf den Beinen und bin jetzt auch müde. Lizhu und Yu Xin, ihr geht am besten in die Stadt und amüsiert euch dort. Ich habe euch umsonst heute abend hier festgehalten.«
Lizhu erhob sich hastig. Yu Xin half ihr in ihren roten Mantel und setzte sich selber sein Schiffchen auf. Nachdem er sich vor dem Wohnzimmerspiegel seine Krawatte zurechtgerückt hatte, verabschiedete er sich vom Ehepaar Liu.
Als die beiden aus dem Haus traten, sahen sie, wie sich etwa zwanzig, dreißig Kinder aus der Siedlung in der Mitte der Straße versammelt hatten, einen Kreis bildeten und Knallkörper zündeten. Liu Ying kniete gerade auf der Erde und zündete ein großes »Blumenrohr« an, das plötzlich silberne Strahlen sechs, sieben Fuß hoch in die Luft stieß und einen silbernen Schein auf all die lachenden Kindergesichter warf. Unter lautem Geschrei brannte man um die Wette die Feuerwerkskörper ab, immer wieder durchbrachen grelle Lichtstrahlen die Dunkelheit des nächtlichen Himmels. Immer dichter

tönte das Geknatter der Knallfrösche. Der letzte Abend des Jahres neigte sich seinem Ende zu. Wieder näherte sich Taibei ein neues Jahr.

1966 (Übersetzung: Wolf Baus)

Taiwanesische Realität in der Literatur

Mit den vorliegenden zwölf Erzählungen von zehn Schriftstellern wird erstmals eine Sammlung literarischer Prosa aus Taiwan in deutscher Sprache veröffentlicht. Nachdem in den letzten Jahren mehrere Übersetzungen chinesischer Literatur aus der Zeit der Republik sowie aus der Volksrepublik auf dem deutschen Büchermarkt erschienen sind, wird hiermit dem deutschen Leser Gelegenheit geboten, einen Einblick in das literarische Schaffen im »anderen China« zu gewinnen.

Während den Literaturwissenschaftler eher die Entwicklung bestimmter Literaturformen interessiert, ist die Literatur des Auslands für das breitere Publikum, abgesehen von ihrem Unterhaltungswert, ein Mittel, sich eine Vorstellung von den jeweiligen Lebensumständen sowie typischen Denk- und Handlungsweisen zu machen. Auch unter diesem soziologischen Gesichtspunkt wurden die in diesen Band aufgenommenen Erzählungen ausgewählt: sie reflektieren ein Stück der Realität Taiwans.

1960 fällt der taiwanesische Literaturwissenschaftler Xia Ji'an (Hsia Tsi-an)[1] über die Literatur in Taiwan das Urteil, sie sei eskapistisch: Die jungen Schriftsteller begnügten sich mit Tagträumereien, kein Werk der letzten zehn Jahre handle vom Leben der Bauern, Arbeiter oder der kleinbürgerlichen Klasse. Selbst die von Xia herausgegebene *Literaturzeitschrift (Wenxue zazhi)*, das führende literarische Organ der Zeit, dessen erklärtes Credo »der Realismus als Kanon der erzählenden Literatur« ist, trifft

das Verdikt eines befreundeten Professors aus Amerika, die Schilderung des Lebens in Taiwan komme in ihr zu kurz.
Ein anderer chinesischer Literaturwissenschaftler, Joseph S. M. Lau[2], konstatiert ebenfalls das Fehlen einer ernsthaften Literatur in den fünfziger Jahren. Er führt dies darauf zurück, daß 1949, als Chiang Kai-shek mit der Restgruppe seiner Nationalregierung nach Taiwan floh und auf dem chinesischen Festland die Volksrepublik ausgerufen wurde, die wichtigsten Schriftsteller in China blieben und ihre Werke folglich aus politischen Gründen in Taiwan unterdrückt wurden. Von der eigenen Literaturtradition abgeschnitten und damit nationaler Vorbilder beraubt, waren die jungen taiwanesischen Schriftsteller gezwungen, sich dem Ausland zuzuwenden, aus dem sie zunächst alle möglichen Ismen importierten, die sie für die neuesten literarischen Strömungen hielten. Dies war insofern ein recht unproduktives Unterfangen, als damit die in den zwanziger und dreißiger Jahren in China geleistete Rezeption westlicher Literatur wiederholt wurde, anstatt als Ausgangsbasis für eine eigene neue, zeitgemäße Literatur zu dienen.
Als weiteres Hemmnis für die Entwicklung einer realistischen Literatur in Taiwan erwies sich der offiziell propagierte Mythos der Wiedereroberung des Festlands: Da die Emigranten vom Festland sich als Durchreisende in Taiwan begriffen, setzten sie sich nicht über die täglichen Lebensnotwendigkeiten hinaus mit ihrer neuen Umgebung auseinander, sondern verharrten in nostalgischer Erinnerung an die Zeit auf dem Festland.
Erst mit dem Heranwachsen einer zweiten Generation von Schriftstellern Ende der fünfziger Jahre trat eine Änderung ein: In Taiwan aufgewachsen, führten diese Schriftsteller im Gegensatz zu ihren Eltern keine Transit-

existenz. Das Resultat war jedoch ebenfalls keine realistische Literatur, sondern eine Wendung nach innen, die Erforschung der eigenen Ängste und der Gefühle von Unsicherheit. Der Dichter und Literaturkritiker Yu Guangzhong kennzeichnet diese Entwicklung folgendermaßen:

»Zu Beginn des 20. Jahrhunderts herrschten in der westlichen Literaturszene zwei Denkrichtungen vor: der Marxismus und die Lehre Freuds. Die nach Taiwan gekommenen Schriftsteller mieden und bekämpften den Kollektivismus des ersteren und eine zum Instrument der Politik reduzierte Propagandaliteratur. Aus Furcht und Überdruß entwickelten sie sogar gegen jede Literatur einen Widerwillen, die die gesellschaftliche Realität widerspiegelt, und hegten ihr gegenüber zumindest Mißtrauen. Es schien nur ein Ausweg zu bleiben: sich nach innen zu wenden, in die eigene persönliche Welt der Empfindungen und Erfahrungen, die Welt des Unterbewußtseins und des Traums.«[3]

Vorbild dieser literarischen Strömung war Kafka.
So kann Lucy H. Chen (Chen Ruoxi) in ihrem Essay *Literary Formosa* 1963 immer noch die Frage stellen, warum die taiwanesischen Schriftsteller zögern, wichtige Themen in ihren Werken zu behandeln:

»Warum schreiben sie nicht über die Veränderungen in den Städten mit ihren neuen Fabriken und den Tausenden von jungen Männern und Frauen, die vom Lande kommen, um in ihnen zu arbeiten? Oder über die Armeen von Angestellten in den Stadt- und Provinzverwaltungen und deren ohnmächtige Hilflosigkeit angesichts der steigenden Lebenshaltungskosten, die sie mit ihren Gehältern immer schlechter bestreiten können? Oder über die Bauern, die sich immer noch bücken müssen, um jeden einzelnen Reisschößling in den Schlamm zu stecken, jetzt jedoch anstatt des alten Strohmantels blaue Plastikregenmäntel aus Japan tragen? Oder darüber, was jetzt mit einer Bauernfa-

milie geschieht, wenn von ihr erwartet wird, daß eine Tochter bei der Heirat als Mitgift ein Radio, einen elektrischen Ventilator oder eine Nähmaschine mitbringt? Oder über die Kaufleute in Formosa, die über staatliche Vorschriften schimpfen, jedoch genug Geld haben, eine wachsende Anzahl von ›Weinhäusern‹, ausgestattet im Hongkong-Stil und mit einem Schwarm hübscher ›Kellnerinnen‹ bestückt, zu unterhalten? Oder über Jugendliche, die einen harten Konkurrenzkampf um Plätze in den Universitäten führen müssen und all den widersprüchlichen Strömungen neuer und alter Ideen ausgesetzt sind?
Formosa hat eine Menge Themen, über die zu schreiben ist. Und früher oder später müssen die Schriftsteller diese Herausforderung annehmen.«[4]

Sie sollte recht behalten. Verfolgt man heute, was in den letzten achtzehn Jahren in Taiwan an Erzählungen geschrieben wurde, so findet man eine beachtliche Anzahl, deren Gegenstand die Wirklichkeit des Lebens in Taiwan ist. Zum größten Teil sind die Autoren gebürtige Taiwanesen. Sie sind niemals auf dem Festland gewesen, ihre Lebenswelt ist Taiwan, und darüber schreiben sie in ihren Werken, die sowohl thematisch als auch sprachlich stark regional gefärbt sind. Taiwan ist jedoch nicht einfach Taiwan: Es besteht ein großer Unterschied zwischen der Hauptstadt Taibei, den übrigen Städten und vor allem dem Lande; Taiwan ist immer noch in weiten Teilen eine Agrargesellschaft. In Taibei dagegen lebt der Großteil der Emigranten vom Festland. Außerdem ist Taibei der einzige Ort auf der Insel, an dem man in größerer Zahl auf Ausländer trifft: Die amerikanischen Truppen sind dort stationiert; die meisten ausländischen Handels- und Fabrikniederlassungen konzentrieren sich in und um die Hauptstadt, dazu kommen ausgedehnte Vergnügungsviertel, Taibei ist auch die Stadt der Intellektuellen. Hier befinden sich die besten Universitäten des Landes. Dies alles liefert eine Menge Konfliktstoff und gibt dem Leben in der Hauptstadt eine besondere Prägung. Es mag daher zunächst verwundern, daß die neue taiwanesische Literatur überwiegend Themen aus den ländlichen Bezirken aufgreift, wo das Leben auf den ersten Blick nichts von seiner Beschaulichkeit eingebüßt zu haben scheint. Beim näheren Hinsehen jedoch entdeckt man allenthalben die negativen Auswirkungen des ökonomischen und sozialen Fortschritts auf das ländliche Leben. War die Behandlung des Dorfes als Hort der alten chinesischen Kultur in der frühen taiwanesischen Heimatliteratur der dreißiger Jahre Ausdruck des Nationalismus und des Widerstandes gegen die japanische Fremdherrschaft, so gilt das Interesse der neuen Heimatliteratur seit den sechziger Jahren den Menschen auf dem Lande als Opfern einer industriellen Entwicklung, die ihre alte Lebensordnung immer mehr zerstört, an deren Annehmlichkeiten sie jedoch nicht teilhaben. Immer stärker rückt der Gegensatz von Stadt und Land in den Mittelpunkt. In den siebziger Jahren erhält die Parteinahme der Schriftsteller für das Land schließlich eine klare, sozialkritische Prägung. Einige Autoren wie Wang Tuo gehen zum dezidierten politischen Engagement über.

Ein Grund für die überwiegende Beschäftigung der Literatur mit dem dörflichen Bereich ist sicher auch die Herkunft der Autoren. So sind Huang Chunming und Wang Tuo selbst in dieser ländlichen Umgebung geboren und in kleinen Verhältnissen aufgewachsen, und dieses Leben beschäftigt sie fortwährend.

Huang Chunming drückt dies exemplarisch aus:

»Wenn ich auf die Geschichte des chinesischen Volkes zurückblicke, sind es nicht die Kaiser und Könige, Generäle und Minister, jene Männer mit hochfliegenden Idealen, die mich berühren, sondern jene namenlosen kleinen Leute. Sie beachten nicht das Gespött der Menschen, wollen sich keinen Platz in der Geschichte erobern, sie setzen nur einen Schritt vor den anderen und tun alles, damit ihre Kinder und Enkelkinder Generation für Generation weiterleben. Je mehr ich mich mit der Armut in China beschäftige, desto stärker werde ich von dieser unauslöschlichen Kraft erschüttert.«

Diese einfachen Leute bevölkern Huang Chunmings Erzählungen. In *Der Tag, an dem sie aufs Meer schaute* erzählt er von der Prostituierten Baimei, die in ihrem Kind den Sinn des Lebens findet, mit diesem Kind ihre menschliche Würde wiedererlangt, die sie als Prostituierte verlor. All ihre Hoffnung, die sie aufgrund ihres widrigen Schicksals begraben mußte, überträgt sie auf das Kind. Diese Hoffnung scheint in dem Lied auf, das sie am Ende der Geschichte ihrem Kind singt:

»Du sollst kein Fischer werden, wenn du groß bist, du wirst auf einem großen Schiff übers Meer fahren, um zu studieren, du wirst ein großer Mann werden.«

Es ist jedoch nicht nur ein Traum, in den sie sich aus ihrer bedrückenden Realität flüchtet, sie ist überzeugt, daß sich dieser Wunsch für ihren Sohn verwirklichen kann:

»Nein, ich glaube nicht, daß es für die Zukunft dieses Kindes keine Hoffnung gibt, nur weil es eine Mutter wie mich hat.«

Eine weitere Variante des Lebenskampfes der einfachen Leute für eine bessere Zukunft der nachkommenden Generation stellt *Die Explosion* von Wang Tuo dar: Chen Shuisheng und seine Frau tun alles, um ihren Sohn auf die höhere Schule schicken zu können, damit ihm das miserable Leben, das sie führen müssen, einst erspart bleibt. Shuisheng selbst war es verwehrt, das entlegene Fischerdorf zu verlassen, »wo man nicht einmal genug zum Essen, nicht einmal die nötigste Kleidung hatte und wo aller jugendliche Elan aufgerieben wurde«, weil sein Vater ihn daran hinderte. Als Vater kämpft er dafür, dem Sohn zu dem zu verhelfen, was ihm selbst nicht gelungen ist, und ihn vor der eigenen Tragödie zu bewahren:

»Es ging doch nicht an, daß sein Sohn wegen der Unzulänglichkeit des Vaters all diese Mühsal, all diese Quälerei noch einmal würde durchleiden müssen. Es müßte sich doch einmal etwas ändern unter den Nachfahren der Chens. Generation für Generation hatten sie ein solches Leben geführt, wie lange würde es noch dauern, bis sich der erste davon befreite?«

So tragisch diese Geschichte endet, auch sie enthält einen Hoffnungsschimmer: Bei der Wucherin brechen letztlich doch menschliche Gefühle durch.

Chen Ruoxis *Die letzte Abendvorstellung* ist eine negative Darstellung dieser Thematik: Während Baimei ihren Lebenssinn darin findet, ein Kind zur Welt zu bringen, und Shuisheng zum Dynamitfischer wird, um seinen Sohn, den er der Wucherin als Pfand überschrieben hat, nicht zu verlieren, gibt Jin Xizi ihr Kind schließlich auf und überläßt es einer Freundin, um ihm eine bessere Zukunft zu sichern. Drogenabhängig wie sie ist, fürchtet sie, ihren kleinen Sohn nur in den Sumpf ihrer Existenz hineinzuziehen.

In dieser Erzählung behandelt Chen Ruoxi die Auswirkungen des sozialen Wandels auf ländliche Bezirke: Mit dem Bau von Kinos, in denen amerikanische Filme gezeigt werden, verlieren traditionelle Formen des Vergnügens wie die taiwanesische Lokaloper auch beim kleinstädtischen Publikum ihre Attraktion.

In den Schilderungen des Existenzkampfes der kleinen Leute taucht ein weiteres Element auf: Trotz Armut und Bedrängnis machen sie den verzweifelten Versuch, Identität und Würde zu bewahren; sie haben durchaus ihren Stolz. Obwohl Baimei immer den Makel der Profession besitzt, ist sie tief getroffen, wenn sie außerhalb des Bordells als Prostituierte behandelt wird und Männer sich ihr

gegenüber Frivolitäten herausnehmen wie der Mann im Zug, der ihr eine Zigarette anbietet. Shuisheng betont fortwährend: »Ich, Chen Shuisheng, bin arm, aber deswegen bin ich trotzdem ein Kerl.« Damit verwahrt er sich gegen die Unterstellung, daß ihn seine verzweifelte Lage dazu treiben könnte, seine Moral aufzugeben und Frau und Kind zu verkaufen. Daß er schließlich keinen Ausweg mehr weiß und, seine Prinzipien beiseite schiebend, mit Dynamit fischt, wird ihm zum Verhängnis, gerade weil er mit diesen unlauteren Mitteln nicht umgehen kann.
Diese kleinen Leute, die sich gegen ihr Schicksal aufbäumen, haben etwas Heroisches an sich. Ihr Elend ist nicht selbstverschuldet. Die Gesellschaft und die Umgebung, in die sie hineingeboren sind, zwingen ihnen das harte Leben auf, aus dem sie sich trotz aller Anstrengung nicht befreien können. In den Schilderungen aus Baimeis Heimatdorf wird die bittere Armut seiner Bewohner eindringlich dargestellt. Es gibt so wenig zu essen, daß sie manchmal an der Beute der Hunde partizipieren. Diese Notlage ist Ausgangspunkt für Baimeis Schicksal: Sie wird von ihrer Mutter an Adoptiveltern verkauft – eine Praxis, die auch in Wang Zhenhes Erzählung Erwähnung findet. Die Adoptiveltern verkaufen sie dann prompt mit vierzehn Jahren an ein Bordell weiter. Ebenso ist Shuishengs Leben durch seine beschränkten Subsistenzmittel bestimmt. Im Winter, bei Sturm, kann er nicht aufs Meer hinaus zum Fischen, so daß er gezwungen ist, sich das Geld fürs Überleben zu hohen Zinsen auszuleihen; aus diesem Teufelskreis des Zurückzahlens kann er nicht heraustreten.
In Wang Zhenhes Erzählung *Ein Ochsenkarren als Mitgift* ist der Kampf gegen ein unverschuldetes, widriges Schicksal in komplexerer Weise dargestellt. Es ist dies

eine zugleich konkrete und abstrakte, allegorische Geschichte. Dieser Eindruck wird durch die besondere Konstellation hervorgerufen: Nicht nur die verschiedenen Widrigkeiten des Lebens machen Wanfa zu schaffen, angefangen von dem Mißgeschick mit dem vom Regen weggeschwemmten Lungenheilkraut, seiner Taubheit, bis zum Unfall mit dem Ochsenkarren, der ihn ins Gefängnis bringt. Es ist vor allem Jian, gegen den er sich wehrt. Indem diese Figur vom Autor allein mit den Augen des tauben Wanfa beschrieben wird, erfahren wir nichts über Jians Denken, seine Absichten und Äußerungen. Er wird allein durch seine Erscheinung und seinen abstoßenden Körpergeruch charakterisiert, er ist die Gegenkraft zu Wanfa, eine böse Kraft, die ihn gefährdet und der er hilflos gegenübersteht. So kann die Erzählung über die Darstellung der konkreten Gegebenheiten hinaus als Allegorie des vergeblichen Kampfes gegen jene Mächte interpretiert werden, denen man nicht gewachsen ist. Wang hat seine Ansicht über das menschliche Leben einmal folgendermaßen zusammengefaßt:

»Die Menschen sind eigentlich höchst bedauernswert und lächerlich. Ihr Leben dreht sich ständig im Kreis: Kämpfen – nachgeben – kämpfen – nachgeben.«

Ein Ochsenkarren als Mitgift ist im Grunde genommen eine Tragödie, dargestellt mit den Mitteln der Komödie: Das tragische Element liegt in dem vergeblichen Widerstand, den Wanfa gegen all die Schicksalsschläge und Niederlagen führt, die er erfährt. Das Happy End wiederum suggeriert eher eine Komödie: Ende gut, alles gut. Wanfas Lebenswunsch, ein eigener Ochsenkarren, ist erfüllt. Er hat jedoch seine Frau dafür eintauschen müssen. Und hierin liegt die Ironie der Geschichte: Wanfa hat es geschafft, das widrige Schicksal zu besiegen, es geht ihm jetzt gut, gleichzeitig ist er unterlegen, hat seine Würde und Moral eingebüßt.

Mit verschiedenen Ausdrucksmitteln beugt der Autor einer Identifizierung des Lesers mit dem an sich tragischen Helden vor. Alle Personen sind bis ins Karikaturhafte verzerrt: Wanfa mit seiner Taubheit, A-hao durch ihre unglaubliche Häßlichkeit; Jians wesentliches Attribut ist sein Gestank. Aufkommendes Mitleid verwandelt sich so in Lachen.

Faßt man die besprochenen Erzählungen über kleine Leute zusammen, so wird deutlich, daß in ihnen ein humanitäres Anliegen zum Ausdruck kommt, Mitleid mit den Menschen und Hochachtung vor ihrem ungebrochenen Lebenswillen. Es wird kein expliziter Feind ausgemacht – weder die überkommene Tradition noch die herrschende Klasse –, wie dies in vielen Werken sozialrevolutionärer Schriftsteller der zwanziger und dreißiger Jahre der Fall ist. Wenn die Heimatliteratur in Taiwan dennoch als politisch empfunden wird, liegt dies an zwei Dingen: Zum einen stehen diese Erzähler, wenn sie ausschließlich das Leben in Taiwan darstellen, im Gegensatz zur offiziellen Version der Einheit Chinas. Zum anderen ist in der Schilderung des Elends weiter Bevölkerungsteile immer eine Kritik der Gesellschaft impliziert, der es nicht gelungen ist, das Leben aller zu verbessern. Die Nationalregierung sähe es sicher lieber, wenn die Literatur nicht nur die negativen Seiten der taiwanesischen Realität schilderte, sondern statt Rückständigkeit und Not den in manchen Bereichen durchaus vorhandenen sozialen Fortschritt, statt des Existenzkampfes der kleinen Leute antikommunistisches Heldentum thematisierte.

Der intellektuelle Held spielt in der neuen Literatur Taiwans eine weit geringere Rolle als die kleinen Leute; sein

Bild hat sich gegenüber den Darstellungen in den zwanziger und dreißiger Jahren in China stark verändert. Erscheinen die jungen Intellektuellen in den Werken der frühen Periode als Kämpfer gegen die imperialistischen Mächte und die Kräfte einer überholten Tradition, die, von hohen Idealen beseelt, ihr Leben der nationalen Wiedergeburt verschreiben, so haben sie heute in Taiwan aufgrund der politischen Situation kein hohes Ziel, dem sie nachstreben, keinen identifizierbaren Feind, den sie bekämpfen könnten. Zwar sind die Kommunisten, die das »Festland besetzt halten«, das wohlfeile Feindbild, doch stellen sie keine unmittelbare Bedrohung des alltäglichen Lebens in Taiwan dar, sind so weit entfernt, daß sich der Kampf nur auf ideologischer Ebene abspielen kann. So setzen die Studenten ihre Kräfte für Dinge ein, die ihnen näher sind: Sie lernen, um in der Schule weiterzukommen und ein Stipendium für einen Aufenthalt in den USA zu erlangen, da sie darin die einzige Möglichkeit zu beruflichem Aufstieg sehen. Die unsichere Zukunft Taiwans sowie die Probleme ihres persönlichen Fortkommens bewirken, daß sich ein Teil von ihnen der Frage nach dem Sinn des Lebens zuwendet.

Li Longdi, der Held aus Qideng Shengs *Ich liebe schwarze Augen*, verabscheut die gewöhnlichen Menschen, die in der Katastrophe kopflos nur versuchen, ihre eigene Haut zu retten. Für ihn ist es notwendig, »in der jeweiligen Gegenwart einen neuen Sinn fürs Leben zu schaffen«, zu dem man dann steht, so absurd er auch sei. Die konsequente Verfolgung dieser Idee ist die Erklärung für sein merkwürdiges Verhalten und seine rational wenig faßbare Moral: In einer Situation, in der jeder normale Mensch sich freute, in dem durch die Regenflut entstandenen Chaos seine geliebte Frau wiederzufinden, ver-

leugnet Li Longdi sie, bis sie aus Verzweiflung ins Wasser springt.
Während Li Longdi kein negativer Held ist, sondern die existentialistische Überzeugung des Autors praktiziert, beinhaltet Zhang Xiguos Erzählung *Führer* eine Kritik an der Haltung der Intelligenz. Er nimmt politische Verhaftungen in diesen Kreisen – die ein konkretes Ereignis vor einigen Jahren zum Hintergrund haben – zum Anlaß einer selbstanklagenden Reflexion des Kleinmuts und der Feigheit der Intellektuellen, die große Reden über Freiheit und Demokratie schwingen und, wenn es darauf ankommt, Freunde und Anhänger im Stich lassen, um ihre eigene Haut zu retten.
»Plötzlich begriff ich, wie schwach und nutzlos wir Intellektuellen sind und wie unqualifiziert, irgend jemanden zu lenken. Sobald auf uns Druck ausgeübt wird, ziehen wir uns in unser Schneckenhaus zurück, wenn wir uns nicht gar gegenseitig verraten«, lautet die Erkenntnis, die der Ich-Erzähler aus dem Vorkommnis zieht.
Sind die zuvor behandelten Figuren Produkt der taiwanesischen Gesellschaft und in diesem Sinne typisch für sie, so leben die von Bai Xianyong beschriebenen »Menschen in Taibei« zwar auch in Taiwan und bilden daher einen Teil seiner Realität, sie könnten aber genausogut in Hongkong, Amerika oder sonstwo leben – es würde nichts an ihrer Lebensweise ändern. Ihre Welt ist nicht die Gegenwart, nicht Taiwan, sondern die Vergangenheit, die Erinnerung an Shanghai, Sichuan oder irgendeinen Ort in Festlandchina, aus dem sie stammen. Yin Xueyan ist für ihre Freunde »ein ewiges Symbol für die Zeiten im Shanghaier ›Paramount‹, ein Zeugnis der Pracht von Nanking und Shanghai«. Auch wenn ihre Zeit längst vorbei ist, fühlen sich die Besucher in Yins Salon, den sie nach dem Standard der Etablissements auf

der Avenue Joffre im alten Shanghai führt, in die glanzvollen alten Tage zurückversetzt, wenn sie mit ihren früheren Titeln angesprochen werden und wieder etwas darzustellen meinen. Ganz in Weiß gekleidet – in China die Farbe der Trauer – wacht Yin Xueyan wie eine Todesgöttin über das Treiben dieser Relikte des alten China. Wie die Gäste in Yin Xueyans Salon gerät Lai Mingsheng *(Der letzte Abend im Jahr)* – zu Besuch bei einem alten Freund aus Sichuan, um das chinesische Neujahrsfest zu feiern – mit steigendem Alkoholgenuß immer mehr ins Schwelgen und läßt seine früheren Heldentaten im Krieg gegen die Japaner aufleben. Ein Offizier im Ruhestand, ist er jetzt als Einkäufer eines Veteranenhospitals tätig. Aus Ehrerbietung gegenüber dem alten Vorgesetzten liefern ihm seine Gastgeber stets neue Stichworte, um ihn seine bescheidene Gegenwart durch die Beschwörung der glorreichen Vergangenheit vergessen zu lassen. Die Unterhaltung gerät mehr und mehr zum Monolog, in dem Lai sich als toller Kerl produziert. Ironischerweise endet der Abend ernüchternd; der Held ist betrunken, und die anderen hören, wie er sich im Badezimmer erbrechen muß.

Es gibt noch andere Themenkreise in der neuen taiwanesischen Literatur, die nicht alle in diesem Erzählband repräsentiert werden konnten. Ein häufig behandelter Gegenstand ist die Jugend. Ihr Hauptproblem ist der Konkurrenzdruck in der Schule. In seiner langen Ich-Erzählung *Einsam mit siebzehn* – die an anderer Stelle erscheinen wird[5] – schildert Bai Xianyong die Probleme eines Schulversagers und Außenseiters. In anderen Geschichten – zum Beispiel Lin Huaimins *Zikade* – wird die Ziellosigkeit der Jugend thematisiert. Wang Wenxing hat in zahlreichen Erzählungen die Psyche von Kindern beschrieben.

Die vorliegende Erzählung von Yang Qingchu, *Die männliche Jungfrau*, behandelt das Thema jugendlicher Sexualität in unteren Kleinstadtschichten und schildert erste sexuelle Erfahrungen und die erste Liebe eines Schneiderlehrlings, ein in der Gesellschaft, für die sie geschrieben wurde, noch recht prekäres Thema. Die Erzählung wurde in Taiwan negativ aufgenommen und als »vulgäre und obszöne Geschichte« kritisiert.

Ein auch bei Yang Qingchu beiläufig auftauchendes Thema – »sich den Bauch einer Frau mieten« – ist Gegenstand der komischen Erzählung *Die Sache mit den Kaninchen*. Lu Mo ironisiert hier die Manie der Chinesen, die nicht eher ruhen, bis sie einen Nachkommen, am liebsten einen Sohn, haben.

Voll feiner Ironie ist auch Zeng Xinyis Erzählung *Der Loyale*, in der sie den Ich-Erzähler in aller Harmlosigkeit und Selbstverständlichkeit die Gedankenwelt des einfachen kleinen Guomindang-Mitglieds ausplaudern läßt, die sich darin erschöpft, die offiziellen Dogmen der Partei nachzuplappern, sich möglichst keine eigenen Gedanken zu machen, brav den Kandidaten der Partei zu wählen und ihr dann das Regieren zu überlassen, in dem grenzenlosen Vertrauen, daß sie alles zum Besten der Regierten richte.

Mit dieser Auswahl, die sowohl wesentliche Themen der taiwanesischen Literatur vorstellt als auch Einblick in weniger bekannte Aspekte der Realität des Inselstaats gewährt, dürfte für den deutschen Leser ein Bild des Lebens in diesem Lande entstehen, das sehr viel lebhafter und authentischer ist, als es die sporadische, von politischen und wirtschaftlichen Interessen geprägte Berichterstattung zu vermitteln vermag, die in den letzten Jahren unsere Ansichten über Taiwan beeinflußt.

Charlotte Dunsing

Anmerkungen

1 Hsia, Tsi-an, *Appendix: Taiwan*, in: Hsia, C. T., *A History of Modern Chinese Fiction 1917–1957*, New Haven 1961, S. 511ff.
2 Lau, Joseph S. M., *How Much Truth Can a Blade of Grass Carry?*, in: *Journal of Asian Studies*, vol. 32, no. 4 (1973), S. 623ff.
3 Yu, Guangzhong, *Vorwort* zur *Anthologie moderner chinesischer Literatur (Zhongguo xiandai wenxue daxi)*, Taibei 1974², *Erzählungen Band 1*, S. 3.
4 Chen, Lucy H., *Literary Formosa*, in: Mancall, Mark (Hg.), *Formosa Today*, New York-London 1964, S. 140f.
5 Ein Band mit Erzählungen Bai Xianyongs, übersetzt von Wolf Baus, ist in Vorbereitung.

Quellennachweis

Huang Chunming: »Der Tag, an dem sie aufs Meer schaute« (Kan hai de rizi), erstmals veröffentlicht in: Wenxue jikan 5 (10. 11. 1967), übersetzt aus: Liu, Shaoming, Hrsg., »Taiwan bendi zuojia duanpian xiaoshuo xuan« (Ausgewählte Erzählungen taiwanesischer Schriftsteller), Hongkong 1972.

derselbe: »Krätze« (Xuan), aus: »Xiao guafu«, Yuanjing chubanshe, Taibei 1977[9].

Wang Tuo: »Die Explosion« (Zha), erstmals veröffentlicht in: Wenji 2 (Nov. 1973), übersetzt aus: »Jinshui shen«, Xiangcaoshan chuban gongsi, Taibei 1977[2].

Wang Zhenhe: »Ein Ochsenkarren als Mitgift« (Jiazhuang yi niuche), erstmals veröffentlicht in: Wenxue jikan 3 (10. 4. 1967), übersetzt aus: »Taiwan bendi zuojia duanpian xiaoshuo xuan«.

Chen Ruoxi: »Die letzte Abendvorstellung« (Zuihou yexi), erstmals veröffentlicht in: Xiandai wenxue 10 (15. 9. 1961), übersetzt aus: »Taiwan bendi zuojia duanpian xiaoshuo xuan«.

Lu Mo: »Die Sache mit den Kaninchen« (Tuzi shijian), aus: »Taibei yetan«, Lianya chubanshe, Taibei 1977.

Yang Qingchu: »Die männliche Jungfrau« (Zaishinan), erstmals veröffentlicht in der Tageszeitung Zhongguo shibao im November 1969, übersetzt aus: »Zaishinan«, Wenhuang chubanshe, Gaoxiong 1976.

Qideng Sheng: »Ich liebe schwarze Augen« (Wo ai hei yanzhu), erstmals veröffentlicht in: Wenxue jikan 3 (10. 4. 1967), übersetzt aus: »Taiwan bendi zuojia duanpian xiaoshuo xuan«.

Zhang Xiguo (Pseudonym Fang Yuan): »Führer« (Ling-

daozhe), in: Mingbao yuekan (Hongkong) 157 (Januar 1979).
Zeng Xinyi: »Der Loyale« (Zhongshizhe), erstmals veröffentlicht in: Zhongwai wenxue Juli 1974, übersetzt aus: »Wo ai boshi«, Yuanjing chubanshe, Taibei 1977.
Bai Xianyong: »Yin Xueyan bleibt Yin Xueyan« (Yongyuan de Yin Xueyan), erstmals veröffentlicht in: Xiandai wenxue 30 (25. 12. 1966), übersetzt aus: »Taibeiren«, Chenzhong chubanshe, Taibei 1979[12].
derselbe: »Der letzte Abend im Jahr« (Suichu), erstmals veröffentlicht in: Xiandai wenxue 32 (25. 8. 1967), übersetzt aus: »Taibeiren«, Chenzhong chubanshe, Taibei 1975[12].

Literaturhinweise

Anthologien taiwanesischer Erzählungen in englischer Übersetzung:
Lau, Joseph S. M., Hg., *Chinese Stories from Taiwan: 1960–70*, Columbia University Press, New York 1976.
Chi, Pang-yuan, et al., Hg., *An Anthology of Contemporary Chinese Literature: Taiwan 1949–1974*, vol. 2 Short Stories, National Institute for Compilation and Translation, Taibei 1975.
Ing Chang, Nancy, Übers., *New Voices: Stories and Poems by Young Chinese Writers*, Heritage Press, Taibei 1961.
Nieh, Hua-ling, Hg., *Eight Stories by Chinese Women*, Heritage Press, Taibei 1962.
Wu, Lucian, Hg., *New Chinese Stories: Twelve Short Stories by Contemporary Chinese Writers*, Heritage Press, Taibei 1961.
derselbe, Hg., *New Chinese Writing*, Heritage Press, Taibei 1962.
Übersetzungen von Erzählsammlungen einzelner in der vorliegenden Anthologie vertretener Schriftsteller:
Chen Ruoxi:
Chen, Jo-hsi, *The Execution of Mayor Yin and Other Stories from the Great Proletarian Cultural Revolution*, übersetzt von Nancy Ing und Howard Goldblatt, Indiana University Press, Bloomington 1978.
Chen, Jo-hsi, *Die Exekution des Landrats Yin und andere Stories aus der Kulturrevolution*, übersetzt von Melinna Yam, Albrecht Knaus Verlag, Hamburg 1979.
Ch'en, Lucy H., *Spirit Calling: Tales about Taiwan*, Heritage Press, Taibei 1962.
Huang Chunming:
Hwang, Chunming, *The Drowning of an Old Cat and Other Stories*, übersetzt von Howard Goldblatt, Indiana University Press, Bloomington 1980.

Yang Qingchu:
Yang Qingchu xiaoshuo xuan, Selected Stories of Yang Ch'ing-ch'u, übersetzt und mit einer Einführung von Thomas B. Gold, Dunli chubanshe, Gaoxing 1978 (zweisprachige Ausgabe).

Über die im Vor- und Nachwort zitierte Sekundärliteratur hinaus sei auf die ausführliche Bibliographie in:

Faurot, Jeanette L., Hg., *Chinese Fiction from Taiwan, Critical Perspectives,* Indiana University Press, Bloomington 1981

verwiesen.

edition suhrkamp. Neue Folge

1 Gertrud Leutenegger, Lebewohl, Gute Reise
2 Hans Georg Bulla, Weitergehen
3 Von nun an: Neue deutsche Erzähler. Hg. v. Hans-Ulrich Müller-Schwefe
4 Franz Böni, Hospiz
5 Bodo Kirchhoff, Body-Building
6 Thomas Bernhard, Die Billigesser
7 Sinclair, Der Fremde
8 Octavio Paz, Suche nach einer Mitte
9 Tove Ditlevsen, Sucht
10 Hoffnung auf Frühling. Moderne chinesische Erzählungen. Bd. 1: 1919–1949. Hg. v. Volker Klöpsch u. Roderich Ptak
Hundert Blumen. Moderne chinesische Erzählungen. Bd. 2: 1949–1979. Hg. v. Wolfgang Kubin
11 Paul Feyerabend, Erkenntnis für freie Menschen
12 Norbert Elias, Der bürgerliche Künstler in der höfischen Gesellschaft. Am Beispiel Mozart
13 Stanisław Lem, Dialoge
14 Leo Löwenthal, Mitmachen wollte ich nie
15 William G. Niederland, Folgen der Verfolgung: Das Überlebenden-Syndrom. Seelenmord
16 Politik der inneren Sicherheit. Hg. v. Erhard Blankenburg
17 Der gerechte Krieg. Christentum, Islam, Marxismus. Red.: Reiner Steinweg
18 Darcy Ribeiro, Unterentwicklung, Kultur und Zivilisation
19 Uwe Johnson, Begleitumstände. Frankfurter Vorlesungen
20 Walter Benjamin, Moskauer Tagebuch
21 Dieter Leisegang, Lauter letzte Worte
22 Renate Rubinstein, Nichts zu verlieren und dennoch Angst
23 Hanna Krall, Schneller als der liebe Gott
24 Roberto Calasso, Die geheime Geschichte des Senatspräsidenten Dr. Daniel Paul Schreber
25 Nicolaus Bornhorn, America oder Der Frühling der Dinge
26 Winfried Menninghaus, Paul Celan. Magie der Form
27 Claude Lévi-Strauss, Mythos und Bedeutung
28 Der Neger vom Dienst. Afrikanische Erzählungen. Hg. v. Rüdiger Jestel
29 Rainer Malkowski, Das weiße Schloß
30 Roland Barthes, Leçon/Lektion

31 Das kontrollierte Chaos. Die Krise der Abrüstung. Red.: Reiner Steinweg
32 Die Museen des Wahnsinns und die Zukunft der Psychiatrie. Hg. v. Manfred M. Wambach u. a.
33 Alejo Carpentier, Stegreif und Kunstgriffe
34 Ernst Kris/Otto Kurz, Die Legende vom Künstler
35 Horst Antes, Poggibonsi 1979–1980
36 Wolfgang Glöckler, Seitensprünge
37 Manfred Jendryschik, Die Ebene
38 Christian Meier, Die Ohnmacht des allmächtigen Dictators Caesar
39 Das Afrika der Afrikaner. Gesellschaft und Kultur Afrikas. Hg. v. Rüdiger Jestel
40 Aufklärung und literarische Öffentlichkeit. Hg. v. Chr. Bürger, P. Bürger, J. Schulte-Sasse
41 Dalton Trevisan, Ehekrieg
42 Logik des Herzens. Die soziale Dimension der Gefühle. Hg. v. Gerd Kahle
43 Hans-Georg Backhaus, Marx und die marxistische Orthodoxie
44 Versuchungen. Aufsätze zur Philosophie Paul Feyerabends. Hg. v. Hans Peter Duerr
45 Julio Cortázar, Reise um die Tage in 80 Welten
46 Ernst Bloch, Abschied von der Utopie?
47 Karl Marx, Enthüllungen zur Geschichte der Diplomatie im 18. Jahrhundert. Hg. v. Karl August Wittfogel
49 Thomas Brasch, Engel aus Eisen
50 Hans Mayer, Versuche über die Oper
51 Maxime Rodinson, Die Araber
52 Eduard Heimann, Soziale Theorie des Kapitalismus. Theorie der Sozialpolitik
53 Renato P. Arlati, Auf der Reise nach Rom
54 Lao She, Das Teehaus
55 Max Kaltenmark, Lao-tzu und der Taoismus
56 Unsere Bundeswehr? Zum 25jährigen Bestehen einer umstrittenen Institution. Red.: Reiner Steinweg
57 Michael Buselmeier, Der Untergang von Heidelberg
58 Karl Heinz Bohrer, Plötzlichkeit. Zum Augenblick des ästhetischen Scheins
59 Kim Chi Ha, Die gelbe Erde und andere Gedichte
60 Tankred Dorst, Mosch
61 Anselm Glück, Falschwissers Totenreden(t)
62 Dambudzo Marechera, Das Haus des Hungers

63 Soziale Unterstützung und chronische Krankheit. Hg. v. B. Badura
64 Octavio Paz, Der menschenfreundliche Menschenfresser
65 Adolf Muschg, Literatur als Therapie?
66 Hans Magnus Enzensberger, Die Furie des Verschwindens
67 Peter Weiss, Notizbücher 1971–1980. Zwei Bände
68 Versuchungen. Aufsätze zur Philosophie Paul Feyerabends. 2. Bd. Hg. v. Hans Peter Duerr
69 Thomas Bayrle, Rasterfahndung
70 Kevin Casey, Racheträume
71 Gerald Zschorsch, Glaubt bloß nicht, daß ich traurig bin
72 Boris Moshajew, Die Abenteuer des Fjodor Kuskin
73 André Leroi-Gourhan, Die Religionen der Vorgeschichte
74 Dieter Prokop, Medien-Wirkungen
75 Jürg Laederach, Fahles Ende kleiner Begierden
76 Tove Ditlevsen, Wilhelms Zimmer
77 Roland Barthes, Das Reich der Zeichen
78 Manfred Eisenbeis (Hg.), Ästhetik und Alltag
79 Reto Hänny, Zürich, Anfang September
80 Marguerite Duras/Michelle Porte, Die Orte der Marguerite Duras
81 Kindheit als Fiktion. Fünf Berichte
82 Anton Blok, Die Mafia in einem sizilianischen Dorf. 1860–1960
83 Eva-Maria Alves, Neigung zum Fluß
84 Chinua Achebe, Ein Mann des Volkes
85 Erving Goffman, Geschlecht und Werbung
86 Hans Platschek, Porträts mit Rahmen
87 Darcy Ribeiro, Die Brasilianer
88 Georg Lukács, Gelebtes Denken
89 Zur Dichotomisierung von hoher und niederer Literatur. Hg. v. Chr. Bürger, P. Bürger, J. Schulte-Sasse
90 Martin Walser, Selbstbewußtsein und Ironie. Frankfurter Vorlesungen
91 Claus Böhmler, Drehbuch mit Tonspur
92 Afrikanische Schriftsteller heute. Hg. v. Dagmar Heusler
93 Im Atem des Drachen. Moderne persische Erzählungen. Hg. v. Touradj Rahnema
94 Franz Xaver Kroetz, Nicht Fisch nicht Fleisch. Verfassungsfeinde. Jumbo-Track. Drei Stücke
95 Ursula Hochstätter, Kalt muß es sein schon lang
96 Wassili Afonin, Im Moor

97 Hilfe + Handel = Frieden? Die Bundesrepublik in der Dritten Welt. Red.: Reiner Steinweg
98 Samuel Beckett, Flötentöne
99 Peter Sloterdijk, Kritik der zynischen Vernunft
100 James Joyce, Ulysses
101 Errungenschaften. Eine Kasuistik. Hg. v. Michael Rutschky
102 Der große Rausch. Türkische Erzähler der Gegenwart. Hg. v. Yüksel Pazarkaya
103 Bernhard Luginbühl, Die kleine explosive Küche
104 Hugh Kenner, Ulysses
105 Hans Wollschläger liest »Ulysses«
106 James Joyce, Penelope. Das letzte Kapitel des ›Ulysses‹. Engl./Dt.
107 Fragment und Totalität. Hg. v. Christiaan L. Hart Nibbrig und Lucien Dällenbach
108 Gabriel Jackson, Annäherung an Spanien 1898–1975
109 Thomas McKeown, Die Bedeutung der Medizin. Traum, Wahn oder Nemesis?
110 Uwe Kolbe, Hineingeboren. Gedichte 1975–1979
111 Ngugi wa Thiong'o, Verborgene Schicksale
112 José Lezama Lima, Die Ausdruckswelten Amerikas
113 Signatur G. L.: Gustav Landauer im »Sozialist«. Hg. v. Ruth Link-Salinger (Hyman)
114 Michael Brodsky, Der Tatbestand und seine Hülle
115 Ulla Pruss-Kaddatz, Wortergreifung. Zur Entstehung einer Arbeiterkultur in Frankreich
116 Jean-Paul Aron / Roger Kempf, Der sittliche Verfall
117 Gerald Zschorsch, Der Duft der anderen Haut
118 George Tabori, Unterammergau oder Die guten Deutschen
119 Samuel Beckett, Mal vu, mal dit / Schlecht gesehen, Schlecht gesagt. Frz./Dt.
120 Vivian Mercier, Beckett/Beckett
121 Thomas A. Sebeok, Jean Umiker-Sebeok, »Du kennst meine Methode«
122 Von der Verantwortung des Wissens. Hg. v. Paul Good
123 Karin Struck, Kindheits Ende. Journal einer Krise
124 Wladimir Tendrjakow, Sechzig Kerzen
125 Dieter Henrich, Fixpunkte der Kunst
126 Roland Barthes, Die Rauheit der Stimme. Interviews 1962–1980
127 Einar Schleef, Die Bande
128 Takeo Doi, Amae – Freiheit in Geborgenheit

129 Blick übers Meer. Hg. v. Helmut Martin, Charlotte Dunsing, Wolf Baus
130 Wie die Wahrheit zur Fabel wurde. Nietzsches Umwertung von Kultur und Subjekt. Hg. v. Philipp Rippel
131 Josef Esser, Gewerkschaften in der Krise
132 Die Wiederkehr des Körpers. Hg. v. Dietmar Kamper u. Christoph Wulf
133 Richard Saage, Der starke Staat?
134 Dieter Senghaas, Von Europa lernen
135 Peter Weiss, Notizbücher 1960–1970. Zwei Bände
136 Marin Sorescu, Abendrot Nr. 15
137 Joachim Veil, Die Wiederkehr des Bumerangs
138 Chinua Achebe, Okonkwo oder das Alte stürzt
139 Robert Pinget, Apokryph
140 Julio Cortázar, Ultimo Round
141 Faszination durch Gewalt. Politische Strategie und Alltagserfahrung. Red.: Reiner Steinweg
142 Manfred Frank, Der kommende Gott
143 Die neue Friedensbewegung. Red.: Reiner Steinweg

edition suhrkamp. Neue Folge